危机管理蓝皮书

**BLUE BOOK** OF
CRISIS MANAGEMENT

# 中国危机管理报告
# （2013）

ANNUAL REPORT OF CHINA'S CRISIS MANAGEMENT
(2013)

中国危机管理研究中心

主　编／文学国　范正青

副主编／任朝旺

社会科学文献出版社
SOCIAL SCIENCES ACADEMIC PRESS (CHINA)

**图书在版编目（CIP）数据**

中国危机管理报告. 2013/文学国，范正青主编. —北京：社会科学文献出版社，2013.8
（危机管理蓝皮书）
ISBN 978 - 7 - 5097 - 4917 - 3

Ⅰ. ①中…　Ⅱ. ①文…　②范…　Ⅲ. ①国家行政机关 - 紧急事件 - 公共管理 - 研究报告 - 中国 - 2013　Ⅳ. ①D63

中国版本图书馆 CIP 数据核字（2013）第 170465 号

**危机管理蓝皮书**
# 中国危机管理报告（2013）

主　　编／文学国　范正青
副 主 编／任朝旺

出 版 人／谢寿光
出 版 者／社会科学文献出版社
地　　址／北京市西城区北三环中路甲 29 号院 3 号楼华龙大厦
邮政编码／100029

责任部门／社会政法分社 （010）59367156　　责任编辑／虞　辉　关晶焱
电子信箱／shekebu@ ssap. cn　　　　　　　责任校对／师旭光
项目统筹／刘骁军　　　　　　　　　　　　责任印制／岳　阳
经　　销／社会科学文献出版社市场营销中心 （010）59367081　59367089
读者服务／读者服务中心 （010）59367028

印　　装／北京季蜂印刷有限公司
开　　本／787mm×1092mm　1/16　　　　印　　张／24.75
版　　次／2013 年 8 月第 1 版　　　　　　字　　数／398 千字
印　　次／2013 年 8 月第 1 次印刷
书　　号／ISBN 978 - 7 - 5097 - 4917 - 3
定　　价／89.00 元

# 危机管理蓝皮书编委会

# 主编简介

文学国 中国社会科学院研究生院副院长、教授、法学博士、博士生导师。2006~2007年美国芝加哥大学做访问学者。研究领域：竞争法、公司法、政府规制、私募股权基金。出版著作：《滥用与规则——反垄断法对企业滥用市场优势地位行为之规则》《私募股权基金法律制度析论》《反垄断法执行制度研究》《危机管理蓝皮书》（系列年度研究报告）等，发表中英文论文多篇。目前承担有国家社科基金项目《私募股权基金监管制度研究》等。

范正青 中国危机管理研究中心主任、管理学博士、国家高级（一级）策划师，中国十大危机公关专家。研究领域：危机规律研究、危机利用、危机应对、转嫁危机、化危为机、政府危机管理、社会危机管理、企业危机管理、城市危机管理、危机评估等方向；出版著作：《危机评估与管理》、《危机管理蓝皮书》危机管理系列年度报告、《××城市危机评估与预警》等，目前承担地方政府《城市危机管理评估与预警》课题项目。

# 摘　要

自《中国危机管理报告（2011）》出版以来，政府、企业和社会各界对各种突发事件的防范意识逐渐增强，相应的危机管理机制和措施也越来越到位。然而，随着各种新情况、新问题的不断涌现，我国现有的危机管理体制仍不断面临新的挑战。

为了进一步提高我国的危机管理水平，我们紧扣热点问题精心设计选题，并组织政界、学界、企业界等相关领域的危机管理专家、学者，对过去两年中我国发生的典型危机事件及其管理进行了系统的梳理和深入的分析，最终形成了《中国危机管理报告（2013）》。

本报告由五个部分组成，分别是总报告、政府危机管理、企业危机管理、突发事故与公共管理、域外借鉴。其中，总报告盘点了 2011～2012 年间我国国内发生的重大突发性危机事件，总结了过去两年我国各类危机事件的发生特点，并就不断健全完善突发事件应急管理体制提出了若干合理化建议。政府危机管理部分主要选取了群体性事件、环境危机、城市生命线危机以及"7·23"动车追尾危机作为研究对象，对危机本身及其处理情况进行了细致的分析和评估。企业危机管理部分主要关注了康菲溢油事件和广百集团危机，深刻地总结了其在处理过程中的经验教训。突发事故与公共管理部分全面地研讨了故宫博物院"十重门"事件、湄公河劫船事件、出口食品安全危机事件、我国远洋石油运输危机以及我国民间借贷危机等，及在危机处理过程中的得失和教益。域外借鉴部分介绍了俄罗斯国家危机管理机制和日本横滨城市危机管理机制，以期能够起到"他山之石可以攻玉"之作用。

本报告作者阵容学术背景多元，所用资料客观翔实，选题既突出重点、热点，又充分考虑其涉及领域的广泛性和多样性，是对过去两年以来我国主要危机事件及其管理的一个全景展示，力图为进一步改善我国危机管理体制、不断提高我国危机管理水平贡献一份力量。

# 目录

# ⑱ Ⅲ　企业危机管理

# ⑱ Ⅳ　突发事故与危机管理

# ⑱ Ⅴ　域外借鉴

皮书数据库阅读**使用指南**

# CONTENTS

## B I General Report

## B II Government Crisis Management

# B III  Corporate Crisis Management

# B IV  Emergencies and Public Administration

# B V  Lessons from International Experiences

# 总 报 告

## General Report

**B.1**

# 2011～2012年中国突发事件危机管理

文学国　范正青　贾潇　刘文　见国*

**摘　要：**

报告盘点了2011～2012年间我国国内发生的重大突发性危机事件，梳理了各级政府、各个部门、各大企业在应对重大自然灾害危机、公共事故危机及企业危机时的具体做法。在此基础上，报告总结了过去两年我国各类危机事件的发生特点，并选取了部分典型案例进行深入剖析。最后，报告就不断健全完善突发事件应急管理体制提出了若干合理化建议。

**关键词：**

突发事件　危机管理　自然灾害　公共事故　企业危机

---

\* 文学国，中国社会科学院研究生院副院长、法学博士、教授、博士生导师；范正青，中国危机管理研究中心主任；贾潇，中国社会科学院研究生院教师；刘文，中国社会科学院研究生院硕士研究生；见国，中国社会科学院研究生院硕士研究生。

2011、2012 年，是"十二五"开局之际，也是"十二五"时期承前启后的关键两年。面对复杂多变的国际政治经济环境和艰巨繁重的国内改革发展任务，全国各族人民同心同德、团结奋进，改革开放和社会主义现代化建设取得了新的重大成就。2011 年国内生产总值达 47.2 万亿元，比上年增长 9.2%；公共财政收入 10.37 万亿元，比上年增长 24.8%；城镇新增就业 1221 万人，城镇居民人均可支配收入和农村居民人均纯收入实际增长 8.4% 和 11.4%。2012 年国内生产总值 51.9322 万亿元，同比增长 7.8%；① 而 2012 年城镇居民人均可支配收入 24565 元，名义同比增长 12.6%。2012 年 1～12 月份全国公共财政收入 11.7210 万亿元，同比增加 1.3335 万亿元，增长 12.8%。其中，税收收入完成 11.0740 万亿元，同比增长 11.2%。2012 年我国实现城镇新增就业 1266 万人，为过去 9 年来的最高水平。

上述成绩的取得表明：我国发展仍处于重要战略机遇期，在较长时期内继续保持经济平稳较快发展具备不少有利条件。工业化、城镇化和农业现代化快速推进，消费结构和产业结构升级蕴藏着巨大的需求潜力；经过 30 多年改革开放，建立了良好的物质基础和体制条件；宏观调控经验不断丰富，企业竞争力和抗风险能力明显提高；东部地区创新发展能力增强，中西部地区和东北等老工业基地发展潜力有序释放；经济发展的传统优势依然存在，劳动力资源丰富、素质提高；财政收支状况良好，金融体系运行稳健，社会资金比较充裕。

同时，我们亦应看到，在经济发展和国力强盛的道路上，依然存在一些不可抗因素阻碍着我们前进的步伐：地震、台风、旱涝交织、泥石流、重大交通事故等事件频发，盈江地震、华西秋雨、北京暴雨、甬温线特大交通事故、双汇瘦肉精事件等，都给社会带来了灾难性甚至是毁灭性的打击，一次又一次地考验着我国各级政府和职能部门的危机应对和管理能力。

## 一　自然灾害危机管理

从自然气候上看，2011～2012 年的气候较往年平稳，自然灾害发生情况

---

① 《2012 年全国两会温家宝总理政府工作报告》，http://www.people.com.cn/。

总体较往年偏轻，受灾面积、灾情状况、人员伤亡及财产损失都较往年有所轻缓。但由于我国幅员辽阔、疆域甚广，即便逢遇气候稳定之年，也难免有部分地区难逃灾害侵袭，所以必须坚持"防为上，救次之，戒为下"的战略目标，将我国危机管理工作制度化、人文化、高效化，以最大限度地保障人民的生命财产安全。

## （一）2011～2012 年自然灾害事件回顾[①]

### 1. 冬麦区冬春连旱

据农业部农情调度报告：截至 2011 年 2 月 4 日，河北、山西、江苏、安徽、山东、河南、陕西、甘肃八省冬小麦受旱 9611 万亩，占八省冬小麦种植面积的 35.1%，占八省耕地面积的 21.7%，受旱八省冬小麦面积和产量均占全国的八成以上[②]。"立春"之后，小麦将陆续进入返青期，需水量明显增加，随着入春后气温回升，田间蒸发量大，旱情迅速发展。

2011 年 1 月 29 日，国务院办公厅发出了《关于进一步做好当前抗旱工作的通知》。农业部决定 2 月 4 日启动抗旱二级应急响应，加大对北方冬麦区抗旱春管的指导和支持力度，立即向江苏、安徽等省派出由司局长带队的抗旱工作组，深入重旱区督促指导抗旱春管工作。同时，要求旱区各级农业部门结合当地实际，因时因地因苗推进科学抗旱。另外，农业部于 2 月 9 日召开全国抗旱促春管工作视频会议，对抗旱促春管工作进行再动员、再部署、再落实，并将向河北、山西、江苏、安徽、山东、河南等省再下派 6 个司局长带队的抗旱救灾工作组，督导检查各地抗旱春管工作准备及进展情况。[③]

### 2. 长江中下游地区春夏连旱

2011 年年初以来，长江中下游地区降水与多年同期相比偏少四至六成，为 1961 年以来同期最少年份，长江中下游地区的江西、湖南、湖北部分地区春旱严重，有的地方冬、春、夏三季连旱，严重影响春播生产和城乡供水安全。进入 5 月份以后，降水虽较前期略有增加，但湖北、湖南、江西、安徽、

① 中国减灾编辑部：《2011 年全国十大自然灾害事件》，《中国减灾》2012 年第 1 期。

② 《中国北方旱情扩大威胁夏粮》，http://www.5460.ca/v。

③ 《北方持续干旱迅速发展将威胁夏粮生产》，http://www.ncnews。

江苏等长江中下游地区，降水与多年同期相比仍偏少二至四成。为了增加降雨，缓解长江中下游地区出现的旱情，各级气象部门抓住此前有利天气条件开展了大规模的空中和地面增雨作业。据统计，2011 年 5 月 21 日 8 时至 23 日 8 时，湖北、湖南、江西、安徽、江苏、浙江共开展人影地面作业 334 次，发射催雨炮弹 3422 发，火箭弹 854 枚。其中湖北省实施了高密度、大范围的地面高炮火箭人工增雨抗旱作业，同时开展飞机人工增雨作业。

这次降雨对改善长江中下游地区的土壤墒情有利，但库湖蓄水增加不明显。干旱监测显示：湖北东南部、安徽中部、江苏南部、湖南东北部、江西北部、浙江北部、贵州西北部等地仍存在中到重度气象干旱。

### 3. 云南盈江 5.8 级地震①

云南省德宏州盈江县 2011 年 3 月 10 日 12 时 58 分发生 5.8 级地震，据当晚 22 时数据统计：遇难者人数达 25 人，250 人受伤；房屋倒塌 3147 间，严重损坏 22054 间。此次地震震中距盈江县中心城区较近，且震源深度仅 10 公里，受灾损失较大。

灾情发生后，各方全力展开救援，伤员救治、遇难人员善后和受灾群众转移安置等救灾工作有序展开。3 月 10 日 15 时 30 分，国家减灾委和民政部将之前针对云南盈江地震启动的国家四级救灾应急响应提升至三级；民政部副部长姜力带领国务院救灾工作组，以及云南省纪委书记李汉柏、副省长李江率领的省政府工作组，均于当天晚上抵达灾区投入救灾工作。德宏州设置 10 个安置点，受灾群众被妥善安置于帐篷或简易房中；受伤人员得到救治，不少伤员在露天空地上接受治疗，部分重伤员已被送往州人民医院。成都军区驻滇部队千余人震后投入救援，当地公安机关组织近 400 人参与救援。

民政部当天决定向云南调运 10000 床棉被、10000 件棉大衣、5000 顶帐篷和 62 吨彩条布，云南省民政厅已向灾区调运 4700 顶帐篷、3000 床棉被、3000 件大衣、500 件彩条布。截至 2011 年 3 月 14 日 15 时，灾区共接收捐赠款近 855 万元，发放 9000 余顶救灾帐篷，供水达到国家饮用水标准，灾区群

---

① 《云南盈江发生 5.8 级地震》，环球网，http://www.huanqiu.com。

众生活得到基本保障。①

据介绍，盈江县及其周边地区，1991～2008 年共发生 3 组 8 次 5 级地震，历史上五六级地震活动比较多。中国地震局及时派出现场工作队赶赴震区开展灾害信息收集、流动监测等现场应急工作。

### 4. 南方洪涝灾害

南方大部分地区干旱的同时，广东、广西等地局部出现强降雨、强对流天气引发次生灾害造成人员伤亡。2011 年 5 月 21～23 日长江中下游地区出现一轮降雨，部分地区降暴雨，并伴有短时雷雨大风或冰雹等强对流天气。湖北东部和西南部、湖南北部和西部、江西中北部、安徽南部、浙江中北部等地累计降水量有 30～50 毫米，湖北东南部和江西西北部有 60～90 毫米。

连续 3 日，南方部分地区相继出现 4 次强降雨天气过程，导致长江中下游、西南及华南地区部分省份多次遭受洪涝、滑坡、泥石流灾害。据统计：3 日以来的南方暴雨洪涝灾害共造成江苏、浙江、安徽、福建、江西、湖北、湖南、广东、广西、重庆、四川、贵州、云南 13 省（自治区、直辖市）86 个市（州）510 个县（市、区）3657 万人次受灾，175 人死亡，86 人失踪，紧急转移安置 164.2 万人次，直接经济损失 350.2 亿元。②

总体来看，此次南方洪涝灾害呈现以下特点：一是旱涝急转快，4～5 月份，受降水严重偏少影响，江苏、安徽、江西、湖北、湖南等长江中下游省份遭受严重旱灾，受灾人数峰值达到 4200 余万人；二是降雨强度大，由于几轮过程的主降雨区基本叠加，不少地区的累积降雨量超历史极值，贵州省望谟县行洞最大 60 分钟降雨量达 122.5 毫米，湖北省通城县左港 8 小时降雨量达 309 毫米，均超 200 年一遇；三是人员伤亡重，山洪和滑坡、泥石流等地质灾害是导致人员伤亡的主要原因，共造成 193 人死亡或失踪，占全部死亡和失踪人数的近 3/4；四是重复受灾多，有 223 个县（市、区）重复受灾，占全部受灾县的 43.7%，其中遭受 3 次以上暴雨袭击的有 50 个县，占全部受灾县的近一成；五是救灾难度大，共有 367 个县（市、区）属于"老、少、边、穷"地

---

① 《云南盈江发生 5.8 级地震》，环球网，http：//www.huanqiu.com。
② 《南方暴雨洪灾 175 人遇难 86 人失踪 3657 万人受灾》，东南网，http：//www.fjsen.com。

区，占全部受灾县的 72%，这些地区自救能力弱，给救灾工作带来较大困难。

针对 6 月份以来南方严重暴雨洪涝灾情，国家减灾委、民政部加强汛期应急值守，做好灾情监测评估，并加强部门沟通协调，紧急启动应急预案，调拨中央救灾款物，保障群众基本生活。财政部、民政部累计安排下拨中央自然灾害生活补助资金 1.65 亿元，主要用于暴雨洪涝灾区受灾人员紧急转移安置、过渡性生活救助、倒损住房恢复重建和向因灾遇难人员家属发放抚慰金。民政部紧急向贵州、湖南、安徽三省灾区调运 5000 顶救灾专用帐篷和 5 万床棉被，切实帮助灾区群众解决基本生活面临的困难。①

**5. 西南地区夏秋连旱**

2011 年 6 月，地处我国西南的四川、云南、贵州等省气温开始持续偏高，多地最高气温以及连续高温日数都破纪录，加之降雨偏少、蒸发严重、土地龟裂、河塘见底，居民的生活和生产受到严重影响。

2011 年 7 月至 9 月，贵州全省持续高温少雨，引发干旱。截至 9 月底，据统计：全省受灾人口达 2113.59 万人，农作物受灾面积 176.33 万公顷；全省有 623.37 万人、292.2 万头大牲畜发生临时性饮水困难；因灾造成直接经济损失 122.78 亿元。这是同期旱灾影响面、受灾程度、灾害损失最大的一年。素有"漂流之城"称号的施秉县受旱严重，杉木河水位下降 70 多厘米，多处河床裸露。在织金县受旱灾影响最严重地区之一的板桥乡，山塘干涸、溪水断流，田地的裂缝密密麻麻的延伸开来。在板桥乡荷花村、大寨村，由于持续干旱造成地下水位下沉，引发岩溶地陷，108 户村民的房屋出现开裂。从 6 月初至 9 月 6 日，重庆高温日数（日最高温度大于或等于 35℃）达到 63 天，刷新自 1951 年有气象记录以来年高温日数 59 天的历史记录。由于天干物燥，9 月 1 日，重庆垫江与忠县、梁平三县交界山脉突发森林大火，火势迅速蔓延，连烧九座山，1200 余名消防官兵在第一时间紧急赶赴火场灭火。干旱还造成云南省 66 个县（市、区）849.7 万人受灾，300 万人、156 万头大牲畜饮水困难；大春作物受灾 1403 万亩、成灾 808 万亩、绝收 92 万亩；林地受灾 1440 万亩、成灾 827 万亩，全省直接经济损失近 70 亿元人民币。与重庆相邻的四

---

① 《民政部：南方遭受暴雨洪涝灾害》，民政部网，http：//jzs. mca. gov. cn。

川省也难逃旱魔肆虐。由于连日高温少雨：全省作物受旱面积401 万亩，成灾面积110 万亩，绝收面积26 万亩；有155 万人和127 万头牲畜饮水困难。

**6. 华西秋雨灾害**

2011 年9 月以来持续的华西秋雨过程灾害造成四川、陕西、河南、重庆、湖北、山西6 省（直辖市）2109.7 万人受灾、100 人死亡、17 人失踪，直接经济损失272.1 亿元。

此次华西秋雨灾害局部地区降雨强度大、持续时间长。陕西、河南、山西、四川等省9 月以来区域平均降水量均超过往年同期，个别地区甚至突破历史极值。持续降雨导致山体滑坡、泥石流等地质灾害频发，共造成76 人死亡或失踪。灾害发生后，有关部门及时组织当地人员大量转移、安置，共紧急转移安置107.5 万人，紧急避险转移75.8 万人。此次雨水灾害同近10 年来典型的华西秋雨年份（2003 年、2005 年、2007 年、2009 年）相比损失惨痛，死亡失踪人数增加近40%，倒塌房屋数量增加50% 以上，紧急转移安置人数及直接经济损失增加近2 倍。共有196 个受灾县（市、区）属于"老、少、边、穷"地区，占全部受灾县的近70%，这些地区自救能力弱，救助条件极为恶劣，对当地救灾部门提出了严峻考验。

**7. 第9 号台风"梅花"①**

2011 年第9 号热带风暴"梅花"的中心于8 月8 日18 时30 分前后在朝鲜西海岸北部沿海登陆，登陆时中心附近最大风力有9 级（23 米/秒），中心最低气压985 百帕。

受其影响，8 月4 日以后，辽宁、上海、江苏、浙江、山东部分地区遭受大风和强降雨袭击，导致5 省（直辖市）29 市183 个县（区、市）360 余万人不同程度受灾。据国家减灾委办公室统计，截至8 月8 日16 时，共364.98 万人受灾，135.3 万人紧急转移安置，房屋倒塌600 余间，损坏4800 余间，直接经济损失31.28 亿元。

"梅花"对大连地区产生严重影响，部分海域阵风9～11 级，8 日白天阵风达到12 级，对大连沿海的码头、船舶、海上养殖等设施的安全造成巨大威

---

① 《2011 年第9 号超强台风"梅花"》，中国天气·台风网，http：//typhoon. weather. com. cn。

胁。位于大连金州新区的福佳大化有限公司码头防波堤发生局部坍塌,坍口最长处约30米左右,对附近两个装载生活用化工原料的罐体产生威胁。大连港的进出港航班全部停航。大连市紧急启动二级应急响应,全市上下严阵以待,全面进入防御台风状态。重庆市前往上海、温州、杭州的14个航班因台风"梅花"被迫取消,其中到上海11个、到杭州2个、到温州1个;另外还有到上海的5个航班不同程度延误。受"梅花"影响,山东半岛出现狂风骤雨。为防御其带来的不利影响,山东半岛多地的客轮停航,景区也提前关闭;为防御"梅花"可能造成的危害,7日夜间,青岛市公安民警和驻地边防官兵在台风到来之前将居住在河道两岸、水库下游、山坡底下的居民连夜转移至安全场所。灾情发生当晚,威海开往大连、韩国等地的客轮,威海往返刘公岛之间的轮渡都已全部停航。位于海边的定远舰旅游景区出于安全考虑,已将定远舰驶离景区前去避风。威海渔业部门也及时要求各出海渔船第一时间回港。

**8. 西藏"9·18"地震①**

2011年9月18日,印度锡金邦发生里氏6.8级强烈地震,西藏日喀则地区亚东、定结等15个县和山南地区8个县不同程度受灾。此次地震在西藏受灾地区共造成7人死亡、136人受伤(重伤4人),23450户的11.457万人受灾,共紧急转移安置受灾群众31321人。道路、电力及水利等基础设施损毁主要集中在日喀则地区亚东境内,其他包括学校、农村沼气池及寺院等设施均出现不同程度损毁。②

地震后,胡锦涛、温家宝、贾庆林、回良玉等中央领导人作出重要批示,西藏自治区党委书记陈全国在地震发生后立即作出部署,成立以西藏自治区主席白玛赤林为指挥长的抢险救灾指挥部,第一时间奔赴灾区一线,统筹开展抗震救灾工作。

分阶段进行的各项抢险救灾工作取得实效。灾区群众得到妥善安置,基础设施短期内得到恢复,灾区交通、电力、通讯、水利和广播电视等全部恢复正常。同时,地震灾后无疫情,灾区社会治安状况良好,无哄抬物价的现象。自

---

① 《直击西藏"9·18"地震灾区》,中国西藏网,http://www.tibet.cn/news。
② 《西藏"9·18"地震抗震救灾工作纪实》,中国西藏网,http://www.tibet.cn/。

治区财政紧急下拨人民币 1000 万元救灾资金，日喀则地区和山南地区分别安排了 750 万、200 万元用于抗震救灾，保障受灾群众安全过冬。

### 9. 第 17 号台风"纳沙"

2011 年第 17 号强台风"纳沙"（英文名：NESAT，名字来源：柬埔寨，名字意义：渔夫）于 9 月 24 日上午在西北太平洋洋面上生成，9 月 26 日夜间和 29 日 7 时两度加强成为强台风，是当年登陆我国强度最强的台风（以强台风级别登陆海南），也是 6 年来登陆海南的最强台风。受"纳沙"影响，海南、广西、广东出现强风雨天气。据统计 9 月 28 日 20 时至 30 日 14 时：海南大部降雨 200～350 毫米，海南东方局部地区 455 毫米、昌江王下乡 825 毫米；广西中南部、广东沿海降雨 80～150 毫米，广东西南部、广西南部 170～220 毫米，广西防城港市局地 332 毫米；海南大部、广西南部、广东沿海出现 8～10 级阵风，海南北部、广西南部沿海和广东西南部沿海局部地区 11～14 级，最大为海南文昌七洲列岛，观测到极大风力 15 级（风速 46.8 米/秒）。

"纳沙"使得广东、海南、广西多地学校停课、航班延误、交通受阻，经济损失严重。据统计，受"纳沙"影响，海南省截至 9 月 30 日 12 时，全省有 18 个市县 377.2 万人受灾，因灾死亡 2 人，农作物受灾面积 165 千公顷，倒塌房屋 1350 间、损坏房屋 525 间，全省因灾直接经济损失 58.14 亿元。广东省截至 30 日 9 时，全省受灾人口 84.2 万人，农作物受灾面积 18.7 千公顷，倒塌房屋 850 间，损坏房屋 1180 间，直接经济损失约 2.4 亿元。广西省截至 10 月 1 日 17 时 50 分：受灾人口达 182.09 万人，紧急转移安置人口 10.09 万人；农作物受灾面积 217.38 千公顷，其中成灾 112.35 千公顷，绝收 5.87 千公顷；倒塌居民住房 1157 户 1885 间，损坏房屋 6144 间。自治区民政厅对受灾的 8 个城市紧急启动自然灾害救助四级应急响应。

### 10. 2011～2012 年度云南冬春连旱①

2011 年冬到 2012 年春，云南省出现持续气象干旱与气候干旱叠加天气。气温高、风速大、湿度小、蒸发大、太阳辐射强，造成全省大部分地区降水稀少，旱情严重，是继 2010 年和 2011 年遭受严重旱灾之后发生的第三年连旱。

---

① 《全国灾情月报》[J]，《中国减灾》2012 年第 9 期。

大旱已造成全省大部分地区地表、地下水位逐年下降，库、塘蓄水严重不足，缺水、缺粮人口不断增多。灾区旱情还将持续，这对春小麦生产极为不利。据统计截至2012年2月15日：旱灾已造成云南省13州（市）91县（市、区）631.83万人受灾；已有242.76万人、155.45万头大牲畜出现不同程度饮水困难；因干旱造成大春农作物受灾651.08千公顷，成灾376.17千公顷、绝收62.48千公顷；因灾造成部分城镇供水紧张，部分企业、厂矿已经处于停产停工或半停产状态；全省因旱直接经济损失已达100亿元左右。

得知旱情后，中央立即做出决策，下拨抗旱救灾款1.2亿元，要求各地用好救灾款，将损失降到最小。面对严重的旱情，各地政府和基层领导干部因地制宜，迅速开展抗旱救灾工作。云南省副省长孔垂柱主持召开抗旱救灾工作会议，安排部署全省森林防火、农业生产工作，要求全省人民坚定信念，努力抗旱，力保全省经济生产。国家减灾委、民政部及时启动国家五级救灾应急响应，水利部、农业部等有关部委派出多个工作组赴云南检查指导抗旱救灾工作。国家烟草局安排1.5亿元抗旱资金用于云南烟叶生产、抗旱保育苗工作。

2012年2月1日，按照国土资源部的统一部署，中国地质调查局联合云南省国土资源厅，在云南省旱情严重的文山州丘北县，开展中国地质调查局援助云南省抗旱救灾物探找水工作。此前云南省国土资源厅已于2011年9月开始在昆明、文山、曲靖、昭通等9个州（市）重点旱区，开展抗旱地下找水行动。目前已安排组织750余人、79台钻机开展地下找水确保人畜饮水，已部署深井267口，成功验井20余口，日出水量6300余立方米，缓解了8.5万余人的饮水困难。

### 11. 岷县"5·10"特大冰雹暴洪灾害①

2012年5月10日，特大冰雹灾害席卷了甘肃省境内33个乡镇，其中岷县受灾最为严重，全县因灾经济损失达68.4亿元。此次冰雹共造成41.47万人受灾、49人死亡、23人失踪、114人入院、重伤者5人、紧急转移受灾群众15.24万人。

灾情发生后，甘肃省委书记王三运立即作出"做好善后、核灾救灾工作，

---

① 《岷县"5·10"特大冰雹暴洪灾害情况》，人民网，http://www.people.com.cn。

防止次生灾害发生"的重要批示。省长刘伟平深夜电话询问了解灾情，省长助理夏红民带领民政、水利等有关省直属部门负责人赶往灾区检查指导工作，定西市主要负责同志也连夜赶往岷县指导抢险救灾。岷县县委、县政府立即启动应急预案，成立了"5·10"雹洪灾害现场抢险救灾指挥部，主要领导立即分组分片前往灾区查看灾情，组织受灾群众抢险救灾。据进一步核查统计，岷县约有 7374 公顷农作物受灾，2318 公顷耕地毁坏，农业设施损失尤其严重。甘肃省随即全面启动省级四级灾害应急救助响应。

据悉，在受灾最严重的乡镇之一茶埠镇镇政府的大楼里，镇政府的办公大楼基本上都腾出来用于安置受灾群众，群众有方便面和热水、牛奶，情绪比较稳定。但是因为通讯不畅，一些群众无法及时联系到家人，仍然比较焦虑。了解到此情况后，茶埠镇 80 多个干部作了分工：30 多个女干部负责在镇政府安抚照顾群众，50 多个男干部第二天天一亮就全部入户核查灾情，确保及时准确地将受灾情况记录备案，帮助受灾群众第一时间联系到家人。

2012 年 5 月 12 日，中央财政紧急拨付甘肃省防汛补助 2000 万元，甘肃省岷县下拨救灾款 490 万元，同时收到各地爱心人士捐献善款 182 万余元。甘肃、四川、陕西等地 800 余名志愿者赶赴灾区，参与救援服务工作。

**12. 汛期强降雨袭卷我国大部，北京"7·21"暴雨灾害严重**①

2012 年 5 月至 7 月，我国大部分地区出现强降雨、强对流灾害天气，给群众生产生活造成了严重影响。强降雨导致北京、河北、山西、内蒙古、辽宁、吉林、黑龙江、上海、江苏、浙江、安徽、福建、江西、山东、河南、湖北、湖南、广东、广西、重庆、四川、贵州、云南、西藏、陕西、甘肃、青海、宁夏、新疆 29 省（自治区、直辖市）263 个市（自治州）1439 个县（市、区）和新疆建设兵团部分团场遭受洪涝、滑坡、泥石流和风雹等灾害。其中长江中下游地区和西南地区连续遭受多轮强降雨袭击，浙江、湖北、四川、湖南、贵州等省受灾较为严重。据国家减灾委办公室统计，暴雨洪涝风雹灾害共造成 6794 万人次受灾，355 人因灾死亡，112 人失踪，238.3 万人次紧急转移安置，直接经济损失 632.6 亿元。

---

① 《北京遭遇暴雨袭击》，新闻中心，http：//www.sina.com。

其中震惊全国的北京"7·21"暴雨影响尤为严重。2012 年 7 月 21 日，北京城遭遇往年以来最大降雨，降雨量总体达到特大暴雨级别。一天内，市气象台连发五个预警，暴雨级别最高上升到橙色。截至 22 日 2 时，全市平均降雨量 164 毫米，为 61 年以来最大。据统计，全市经济损失近百亿元，北京"7·21"特大自然灾害已造成 79 人遇难。

暴雨灾害发生后，国家减灾委、民政部采取有力措施，全力以赴支持受灾地区开展减灾救灾工作，切实保障受灾群众基本生活。

一是及时启动响应。先后针对 15 个省（自治区、直辖市）洪涝灾情启动国家救灾应急响应 30 余次：包括二级响应 1 次，三级响应 4 次，四级响应 20 次，派出 35 个救灾工作组，其中多次组织由民政、教育、财政、国土资源、交通运输、农业、卫生等部门组成的国务院减灾救灾工作组赴灾区协助指导减灾救灾工作。

二是紧急调拨物资。先后分批次向洪涝灾区省份调拨帐篷、棉被、折叠床等物资，指导各中央救灾物资储备库点与受灾省份做好救灾物资的调运、接卸、分发工作，确保灾害发生后救灾物资第一时间启运，第一时间能发放到受灾群众手中。

三是加大资金投入。先后分批次向甘肃、江西、湖南三省洪涝灾区紧急下拨 3.8 亿元，帮助解决受灾群众基本生活困难，确保有饭吃、有干净水喝、有衣穿、有住处、伤病能得到及时治疗，基本生活得到妥善安置。

**13. 8 月份，多个台风频繁过境，创历史纪录①**

2012 年 8 月以来，双台风"达维""苏拉"先后登陆江苏、福建两省，当年最强台风"海葵"随即登陆浙江。据民政部、国家减灾办 8 月 13 日统计，受上述三个台风影响：包括上海、江苏、浙江、安徽、河北、辽宁等在内的 12 个省（直辖市）有 3084.8 万人次受灾，51 人死亡，21 人失踪，406.1 万人次紧急转移；8.8 万间房屋倒塌，50 万间不同程度受损；农作物受灾面积 2298 千公顷，其中绝收 263.4 千公顷；直接经济损失 655.7 亿元。8 月 19 日 12 时当年第 13 号台风"启德"已造成广东、广西、海南 3 省（区）2 人死

① 《2012 年台风专题》，中国台风网，http：//www.typhoon.gov.cn/。

亡，2 人失踪，53 万人紧急转移。8 月份，已有四个台风登陆我国，创下新中国成立以来 8 月份热带气旋以台风强度登陆我国个数最多的新纪录。

据中国天气网信息，热带风暴"海葵"于 8 月 3 日上午 8 时在日本冲绳县东偏南方约 1360 公里的西北太平洋洋面上生成。在浙江省宁波市象山县鹤浦镇登陆，登陆时最大风力 14 级。为了应对"海葵"来袭，中国气象局在 8 月 7 日启动当年首个重大气象灾害（台风）一级应急响应。据《国家自然灾害应急预案》，针对台风、大风，应急响应启动后，各部门采取的措施包括：气象部门加强监测预报，及时发布台风、大风预警信号及相关防御指引，适时加大预报时段密度；教育部门通知各级学校做好停课准备，避免在突发大风时段上学放学；电力部门加强电力设施检查和电网运营监控，及时排除危险、排查故障等。

**14. 彝良"9·07"地震，并遭受山体滑坡重复性灾害①**

2012 年 9 月 7 日 11 时 19 分，在云南省昭通市彝良县、贵州省毕节地区威宁彝族回族苗族自治县交界（北纬 27.5 度，东经 104.0 度）发生 5.7 级地震，震源深度 14 公里。另据测定，7 日 12 时 16 分在云南省昭通市彝良县（北纬 27.6 度，东经 104.0 度）发生 5.6 级地震，震源深度 10 公里。此次地震已造成云南省彝良县与贵州省毕节市威宁县交界地区的地震遇难人数达 81 人（彝良县 79 人，昭阳区 2 人）。云南省内 74.4 万人受灾，昭通市彝良县、昭阳区和大关县 3 县 24 个乡镇受灾。据不完全统计，灾区房屋倒塌 1900 户 6650 间，严重损坏 3.7 万户 12.2 万间，一般损坏 13.3 万户 30.8 万间，地震造成昭通市 517 所学校受损，需紧急转移安置人口 20.1 万人，直接经济损失 35 亿元人民币。贵州方面，地震共造成贵州省毕节市威宁县和赫章县 16 个乡镇 28149 人受灾，2 人受伤，6531 户、11835 间房受损。

2012 年 9 月 8 日凌晨，中共中央政治局常委、国务院总理温家宝抵达云南昭通地震灾区，指导抗震救灾工作。周边省份和国务院有关部门已纷纷派出救援力量和专家奔赴灾区，支援当地抗震救灾。全市民政部门累计接收社会捐赠善款 1951.76 万元，接收到政府划拨和社会捐助帐篷、折叠床、大米等一大

---

① 《云南昭通彝良县发生 5.7 级地震》，中国新闻网，http：//www.chinanews.com。

批生活物资。在纪委监察部门的全程监督下，按照所制定的相关资金、物资发放办法和工作流程，已发放救灾应急资金、慰问金及生活救助金等救灾资金814万元和大部分捐赠物资。目前灾区相对紧缺的物资是彩胶布、食用油、大米和方便面。

灾情发生后，中国保监会云南监管局和昭通市保险行业协会第一时间启动应急机制，根据承保情况和当地实际，6家省公司迅速派出现场工作组并已抵达灾区开展工作。截至9月12日12时，部分保险总公司和省公司已下拨预赔款和理赔专项资金共计300万元，云南保险业已完成多起保险赔付，共赔付保险金20余万元。

地震后不到一个月，灾难接踵而至。10月4日上午8时10分许，云南省昭通市彝良县龙海乡镇河村油房村民小组发生山体滑坡，滑坡体将河对面的田头小学教学楼掩埋，共有18名学生和附近农民1人被埋。油房小河被阻断形成河面宽约15米、水深约7米的堰塞湖。

据悉，发生山体滑坡的龙海乡镇河村镇河油房地质灾害点属于彝良"9·07"地震区域，且彝良最近一个月以来多降雨天气。彝良县防震减灾局通报称，截至10月4日，该县洛泽河区域累计发生余震827次。

灾害发生后，国务院总理温家宝作出重要批示，要求全力抢救人员，并要求民政部商同有关部门予以协助。据人民网5日消息，截至5日14时50分许，彝良县龙海乡山体滑坡最后一名被掩埋人员的遗体被找到。至此，这起山体滑坡中遇难人数达到19人，其中包括18名小学生（男生9名，女生9名）。彝良县已经确定向死难者家属每户发放抚慰金2万元，并全力救助受灾群众。山体滑坡灾害发生后，云南省已组织干部群众和民兵应急分队等2000余人，公安民警、解放军、武警、消防官兵390余人，党员先锋队和民兵突击队400余人，医务人员60余人，就近调集了装载机、挖掘机等工程机械和消防车16台（辆），保通机械10余台，确保救助工作及时、全面、有序的展开。

**15. 初冬暴雪给京城又一重击**①

2012年11月3日上午8时开始，北京多地出现降雪天气，次日凌晨3时30

---

① 《2012年中国自然灾害情况——北京首次发布暴雪红色预警》，《南方周末》2012年11月5日。

分，北京市气象台发布全市暴雪橙色及西部北部暴雪红色预警信号。这是北京自预警信号制度建立以来首次发布暴雪红色预警信号。截至红色预警发布时，北京大部分地区已出现 10 毫米以上降雪，而西部北部的降雪则超过 15 毫米。

针对此次暴雪天气过程，北京市气象局 3 日 8 时启动重大气象灾害应急五级响应。4 日 3 时 30 分升级为一级响应。在此过程中气象局通过各种渠道将预报提示信息和预警信息向公众发布，其中从 2 日 11 时开始，全网发布"双休日有明显雨雪天气和较强降温"提示信息和预警信号 3000 多万条。电视、电台直播连线近 10 次，网站微博全程跟踪提供预警、雨情、雪情等信息。

受北京暴雪天气影响，京藏高速居庸关至八达岭间道路被大雪封堵，最厚达 80 厘米，近千车辆受阻被困。武警北京总队五支队于 4 日凌晨已迅速展开救援并清扫积雪。当日上午 10 时许，道路被暂时抢通，部分被困车辆陆续驶离。

据悉，11 月 3 日 23 时 14 分，4 名日籍游客和 1 名带队导游从北京门头沟方向登山到明残长城一带游玩，因暴雪在与北京相邻的张家口市怀来县瑞云观乡镇边城村横岭山明代残长城烽火台上被困。带队导游成功下山并报警。接到报警后，张家口市和怀来县先后组织三批救援队伍 150 余人前往救援。经过全力搜救，遇困游客 1 人生还，但由于暴雪来势之凶猛，其余 3 名日籍游客均罹难。

由于在此次降雪过程中，北京市气象台及时、准确发布暴雪预警并将预警信息及时送达给全市公众，将暴雪造成的损失和伤害降到了最低。

### （二）2011～2012 年自然灾害发生特点

据统计，2011 年各类自然灾害共造成：全国 4.3 亿人次受灾，1126 人死亡（含失踪 112 人），939.4 万人次紧急转移安置；农作物受灾面积 3247.1 万公顷，其中绝收 289.2 万公顷；房屋倒塌 93.5 万间，损坏 331.1 万间；直接经济损失 3096.4 亿元（不含港澳台地区数据）[①]。

---

① 民政部：《民政部国家减灾委办公室 1～9 月份自然灾害特点》，http：//www.mca.gov.cn/article/zrzh/2011。

2011 年自然灾害灾情较常年偏轻，因灾害死亡失踪人数下降 85%，因灾直接经济损失减少 2000 余亿元。但局部地区受灾严重，灾情主要呈现以下特点：

**1. 灾害频发连发，南方损失较重**

全国九成以上县（市、区）不同程度受灾。其中，四川、陕西、湖南、云南、贵州、湖北等省份由于受低温雨雪冰冻灾害、阶段性干旱、洪涝灾害影响，重复受灾、连续受灾，损失较为严重。

**2. 水灾旱灾并重，旱涝交织**

2011 年，全国各类自然灾害中属水旱灾害尤为严重：长江中下游部分地区出现旱涝急转，在经历连续干旱六个月后，遭遇 4 次强降雨过程，从而引发洪涝、滑坡、泥石流等灾害；华西、黄淮等地遭受严重秋汛灾害，由于降雨强度大、持续时间长，嘉陵江、汉江和渭河等流域出现超警洪水，严重影响了当地居民正常的生产生活。据统计，旱灾和洪涝灾害造成的直接经济损失分别占自然灾害总损失的 30% 和 40%，旱涝灾害交织影响严重。

**3. 台风损失偏轻，地震频发但伤亡人数减少**

2011 年先后有 7 个台风登陆我国大陆地区，因台风导致的死亡（含失踪）人口、倒损房屋数量均较去年减少八成以上。地震活动频繁，小震余震事件时有发生：大陆地区共发生 17 次 5 级以上地震，其中盈江县发生 5.8 级地震，遇难者 25 人，250 人受伤；印度锡金邦发生里氏 6.8 级强烈地震，我国西藏日喀则地区亚东、定结等 15 个县和山南地区 8 个县不同程度受灾，此次地震在西藏受灾地区共造成 7 人死亡、136 人受伤（重伤 4 人）。①

**4. 灾贫效应叠加，城市灾害凸显**

2011 年，全国受灾县中有 1900 多个县属于"老、少、边、穷"地区，占全国受灾县总数的七成以上。因灾造成的死亡（含失踪）人口、紧急转移安置人口、倒塌房屋数量超过 80% 分布于"老、少、边、穷"地区，灾害与贫穷叠加效应明显。另外，自然灾害对城市的影响再次凸显。汛期受短时强降雨影响，全国 130 余个县级以上城市进水受淹，北京、武汉、成都、杭州和南京

---

① 《直击西藏"9·18"地震灾区》，中国西藏网，http://www.tibet.cn/news。

等城市出现严重的内涝，给居民交通出行和日常生活带来严重不便，城市安全运行受到较大影响。

2012 年，各类自然灾害共造成 2.9 亿人次受灾，1338 人死亡（包含森林火灾死亡 13 人），192 人失踪，1109.6 万人次紧急转移安置；农作物受灾面积 2496.2 万公顷，其中绝收 182.6 万公顷；房屋倒塌 90.6 万间，严重损坏 145.5 万间，一般损坏 282.4 万间；直接经济损失 4185.5 亿元。造成直接经济损失的原因种类如图 1 所示。

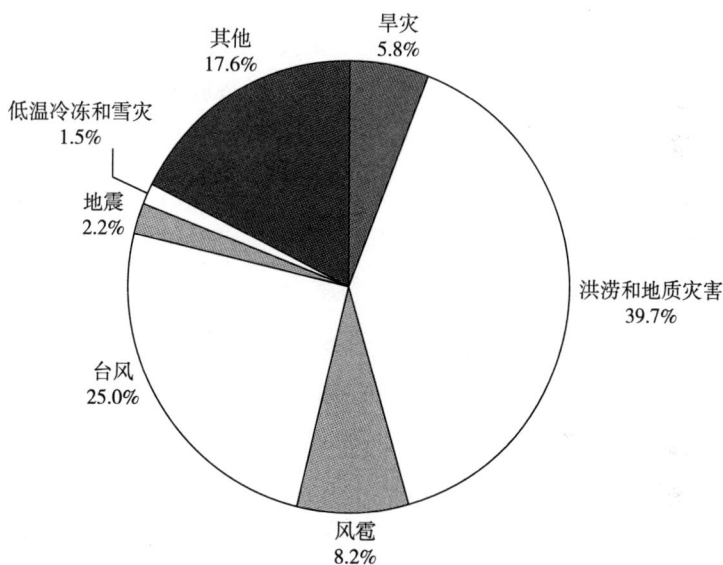

**图 1　直接经济损失**

资料来源：民政部国家减灾办公室权威发布 2012 年全年自然灾害直接经济损失。

总体上，2012 年我国自然灾害以洪涝、地质灾害、台风、风雹为主，干旱、地震、低温冷冻、雪灾、沙尘暴、森林火灾等灾害也均有不同程度发生，灾情较常年偏轻，但局部地区受灾严重。其中，四川、云南、甘肃、河北、湖南等省灾情较为突出。全年相继发生 "5·10" 甘肃岷县特大冰雹山洪泥石流灾害、6 月下旬南方洪涝风雹灾害、7 月下旬华北地区洪涝风雹灾害、8 月上旬 "苏拉" "达维" 双台风灾害、"9·7" 云南彝良 5.7 和 5.6 级地震等重特大自然灾害，给当地经济社会发展和人民生命财产安全带来较大影响。2012 年我国自然灾害主要呈现以下特点：

**1. 极端恶劣天气增多，雹洪灾害点多面广**

2012 年全国平均强对流日数 15.1 天，为 2007 年以来最多的年份，除上海外的 30 省（自治区、直辖市）和新疆生产建设兵团均不同程度遭受风雹灾害，共计 941 个县（区、市、旗）受灾，占全国县区总数的近三分之一，其中山东、新疆、吉林、甘肃、贵州、陕西等省（区）局部受灾较重。上半年，我国雹洪灾害造成死亡或失踪人数占因灾死亡或失踪总人数的 92%，房屋倒损间数占比在总间数的 70% 以上。

**2. 汛期造成全国性洪涝灾害**

2012 年 5 月至 7 月，全国大范围持续性暴雨造成全国大部分地区先后出现较强降雨过程，其中局地伴有短时雷雨大风和冰雹等强对流天气，导致北京、河北、山西、内蒙古、辽宁、吉林、黑龙江、上海、江苏、浙江、安徽、福建、江西、山东、河南、湖北、湖南、广东、广西、重庆、四川、贵州、云南、西藏、陕西、甘肃、青海、宁夏、新疆 29 省（自治区、直辖市）263 个市（自治州）1439 个县（市、区）和新疆建设兵团部分团场遭受洪涝、滑坡、泥石流和风雹等灾害。其中长江中下游地区和西南地区连续遭受多轮强降雨袭击，浙江、湖北、四川、湖南、贵州等省受灾较为严重。据国家减灾委办公室统计，暴雨洪涝风雹灾害造成 6794 万人次受灾，355 人因灾死亡，112 人失踪，238.3 万人次紧急转移安置，直接经济损失 632.6 亿元。

**3. 重复受灾情况严重，中西部灾情异常**

强降雨引发部分山丘区发生山洪、滑坡和泥石流灾害，造成严重人员伤亡。4～6 月，南方地区先后出现 18 次暴雨过程，山洪泥石流灾害造成大量人员死亡和失踪。江南、华南局部地区连续受灾：全国 1900 余个县（区、市）不同程度受灾，六成以上遭受 2 次以上灾害影响，近四成超过 3 次受灾；江西、湖南、广西、四川、云南、甘肃、新疆 7 省（自治区）因灾死亡或失踪人数占全国总数的近七成；紧急转移安置人次、倒损房屋数量和直接经济损失等指标占总数的五成以上。①

---

① 《民政部国家减灾委办公室 1～9 月份自然灾害》，民政部网，http：//www.mca.gov.cn/article/2011。

**4. 台风、地震频发，损失较去年同期减轻**

我国先后受到"泰利""杜苏芮"两个热带气旋影响，造成共有 7 个台风登陆我国大陆地区，影响区域从华南沿海延伸至东北地区、湖北、云南、四川等省，其中"杜苏芮"初始登陆时间接近常年同期，造成轻微损失。我国大陆地区共发生 10 次 5 级以上地震，全部在西部地区，其中新疆中强地震持续活跃，共发生 7 次 5 级以上地震，最高震级为 6 月 30 日新源县与和静县交界处发生的 6.6 级地震。

## （三）从案例分析看我国各级政府自然灾害危机管理

在 2011～2012 年中，面对自然灾害，各级政府和相关职能部门做到"准确预测，应急迅速，统一指挥，协同作战"，最大限度地保障人民的生命和财产安全。下面从 2011～2012 年重大自然灾害中政府所采取的灾害应急措施来看我国各级政府和职能部门的危机管理能力。

**1. 2011 年第 9 号台风"梅花"过境**

受 2011 年第 9 号热带气旋"梅花"影响，8 月 4 日以后，辽宁、上海、江苏、浙江、山东部分地区遭受大风和强降雨袭击，导致 5 省（直辖市）29 个市 183 个县（区、市）360 余万人不同程度受灾。

其中，山东中南部和半岛地区、辽宁中东部等地出现大到暴雨，山东半岛东部和辽东半岛南部 60～120 毫米，山东烟台、荣成和辽宁大连局地 130～184 毫米。松原、长春、四平、辽源、吉林、通化、白山地区大部、延边地区西部、长白山池北区有大到暴雨，局部地方大暴雨。此次台风波及地区范围之广，影响我国省份之多，受灾程度之严重都是近数十年罕见的。从"梅花"登陆到彻底结束对我国的影响，几乎我国绵长的海岸线上所有省份都不同程度遭受到它的侵袭，甚至连内陆地区都有所波及。"梅花"所到之处无一不给当地人民正常的生产生活带来严重阻碍甚至灾难性的打击。受灾各省市辖区均启动该地区应急救灾机制，努力抗击台风，积极进行灾后恢复工作。

（1）浙江省宁波市启动一级防台风响应

台风登陆后，浙江省宁波海事局立即启动台风一级应急响应：海事部门要求辖区内所有船舶进入航行值班状态，船长上驾驶台指挥；锚泊船备妥主机，掌握锚链的方向和受力情况，必要时使用车、船以减轻锚链负荷，防止走锚、断链，一旦发现走锚，在采取相应措施的同时，立即报告海事部门；停靠码头船舶备妥主机，并随时关注系缆、碰垫的情况，必要时使用车、船以减轻系缆负荷，防止断缆；冲滩避台船舶的船员应加强巡视，防止船舶移位、下滑；内河渡船、观光旅游船必须停渡停航。截至台风登陆次日在港避风船舶已达到2173艘（不包括渔船）。

在应急力量方面，宁波辖区现有应急救助拖轮35艘，可供调用的专业救助船艇4艘，另有22艘海事巡逻艇分布沿海和内河水域。海事部门密切关注"梅花"的动态，通过船舶交通管理中心加强对船舶的监控和信息联系，同时要求各船舶保持通讯畅通，及时向海事部门报告"抗台"情况。

由于台风在该区的影响力极强，宁波军分区在此次"抗台"中，首次使用了可以实现远程操作指挥的3G视频传输系统，这个设备主要由一个包含液晶屏、对讲功能的主操作界面和一个360°可遥控旋转的摄像头组成，可以实现远程操作，只要有人员到达前线，就能让指挥部直接目测到该地的所有海面情况，便于迅速作出整体决策和兵力调动。军分区通过无线网络传输，对象山一带重点防台风的港口码头进行了全程追踪监控。

宁波边防支队已经建立了同所在地政府同步的反应机制，保证最快速度作出反应。正式启动一级"抗台"预案以后，所有人员放弃休息时间，24小时在岗在位，除机动的突击人员和值班人员，所有警员到辖区一线，在各地各村进行巡逻，帮助加固危房、联系确定临时避灾点、动员群众及时撤离危险地段，加强沿海船舶管理，重点对沿海停泊船只、码头的安全检查，做好船只回港避风、在港船只加固等工作，并通过广播、短信、传单等方式，挨户对村民进行防范危险、应对积水等知识的宣传。

浙江边防总队海警二支队所属各海警大队、海警舰艇、边防派出所共派出6支陆上应急小分队和5艘舰艇，在各地帮助辖区渔民和群众开展"防台"准备工作。海警官兵通过广播、电台、电话、手机、对讲机和高音喇叭等各种通讯手段，向海上渔民及时通报台风最新动态，引导渔船安全进入锚地、渔港避风，劝导深水网箱、渔排养殖人员及时撤离上岸，加固危险堤坝和房屋，转移低洼地带人员和孤寡老人到避风点。

（2）江苏省海事局启动二级应急措施

"梅花"台风步步紧逼，南通海事部门全面启动灾害性大风防抗二级应急响应，迅速组织沿江沿海各类船舶撤离到安全水域避风。由于"梅花"台风的路径具有不确定性，海事部门要求系泊或锚泊的抗风能力小于 12 级的船舶到上游安全水域避风，小型船舶特别是危险品船舶到内河安全水域避风。小型船舶务必提前选择安全水域避风，切不可冒险航行，造成不必要的人员伤亡和财产损失。

与此同时，江苏省电力公司按照省政府相关紧急会议精神和国家电网公司各部门有关工作要求，做出四项部署。一是各供电公司应急抢修队伍要集中待命，领导带岗值班，在"防大风大雨、抗大灾"两方面双管齐下，落实各项应急准备工作，随时投入应急抢险。省公司电力调控中心、95598 供电服务中心及生技、基建、安监、物资等部门加强值班，掌握信息指导防灾抗灾。应急物资要配备到位，个人救生装备要发放到抢险人员。二是立即恢复重要无人值班变电站为有人值班。各地电网设备停止检修，进入全接线全保护状态运行。三是要在"安全"上下工夫，全力确保人身安全、设备安全，防止现场及次生灾害发生，把损失降到最低。要充分考虑到此次台风的强度、面临的难度以及困难，派出专业人员，深入泵站、高铁、核电、机场等重点枢纽，共同做好电力保障工作。台风可能登陆的地区要做好电网全停及黑启动等极端情况下的应急预案，做到科学防御，有序抢修，严防人身及设备的再次受损。四是要迅速组建抢修二级梯队，各市供电公司、省送变电公司等要组织好人员待命向发生灾情的区域增援。各相关供电公司按照部署立即启动防汛"抗台"预案，加强特巡、监测和防范，相关人员实行值班制度，全力以赴、认真做好防御强台风"梅花"的各项工作。

（3）辽宁省大连市应急救灾

大连市防汛抗旱指挥部当日接到台风登陆预警后，立即启动台风二级应急响应。在市防汛抗旱指挥部的统一指挥下，各地、各部门认真落实辽宁省委省政府、大连市委市政府防御 9 号台风的总体部署，及时处置突发事件，"防台"工作紧张有序，实现了"不死人、少损失"的既定目标。

大连市共转移群众 18750 人，其中城区共转移了 9460 人，地质灾害易发区转移 9290 人。另外，渔业"防台"防汛部门组织全部 29657 艘渔船转移上岸、进港避风或海上锚泊。全市集结各级抢险队伍共计 52114 人，其中预备役水面抢险救援分队在台风来临前，携带抢险船只、器材和市级防汛抢险物资，奔赴庄河市、普兰店市等地驻扎，并参与到当地工程除险加固工作中。

次日，市防汛抗旱指挥部下发通知，要求各地区、各单位要抓紧做好灾情核查工作，发生灾情的地区，要抓紧按照洪涝灾害统计报送的有关规定核实灾情并报市防办。各级政府按要求组织受灾群众恢复生产和生活：①立即组织受灾群众开展生产自救，抓紧做好受淹果园、农田、大棚等的排涝工作，力争把损失降到最低水平；②组织开展城乡防汛安全隐患排查工作，特别要做好城区的易滑坡山体、高挡土墙和农村的小型水库的隐患排查，发现问题，及时处理；③抓紧修复水毁的水利工程、交通设施、沿海防潮堤、挡土墙等，确保后期的度汛安全；继续做好各类水库的安全管理和防洪调度；④鉴于各类水库仍处于高水位运行状态，各级防汛部门要继续按照"防大汛、抗大洪"的要求做好安全度汛工作。各级防办要继续加强值班，做好雨情、水情监测预报，做好信息报送工作。

### 2. 西藏"9·18"地震

2011 年 9 月 18 日晚，受印度锡金邦 6.8 级地震影响，西藏日喀则、山南地区 18 个县的群众房屋及农村部分基础设施遭到了不同程度的损坏，其中，亚东县受灾较为严重。地震造成亚东县供水、供电、交通、通信一度全部瘫痪，地面开裂，大面积房屋受损，并造成人员伤亡。由于严重的山体滑坡，亚东县通往外界的主要公路一度中断，其他包括学校、农村沼气池及寺院等设施均出现不同程度损毁。此次地震在西藏受灾地区共造成 7 人死亡、136 人受伤（重伤 4 人），23450 户的 11.457 万人受灾，共紧急转移安置受灾群众 31321 人。

灾害发生后，胡锦涛、温家宝、贾庆林等中央领导同志十分关心灾区群众的生产生活，就做好抗震救灾工作作出了重要指示：

（1）紧急部署

灾情发生后，自治区党委书记陈全国、自治区主席白玛赤林第一时间作出部署，要求迅速组织各方力量开展抢险救灾工作，把救人放在抢险救灾工作第一位，尽最大努力减少人民生命财产损失。西藏立即启动地震灾害应急预案，有关部门各司其职、各尽其责，保证抗震救灾工作有序进行；中国地震局根据《国家地震应急预案》，启动二级应急响应。①

19 日下午，西藏军区紧急召开常委会，专题研究部署抗震救灾工作。经过 6 个多小时的跋涉，白玛赤林率自治区有关部门负责同志迅速赶赴受灾最为严重的亚东县，察看灾情、看望慰问灾区群众、指导抗震救灾工作。21 日上午，由西藏、四川、云南、天津等省市地震部门组成的地震现场工作队 24 人，分 6 个小组深入亚东、岗巴、定结 3 个县 50 余个调查点开展震害评估工作。

（2）抢险救援

9 月 18 日晚，地震发生后，黑龙江省第四批援藏工作队援藏干部立刻自觉地投入到抗震救灾工作中。日喀则地委副书记、行署常务副专员李耀东在地震发生后第一时间组织援藏干部集结待命，并与日喀则地委主要领导取得联系，将援藏干部编入各个单位工作组。同时，向西藏日喀则地区转达了黑龙江省委、省政府指示，要求黑龙江省第四批援藏工作队听从当地党委指挥，全力投入到抢险救灾工作中。由于严重的山体滑坡，亚东县通往外界的主要公路一度中断，经该批援藏官兵连夜抢修，于 19 日上午恢复通车，通讯信号也在 19 日上午 11 时左右恢复。自治区广大武警官兵在第一时间派出专业救援力量。第一批救援官兵从接到命令到出发救援，仅仅用了 7 分钟时间。日喀则消防支队亚东消防大队迅速出动 14 名官兵、2 台救援车辆，对大队营区附近的下司马镇、下亚东乡开展生命搜救，进行生命救援。灾后数日之间，千余名官兵在灾区集结，协同作战，震后救援工作紧张而有序的展开。

（3）物资救援

西藏当雄地震发生后，民政部认真落实抗震总指挥的部署和方针，迅速启动应急预案，实施多项救助管理措施，最大限度保障灾区群众的基本生活需求：①迅速调拨运送救援物资。震后第一时间，各种救灾物资就源源不断地运往灾区，被及时发放到受灾群众手中，抗震救灾工作取得阶段性胜利，受灾群众得到及时有效安置。截至 9 月 25 日：日喀则地区民政部门共向地震灾区调

---

① 熊裕华：《西藏"9·18"地震抗震救灾工作纪实》，《西藏日报》2011 年 10 月 3 日。

拨帐篷 4561 顶、矿泉水 3100 箱、糌粑 15 吨、棉被 3300 床、棉衣裤 3000 套；共接受党政机关、企事业单位和社会各界捐款 1442936.3 元和各类物资。②制定实施灾后救助政策。自治区出台了转移安置受灾群众冬季基本生活补助办法，支持灾区恢复重建若干政策，灾后民房恢复重建、地质灾害防治、救灾资金物资管理办法等扶持政策和措施。对转移安置的受灾群众，在转移安置期间按每人每月 300 元的标准发放生活补助；根据灾区需要安排各种救灾物资，确保灾区群众有饭吃、有水喝、有衣穿、有地方住、有病能够得到及时医治，基本生活有保障。对倒塌和严重损毁需要重建的民房，边境灾区（以县为单位）每户补贴 6 万元，非边境灾区每户补贴 5.8 万元；对中度受损的民房，边境灾区（以县为单位）每户补贴 1.6 万元，非边境灾区每户补贴 1.4 万元；轻度受损的民房，由保险公司按照有关规定赔付；受灾群众重建民房贷款执行扶贫贴息贷款利率政策，城乡居民重建民房贷款实行信用贷款，对受灾前未能清偿的农牧民实施安居工程和城镇居民贷款根据本人意愿或偿还能力给予展期（往后推延预定的日期或期限）[1]。③组织开展救灾捐献活动。地震发生后，自治区住房和城乡建设厅干部职工开展为"9·18"地震受灾群众捐款活动，该厅 113 名干部职工共为灾区捐款 21050 元。自治区农科院举行向地震灾区捐款活动，广大干部职工踊跃捐款，共为灾区群众捐款 71650 元。自治区环境保护厅积极响应自治区党委、政府的号召，充分发扬"一方有难、八方支援"的传统美德，发动广大干部职工为地震灾区捐款 2.4 万元。截至 9 月 30 日，全区各级民政部门共接受社会各界现金捐款 8751780 元，物资捐赠折款 2149100 元。

（4）灾后重建政策

自治区政府按照"科学规划、因地制宜、分类指导、公助民建、经济适用、安全可靠"原则，制定重建工作方案；按照"集约节约用地、方便生产生活"的要求，加强重建工作规划指导，统筹安排道路、水、电、环卫、通信、广播电视、村级活动场所等基础设施；按照"经济可行、安全适用、方便施工"的要求，科学设计、规范施工，提高房屋的抗震能力。西藏自治区

---

[1] 熊裕华：《西藏"9·18"地震恢复重建政策出炉》，《西藏日报》2011 年 10 月 9 日。

副主席多吉泽仁要求，农业银行西藏分行要充分发挥县及县以下网点贴近农牧民群众的优势，尽快出台抗震救灾贷款实施细则；西藏银监局要为银行业金融机构支持灾区重建和恢复生产创造宽松的监管环境。与此同时，地震损毁的基础设施、公益性设施和其他建筑物，按照"行业归口、分工负责"的原则，纳入自治区统一规划，由自治区行业主管部门提出重建方案，区发展改革委统筹协调，结合自治区"十二五"规划，先期安排实施。此外，地震发生后，辖区金融机构积极开展抗震救灾金融服务工作：受地震影响灾区当地银行迅速恢复营业，确保了灾区现金供应、支付结算等金融服务有序开展；保险业采取简化理赔程序和环节，开辟绿色理赔通道等措施，做好抗震救灾理赔服务。西藏自治区财政、扶贫等部门也出台了针对抗震救灾、恢复生产等活动的贷款实行扶贫贴息贷款等优惠政策。

### 3. 2012 年 "7·21" 北京特大暴雨灾害

2012 年 7 月 21 日，北京城遭遇当年以来最大的雨，总体达到特大暴雨级别。一天内，市气象台连发五个预警，暴雨级别最高上升到橙色。其中，最大降雨点房山区河北镇达到 460 毫米，是重灾区。暴雨引发房山地区山洪暴发，拒马河上游洪峰下泄。此次降雨过程导致北京受灾面积 16000 平方公里，成灾面积 14000 平方公里，全市受灾人口 190 万人，其中房山区 80 万人；城市道路大面积瘫痪，航班延误致取消 400 架次，地铁三条线路中断运行；全市共转移群众 56933 人，其中房山区转移 20990 人；发生两起泥石流灾害。据统计全市经济损失近百亿元，造成 79 人遇难。

在 "7·21" 特大自然灾害中，房山是重灾区。房山区区长祁红表示，据初步统计，全区 25 个乡镇（街道）均不同程度受灾，受灾面积基本覆盖全区，灾情严重地区近千平方公里，受灾人口达到 80 万人。此次特大暴雨造成的直接经济损失超过 50 亿元。

（1）国务院工作组指导救灾

受国务院领导委托，7 月 26 日，民政部部长李立国率国务院应急办、国家发改委、教育部、民政部、财政部、国土资源部、住房和城乡建设部、交通运输部、水利部、农业部、卫生部和气象局等 12 部门组成的国务院救灾工作组，赶到北京市房山区周口店镇和城关镇洪涝灾区，实地查看受灾情况，慰问受灾群众，研究进一步加大救灾工作支持力度的措施。

（2）北京市委市政府指挥部署救灾工作

市委书记郭金龙召开应对"7·21"强降雨专题会议，对防汛抢险工作提出明确要求：一是要以人为本，安全至上，千方百计组织好受灾群众安全转移；二是要充分发挥党员干部先锋模范作用，共产党员要站在一线；三是与解放军、武警官兵并肩作战，共同做好抢险、救灾工作；四是要做好群众转移安置工作，保证群众有饭吃、有水喝；五是做好灾后恢复和消毒防疫工作。

市委副书记王安顺、吉林，市委常委牛有成，副市长苟仲文等市委市政府领导连夜冒雨涉险，进入灾区一线，指挥群众安全转移和抢险救灾工作。

（3）房山区区委干部第一时间赶赴重灾区指挥

房山区政府在灾后第一时间组织抢险救灾工作。区委区政府立即组织10多万人赶赴抢险救灾第一线参与救援，包括近3000名驻区部队官兵、公安干警、武警、消防官兵等专业救援力量，3.7万名共产党员，5万多名干部群众，出动大型机械设备1500余台（辆），冲锋舟30只，投入水泵64台，发电设备140台，编织袋23.8万条，编织布1万平方米，挡水设施2000米，砂石料156万立方米，救生衣160件，油料310吨。[①] 房山区区长祁红表示"截至7月24日白天，全区没有一人因没有转移而伤亡"，随后祁区长补充说道："下一步，房山区将对伤亡人员家属和受灾群众进行安抚，继续做好灾情统计和赈灾工作，尽快让受灾群众恢复正常的生产生活。"

（4）北京市各岗位救援任务顺利完成

据统计，全市参加本次强降雨应对人数为16万余人。其中：解放军出动兵力2300人，武警部队出动兵力890人；市重大办共出动巡查人数2100人；市住建委共出动2740人，检查平房6818间，楼房2127栋；市交通委出动2万余人，抢险车辆2000余台；市交管局出动警力4068人；城市排水集团、自来水集团等城区各应急排水队伍共出动抢险人员1.2万余人，出动道路巡查车辆610套，累计排水近140万立方米；市电力公司共出动抢险队伍4300余人，对189个防汛重点设施的供电线路进行看护；市属河道管理单位出动抢险巡查

---

① 《北京暴雨多处民房倒塌　房山区雨量近五百年一遇》，http：//news. sina. com。

人员 5200 人。①

（5）市委市政府细致的善后和重建工作

特大暴雨灾后，北京"7·21"特大暴雨山洪泥石流灾害遇难者总人数达到 79 名。7 月 26 日，北京市公布了身份已经确认的 66 名遇难者名单，公布遇难者名单被公众视为"是一次极其可贵的进步"。与此同时，北京市有关部门决定，在全市范围内发起为"7·21"特大自然灾害救灾捐款活动，以实际行动参与到救灾工作中来。截至 7 月 28 日下午 5 时，北京房山区累计接受捐款 3280 万元。房山区民政局表示，资金与物资主要来源是市政府划拨与社会捐赠，截至 28 日下午 3 时，房山区累计发放救灾物资价值 2414 万元。为满足灾民的基本生活需求，北京市红十字会工作人员已分 6 组，前往房山区、门头沟区、通州区、丰台区、密云县、平谷区等 6 个受灾区县，将紧急购置的生活必需品——米（25 公斤）、面（25 公斤）和食用油（4.5 升）各 8000 份发放到灾民手中。

7 月 26 日，北京启动"7·21"特大自然灾害安置房建设，确保在 10 天内完成受灾群众临时住所的搭建，8 月 5 日前入住。北京市住建委房屋灾后恢复重建指挥部透露，在已选定 59 个安置点的位置，建设总量为 6783 间安置周转房，总建筑面积 126894 平方米。

## 二 公共事故与危机管理

### （一）2011～2012 年公共危机事件总体回顾

#### 1. 抢盐事件

2011 年 3 月 11 日，日本东部海域发生里氏 9.0 级地震，导致福岛核电厂一、二、三、四号机组的接连爆炸。就在人们为国内核电设施的安全问题未雨绸缪的时候，"核污染导致食盐停产"的谣言也悄无声息地占据了各种网络社区和居民社区。3 月 16 日起，中国各地忽然爆发市民抢购食盐"盛况"，北京一箱 40 多元的食盐卖到 600 元。许多超市食盐销售一空，一些地方一度发生

---

① 《北京市召开"7·21"强降雨新闻发布会》，http：//blog.sina.com。

食盐脱销，有些没有抢到盐的群众甚至把手伸向了酱油、榨菜等含盐食用品。

抢盐事件发生以后，中国政府在第一时间作出果断决策，国家发改委、工信部、环境保护部、国家核安全局、中国盐业总公司等部门迅速做出反应，各级各部门及时公布事态真相，出台稳定盐价、打击炒作的各项措施。同时，中国盐业总公司启动应急工作机制，要求各地盐业公司确保食盐市场安全供应。

各地方政府一方面通过召开新闻发布会等形式，及时辟谣、普及常识；另一方面，针对个别地方出现的暂时脱销情况，及时调度、保证供应。价格部门还加大了监测力度，以防不法分子哄抬盐价；海洋部门则通过采样化检来核实中国沿海未出现污染迹象。

总体而言，从中央到地方，各级政府对此次事件的应急处理坚决有力、果断及时，有效杜绝了发生大规模社会波动的隐患，及时恢复了食盐价格的正常水平，展现了一个崛起中的大国应有的应急管理水平。

较之危机发生后的善后处置，政府部门在危机发生前的预防控制方面显得忧患意识不足。事实上，在 3 月 15 日"谣盐"案发生前几天内，民间已经出现了一些谣言蓄势、恐慌待发的迹象，资本市场也已经迅速展开炒作"抗震概念"（以杭萧钢构、包钢股份和雅致股份等上市公司为代表）的凌厉攻势。[①] 如果相关部门能够见微知著，迅速将关注点从诸如地震对经济走势的影响之类的宏大命题，转向类似于如何有效防止不法分子趁火打劫之类的现实问题，并立刻采取行动防患于未然，那么，就有可能避免发生"盐王爷"浑水摸鱼的闹剧。

### 2. 深圳清理"高危人群"

2011 年 4 月 10 日下午，深圳警方召开新闻发布会，公布大运会安保"治安高危人员排查清理百日行动"所取得的战果。据深圳市新闻发言人介绍，在此前的 100 天里，共有 8 万余名"治安高危人员"被清出深圳，该发布会迅速引发舆论关注，舆论普遍质疑该政策是否侵犯人权，是否涉嫌挤压外地人的生存空间，是否会因为执行标准模糊而放大了执法者的自由裁量权。

针对相关质疑，深圳警方借助《人民日报》给予一一回应，同时表达了

---

① 孙勇：《"谣盐"案警示政府危机管理》，《证券时报》2011 年 3 月 21 日。

对政策的坚持：称"治安高危人员"尺度清楚，并非一般的"有前科""精神病人"和"无业"人员，排查清理应是治安基础管理的常态工作；"高危人员"是自行离开，未采取强制遣返或驱赶离开举动。深圳警方此次回应借助权威媒体，对舆论质疑的焦点予以有针对性的解答，不仅展现了深圳直面问题的勇气，也对政策的持续性表示了坚持。但"自行离开"的说法难以服众，反而引发了公众"被高危"的担忧，舆论依旧以负面为主。①

6月1日傍晚，在相关媒体记者多次要求采访受到拒绝后，深圳市公安局新闻发言人助理、宣传处处长于天对记者说，警方不想做出任何回应，深圳公安机关会"按照既定方针"，继续搞好大运会的安保工作。警方不回应的态度加重了网友"公权力傲慢"的印象，对深圳乃至大运会的批评之声甚嚣尘上。

此后，东莞警方开始抱怨深圳"清危"殃及池鱼。众所周知，东莞毗邻深圳，自然首当其冲，成了"高危人员"最先进驻的地区。尽管如警方所言，"无证据"证明东莞治安变差与该政策有关，但仍不可否认的是深圳清理"高危人群"给东莞带来了压力。面对指责，深圳毫无回应，被批"鸵鸟政策"，饱受诟病。

时隔一个多月，广东省委常委、深圳市委书记王荣在出席"全国卫视看大运"、"全国都市类报纸总编深圳大运行"、全国网络媒体深圳大运会媒体见面会上做出了不逃避、不掩饰的坦诚表态，他指出，"一个重大活动在一个城市举办，确实对现存的一些管理办法和一些秩序会带来冲击，所以每个城市赛事期间或者活动期间的一些管理政策做出一些调整。深圳举办大运会，在安保和城市管理方面，确有必要采取非常管理措施"，"如何争取市民的理解和参与，确实有方式方法问题，也有对工作的程度把握问题"。此外，王荣也谈到，"不扰民"是安慰话，"少扰民、不扰民"才是工作的目标，这也是不粉饰问题的务实态度。王荣还表示，"对一些不切实际、严重扰民的做法，已经给予了批评"，并将虚心接受批评，把这些质疑作为改进工作的动力。此番应对，相比之前有较大进步：首先，作为深圳市最高领导，王荣书记的回应表现

---

① 《深圳警方排查清理"治安高危人群"行动》，人民网，http://yuqing.people.com.cn/GB/212786/15178030.html。

出深圳市对清理"高危人群"及其评价高度重视的姿态；其次，王荣书记的表达方式更妥帖、表达内容更完善、表达效果更显著，诉说政策制定动因、真诚表达歉意、明确改进方向，穿成了一条完整而又合乎逻辑的链条。当然，如果这种表达能够做到更加及时、适时，效果无疑会更好。

总结起来：在该事件的初次应对中，深圳警方积极借助权威媒体，发出自己的声音值得借鉴；在事件的中期应对中，"鸵鸟政策"以及始终缺乏对民意的充分尊重使其初次应对前功尽弃；在事件的后期应对中，高层领导的诚恳回应虽然一定程度上淡化了该事件的负面影响，但总体而言，不会完全抚平舆论上的创伤。由此不难看出，危机的事后管理功在疗伤，多多少少会经历灼痛，而如果能做好危机的事前预防，则会将病因杀死在萌芽中，防患于未然。

**3. 故宫失窃案**

2011 年 5 月 10 日，在多个论坛和微博上，出现故宫内物品失窃的消息。随后，北京警方证实了这一消息。5 月 11 日，北京故宫博物院开通的实名微博更新内容称，故宫博物院与香港两依藏博物馆将共同召开媒体通气会，通报有关《交融——两依藏珍选粹展》展品失窃信息。新闻发布会上，故宫博物院就此前发生的故宫部分展品失窃向社会及出席发布会的香港两依藏博物馆馆长王夏虹鞠躬致歉。

客观而言，故宫博物院从事件曝光后到文物追回前的种种反应中规中矩，没有明显瑕疵。

11 日晚 19 时 40 分左右，涉嫌北京故宫展品失窃案的嫌疑人石柏魁被警方于北京市丰台区一家网吧内控制，警方从其住处找回部分北京故宫被盗展品。随后，故宫博物院副院长纪天斌等相关负责人来到北京市公安局赠送锦旗，对市公安局迅速破获故宫博物院展品被盗案表示感谢。

如果此事到此为止，那么锦旗致谢可以称得上是一件表现诚心之举、收买民心之举。然而，事与愿违的是，部分网友在微博上对写有"撼（捍）祖国强盛，卫京都泰安"的锦旗上的"撼"字表示不理解。当晚，故宫相关负责人就此表示，"撼"字没错，显得厚重。饱受三天的骂声后，故宫博物院发出致歉信，称锦旗系院保卫部门负责联系、制作，由于时间紧，从制作场地直接将锦旗带到赠送现场，未再交院里检查。这一名为致歉实为推责的论调显然不能博得网民谅解，直至 8 月 19 日，故宫博物院院长郑欣淼接受新华社专访时才表示"'错字门'根源还在院领导"。

故宫失窃案只是其所面临的连环危机中的一环，随后，"会所门"等丑闻接踵而至。我们不敢妄言故宫失窃案是整个连环危机的罪魁祸首，但可以肯定的是，应对此事时的迟缓、被动、粗心、狡辩大大削弱了其本就微弱的话语权。

### 4. 郭美美引发中国红十字会危机

2011 年 6 月 21 日晚，郭美美引发关注。年仅 20 岁的郭美美（曾用名：郭美玲），在微博上展现她的奢华生活：别墅、一个人开兰博基尼、玛莎拉蒂、Minicooper 三辆豪车、放满整个柜子的爱马仕、香奈儿手包、参加超级跑车嘉年华、飞来飞去的都是头等舱。事实上，比她富有、时尚的大有人在，比她喜欢炫耀的也不乏其人，大陆经济迅速发展的这些年，民众一路看多了类似的炫富行为，已经见怪不怪、波澜不惊。换言之，郭美美过着怎样的生活并不重要，重要的是她的这种奢华和炫富，是否是正当所得。当奢侈品与中国红十字会商业总经理的头衔衔接在一起的时候，公众的遐想便很容易从个体生活向公共领域延展，底层公众积攒已久的愤怒被激发了，而这些，正是郭美美激发轩然大波的根源所在。

此事一出，一石激起千层浪，站在浪尖上的是号称全国最大慈善组织的中国红十字会。其实，中国红十字会应对这场危机的最佳途径是用妥帖的方式明确回答几个备受网民关注的问题。

郭美美自述"自己所在的公司与红十字会有广告投放合作关系，简称红十字商会"，引发了网民的猜想和质疑，随后曝出的两张照片：中国商业系统红十字会纪念成立 10 周年的合照和郭美美在飞机上的自拍照，将中国红十字会的高层领导——副会长郭长江卷进了是非漩涡。此时此刻，中国红十字会亟需解释清楚郭美美与中国红十字会及中国红十字会副会长郭长江是什么关系。

对此，中国红十字会政策法规处处长丁硕在微博上正式辟谣，声明郭长江副会长没有女儿，从未开过微博，也没听说过红十字会有医疗车。与此同时，中国红十字会专门就此事在官网上发布了一个声明，表示中国红十字会没有红十字商会的机构，也没有设立商业总经理的职位，更没有一个工作人员叫郭美美。

在寻找简称"红十字商会"的企业未果后，网民将目光转移至一个名称相似且的确存在的机构——中国商业系统红十字会，多名网友及一些媒体的官方微博先后发布消息，认为商业系统红十字会曾指定深圳天略集团做劝募并与其分成。

就此，丁硕回应：中国商业系统红十字会是在全国商业系统建立的一个行业红十字会组织，与之类似的还有铁路系统红十字会、各院校的红十字会等；中国商业系统红十字会不是红十字商会，他们也没有开展所谓的劝募活动。24日，中国红十字会再次通过官方网站对此事件进行郑重声明，中国商业系统红十字会、天略控股集团有限公司也发表了相关声明，对以上质疑逐一否定。27日，中国红十字会新闻发言人王汝鹏接受中国广播网专访，承认商业系统红十字会成立十年来未获法人资格，并称商业系统红十字会的主管部门是商业联合会，中国红十字会对它是一种指导性的关系。

针对此事发生以后的诸多质疑，6月28日下午2点半，中国红十字会在总部召开郭美美事件媒体通报会，通报会指出：红十字会副会长郭长江没有叫郭美美的女儿，也没有叫郭子豪的儿子，从未使用过博客或微博，网络上流传的郭长江佩戴百达翡丽手表照片，是无中生有。在现场参加通报会的郭长江说，他本人从来没有佩戴过这种手表。通报会上，中国红十字会常务副会长王伟还着重强调了红十字会的非商业性。

就在中国红十字会一遍遍重复着各种声明的时候，网友挖出了北京王鼎咨询有限公司、中红博爱公司、北京中谋智国广告有限公司、北京天略盛世拍卖有限责任公司等与商业系统红十字会剪不断理还乱的关联关系。中国红十字会屡次"严正声明"，称"红十字商会"和"郭美美"属子虚乌有，却并不解释商业系统红十字会与有关企业的关联，更刺激了舆论的质疑升级。

面对这一轮蜂拥而至的诘问，先是由商红会有关负责人向媒体表示，商红会所有相关机构、公司一律和郭美美无关，后有商红会副秘书长、王鼎公司的副总经理李庆一向媒体提供的一份名为《王鼎公司与商业系统红十字会的来龙去脉》的说明函件，再有中国红十字会发表声明：邀请审计机构对中国商业系统红十字会成立以来的财务收支进行审计，商请中国商业联合会成立调查组，调查媒体所反映的中国商业系统红十字会运作方式问题，并暂停中国商业系统红十字会的一切活动。

12 月 31 日，中国红十字会公布了对商业系统红十字会调查处理情况的通报，通报除了决定撤销商业系统红十字会，再一次重复了之前的严正声明。

时至今日，虽然郭美美事件渐渐淡出舆论焦点，但该事件给中国红十字会带来的信任危机后遗症却远远没有痊愈，其中一个显性证据便是各地红十字会捐款额的锐减。以北京市为例，北京市红十字会公布 2011 年 7 月份共接受社会捐款 28 笔，总计 154404.86 元，其中个人捐款 8 笔共 7495 元，较往年大幅减少。捐款中，排在首位的首钢总公司工会捐赠 12 万元，占 7 月份全部捐款的 78%，排在第二位的是北京市红十字会党员干部，捐款额为 13965 元。

### 5. "7·23"甬温线特别重大铁路交通事故

2011 年 7 月 23 日 20 时 30 分 05 秒，甬温线浙江省温州市境内，由北京南站开往福州站的 D301 次列车与杭州站开往福州南站的 D3115 次列车发生动车组列车追尾事故，造成重大人员伤亡。

事故发生后，胡锦涛、温家宝、周永康、张德江等中央领导分别作出重要指示，指出第一位的任务是救人，铁道部要全力以赴，地方要组织公安、卫生等力量全力支援，要查明事故原因，妥善做好善后工作。[①]

铁道部部长盛光祖立即赶到铁道部调度指挥中心现场指挥，并指派副部长胡亚东率领工作组赶赴现场指导救援工作。中共浙江省委副书记、浙江省省长吕祖善率领有关部门负责人紧急赶赴温州事故现场，浙江省副省长、温州市委书记陈德荣也亲临事故现场指挥救援。

早前，温州军分区、武警、消防官兵迅速到达现场投入救援。此外，浙江省卫生厅火速组织由浙医一院、浙医二院、省人民医院、台州医院四家医院组成的四支医疗队赶往事故现场，开展医疗救援，浙江省血液中心也已做好充足准备，确保救援用血。

上海铁路局局长龙京、党委书记李嘉立即赶赴现场，组织铁路干部职工，

---

① 《胡锦涛温家宝等中央领导就动车脱轨事故作出指示》，人民网，http：//politics. people. com. cn/. html。

迅速展开伤员救治和事故救援，做好滞留旅客的服务和转运工作，发生事故列车的旅客被转运到温州南站。

受胡锦涛总书记、温家宝总理委派，国务院副总理张德江率有关部门负责同志赶赴温州，指导"7·23"甬温线特别重大铁路交通事故救援、善后处理和事故调查工作。当天，成立事故救援和善后处置工作指挥部，由浙江省省长吕祖善任总指挥，铁道部部长盛光祖任副总指挥。成立国务院"7·23"甬温线特别重大铁路交通事故调查组，由国家安全生产监督管理总局局长骆琳任组长。①

铁道部党组织 24 日决定，对发生"7·23"甬温线特别重大铁路交通事故的上海铁路局局长龙京、党委书记李嘉、分管工务电务的副局长何胜利予以免职，并进行调查。同时，铁道部总调度长安路生被调任上海铁路局局长。

24 日 22 点 43 分，"7·23"甬温线特别重大铁路交通事故发布会召开。铁道部新闻发言人王勇平在发布会现场公布了伤亡数据。

7 月 25 日，经国务院"7·23"甬温线特别重大铁路交通事故调查组研究决定，相关部门将遗留在现场的事故车辆移送至温州西站，作进一步调查处理。

截至 26 日 10 时，"7·23"甬温线特别重大铁路交通事故所有遇难者身份都已得到确认，事故善后赔偿工作也有条不紊地展开。

28 日，国家安监总局在其网站公布国务院"7·23"甬温线特别重大铁路交通事故调查组组成人员名单。国务院"7·23"甬温线特别重大铁路交通事故调查组组长骆琳说，"7·23"事故原因调查全面展开，调查结果争取于 9 月中旬向社会公布。

7 月 28 日 10 时许，温家宝总理来到温州，察看了"7·23"甬温线特别重大铁路交通事故现场，悼念遇难者，并看望受伤人员，对伤亡人员家属表示深切慰问，并与中外媒体记者见面。

8 月 5 日，"7·23"动车事故救援善后总指挥部公布了事故受伤旅客赔偿

---

① 《张德江指导 7·23 甬温线特别重大铁路交通事故救援　宣布成立国务院事故调查组》，新华网，http://news.xinhuanet.com/politics/2011-07/24/c_121713651.htm。

救助方案。

8 月 10 日，国务院总理温家宝主持召开国务院常务会议，决定调整、充实国务院"7·23"甬温线特别重大铁路交通事故调查组和专家组，以提高调查工作的权威性和公信力。

9 月 20 日，国务院"7·23"温州动车事故调查组在公布了事故调查的进展情况后，初步认定这次事故既有设备缺陷和故障的原因，又有设备故障后处置不力和安全管理等方面的问题，是一起特别重大责任事故。

12 月 28 日，国务院总理温家宝主持召开国务院常务会议，听取"7·23"甬温线特别重大铁路交通事故调查情况汇报。汇报中指出，事故造成 40 人死亡、172 人受伤，中断行车 32 小时 35 分，直接经济损失 19371.65 万元。

"7·23"甬温线特别重大铁路交通事故虽已渐渐淡出人们视野，但其敲响的铁路安全警钟依然长鸣，血淋淋的沉痛教训发人深省，各个部门应对危机时的是非得失同样值得人们深思。在事故发生及事故处理期间，中央层面、地方基层、铁道部门表现出了不同的危机管理方式和危机管理能力。客观来讲：中央政府在应对事故时反应有速度、领导有力度、方向有准度、善后有温度，展现了临危不乱的应急意识和统筹全局的掌控能力；事故发生地浙江省、温州市既有官方行动，又有民间自救，既有前线救援，又重有善后保障，尽到了应尽职责；作为直接负责铁路运输的铁道部门则在整个过程中暴露出了诸多问题，如信息发布不及时、不妥当，对社会关切的问题回应不及时，应急处置经验不足，等等。

### 6. 上海地铁 10 号线追尾事故

2011 年 9 月 27 日 14 点 10 分，上海地铁 10 号线因信号设备发生故障后，交通大学站至南京东路站上下行区间采用人工调度的方式，14 点 51 分在豫园往老西门方向的区间隧道内发生了 5 号车追尾 16 号车的事故。

事故发生以后，上海地铁通过官方微博就 10 号线追尾一事致歉，地铁运营公司立即启动应急预案。同时，立即疏散乘客、救治伤员，引导乘客由列车两头区间门经隧道两头疏散到老西门站和豫园站，安排、组织施工人员进入隧道区间，抢修受损列车和设备。地铁方面调整了 10 号线运营方式，并在第一时间通过上海地铁网站、微博、电视台直播、地铁显示屏等告知乘客和市民，引导乘客换乘其他线路和交通方式出行。15 点 40 分，两列车上的乘客均已疏散完毕。16 点，16 号车驶离事故现场。17 点 55 分，5 号车完成抢修救援，驶离现场。

120 急救中心迅速调动 62 辆救护车赶往现场，事发地附近医院迅速打开绿色通道，组织好专家、安排好接诊床位，确保在第一时间救护伤员。事发后，救护车就近将需要就诊的乘客送往第九人民医院、曙光医院、瑞金医院、长征医院、黄浦区中心医院、上海市第二人民医院、卢湾区中心医院等 7 家医院进行救治。

上海交港局启动应急预案，要求 10 号线沿线 40 条公交线路所属企业及时增派 200 辆公交车辆投入运营，以保障市民下班晚高峰交通出行，上海交警部门全员上岗，参与疏导交通，应对晚高峰可能出现的拥堵问题。

中共中央政治局委员、上海市市委书记俞正声在获悉事故消息后，第一时间来到位于中华路复兴中路口的抢险现场指挥部，要求全力以赴抢救伤员，并切实维护好其他线路的运行安全，严格按照操作标准，一丝不苟保持正常的运营秩序。刚刚结束国外访问的市委副书记、市长韩正返抵上海后，直接从机场赶赴 10 号线事故现场了解情况，要求相关部门全力以赴抢救伤员，抓紧调查事故原因。

在地铁 10 号线老西门站，俞正声、韩正等市领导听取了事故发生过程的情况介绍，了解正在采取的处置措施。要求尽快成立事故调查组，查明事故原因，一定要在完全排除安全隐患后，在确保安全的情况下，再恢复地铁 10 号线的运营。俞正声、韩正还分别前往市第九人民医院和瑞金医院看望伤员，安慰大家安心接受检查和救治。

27 日下午，上海市成立由市安监局牵头的调查小组，由上海市建交委、交通港口局等部门以及独立第三方参加，下设专家组、综合组、技术组、管理组。同时，上海市交通港口局牵头，会同申通地铁集团等单位，做好事故的善后工作。①

---

① 《上海已成立地铁十号线事故调查组》，新华网，http：//news. xinhuanet. com/politics/2011 - 09/27/c_ 122097009. htm。

27 日晚 20 时，事故现场清理完毕，各类数据校对完成，已具备恢复运营的条件，开始逐步恢复运营。

10 月 6 日，上海地铁"9·27"事故原因查明：行车调度员违规发布电话闭塞命令，接车站值班员违规同意发车站的电话闭塞要求，导致 10 号线两列车追尾碰撞。上海地铁"9·27"事故调查组认定，这是一起造成重大社会影响的责任事故，12 名责任人受到严肃处理。

10 月 9 日头班车起，上海地铁 10 号线取消限速运行，恢复常态。

### 7. 甘肃正宁校车事故

2011 年 11 月 16 日 9 时 15 分左右，向西行驶的陕 D72231 东风自卸车与向东行驶的甘 MA4975 金杯 9 座面包车在甘肃省庆阳市正宁县榆林子镇西街道班门前相撞。金杯面包车系当地榆林子镇小博士幼儿园校车，荷载 9 人，实载 64 人，属严重超载。车祸当场造成 5 人死亡（包括面包车司机和 4 名儿童），15 人抢救无效死亡（包括 1 名幼儿园老师和 14 名儿童）。本起事故还造成 44 名儿童受伤，其中 18 人重伤，26 人轻伤。17 日晚，其中 1 名受伤幼儿抢救无效死亡，使死亡人数上升到 21 人。

事故发生后，甘肃省委书记陆浩、省长刘伟平等领导高度重视，分别作出重要指示。国家、省、市公安、安监、教育、卫生、交警等相关部门也陆续赶赴现场组织指导救治工作。庆阳市委书记张晓兰、市长周强在接报后立即作出指示并迅速赶赴现场，要求全力救治伤员，最大限度防止死亡，全力安抚家属，防止激发群体性事件，严查事故原因，依法严肃处理事故责任人。

事故发生地正宁县第一时间采取了如下应对措施：一是立即启动应急预案，召开现场救治会议，启动道路交通事故二级响应，成立了由县委、县政府主要领导任总指挥，分管领导具体负责的"11·16"事故救援工作领导小组，下设医疗救治、现场处理、善后处理、安全维稳、信息报送五个工作组。二是全力开展救治工作。由县委、县政府分管领导具体负责，紧急调集救护车 6 辆，组织医护人员 20 多名，迅速赶赴现场开展抢救，在县人民医院和中医院腾出床位 50 多张，抽调医疗骨干 60 多人，对重症病人和危重病人分别制订治疗方案迅速抢救。庆阳市卫生局组织市人民医院 5 名专家携带血源和应急药品，赶赴正宁指导抢救。同时，从公安部门抽调警力 90 多人，在县人民医院、中医院和事故现场维持秩序，保证了救治工作顺利进行。在救治过程中，信息报送组随时掌握救治动态，及时组织上报救治进展情况。三是积极做好家属安抚工作。由县委副书记和政府常务副县长具体负责，分别前往县人民医院和中医院看望受伤人员，县乡抽调干部130多人，政府部门对伤亡人员家属全面落实了县级领导、乡镇、村、组干部"四对一包户"工作制度，同时做了细致的情绪安抚工作，配合教育、民政、信访、公安等部门，积极做好死亡人员家属的情绪安抚和周边群众的稳控等工作，并着手提前制定事故善后处理方案。四是及时开展事故调查工作。事故发生后，肇事货车司机樊军刚和小博士幼儿园董事长樊军刚已被县公安局刑事拘留。同时，对全县范围内的校车已经全部停运整顿，对校车驾驶人员进行集中培训，待检验、培训合格后再投入运营。

次日，正宁县政府通报了事故发生的五个原因，并宣布涉及此次事故的正宁县分管副县长及教育局长已被停职。

根据相关赔偿标准并参照有关地方的做法，正宁县委、县政府研究制定了"11·16"重大道路交通事故赔偿标准：每个遇难儿童赔偿救助43.6万元，其中包括人身财产保险23.6万元，一次性优抚救助金20万元，要在安葬遗体后立即支付。

19日，甘肃省正宁县人民检察院依法对"11·16"重大交通事故犯罪嫌疑人樊军刚以涉嫌交通肇事罪批准逮捕。同日，小博士幼儿园被取消办学资质，新组建的公办幼儿园21日开学。

庆阳市委、市政府决定停止2012年公车更新计划，将预算资金全部用于购置标准化校车。

**8. 河南周口"平坟复耕"运动**

2012年3月，周口市委、市政府发布1号文件——《关于进一步推进殡葬改革的实施意见》，要求用3年时间完成农村公益性公墓全覆盖，火化率100%，彻底遏制偷埋乱葬和骨灰二次装棺，不再出现新坟头，逐步取消旧坟头。

从6月开始，河南省周口市开始了一项为期数月、颇受争议的"平坟复耕"工作，300多万个坟头先后被平掉。当地官员称，平坟的初衷是解决大机器耕作、死人与活人争地问题。

周口"平坟运动"自实施伊始就遭遇了民众不同程度的抵制，因此在平坟过程中采取了简单粗暴的方式，出现了强制平迁村民坟墓的情况。另外，公墓建设简陋，平坟工作也遭到一些反对和质疑。

除了普通网友质疑之外，诸多微博粉丝过百万的意见领袖包括一些境外媒体都对周口市的做法提出了批评。但是在汹涌澎湃的民意面前，周口市一直以坚决的态度继续推行"平坟运动"，同时还继续加强宣传，展示决心。11 月 6 日，"河南省深化殡葬改革工作推进会"在周口召开，河南省副省长王铁出席，亲手向周口市颁发 300 万元奖金，以表彰周口殡葬改革工作成绩显著。值得注意的是，相关上级政府部门也未做出直面回应，平坟舆情态势进一步升级、恶化。

随后，学术界也迅速参与讨论。中国人民大学农业与农村发展学院教授郑风田在 11 月 17 日的博文中称：平坟运动名义上为"复耕"，实为"卖地"，"县产业聚集区亟待西扩"才是平坟运动的真实理由。清华大学教授许章润、北京大学教授张千帆等 26 位学者联名呼吁："平坟运动"严重伤害了民众情感，破坏了中国文化传统，必须立即停止。

就在平坟运动达到高潮之时，11 月 16 日，中国政府网公布国务院第 628 号令，对《殡葬管理条例》第二十条进行修改，原规定"将应当火化的遗体土葬，或者在公墓和农村的公益性墓地以外的其他地方埋葬遗体、建造坟墓的，由民政部门责令限期改正；拒不改正的，可以强制执行"中，"拒不改正的，可以强制执行"被删除。至此，周口强制平坟的合法性更受质疑，该变动将河南"平坟复耕"运动推向了舆论的风口浪尖。

就在外界普遍认为条例的修改实为国务院叫停"周口平坟"时，当地民政局却公开表示，"平坟不会因为网上的吵闹而停止"。其实，彼时停与不停，对周口当地政府已无太大影响，因为木已成舟。

在 12 月 25 日国务院新闻办公室举行的新闻发布会上，农业部总经济师、新闻发言人毕美家表示，周口平坟愿望是好的，问题是在工作过程当中，没有完全尊重农民的意愿，采取行政命令的方式，这个办法就是欠妥当了。

"平坟复耕"说到底还是一项移风易俗的举措，周口"平坟复耕"引发广泛争议，根本上还是对当地工作方式过于粗暴的质疑。"平坟复耕"，毕竟涉及千家万户的传统情感，必须在依法进行的前提下，广泛征求民意，让群众做好充分的思想准备。

**9. 重庆"8·10"枪击案**

2012年8月10日上午9时37分，重庆沙坪坝区凤鸣山康居苑路口中国银行储蓄所外发生一起持枪抢劫案，当场造成1人死亡，2人受伤。案发后，重庆警方迅速在各路口设置检查站，逐一严查过往车辆。

受国务委员、公安部部长孟建柱委派，公安部副部长张新枫专程赶赴重庆坐镇一线指挥，公安部第一时间向全国发出A级通缉令，并派出专家组指导案件侦破。

10日14时29分，公安部、重庆市人民政府召开新闻发布会，重庆市公安局新闻发言人称，当日上午在该市沙坪坝区持枪抢劫杀人的嫌疑人周克华身份已明确，此前该人在江苏、湖南、重庆等地多次作案，杀死杀伤多人，抢劫巨额现金。公安机关已经将重庆"8·10"枪击案与苏湘渝系列持枪抢劫杀人案并案处理。

案发当天，武警重庆总队出动，在歌乐山一线，展开搜捕，全力追捕枪击抢劫案疑犯。枪击案发生后，重庆警察全体停止休假，四川、贵州等邻近省份的公安系统进入高度戒备状态，湖南、江苏警方紧急赶重庆增援。

14日6时50分，周克华在重庆沙坪坝区童家桥被公安民警成功击毙。周克华被击毙后，经对其指纹和DNA进行检验，确认其系周克华本人无疑。通过对现场提取的枪支及弹壳进行检验，确认该两支枪支系苏湘渝系列案件和重庆"3∶19"①案作案枪支。

14日下午，公安部、重庆市人民政府，在重庆市公安局召开新闻发布会，对此案向媒体进行了通报。

案件破获后，中央政治局委员、重庆市市委书记张德江前往重庆市公安局苏湘渝专案指挥部，向全体参战民警、武警官兵表示慰问。国务委员、公安部部长孟建柱第一时间签署命令向重庆市公安局颁发嘉奖令，并给重庆市公安局

---

① 3月19日，驻重庆部队1名哨兵在夜晚值班时被枪击身亡，枪支被抢走，后称"3·19"案。

记集体一等功。

19 日，有网友发帖质疑周克华未死，甚至有网友怀疑，死者是长沙派往重庆的便衣警察。重庆网警通过微博回应：悍匪周克华已被击毙毫无疑问。重庆沙坪坝公安分局官方微博"平安沙坪坝"则称：击毙的周克华 DNA 和指纹都已经比对准确无误，现还质疑周克华未被击毙有些滑稽和可笑。

湖南省长沙市公安局宣传处相关负责人表示，长沙民警并未在重庆有伤亡。20 日，长沙市公安局官方微博"长沙警事"发布辟谣。

有网友发现，民警周缙和王晓渝击毙周克华后，首次接受采访时所穿警服及佩戴的警号跟后面接受采访时的并不一致，对于网友的疑问，周缙在微博上解释了事情的前后经过。

8 月 22 日上午，重庆市委、市政府在市人民大礼堂召开"8·10"案侦破工作表彰大会，隆重表彰案件侦破工作有功集体和个人。

**10. 贵州毕节五名流浪儿童闷死垃圾箱**

2012 年 11 月 16 日清晨，5 名少年被发现死于贵州省毕节市七星关区一处铁质可封闭垃圾箱内。当地警方发现事发垃圾箱内有燃炭痕迹，经警方初步调查和勘验，5 名少年排除外伤性致死和机械性窒息死亡，尸检结果系一氧化碳中毒死亡。

作为本事件最基础，也最重要的信息，公众希望当地相关部门能够给予社会一个明确的调查结果。然而，从事发至四日后的 19 日，当地警方及其他部门均未披露死亡者有关身份信息，称须经 DNA 鉴定、排除是否在校学生、核实姓名和年龄等细致工作。

19 日晚间，贵州省毕节市委宣传部向中新社等媒体提供一份书面名单，披露 4 天前死于该市市区垃圾箱中的 5 名男性少年身份系当地三名同胞兄弟之子。该书面名单称经当地警方近日连续多方调查，查明了死者身份。

据事发地点附近的居民反映，5 名少年已在此地逗留多日。面对媒体及公众"五名男孩为什么没有去救助站？为何未被每日巡查的工作组及时发现？"的质疑时，毕节市委宣传部常务副部长唐光星说，当地政府部门表示将痛定思痛，进一步健全夜间主动救助工作联动机制，加强未成年人的教育矫治工作，帮助未成年人及时回归家庭，杜绝类似事件发生。同时，也希望监护人加强对未成年人的监管与照顾，以防此类悲剧重演。

11月20日，毕节市决定对全市范围内留守儿童进行逐一排查，设立留守儿童专项救助基金，采取一对一帮扶措施。毕节市市长陈昌旭接受新华社记者采访时也表达了对事件发生的惋惜之情和吸取教训的决心。同一天，贵州省教育厅下发紧急通知，要求建立更加严格的"控辍保学"措施。

同时，毕节市委、市政府对在此事件中负有领导和管理责任的有关部门和人员进行了严肃处理。

应当说，当地政府对相关负责人停职免职处理，较好的化解了民众的对立情绪。然而，就在民众情绪稍有缓和之际，有网友发微博称，毕节市在5名少年闷死垃圾桶的事情之后，将"严禁人畜入内，违者责任自负"12个大字印在了垃圾桶上，并附上了图片。该微博在短短3个小时内，被转发和评论将近1500次，很多网友对此感到非常愤怒。

12月19日晚，毕节市委宣传部副部长唐光星接受媒体采访时表示，印字的垃圾桶位于毕节市七星关区内，并不是所有毕节市的垃圾桶都被印上了字。七星关区区政府研究决定，对何官屯镇镇长高丹进行通报批评，责令何官屯镇分管环卫工作的负责人邓红梅作出深刻检查，并立即整改。

**11. 河南光山学生被砍伤**

2012年12月14日7时40分，患有癫痫症的犯罪嫌疑人闵拥军持刀在该乡陈棚村完全小学门口砍伤23名学生，1名群众。14日晚，有7名受伤学生因伤势严重，而被转移至信阳市和武汉市的医疗机构进行治疗。据了解，受伤的孩子中，多为留守儿童。

14日近中午，光山县县宣传部官方的光山网首先披露了这一消息，并称15日上午9点半将召开新闻发布会。而14日晚时，光山县撤下消息，单方告知15日的新闻发布会取消，并开始封锁消息。截至15日晚的两天内，光山县委县政府集体失声，甚至一度被媒体曝光了相关干部在当值期间办私事、玩游戏的行为和宣称"讨论此事没意义"的雷人言论，引发了舆论的进一步质疑，酿成"砍童"案的舆情次生灾害。

光山县县长王志学对此解释说，"鉴于这个案件属于未成年人案件，如果传播扩大，极容易产生诱导效应，按有关部门要求，侦办初期不宜公开"。

光山县相关部门在砍童案的处理上，不仅未能及时回应公众的关切和汹涌澎湃的舆论质疑，而且其在互联网的运用方面也处于较低水平，未能及时跟上时代的潮流和现实要求。光山县公安局在新浪微博和腾讯微博上开有的官方微博在案发后，均没有任何更新，也未提及砍童案事宜。

在国人关注光山县如何对频发的校园伤害案进行反思、追责并改善校园安全的舆论浪潮之下，17 日，《信阳日报》却冒天下之大不韪，在头版刊出赞美光山教育的文章——《光山：办好让人民满意的教育》，引来一片抗议之声。《信阳日报》随后在网络上发出道歉信，称是因"新闻职业素养差、工作责任心不强"所致。

事实上，案发后河南省各级各部门在救治伤员、处理案件、安全排查、稳定家属情绪、处理责任人员等善后工作中表现出了足够的冷静和有序，但类似封锁消息、弄巧成拙的"鸵鸟式"做法不仅使民众丧失了对案件真相和进展的详细了解，也忽略了当地部门在案件处理方面的努力举措，致使舆情态势升级，舆论压力进一步增大。

**12. "全能神"邪教组织借"世界末日"谣传扰乱社会秩序**

关于 2012 年 12 月 21 日是"世界末日"的谣传，理性的人们通常只是作为茶余饭后的笑料，但有些不法分子却借此非法聚集，扰乱社会秩序。青海、浙江、陕西、江苏、河南、宁夏、新疆、北京等一些地方出现"全能神"邪教组织人员，利用"2012 世界末日说"非法聚集、上街散发宣传资料，散布世界末日谣言，鼓吹"只有信教才能得救保平安"的现象。该邪教组织甚至煽动其成员离家出走，把全部身心和财产交给教主，致使许多原本幸福美满的家庭支离破碎，许多原本贫穷困苦的家庭雪上加霜。

该邪教组织的传播，严重干扰了广大人民群众正常的宗教信仰，扰乱了百姓工作和生活秩序，造成了极大的社会危害。

毋庸置疑，"全能神"邪教组织已经对社会秩序构成了扰乱。危机发生后，公安机关第一时间发布公告，提醒广大市民坚决抵制邪教渗透，发现"全能神"人员非法活动后，及时报警。

全国各地新闻媒体纷纷在重要位置报道了这一消息，并通过揭秘"全能神"组织链的方式向群众揭穿邪教组织的反动本质。

新华社官方微博发表评论指出，对这些危害社会的"毒瘤"既要干净利落地切除，更应关注邪教产生的社会土壤。正道平坦畅通，邪道无路可走，只有让公平正义、诚信友爱的阳光洒进每一个角落，让无助的心灵多些温暖，谎言和阴霾才无滋生之地。

杭州市基督教两会向全市各地教会发出公开信，通过对《圣经》内容的解释，引经据典地揭露了"全能神"教反对圣经权威，反对三位一体信仰等异端邪说，点明了"全能神"教以诡诈说谎为工作策略、以淫乱犯罪为正常生活、以恐怖手段为"神的审判"，借此危害社会，扰乱教会和社会的邪教本质，呼吁信徒予以坚决反对和抵制。

为严厉打击"全能神"邪教组织，彻底捣毁其组织指挥体系，自12月初，各地公安机关对涉案人员实施集中抓捕行动，至12月21日，全国公安机关已控制16省份邪教相关人员1300多人，大部分人被行政拘留，也有少数人被刑拘。公安机关收缴了大量邪教组织非法宣传材料和传播邪教内容的横幅、光碟、标语、书籍以及一些印刷、喷涂设备。

### （二）2011～2012年突发公共危机事件及其处理呈现出的新特征

相较于以往，不论是2011～2012年的突发公共危机事件本身，还是对这些突发事件的处理，都呈现出一些新的特征。

**1. 2011～2012年突发公共危机事件特征**

（1）公共事故与危机的引爆点越来越小。以往的公共事故与危机事发之初就是一件大事，而在这两年，这种情况在变化，引发事故与危机的火源可能只是零散火星，但是一经煽风，立刻呈现星星之火可以燎原之势，也即蝴蝶效应。比如，郭美美事件引发中国红十字会危机，最初的引子不过是一个年轻女子在微博上炫富，这种现象绝非一例，年轻人本就活跃，更何况他们生活在一个被物质绑架的浮躁年代，然而，就是这样一桩见怪不怪的小事引发了全国人民对本国最大慈善机构的信任危机。

（2）微博促使危机扩散速度越来越快。微博在这两年得到迅猛发展，"微博不微"讲的是"点滴汇聚江河"，在这个无"微"不至的时代，越来越多的突发事件在微博平台上发酵、扩散，每个普通人的微小之力共同凝聚成了一股强大的力量，推动事件的发展。① 在"7·23"甬温线特别重大铁路交通事故发生后的四分钟，D301 次列车上一名网络 ID 为"袁小芫"的微博网友发出了第一条微博，比国内媒体在互联网上的第一条关于"列车脱轨"的报道早了两个多小时。微博在这次事件中是民众最直接最快速的信息来源、寻亲阵地、防骗高地，微博信息现场感强、渗透率高，在整个事件中进行了全方位的直播。

（3）突发事件与社会转型时期凸显的矛盾越来越契合。偶然之中有必然，如果把突发事件看作偶然，那么，社会转型时期日益凸显的矛盾就是必然了。两年间几起重大的公共事故与危机或多或少都暗含着这样一种逻辑：转型时期体制机制改革迟缓与经济发展迅速的错位乃至脱轨，必然导致官商分离的撕裂阵痛，如郭美美事件；转型时期力推的发展方式转变，既不能一蹴而就，而且原有病灶很可能会在其攻坚阶段集中发作，如"7·23"甬温线特别重大铁路交通事故、甘肃正宁县校车事故和河南周口"平坟复耕"运动。

**2. 2011～2012 年公共事故与危机处理的特征**

（1）注重务实开放。不遮不掩是坦然面对突发事件的不二选择，因为，在这个信息大爆炸的年代，想要纸包住火比登天还难。认识到这一点后，事故处理方就能在潜意识里消除面对公众无可交代的顾虑，这是一种务实的精神，也是开放的胸怀。甘肃正宁县校车事故发生后，能在短时间内平息危机的一个重要原因就是摆正了态度，当地主要负责人出面为监管不力向公众道歉，赢得了理解，赢得了主动。后续处理中，当地政府将 2012 年原本用于更新公务车的财政预算全部用来更换校车，更是一种难能可贵的深刻反省。

（2）注重信息互动。2011～2012 年发生的几件突发性事件在微博等新兴媒介的推波助澜下，引起整个社会的关注。此时，作为事故处理方，往往掌握着最真实的第一手材料，而这些材料也是公众最希望看到的事实真相。如何通过恰当的渠道实现事实真相的有效输出，靠的是信息所有方与信息需求方的频繁互动。如果互动不及时，就会给谣言留下滋生空间；如果互动不准确，就会

---

① 张意轩、顾彩玉、刘莎：《"微"力量成了大力量》，人民网，http：//society. people. com. cn/GB/41158/15247191. html。

失信于人民，继而诱发恶性循环。自上海地铁 10 号线追尾事故发生那刻起，上海地铁的官方微博就从未间断地发布权威信息、表达真诚歉意。正如微博所说，"再多致歉比起实际损害也显苍白"，但其心可昭，其诚可鉴，这种信息互动是掌握事故处理主动权的必备前提。

（3）注重整合公关。实践证明，越来越复杂的突发事件需要政府调配各种资源、运用各种手段、发动各种力量实现整合公关，形成协同效应，从而最大程度地避免或减少公共危机对公众的生命、财产、心理和生存环境安全所造成的威胁或损害。2011 年 3 月，抢盐风波突然蔓延，政府在这一危机的处理上就充分运用了整合公关：国家发改委、工信部、环境保护部、国家核安全局、中国盐业总公司等不同部门不同专业的整合，中央定调子与地方抓落实的整合，行政手段、经济手段与舆论手段的整合，从而最大限度地保证了危机管理的准确到位。在应对"全能神"邪教组织借"世界末日"谣传扰乱社会秩序的问题上，公安机关、新闻媒体、基督教会各司其职，始终与人民群众站在一起，坚决抵制邪教组织对政治、经济、文化、社会的侵害，形成了一股"正定压邪"的社会合力。

## （三）从案例分析看我国公共危机事件管理教训

### 1. "郭美美引发中国红十字会危机"事件

不敢说郭美美事件能不能倒逼中国红十字会改革，也不敢说郭美美事件是毒害中国慈善的砒霜，但是可以确定的是郭美美事件使得原本伤痕累累的中国红十字会雪上加霜，从危机管理的角度而言，究竟是什么原因造成了这种困境呢？

（1）新闻发言人中途换将，表明危机意识淡薄

从郭美美事件走红网络直到 6 月 27 日，整整一周的时间，中国红十字会的声音一部分发自该会官方网站，另一部分则出自中国红十字会政策法规处处长丁硕之口，换言之，他实际承担了新闻发言人的职责，而从 6 月 27 日的中国之声专访开始，回应网友质疑的红会喉舌则换成了中国红十字会秘书长、新闻发言人王汝鹏。两人在行政级别上的差异从侧面反映了中国红十字会对此事重视程度的变化，显然，中国红十字会最初低估了危机事态的发展形势，低估

了蝴蝶效应的波及范围，归根结底，是危机防范意识和危机管理意识的淡漠。

（2）行动迟缓保守，暴露舆论引导能力短板

郭美美事件始于微博，传于微博，盛于微博，中国红十字会却不能"深入虎穴，直面对手"，只选择通过新闻发言人答记者问和官方网站发表声明两种方式回应质疑，直到 7 月 4 日下午 2 点，经过实名认证的官方微博才得以开通，此前，近半个月的时间里，中国红十字会在微博这个新兴传播平台的缺位直接导致了其在互联网领域话语权的微弱甚至丧失。果不其然，中国红十字会最初所发的每一条微博后的评论几乎都是骂声一片。

即便在传统媒体的运用上，中国红十字会也显露出了保守、偏执的官僚烙印。6 月 28 日下午 2 点半，中国红十字会在总部召开郭美美事件媒体通报会，但被邀请的媒体只有中央电视台、新华社、人民日报、中国青年报、中国新闻社、中央人民广播电台等几家官方媒体。诚然，中央级官方媒体在影响面、影响力和影响度上都有着其他媒体无可比拟的优势，但在愈来愈开放的传播领域，一组刻意统一的声音很难盖过所有杂音，一个简单的道理是，参与的媒体越多，准确消息的发布范围会更广，也才会让更多的公众知道。言论渠道通畅而宽广，谣言才会退场，公信才能确立，更何况，将其他媒体拒之门外，既无诚意，更有可能给人留下欲盖弥彰的口实。

（3）回应方式简单粗暴，造成作茧自缚的孤立局面

中国红十字会在郭美美事件上的一系列声明，除了重复一遍又一遍的严声厉词之外，鲜有佐证材料可见，这让其公布消息的可信度大打折扣。值得一提的是，红十字召开的通报会中披露了商业系统红十字会的运作内情，介绍了红十字总会和商业系统红十字会的关系，通报了商业系统红十字会自 2000 年底成立至 2005 年期间各种费用由北京王鼎公司承担的实情，这些解释和说明确实能让网民心中的疑问释然不少。然而，在整个危机处理期间，这种有血、有肉、有礼、有力的回应屈指可数，充斥于各种声明中间的多是激怒众多网民的严正警告，这无异于错误地把揭露问题的网民放在了对立面。

（4）回应内容避重就轻，遮遮掩掩答非所问

网民纠结于郭美美事件的症结在于，公益和商业两个性质和功能天然不同的名词刺激着公众的眼球，他们需要中国红十字会出面厘清三个问题：郭美美

和红十字会组织到底有没有关系？中国红十字会与商业系统红十字会到底是什么关系？商业系统红十字会与其关联企业是否存在利益输出关系？

针对第一个问题，中国红十字会的每次官方声明都在澄清两者毫无关系。针对第二个问题，中国红十字会只承认对商业系统红十字会是业务指导关系，并将主管部门的帽子扣给了商业联合会。事实上，商业联合会作为一个在民政部登记的社团组织，没有成为其主管部门的资格。直到 7 月 1 日，中国红十字会才决定对商业系统红十字会展开审计并暂停一切活动。按理来讲，即便商业系统红十字会的地位和性质比较特殊，中国红十字会作为核准其成立的机构，仍然有着不可推卸的监管责任。这种被动的回应方式只会给人留下逃避责任的糟糕印象。网民最关注的第三个问题，是最能说明中国红十字会是清是浊的最关键问题。然而，郭美美事件发生始末，我们所能看到的官方回应只有商红会副秘书长、王鼎公司的副总经理李庆一向媒体提供的名为《王鼎公司与商业系统红十字会的来龙去脉》的说明函件，除此之外，中国红十字会未在其历次官方声明中做出解释。公众唯一能做的是靠着媒体的些许报道推理揣测，这种情形实质上会让中国红十字会背上做贼心虚的骂名。

（5）揠苗助长的危机管理方式是在火上浇油

7 月 31 日，"中国红十字会总会捐赠信息发布平台"上线试运行，首先发布了青海玉树地震捐赠收支和资助使用的有关情况。这本应是拯救信任危机的力挽狂澜之举，但该系统运行的第一天就接连出现了包括捐赠数据出现误差、善款使用情况过简、捐款时间不符、搜索最多显示百条在内的诸多问题。对此，中国红十字会秘书长王汝鹏说，平台本来计划下半年上线，大家看到的是加班加点提前上线的平台，信息发布平台中海量的捐赠数据需重新整理、录入、核对，难免出现疏漏，而且发布平台还不完善。功课没做足，却想揠苗助长，将一个漏洞百出的信息系统推向网络，向公众表达改过自新的决心，诚意可鉴，成果却不可见，这种不合时宜的危机管理方式在客观上助涨了民怨，造成了二次伤害。

**2. "河南光山学生被砍伤"事件**

河南光山学生被砍伤事件的发生令人扼腕，事发后相关部门的处理失当更是令人痛惜。

（1）校园安全管理缺位，酿成人身伤害苦果

我国目前处于社会转型期，各种社会矛盾日益凸显，诸如贫富分化、民族问题、强行拆迁、心理压力等等，都可能引发公共安全危机。因此，加强公共安全危机管理是非常必要的，尤其是关系青少年健康成长的校园更应该将安全隐患拒之门外。但在河南光山的事发小学，竟然配不起一名合格的安保人员，学校大门还通常敞开，这种校园安全管理上的缺位是酿成学生被砍伤这一事件的重要因素。

（2）企图封锁消息，侵犯了公众的知情权

面对校园伤害案，政府在第一时间回应民意关切，不仅有利于公众了解事件的真相，消除公众在惨案发生后的集体焦虑，而且对今后防止类似事件发生有百利而无一害。然而就在信息公开的大势所趋之下，光山县领导竟封锁消息、躲避记者。光山县"冷对"此次突发事件处置，暴露出了当地干部与媒体打交道的本领危机和知识恐慌，侵犯了公民的知情权、参与权、表达权和监督权。

（3）弄巧成拙的舆论引导，伤害了人民群众的感情

在国人高度关注此事进展的时候，当地政府企图通过官方媒体的舆论引导淡化事件的负面影响，但《信阳日报》那篇《光山：办好让人民满意的教育》到底还是与现实形成巨大反差，这种滑稽的对比深深刺痛了人民群众本就脆弱的心灵。坦白来讲，舆论引导有利于培育解决问题的社会环境，但"睁眼说瞎话"式的引导实质上是故意误导群众的判断，显然，在信息大爆炸的今天，舆论引导不能像演戏一样矫揉造作，这其中掺不得半粒沙子。

## 三　企业危机管理

2011 年到 2012 年两年的时间里，各类突发性的危机事件对我国企业的生存和发展构成了严重威胁，也使得提高企业危机管理能力成为企业管理中的重要课题。正如全球知名危机管理专家史蒂文·芬克所说"危机就像死亡和纳税一样难以避免，必须为危机做好计划，充分准备，才能与命运周旋"。

### （一）2011～2012年企业危机管理总体回顾

**1. 家乐福价格欺诈事件**

2011年1月中旬，经济之声《天天3·15》节目连续报道了家乐福"大玩价签戏法"的事件："价签上标低价，结账时却收高价；写明打折促销，促销价却和原价相同。当消费者质问其虚假促销时家乐福却百般狡辩。"1月26日，国家发改委披露家乐福涉嫌价格欺诈。据国家发改委查实，家乐福在一些城市的部分超市存在虚构原价、低价招揽顾客高价结算、不履行价格承诺、误导性价格标示等多种价格欺诈行为。国家发改委认为家乐福的行为违反了《价格法》的有关规定，构成了价格欺诈的违法行为，严重侵害了消费者权益。随后国家发改委责成相关地方价格主管部门依法予以严肃处理：没收违法所得，并处违法所得5倍罚款；没有违法所得的或无法计算违法所得的，最高处以50万元的罚款。在此之后，中央电视台、新华社、新浪网、腾讯网等国内最重要的媒体连续大篇幅地在显著版面刊登报道，一致谴责家乐福的价格欺诈行为。

1月27日，家乐福就价签问题发表声明称："相关问题是由于我公司价签系统不完善而造成的，我们正着手进行升级改造。针对目前出现的问题，公司特别加强了内部监督检查工作及检查频率，并将积极与各地的物价监管部门进行沟通，邀请各地物价检查部门的专业人员对我公司相关负责人及员工加强培训。"然而，事件爆发后家乐福所表现出来的傲慢，以及迫于政府相关部门压力而做出的缺乏诚意的道歉，使得公众对家乐福的好感全无。

**2. 锦湖轮胎"质量门"事件**

2011年央视"3·15"晚会披露世界十大轮胎制造商之一锦湖轮胎原料大量掺假，为减少成本不按照比例掺胶，并使用大量返炼胶，严重影响轮胎的质量，使得采用该品牌轮胎的汽车存在安全隐患。由于锦湖轮胎是全球十大轮胎企业之一，在国内为包括上海通用、上海大众、一汽大众、北京现代、东风悦达起亚等12家汽车企业的35款车型提供配套轮胎，在中国国内配套市场占有率第一。其行业的特殊地位，使得此次锦湖轮胎质量门事件波及面甚广，无异于轮胎行业的一次大地震。

然而在央视 "3·15" 晚会之后，锦湖轮胎却在 2011 年 3 月 16 日发表声明称："原片胶、返回胶的添加比例是按照重量来进行计算的，并非直观的数量比例，简单通过视频中添加不同胶料的数量就判定该公司违规操作欠准确。"锦湖轮胎在被曝光之初 "拒不认错"、表示轮胎不存在质量问题的态度，让消费者对其品牌形象评价大打折扣，也由此引发媒体的更大关注，并最终引起更大的负面舆论。

锦湖轮胎相关领导层迫于舆论压力于 2011 年 3 月 21 日公开发布道歉声明以期获得消费者的谅解。锦湖轮胎全球总裁金宗镐、中国区总裁李汉燮通过央视《消费主张》栏目，面对镜头正式向广大消费者发布道歉声明。李汉燮在道歉声明中表示："包括我本人在内的锦湖轮胎全体人员郑重承诺，将遵守公司内部规定，承担全球企业应有的责任，严格遵守中国的各项规范，杜绝类似事件的再次发生，并再次向广大的消费者和所有相关人员致歉。"并宣布在最短时间内确定锦湖轮胎天津工厂没有按照公司内部标准生产的产品范围后申请召回。①

至此，锦湖轮胎否认了之前宣称的 "不存在质量问题"，在国家质检总局的压力下才走上了漫长的免费检测和召回的道路。锦湖轮胎的处理态度明显存在着 "故意拖延" 的因素，所以锦湖的召回措施很难挽回此事件对其品牌的负面影响。

### 3. 双汇 "瘦肉精" 事件

2011 年央视 "3·15" 特别节目《"健美猪" 真相》报道，河南孟州等地采用违禁动物用药 "瘦肉精" 饲养的有毒猪流入了双汇集团下属的济源双汇食品有限公司。济源双汇采购部业务主管也承认，他们厂的确在收购添加 "瘦肉精" 养殖的所谓 "加精" 猪。

在媒体播出《"健美猪" 真相》的报道后，农业部第一时间责成河南、江苏农牧部门严肃查办，并立即派出督察组赶赴河南督导查处工作。随即双汇集团 3 月 16 日召开高层会议研究部署调查处理工作。面对持续升级的 "瘦肉精" 丑闻，双汇集团 3 月 16 日、17 日接连发表公开声明，除了对消费者表示歉意外，集团公司还做出决定：责令济源工厂停产自查，对济源双汇总经理、

---

① 《锦湖成了汽车界的三鹿?》，凤凰网财经栏目，http://finance.ifeng.com/。

主管副总经理、采购部长、品管部长予以免职，并派出集团主管生产的副总经理及相关人员进驻济源工厂进行整顿和处理；双汇集团要求下属所有工厂进一步加强对采购、生产、销售各环节的质量控制，严格把关，确保产品质量；将每年的 3 月 15 日定为"双汇食品安全日"，同时，双汇集团表示将积极配合政府职能部门，开展对此次事件所涉及的各个环节的全面检查。虽然开展一系列补救措施，然而双汇集团的品牌信誉度却难以挽回，双汇集团的各类产品在全国遭遇销量前所未有的"滑铁卢"。[①]

**4. 中石化"天价酒"事件**

2011 年 4 月 11 日，有网帖称广东石油分公司购买高档酒供私人支配，并贴出了四张购买酒的发票，发票总消费金额约 168 万元，引发网民议论。4 月 13 日，广东分公司在接受媒体采访时称，购买"高档酒"情况属实，但辩称这批酒主要是用于公司"非油品经营业务"。13 日新华社"中国网事"专栏播发《中石化广东石油分公司承认网曝"巨额公款购高档酒"情况属实　大部分酒去向成谜》一稿，引起社会强烈反响。

此后多家媒体对中石化的"天价酒"事件进行报道，"网络媒体＋传统媒体"的传播格局加速了事件的向外扩散，使得整个危机事件如同"核裂式"发展一样愈演愈烈，媒体成为了舆论的集中地，一时间对中石化的质疑和指责成为了报道的焦点。4 月 14 日，中国石化集团召开党组会议，决定派出由纪检组监察局、人事部、办公厅、油品销售事业部组成联合调查组赴广东石油分公司开展调查，并承诺及时回应公众的关切，第一时间向社会公布调查结果。此后新华社 4 月 19 日刊发时评《新华时评：中石化"天价酒"事件须给公众一个交代》批评中石化广东石油分公司在"天价酒"事件曝光后不积极反思、端正态度、承担责任，而是热衷追查"内鬼"，与公众的期待相去甚远。

4 月 25 日，中石化集团党组召开通报会回应天价茅台酒事件表示，中石化下属广东石油分公司原总经理鲁广余严重违反企业相关制度，个人决定、私下违规购买高档酒，严重损害中石化形象，造成了恶劣影响，其个人负有直接责任。

---

① 《双汇万人"誓师会战"剿灭瘦肉精》，双汇集团网站，http：//www. shuanghui. net/html/ 2903. html。

中石化集团决定免去鲁广余广东石油分公司总经理职务，降职使用，并对鲁广余给予经济处罚。一场引发了社会大讨论的"天价酒"事件暂告一段落。

**5. 康菲渤海漏油事件**

2011 年 6 月 4 日和 17 日位于渤海中部的蓬莱 19 – 3 油田作业区 B 平台、C 平台先后发生两起溢油事故。这是中海油与美国康菲公司的合作项目，该油田中海油有 51% 的权益，康菲石油拥有 49% 的权益，康菲石油是该油田作业者和溢油事故主要责任方。7 月 6 日，在中海油与康菲石油联合出席的新闻发布会上，康菲石油公司表示，目前两个渗漏点已经全部堵住，渤海作业区已没有油膜，回收清洁工作基本完成，且无人员伤亡。

国家海洋局 7 月 13 日表示"蓬莱 19 – 3 油田发生溢油事故以后，康菲公司采取的溢油处置措施大多是临时性的、补救性的，并不能彻底有效地消除溢油风险，再次发生溢油的可能随时存在"。国家海洋局责令康菲公司立即停止蓬莱 19 – 3 油田 B、C 平台的油气生产作业活动。对此康菲中国回应称，已遵照指示停止了 B、C 平台的生产，直到国家海洋局有进一步指令。国家海洋局 7 月 28 日表示"蓬莱 19 – 3 油田 B、C 平台仍有油花溢出，并责令康菲石油 8 月 31 日前彻底排查并切断溢油源"。对此康菲石油中国有限公司回应称，这些新的漏油是非常少的、间歇性的，公司目前仍在按计划清理，并将努力确保在规定时间内完成。

国家海洋局北海分局 8 月 9 日下达通知，就康菲公司 8 月 8 日提交的《关于落实"关于加快蓬莱 19 – 3 油田 C 平台海底油污清理回收的通知"的汇报》情况，责成康菲公司进一步采取措施，尽快完成海底油污清理工作，并就前期的处置不力向公众道歉。8 月 12 日上午，事故责任方康菲石油公司的合作伙伴中海油对溢油事故道歉。直到 8 月 19 日康菲公司首次就渤海两起独立的溢油事件表示歉意，并承诺将承担责任做好渤海湾安全、环保和清理工作。但康菲公司并未在声明中提到赔偿事宜。

8 月 31 日，康菲公司向国家海洋局提交了总结报告，声称已经完成"两个彻底"的要求。康菲此前多次宣称已经永久封堵溢油源，但在 9 月 2 日央视对相应地区的采访中发现仍能明显看到溢油未尽的海面和依旧忙碌的清污船只。针对这样的前后矛盾，康菲作业方称，"由于天气原因，造成油污回收延时，康菲目前还在持续做探摸回收"。对于既然声称延时却又在 8 月 31 日宣称已经完成"两个彻底"的要求，康菲作业方却表示"我们就是骗你的，骗你的"，一时舆论哗然。9 月 2 日下午，国家海洋局发布公告，称由于康菲公司"两个彻底"没有完成，因此责令康菲公司执行蓬莱 19 - 3 全油田停止回注、停止钻井、停止油气生产作业等决定。3 日，康菲公司在其官方网站发表声明，称将按相应步骤停止渤海湾蓬莱 19 - 3 油田的生产作业。康菲中国正在与合作方共同制定执行方案，并将上报给国家海洋局。与此同时，康菲公司还对 9 月 2 日中央电视台的一则相关报道提出了质疑，认为该报道与事实不符。9 月 4 日，康菲中国在其官方网站通报了蓬莱 19 - 3 钻井停产的具体进展。9 月 5 日康菲中国称，已按照国家海洋局的要求，完成了停止蓬莱 19 - 3 油田的钻井、注水及生产作业的程序，共计 231 口井已经停止作业。

国务院总理温家宝 9 月 7 日主持召开国务院常务会议，听取蓬莱 19 - 3 油田溢油事故处理情况和渤海环境保护汇报，研究部署加强环境保护的重点工作。康菲中国公司 9 月 7 日发布的消息称，康菲公司宣布将就蓬莱 19 - 3 油田溢油事件设立渤海湾基金。休斯敦当地时间 9 月 18 日，康菲公司休斯敦总部宣布该公司董事会批准设立第二项基金，并将与其合作方中国海洋石油总公司或其他有关方面合作以专门响应中国渤海湾环境问题。但对具体规模和赔付范围等关键内容和信息却仍然未曾提及。由于康菲未披露赔偿细节，公众再次怀疑康菲赔偿的诚意。2011 年 12 月 16 日康菲石油公司在接受《华尔街日报》采访时表示，基本没有证据显示溢油事故对环境造成影响。

直到 2012 年 1 月 25 日，关于赔偿才有实质性的进展。经过行政调解，农业部、中国海洋石油总公司、康菲石油中国有限公司以及有关省人民政府就解决蓬莱 19 - 3 油田溢油事故渔业损失赔偿和补偿问题达成一致意见。"康菲公司出资 10 亿元人民币，用于解决河北、辽宁省部分区县养殖生物和渤海天然渔业资源损害赔偿和补偿问题；康菲公司和中海油从其所承诺启动的海洋环境与生态保护基金中，分别列支 1 亿元和 2.5 亿元人民币，用于天然渔业资源修复和养护、渔业资源环境调查监测评估和科研等方面工作。"①

① 《康菲公司认赔 10 亿元人民币》，新浪财经，http：//finance. sina. com. cn。

虽然在此次的渤海漏油事件中康菲公司一直声称为公司的环保工作而骄傲，愿意就此事件承担应负的责任。但是事件发生以后，康菲迟迟不予主动公开、面对海洋油花漂溢现象，当成为舆论焦点时便谎称"原油渗漏点已得到有效控制，油膜回收工作也已基本完成"；在国家海洋局设定的清理期限的最后一天谎称完成"彻底排查溢油风险点、彻底封堵溢油源"工作；在谎言被揭穿后，又表示是"天气原因拖延"。康菲公司在事件爆发之初能拖就拖，尽量封堵消息；所有的处理措施和道歉都是在国家海洋局等相关政府部门的一再敦促之下的无奈之举，针对事件所造成污染的相关赔偿也一直得不到具体处理和落实。康菲公司所表现出来的傲慢的态度和一而再、再而三的谎言无疑是康菲公司危机处理的极大败笔。

### 6. 达芬奇造假事件

2011 年 7 月 10 日，央视《每周质量报告》播出《达芬奇天价家具"洋品牌"身份被指造假》节目，指出达芬奇公司销售的部分产品涉嫌伪造产地，部分消费者购买的达芬奇家具被判定为不合格产品。随后达芬奇公司在其官方网站发出声明称："已经关注到《每周质量报告》的报道，在此郑重向公众确认：达芬奇在国内销售的意大利品牌家具，均为在意大利生产并原装进口到国内"。

7 月 13 日，舆论漩涡中的达芬奇家具有限公司在北京召开情况介绍会。达芬奇 CEO 潘庄秀华表示，其代理的意大利品牌均属原装进口，而代理的美国品牌则并非完全产于美国，产地包括印尼、中国等。在介绍会后段，达芬奇 CEO 潘庄秀华开始大篇幅叙述自己的心酸创业史，但是她的发言不断被媒体记者打断，被要求正面回复达芬奇产品的质量问题。7 月 19 日达芬奇家居发布微博表示"公司虚心接受政府部门、媒体与社会公众的监督，并已开展内部清查整顿工作。"同时，达芬奇又再次向消费者表达歉意，但是致歉信中没有回应核心的产地问题，同时只字未提对于消费者的退货以及赔偿问题。8 月 3 日达芬奇家居在微博发布"致媒体朋友的沟通信"，信中达芬奇依然坚称自己从未伪造过任何报关单或原产地证书，不能接受顾客对于没有质量问题的产品的退货要求。更炮轰媒体以达芬奇家具"造假"为预设前提，误导消费者。

在遭到媒体的连续曝光之后，达芬奇杭州等地的专卖店遭到查封，达芬奇广州门店遭遇豪车堵门，客户要求退货，虽然在此之后达芬奇还曝光遭遇央视记者勒索，但是已经无力扭转达芬奇的品牌形象，达芬奇这个品牌几乎一夜之间成了"垃圾"。

### 7. 圣元奶粉"致死"事件

2012年1月10日江西省都昌县一对"龙凤胎"一死一伤，疑因食用圣元奶粉所造成，死者家属将婴幼儿尸体摆放在超市门前停尸问责。圣元江西分公司一方面稳定家属情绪，主动向公安部门报案，配合当地工商部门进行产品的下架和封存工作；另一方面圣元公司表示了对于小孩死亡的惋惜和绝不推卸责任的态度。

1月13日第三方检测结果出来后，圣元乳业选择使用的公开方式是：当地媒体江西二套《都市现场》播报采访都昌县工商局秦局长和九江都昌县人民政府对该事件发布公告两种形式，借助当地政府和政府官员的公信力为自己澄清事实。

在此次事件不断发酵的过程中，圣元公司选择通过各种途径传递出一个声音，避免了说辞不统一而让媒体误解的误区，所有关于该事件的最新进展都会在其官方网站公布。同时，圣元公司一直表示对于婴幼儿死亡的惋惜以及表示绝不推卸自身责任的态度为其他公司危机管理提供了良好的范本。

### 8. 归真堂活熊取胆事件

2012年2月1日证监会创业板发行监管部公布的IPO申报企业基本信息表包括了从事活熊取胆的福建药企归真堂，一时引起了反对活熊取胆人士的强烈反对。

2月14日NGO组织北京爱它动物保护公益基金会（简称"它基金"）联名毕淑敏、崔永元、陈丹青、丁俊晖等72位知名人士向中国证监会信访办递交吁请函，反对归真堂上市。到15日"它基金"第二轮征集签名的微博转发超过4200次，这其中包括多名有社会影响力的艺人、主持人等。归真堂活熊取胆事件在社会上迅速引起广泛热议。2月22日，"它基金"又前往证监会信访办递交包括姚明、杨澜等知名公众人物联署的吁请函。

随着公众对"活熊取胆"的争议愈演愈烈，2月20日归真堂在其官方网站发"归真堂养熊基地开放日"邀请函，决定将2月22日和24日两天定为开放日，邀请社会人士参观养熊基地，并界定 22 日面向媒体记者，24 日面向人大代表、政协委员、意见领袖、专家学者及动物保护组织。这一规定受到部分媒体的质疑，随后归真堂又在官方网站发布了"关于黑熊养殖基地开放日的补充说明"表示，我国的新闻媒体、NGO 组织、意见领袖等人士，均可持有效证件于 22 日、24 日前来黑熊养殖基地，不受原公开邀请函中关于两个批次时间安排的限制。在相关人士参观完熊场以后，归真堂药业还召开了一次阵容强大的专家说明会，到场者包括国家药监局药品注册司原司长张世臣、中国中医科学院主任医师周超凡等十余位专家。

虽然归真堂药业采取各种措施进行弥补，但是归真堂在全国各地还是遭遇了人们的签名抵制，甚至成都、沈阳等地的几十家药店也停售了其熊胆制品。此次活熊取胆事件给归真堂药业造成的损失恐怕无法估计。

### 9. 麦当劳——3·15 危机公关借鉴

2012 年 3 月 15 日，央视 3·15 晚会对麦当劳北京三里屯店存在的食品安全问题进行曝光，如牛肉饼掉在地上不经任何处理接着继续销售，过期甜品更改包装。麦当劳迅速做出反应，在节目播出仅仅一个小时之后麦当劳官方微博即发出声明，"承认这是一次违规事件，表示将立即调查，严肃处理，以实际行动向消费者表示歉意。同时表示在未来将会进行相应改善"。

麦当劳的速度是显而易见的，通过快速的反映和及时的传播，来反映企业对事件的重视度和表达企业的态度，使得麦当劳迅速占据了舆论制高点。微博平台的大面积转发使得这一微博声明本身也成为整个事件的一部分，第二天各传媒报道这一事件时几乎都会附带提及这一表明积极态度的微博声明。同时，麦当劳将出问题的店面迅速关闭并与其他的门店相区分，认定为一次独立的违规事件，使得麦当劳的企业形象也因此在这一事件中得到了保全。在麦当劳被曝光的第二天，虽然国家相关部门约见了麦当劳相关负责人，并对各个店面展开了前所未有的检查与检验，并发出整改通知，但是从麦当劳入店的消费人群来看麦当劳受到 3·15 事件的冲击基本上可以忽略。

### 10. 快餐"速成鸡"事件

2012 年 11 月 23 日，媒体曝光山西粟海集团饲料厂在生产过程中添加工业盐、氯化胆碱等原料，使得其养殖的鸡从雏鸡到成品鸡只需要 45 天，而粟海集团正是肯德基与麦当劳的大供货商。

11月24日肯德基在其官方微博发布声明称，肯德基一贯重视食品安全，要求所有鸡肉供应商都严格实施完整的食品安全管理措施，并对其产品进行抽检。山西粟海集团在肯德基鸡肉原料供应体系中属于较小的区域性供应商，仅占鸡肉采购量的1%左右，过往食品安全记录正常。而麦当劳则在声明中表示，此供货商不是麦当劳现有的鸡肉供应商。在同一天山西粟海集团公开回应认为，45天属于中国肉鸡行业普遍使用白羽鸡的正常生长期，并表示公司会严格执行国家相关标准，对肉鸡养殖的全过程实行标准化管理。

11月29日肯德基又通过其官方微博回应称"不希望没有科学事实依据的片面信息造成的恐慌和质疑情绪困扰大家""相信消费者会以科学发展观的态度理性判断，不会被个别耸人听闻的言论所影响""目前没有任何证据显示山西粟海集团在白羽鸡的养殖过程中有违规操作现象""白羽鸡45天的生长周期是正常现象，这是选育优良鸡种和科学养殖的结果"。

暂且不论"速成鸡"对人体是否造成危害，国际快餐巨头在危机管理方面的迅速回应、运用网络新渠道等方式是值得国内企业借鉴学习的。

## （二）近两年企业危机管理的突出特点

中国已有近五亿网民，社会化媒体时代已步入发展繁荣期，随着以互联网为中心的现代信息传播影响力的日益提升，企业的危机管理难度不断提高。

首先，危机的爆发速度加快，缩短了企业对危机的反应时间，提高了危机管理的急迫性。危机的爆发存在不可预测性和紧迫性，而现代信息传播速度之快往往使危机信息一夜之间尽人皆知，特别是著名企业或影响重大的危机事件，往往在企业还没反应过来就迅速扩散了，让企业在危机应对中措手不及。

其次，负面新闻的处理难度加大。以互联网为代表的现代媒体使个人也参与到媒体中来，形成社会媒体。它以多种不同的形式来传播信息，在大众传播和舆论形成后，企业的负面消息被其他媒体迅速转载，并通过网络进行广泛传播。面对这种广泛、持续的传播效应，企业很难在极短时间内采取有效措施，来减少媒体报道对企业声誉的负面影响。

再次，危机的规模不断扩大，控制难度不断提高。现代信息传播覆盖面的广泛性和便捷性使得危机信息通过电视、广播、手机、网络等迅速传递给所有的利益相关者，突破了地域上、语言上的界限，越来越多的危机事件爆发后随即快速扩散到全国乃至全球。

其四，危机的破坏性提高，加强了危机管理的必要性。现代信息传播引起的危机爆发可能性增加、危机规模的扩大以及危机反应时间的减少，会造成危机破坏性增强，企业在危机中会遭受严重的损失。并且，由于现代信息传播的开放性和主体的多元性往往使得企业极易成为关注的核心，而网络信息传递的匿名性使危机在不用负责任和不可控制的传播过程中会迅速升级演变，给企业造成不可挽回的沉重损失。

最后，舆论关注性高，尤其与媒体联系密切。危机事件的爆发能够刺激人们的好奇心理，吸引各方关注，常常成为人们谈论的热门话题和媒体跟踪报道的焦点。媒体在危机事件中往往起到推波助澜的作用，企业解决危机也往往要借助媒体发布信息。特别是现代信息传播中海量丰富的内容、灵活多样的形式、开放互动的传播模式使得社会和企业的透明度和曝光率增加，加之民众的维权意识、责任意识和参与意识迅速提升，企业更要加强与各种媒体之间的沟通和交流。

### （三）企业危机管理典型案例分析

#### 1. 双汇集团应对"瘦肉精"事件

（1）双汇集团"瘦肉精"事件发生过程

2011 年 3 月 15 日中央电视台《每周质量报告》播出"3·15"特别节目《"健美猪"真相》中，济源双汇食品有限公司收购"瘦肉精"猪肉事件被曝光。随后双汇发展股价迅速跳水，在午盘后封死跌停，并于第二日停牌。3 月 16 日，河南省官方即发布消息称已经查封了新闻报道中涉及的 16 家生猪养殖场（户），对涉嫌使用"瘦肉精"的生猪及 134 吨猪肉制品全部封存。与此同时，国内超市开始下架双汇食品。

3 月 16 日，双汇集团发布致歉声明，承认央视报道属实，并责令济源工厂停产自查。此外，双汇集团表示，已委托国家及地方相关检测机构，对其生产的熟肉制品进行全面检测，将在 3 月 20 日公告检测结果。随即，双汇集团即给各大零售企业发出函件予以安抚，函件中称："凡我司生产的熟肉制品均可正常销售，如出现相关的质量问题，我公司将承担一切责任。"当日，双汇集团总经理杜俊甫接受采访时明确表示，"双汇作为一家大公司，对所有问题不会回避，会承担所有的责任"。双汇集团同时宣布，"为了确保食品安全不计成本，不惜代价"，实施生猪屠宰"瘦肉精"在线"逐头检验"，从源头上确保食品安全。

双汇集团于17日又迅速采取新的举措，要求济源双汇收回在市场上流通的产品，在政府有关部门的监管下处理，并对济源双汇总经理、主管副总经理、采购部长、品管部长予以免职，济源双汇继续停产整顿。① 随后，双汇集团召开了一系列的会议，商讨应对方案，并对公司的员工和供应商进行安抚。

政府对于此次双汇集团"瘦肉精"事件给予了高度重视。商务部3月17日即采取行动，派出督查组前往河南，督查双汇集团下属企业，农业部也同时展开了"瘦肉精"的拉网式检测。4月18日，100多个地区的执法部门相继公布对双汇产品的普查和抽检结果，双汇产品全部合格，均未检出"瘦肉精"。其中，北京市食品办、工商局采用的是2008年北京奥运会期间的食品安全检测标准，通过对双汇33个熟肉制品样本进行抽检，结果全部合格，同时也说明，"瘦肉精"事件是济源双汇的独立事件。4月19日，双汇发展复牌。6月2日，"瘦肉精"事件的主角济源双汇食品有限公司开工复产。至此，"瘦肉精"事件基本平息。

（2）双汇集团针对"瘦肉精"事件采取措施

在应对"瘦肉精"事件的过程中，双汇集团表现出了"高智商"和"高情商"，反应迅速、应对及时、积极主动、透明公开，一定程度上消除了消费者对其产品和企业形象的质疑。

首先，在企业危机爆发后的第一时间，双汇集团采取积极回应的态度并迅速采取一系列的控制举措。双汇集团于"瘦肉精"猪肉被曝光后的第二天就发布了道歉声明，声称："济源双汇食品有限公司是河南双汇集团下属的分公

---

① 《双汇万人"誓师会战"剿灭瘦肉精》，双汇集团网站，http://www.shuanghui.net/html/2903.html。

司，对此事给消费者带来的困扰，双汇集团深表歉意"。简短的声明表明双汇集团勇于承认事实，也准备承担责任的态度。最为重要的是，针对公众最为关心的产品质检问题，双汇集团在全国分厂，对"瘦肉精"的抽查比例由 4.5% 的抽检率提高到 100% 的"头头检"。在进行自检的同时，双汇集团不仅积极配合来自政府相关部门的检查，还委托国家及地方相关检测机构，对其生产的熟肉制品进行全面检测。同时，责令济源工厂停产自查，并派出集团主管生产的副总经理及相关人员进入济源工厂进行整顿和处理，免去济源双汇总经理、主管副经理、采购部长、品管部长四人的职务。

其次，在危机持续期间，为了赢回消费者的信心，双汇集团召开了三次大规模的会议。在"万人职工大会"上，双汇集团宣布了"六个决定"，以加强产品质量安全，重点包括引入独立监督机构和建立产品安全的第三方检测机制。为避免类似事件发生，双汇集团采取以下四项举措：双汇集团将 3 月 15 日定为自己的食品安全日；成立"双汇集团食品安全监督委员会"，邀请肉类行业、食品行业、公共媒体、政府监管部门等外部专家监督其生产经营；建立企业食品安全奖励基金，并于每年 3 月 15 日"双汇食品安全日"期间，对坚守食品安全的供应商、销售商进行表彰、奖励；设立举报制度，彻查、严惩危害食品安全的事件和责任者。

最后，在应对危机过程中，双汇集团积极配合执法部门的检测，并通过相关的检测结果证明了"瘦肉精"的个案性。对新上架的产品，区域经理为了向消费者证明产品质量而进行现场试吃。同时，对含"瘦肉精"的猪肉及相关产品进行深埋处理。

（3）双汇集团危机管理的公众反应

虽然双汇集团采取了一系列挽回消费者信心的措施，但却不能得到消费者的信任。从"红心咸鸭蛋"，到"毒奶粉"，再到"地沟油"，经历了一系列伤痛的中国消费者对食品安全问题日益敏感，网络调查显示，多数网友都认为对食品安全就应该"零容忍"。"瘦肉精"事件发生后，"再不食其肉"的说法比比皆是。

双汇集团以加强食品安全监管为目的，与中国检验认证集团签订的长期战略合作协议，却被质疑"概念错误"。为证明重新上架的产品安全放心，双汇集团重庆区域经理在卖场大吃火腿肠，但此举却只引来市民"早知今日何必当初"的冷讽。集团创始人兼董事长万隆在接受专访时表示，"'瘦肉精'事件与'三聚氰胺'事件有着本质的区别，'瘦肉精'事件是上游产业链中养殖环节出现的问题，强调真正的罪魁祸首是生猪养殖业秩序混乱和动物检验检疫标准过于宽松，双汇集团是'代人受过'"。"代人受过"说，引起媒体的广泛评论和消费者的不满。

在社会公众等待双汇集团展现真心的歉意、拿出切实整改方案的时候，双汇集团打出了一张危机公关牌——"万人道歉大会"。台上的双汇董事长万隆口口声声不离双汇过百亿的经济损失，台下坐着的经销商群情激动、高呼"双汇万岁"。放眼会场，各利益相关方悉数到场，而企业真正的"上帝"——消费者，却被缺席。所以消费者对双汇的"道歉"并不买账。

（4）该危机事件对双汇集团的影响

第一，造成的直接经济损失。3月15日双汇发展股票跌停导致其103亿的市值蒸发；3月15日至4月2日双汇集团销售额减少15个亿；济源双汇处理肉制品和鲜冻品直接损失超过了3000多万；全年增加的"瘦肉精"检测费超过3个亿。据不完全统计，双汇集团直接经济损失超过121亿元。

第二，带来的间接经济损失。济源工厂停产和双汇其他工厂也因需要加强检测等原因影响生产导致其生产不力的时候，其竞争对手则进行了相应的战略调整或扩展，给双汇集团的经营带来了一定的间接经济损失。

第三，造成品牌一定程度上的受损。虽然声称"代人受过"，而且，经国家执法部门证实"瘦肉精"只是个案，但媒体及公众舆论仍旧表现出对所有双汇产品质量的质疑，以及对双汇品牌的不信任。双汇集团通过多年努力建立起来的让消费者"放心"的形象不复存在，造成了不可估量的品牌损失。

**2. 圣元乳业应对"致死"事件**

（1）圣元奶粉"致死"事件发生过程

2012年1月10日江西省都昌县一对龙凤胎一死一伤，疑因食用圣元奶粉所造成，死者家属将婴幼儿尸体摆放在超市门前停尸问责。圣元江西分公司稳定家属情绪，主动向公安部门报案，配合当地工商部门进行产品的下架和封存工作。

1 月 11 日该事件经由媒体报道之后成倍地放大了事件的影响力，圣元公司被推向了舆论的风口浪尖。

1 月 11 日圣元营养食品有限公司、客服部人员、生产总监表态积极配合相关部门调查，公司统一向外界发布信息。

1 月 12 日圣元发布《20111112BI1 批次出厂检验报告》，报告称所有检验项目检测结果均为"合格"。公司董事长兼 CEO 张亮随后表示，非常同情遭受了这一悲剧的家庭，同时坚信这是与圣元产品无关的孤立事件，已决定不召回其任何产品。

1 月 13 日第三方检测结果出炉，九江都昌县人民政府也对该事件发布公告，江西二套《都市现场》就事件采访了都昌县工商局秦局长，事情得以澄清。

（2）圣元乳业针对"致死"事件采取措施

首先，在事件发生时，圣元江西分公司一方面主动向当地工商和公安部门报案，并配合派出所稳定家属情绪和配合当地工商部门进行产品的下架和封存工作，另一方面圣元公司表示了对于小孩死亡的惋惜和绝不推卸责任的态度。

其次，在事件进入调查的过程中，圣元营养食品有限公司生产总监穆喜森就表示，该公司将会通过公关公司向外界统一发布信息，圣元营养食品有限公司也表示所有关于该事件的最新进展都会在其官方网站公布。2012 年 1 月 12 日圣元奶粉通过公司网站公布企业《20111112BI1 批次出厂检验报告》，显示该批次奶粉根据 GB10765 - 2010 检验出厂，检验所列所有检验项目检测结果均为"合格"。此时圣元乳业积极在自家官方网站发布相关信息"我公司对同批次产品留样进行的自检完成，结果显示微生物指标全部符合国家标准。至此，加上 1 月 12 日公布的产品追溯核查结果，我公司完成了自身能够做的全部自查工作，事实再次说明九江都昌男婴死亡事件与公司产品没有关联。"

最后，在第三方调查结束后，圣元乳业优先选择使用当地媒体江西二套《都市现场》播报采访都昌县工商局秦局长和九江都昌县人民政府对该事件发布公告的两种形式来公布第三方的检测结果。圣元及时在其官方网站公布称：

"九江都昌政府在江西电视新闻发布：权威检测结果已出，圣元奶粉合格，与孩子死因无关。"同时，圣元乳业在网易财经、新华网、新华报业网等平面媒体上发表《工商部门为圣元正名　龙凤胎一死一伤事件与奶粉无关》《权威检测结果还圣元奶粉清白》《圣元奶粉最新事件结果：质量才是硬道理》《圣元奶粉检测合格　婴儿死因与奶粉无关》等正面公关性文章为自己证明和消除事态的后续影响。[①]

（3）对圣元乳业危机管理措施的评价

在此次事件不断发酵的过程中，圣元公司选择通过各种途径传递出一个声音，避免了说辞不统一而让媒体误解的误区，所有关于该事件的最新进展都及时在其官方网站公布。

再则，圣元乳业能够及时公布企业的出厂检验报告和第三方调查报告，并通过相关媒体、政府官员和政府以公示的处理方式充分地展现了调查结果权威可信，为平息此事件提供了最有力的证据，也是圣元乳业由被动向主动的转折点。在事件平息之后圣元乳业还在各大平面媒体上发表文章进行正面公关，为消除事件的后续影响提供了很好的效果。圣元乳业在应对突发危机的反应和处理速度为其他公司危机管理提供了良好的范本。

同时，圣元公司一直表示对于婴幼儿死亡的惋惜以及表态毫不推卸自身责任的态度为自身增加了不少"感情分"。很多企业在危机出现后，企业往往采取的态度是一味地为自己辩解而不注重消费者的感受。而圣元公司在事件发生伊始强调"就事论事"和不回避责任的态度，对家属"表示对于小孩的死亡非常痛惜"，如此的处理方式易于事件的调查及不扩大化，圣元乳业也避过了舆论的矛头指向。

# 四　进一步健全我国危机管理制度

自 2008 年汶川地震后，我国政府的危机管理意识极大加强，建立健全危机管理体系也成为我国政府日常工作的重要内容之一。在历经种种危机事

---

① 《圣元公司董事长就产品安全发表声明》，新浪财经，http：//finance. sina. com. cn。

件后，我国的危机管理制度和体系都被提升到了新的水平，政府从以往的随机应对，到制订应急预案，再到建立监测、预测、预报及预警机制，一路走来，应对突发性灾害及公共危机事故的效率显著提高。另一方面，我们也要清楚地认识到我国的危机管理体系依然有待进一步完善，危机管理的能力需要进一步提升，对危机事件的处理方式需要进一步合法化、制度化、规范化、人性化。

## （一）自然灾害危机事件管理启示

### 1. 进一步完善危机管理体制机制

自然灾害危机管理体制是由多个管理体系共同构建而成的（如图 1 所示），其中包括监测预测体系、预报体系、预警体系、应急体系、信息发布体系、灾害评估体系和灾后管理监督体系。健全和完善管理体制：一方面要积极组织公安、民政、交通、铁道、水利、卫生、电力、地震、消防、邮政、传媒、社区基层部门、灾后重建办公室等部门有序高效地参与到管理体系当中来；另一方面要制定并完善危机管理的相关法律法规及规则制度，明确各部门的职责分工，严格执行日常管理程序及危机发生时的应急方案，完善互相协作机制，使每个部门的功效得到最大程度的发挥，从而将危机管理体制的作用发挥到极致。

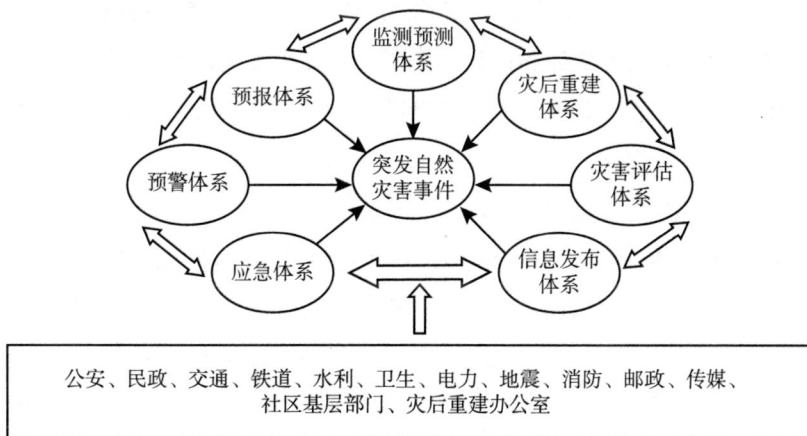

图 1　自然灾害危机管理体制示意图

**2. 严格将灾害危机管理法治化**

作为一个法治国家，政府在任何时候，尤其是在紧急状态下能否依法办事，是其是否依法行政的一个重要标志。发达国家一般都制定有紧急状态管理和防灾减灾救灾的法律法规，政府制定的危机管理计划同样也具有法律效力。我国政府在自然灾害管理中多以快速的行政手段来应急，带有明显的人治色彩。故而，我国亟需出台相关的法律法规：对政府自然灾害危机管理的机构设置、综合协调部门在管理中的职能地位、权利责任、管理权限、经费来源及支出进行严格界定；对公民在突发灾害中的权利和义务进行明确规定；对灾民在灾后恢复重建工作中的权利和义务提供法律依据。

**3. 加大管理过程中的科技投入**

自然灾害的突发性往往是对人民生命财产造成摧毁性打击的重要原因，克服这一特性的两个必备武器就是预测系统的完善和应急救灾队伍的强大，而要做到这两点都离不开科技的力量。为了提高政府应急管理的可行性、科学性和前瞻性，应充分利用专业研究机构和专家学者的学术成果，将先进的科技引入应急管理中去。建立政府应急管理部门与科研机构之间的联系与交流机制，提升自然灾害应急管理的研究能力和科技支撑力。

**4. 着力进行重大自然灾害损失评估①**

通过对重大自然灾害事故的损失评估，可以使政府从中吸取宝贵的管理经验和教训，为制定及执行防范未来类似突发灾害的应急预案提供指导与借鉴。通过对灾区的经济损失统计和行业经济损失的分布规律的研究，形成科学高效的损失评估理论；通过对突发灾害影响进行建模研究和机制分析，给出相应的可操作工作方法和应急策略；完善灾情统计标准，逐步扩大损失统计范围，认定灾害中自然资产损失额度，以作为灾害管理决策的重要依据。

**5. 建立以政府为主导，非政府组织规范参与的应急管理队伍**

自然灾害发生一般都具有广泛性，受灾面积广、受灾人数众多。这就决定了参与救援队伍的多样性，需要最大可能地吸纳各种社会力量，调动各种社会

---

① 汪寿阳、刘铁民、陈收、郑桂环：《突发性灾害对我国经济影响与应急管理研究——以 2008 年雪灾和地震为例》[M]，科学出版社，2010。

资源共同应对危机，组成危机治理网。现阶段我国的自然灾害危机管理制度中政府成为单一绝对主体，造成势单力薄的管理局面。近年来，随着自然灾害的频发，越来越多的社会群体和非政府组织参与到灾害管理中去，虽然一定程度上减轻了政府的管理压力，但这些群体和组织大部分处于起步探索阶段，自主性低，应急功能发挥欠佳。提高非政府组织参与应急管理的能力，规范其参与行为仍然是应急管理问题中急需解决的问题。一方面要明确非政府组织在应急管理中的权责，并加以宪法及法律的规范和界定以便将其纳入正规管理体系范围内；另一方面，建立非政府组织与政府组织的联系沟通渠道，加强信息共享，将非政府组织的力量计入预案，以便应急管理更加高效。

## （二）突发公共危机事件管理建议

### 1. 将危机管理的端口前移，逐步形成完善的危机预防机制

在经济全球化、信息爆炸化的今天，危机事件传播快、波及广、危害大，依靠传统的、临时的、短期的应急机制已无法掌控事态发展，因此，将危机管理的端口前移，建立全面、科学、系统、高效的危机预防机制显得尤为必要。

无数事实证明，危机预防是成本最低、最可行、最切实的对策和行为，也是对危机的最好规避。[①] 如果能有以人为本、多方联动的流浪人员求助体制，贵州毕节 5 名流浪儿童就能安全度过冬雨潇潇的难眠之夜；如果能有制定科学、严格执行、运转流畅、行之有效的校园安全应急预案，河南光山 23 名无辜儿童就能免遭那突如其来的噩梦般侵害。

针对我国当前的实际情况，可着重在以下几个方面构建和完善危机预防机制：加强预案建设，加强预案演练；提高政府的公共危机预防意识，加强对公民的危机预防教育；建立从中央到地方、各部门密切配合的危机管理组织机构系统，强化公共危机预防职能；建立多元化的公共危机信息收集网络和通畅化的公共危机信息沟通网络，提高信息处理效率。

### 2. 完善新闻发言人制度，发挥其在危机管理中不可替代的作用

作为危机管理的主体和最大的危机信息源，政府如何满足社会公众对信息

---

① 许继英、张云昌：《建立危机预防体系是危机管理之关键》，《管理观察》2009 年第 7 期。

公开、透明的需求，在危机管理中把握舆论导向、保持社会稳定和谐有序地运行显得尤为重要。作为政府信息发布渠道的危机新闻发言人制度，更应该引起政府的高度重视。在我国进入风险社会、公共危机事件频发、公民知情权意识不断觉醒的背景下，建立和完善危机管理中的新闻发言人制度，有其不可替代的重要作用。①

近两年，新闻发言人在危机管理中的作用可圈可点、不可抹杀，但仍暴露出很多问题，郭美美炫富引发中国红十字会信任危机事件和"7·23"甬温线特别重大铁路交通事故中，新闻发言人的迟缓和失态甚至成为危机升级的导火索。当前，我国危机管理中的新闻发言人制度缺乏法律法规保障，新闻发言人的专业化和职业化程度有待提高，危机处理进展通报不及时、新闻发布流于形式的情况还大量存在。基于这些原因，政府既要注重培育新闻发言人制度的文化土壤、建立健全新闻发言人制度的法律法规体系，也要加强对新闻发言人的培训、监督，着力提高新闻发言人的应变能力和专业水平，并建立新闻发布的评估机制。

**3. 提高应对媒体的能力，掌握危机管理中的舆论话语权**

在危机管理信息机理中，存在着"信息管道"效应，即：在危机公关的"信息管道"中，如果不用官方和正规的信息完全填充，空隙的地方会滋生谣言和小道消息，这就要求政府在舆论引导中占据先机。与此同时，以微博为代表的新媒体由于技术的革新而被赋予特殊性能，其最大特点是最充分地扩散信息，使得控制信息变得越来越不可能，这对政府的危机管理带来了巨大挑战。②

如何将新媒体这把双刃剑为我所用，需要政府在加强网络舆情监测和危机预警的基础上，利用各种媒介资源，迅速作出反应，引导公众议题，并努力与传统媒体的专题报道形成舆论合力。另外，需要高度重视网络中意见领袖的作用，他们对危机根源、诱因的看法，影响着公众对危机的认识。一方面，政府机构要在危机发生后的第一时间与他们取得沟通，争取他们的支持；另一方

---

① 姜欣欣：《危机管理视角下的政府新闻发言人制度浅析》，《经济视角》2012 年第 3 期。
② 林爱珺、孙姣姣：《新媒体环境下的政府危机管理与舆论引导》，《中国应急管理》2011 年第 3 期。

面，主管网络舆情的相关部门要注重培育一些政策理论水平高、看问题全面深刻、懂得观点营销的意见领袖，从而掌握危机管理中的舆论话语权。

### （三）企业危机事件管理策略

公共关系本应是组织机构为了维护自身形象、创造良好环境所进行的面向公众的传播行为。然而事实上，我们所能见到的"公关"行为几乎都与危机有关。为了更有效应对企业经营过程中的各种可能发生的危机事件，企业在日常的管理工作中应该充分重视建立健全全面危机管理体系。

危机管理体系的作用在于形成强力有效的操作模式。建立全面的危机管理体系，最关键的就是做到预防为主。全面的危机管理体系包括：预警机制、控制与化解机制、评估机制、修补机制。

预警机制：危机预警是建立在企业的危机能够事先进行侦测与判断进而可以进行规避，或者能够通过前期的了解降低危机的危害的事实假设基础之上的。通过建立专门部门，配备专职人员，搜集企业危机的相关信息，把危机消灭在萌芽状态。

控制与化解机制：不论采取多严密的预防措施，有些危机还是会出乎意料地发生，这就要求企业制定危机应变计划，一旦问题出现或危机发生，能够有条不紊地给予应对。为此，要成立专门的危机管理小组，设计高效的危机处理流程。同时，还应对危机的发展进行实时监控，及时针对获得的即时信息调整危机处理方案。

评估机制：在危机发生后，对整个危机事件进行评估，是检查和改善企业管理与运营体系的最好时机。不断积累危机处理的经验教训，使企业的危机管理机制不断完善，为企业的发展奠定良好的基础。同时，在评估过程中搜集到的信息，也为企业下一阶段的重塑形象提供支持。

修补机制：修补机制是重塑企业形象的开始，危机的平息并不代表危机公关的结束，相反，当危机基本得到控制时，企业应不失时机地将危机处理的重点转向危机恢复工作，尽快使企业从危机中恢复过来而进入正常状态。修补机制中十分重要的一个方面就是对危机处理过程中发现的问题，有针对性地开展一系列的企业形象恢复管理活动：包括投放企业形象广告、产品广告；推出企业全新的产品和服务；调整企业的管理团队，引进新的形象良好的高层人物；公布企业新的市场拓展计划和产品发展计划，等等。通过一系列针对性的形象恢复管理活动，充分利用公众对企业的关注力未减弱之前的宝贵时间，改变公众对企业的印象并增加其对企业未来的信心。

## 参考文献

邹铭：《自然灾害风险管理与预警体系》［M］，科学出版社，2010。

姜平、贾洁萍、孔庆兵：《公共危机管理与突发事件应对》［M］，红旗出版社，2011。

中国减灾编辑部：《2011年全国十大自然灾害事件》［J］，《中国减灾》2012年第1期。

孙勇：《"谣盐"案警示政府危机管理》［N］，《证券时报》2011年3月21日，第3版。

汪寿阳、刘铁民、陈收、郑桂环：《突发性灾害对我国经济影响与应急管理研究——以2008年雪灾和地震为例》［M］，科学出版社，2010。

许继英、张云昌：《建立危机预防体系是危机管理之关键》［J］，《管理观察》2009年第7期。

姜欣欣：《危机管理视角下的政府新闻发言人制度浅析》［J］，《经济视角》2012年第3期。

林爱珺、孙姣姣：《新媒体环境下的政府危机管理与舆论引导》［J］，《中国应急管理》2011年第3期。

# Emergency Management from 2011 to 2012 in China

*Wen Xueguo    Fan Zhengqing    Jia Xiao    Liu Wen    Jian Guo*

**Abstract**：This report gathered and analyzed most domestic emergencies from 2011 to 2012 in China. It also summarized all countermeasures which had been adopted by governments at different levels, various departments and major enterprises in dealing with those natural disasters, public accidents and corporate crises. The report also tried to sum up the characteristics of the above-mentioned crises in the last two years in China, offered in-depth analysis and studies of some typical examples and cases, and proposed a number of rational methods, solutions and suggestions to improve the current emergency management system.

Key Words: Emergency; Crisis Management; Natural Disaster; Public Accident; Enterprise Crisis

# 政府危机管理

Government Crisis Management

# B.2

## 群体性事件：当前人民内部矛盾的主要表现领域及趋势

郭 馨[*]

**摘 要：**

因人民内部矛盾引发的群体性事件已经成为当前影响社会稳定的突出问题。群体性事件呈现出主体多样、诱因复杂、行为方式激烈、联动性增强的特点。现阶段人民内部矛盾突出反映在"四类特殊群体、十三个方面"。新时期人民内部矛盾的产生是政治、经济、文化等多种因素相互交织、相互作用的结果；其产生根源主要有生产力相对落后、利益关系调整、社会分配不公等；其总体趋势是：高位运行，升降起伏，长期向好。

**关键词：** 人民内部矛盾 群体性事件 社会稳定

---

\* 郭馨，博士；工作单位：公安部。

我国正处在多种转型并行的历史剧变过程中，改革攻坚期也是矛盾凸显期，人民内部矛盾特别是一些深层次矛盾问题不断显现。随着改革的不断深入和利益格局的深刻调整，社会经济成分、组织形式、利益关系、分配方式都出现了前所未有的变化，不同社会利益群体之间的矛盾关系也日趋复杂，新旧体制转换中积累的一些矛盾和问题也日益凸显，由人民内部矛盾引发的群体性事件已经成为影响社会稳定的突出问题。大规模群体性事件破坏正常的社会生产和生活秩序，损害党和政府的形象，危及人民群众生命财产安全和国家与社会公共利益，如果任其蔓延，势必危及改革发展稳定的大局，危及国家的长治久安。

## 一 当前群体性事件的态势及特点

当前，我国正处于人民内部矛盾凸显期。20 世纪 90 年代以来，群体性事件的总量不断上升，规模不断扩大，严重影响了社会稳定。偶尔在某些年份有所下降，但总体上看来仍在高位运行。事实上，引发群体性事件的根源并未彻底消除，一些历史遗留问题仍大量存在，同时改革发展中新的矛盾不断产生。

当前群体性事件呈现出以下特点：一是主体多样。参与人员涵盖退休和下岗失业职工、失地农民、复转军人、民办教师、库区移民、出租车司机等多个群体。在一些地方和单位，少数基层领导干部也参与其中，使矛盾进一步复杂化。二是诱因复杂。因企业改制、征地拆迁、环境污染、补偿安置、工资福利、学生就业、基层选举等问题引起的群体性事件多发，涉及社会生活领域的方方面面。三是行为方式激烈、规模大。冲击党政机关、堵塞公路、卧轨阻断铁路、暴力抗法、打伤政府工作人员和执法民警等事件时有发生。一些群体性事件规模达数千甚至上万人，造成严重社会影响和危害。四是联动性增强。一些群体性事件起初仅限于少数人及个别单位或行业，随着事态发展，影响力扩大，引起其他单位或行业利益相关者心理共鸣，参与人数不断增多，涉及区域不断扩大。

特别值得注意的是，在一些群体性事件中，发现境内外敌对势力和别有用心的人蛊惑煽动，积极插手、炒作，致使问题越来越复杂。如我们应对不力，极易酿成大的事端，甚至有演变成"街头政治"的可能，严重影响社会政治稳定。

## 二　群体性事件表现的主要群体及领域

本质上来说，当前绝大多数群体性事件的发生仍然属于人民内部矛盾的表现形式，其核心是利益矛盾，涉及的是利益分配关系中有无和多少问题，肇始于利益受损，终结于利益获偿。人民内部矛盾是改革发展过程中不可避免的矛盾，是可以通过进一步发展经济、健全完善机制体制、采取协商谈判的办法等逐步缓解和化解的。现阶段人民内部矛盾突出反映在"四类特殊群体、十三个方面"。

### （一）四类特殊群体

#### 1. 军队退役人员群体

较为活跃的主要是企业军转干部、下岗转业志愿兵、城镇退役士兵特别是对越自卫反击战退役人员及其政策边缘退役人员、复员干部、老退伍义务兵、伤残退役人员等群体。最近几年，中央相继出台了一系列优抚、解困政策，部分军队退役人员集访势头明显趋缓，形势总体稳定。但由于有些政策仍然滞后或者还没有出台，地区间执行政策的标准和力度存在差异，群体内部各群体之间、与社会其他利益群体之间利益不平衡，相互攀比，诉求群体不断增多，诉求内容不断扩大，诉求预期不断攀高。

#### 2. 行业系统离退人员群体

当前较为活跃的有被辞民办教师、企业退休教师、企业退休高工、邮政内退职工，以及银行、地质勘查系统"协解"人员等群体。他们串联上访、联名申诉不断，参与人员增多，涉及地方扩大，活动频率加快，组织化倾向和跨地区、跨群体联动趋势明显。但因现行政策无法从根本上解决问题，矛盾隐患短期内难以消除。

### 3. 水库移民群体

水库移民涉及地域广、人员多，多年来因补偿安置、政策落实等问题引发的矛盾较为严重，移民与原住民之间因土地问题、风俗习惯、心理认同等矛盾冲突频繁。特别是新的移民政策出台后，由于新老补偿标准存在较大差异，一些条款又不够明确具体，操作起来情况复杂、困难重重，部分移民采取串联上访、阻挠施工等方式表达诉求的群体事件时有发生。随着国家"西电东送"等重大工程的实施，西部地区一批大中型水电水利工程项目陆续开工建设，移民数量和矛盾冲突将会进一步增多。

### 4. 涉农类群体

较为活跃的有原农村赤脚医生、电影放映员、土管所人员、乡镇农村信用社代办员、离任村干部、法律工作者等群体。近几年为要求解决生活待遇和办理养老、医疗保险等问题，部分活跃人员组织策划到省、进京上访等活动。由于大多属历史遗留问题，地区差异大，情况较复杂，解决难度大。

## （二）十三个方面

### 1. 土地权利矛盾

人多地少是农业大国的国情，决定了土地既是农民根本经济利益所在和生存发展的基本资源，又是最容易产生矛盾和冲突的薄弱环节。一方面，随着城市化进程加快、交通事业发展、一批国家重点项目开工建设，以及土地污染、水土流失和沙漠化加速等，可耕地面积减量明显大于、快于农村富余劳动力减量，可耕地成了绝对的稀缺资源，由人地矛盾引发的利益矛盾日益突出。另一方面，土地权利处置不当产生的矛盾纠纷多发、冲突对抗加剧。有的地方非法出租、占有、转让农村集体土地，有的拖欠、截留、滥用土地变现款，有的延包政策落实不到位，有的随意改变承包关系，有的强迫流转土地，肆意侵害农民利益，严重损害党的威信和党在农村的执政基础。

### 2. 涉企矛盾

涉企矛盾形式多样，但无不是直接或间接地围绕劳资矛盾这一核心。劳资矛盾不但普遍存在、不断增多，而且行为激烈、冲突升级，其是涉企矛盾的主要矛盾。就公有制企业而言，矛盾贯穿于改制重组、利益调配等过程之中，表现为公有资产的大量流失及国家（集体）、职工、经营者之间的利益碰撞，矛盾诱因集中在企业产权改革程序违规、内容违规，安置方案不透明、不公正，解除劳动关系职工获偿标准低、社保关系不接续、生活无保障，在岗职工工资增长缓慢、劳动强度增大等方面；就非公有制企业而言，矛盾重点是经营者和职工追求各自经济利益最大化之间的矛盾，矛盾诱因是企业不执行劳动法规定、随意、恶意、变相克扣或拖欠职工特别是农民工工资，不签订、不规范签订甚至伪造劳动合同，劳动保障覆盖率低，劳动时间长、条件差、安全系数低，等等。

### 3. 城镇房屋拆迁问题

旧城改造和新城建设带来大量房屋拆迁，引发的矛盾问题随之攀升，成为近几年来十分重大而棘手的问题。有的地方政府以成立拆迁指挥部方式直接插手、干预拆迁，有的违规审批、违法发放许可证，有的滥用行政裁决和强制拆迁措施，有的拆迁政策不透明、补偿标准低、安置方案不合理，有的拆迁动作野蛮、黑恶势力介入欺压群众，引发矛盾冲突不断。聚众上访请愿、集体封门堵路、暴力对抗强拆等事件屡有发生。

### 4. 涉法涉诉问题

涉法涉诉问题是人民内部矛盾发展变化的一个"晴雨表"，近年来，各地在处理涉法涉诉信访案件、清理执行积案等方面做了大量工作，总体形势有所好转，但这方面的问题依然比较突出。因涉法涉诉问题引发的上访人数批次多、无序访、越级访、集体访、缠诉缠访比重大，采取超常行为甚至恶劣手段表达诉求的情况时有发生。当事人大多以执法不公、执法过错、办案人员徇私枉法以及执行不力等为由，要求改判案件、国家赔偿或司法救助等。此外，一些别有用心的人寻机炒作司法个案，也使得问题更加敏感复杂，成为社会热点。

### 5. 环境污染问题

一些地方环境意识薄弱，只考虑近期的、局部的利益，以牺牲环境为代价换取经济的快速发展。环境保护中有法不依、执法不严、违法不究现象不同程度存在：有的审批不严、环评不真，违法违规批准高耗能、高污染的建设项目；有的对应该关闭的污染企业下不了决心、动不了手，甚至视而不见、放任自流；有的地方环境执法受阻，对工业园区和企业环境监管失控；有的企业不履行治污责任，违规排放废气废水。大气污染、水源污染、固体废弃物污染、农业污染等形势严峻，直接危害人民群众的身体健康，少数地方甚至造成群众无法生存，从而诱发大量矛盾冲突，对抗程度也明显高于其他矛盾。

### 6. 食品安全问题

民以食为天，食以安为本。食品生产者暴利驱动、相关职能部门监管不力，使食品安全问题成为当前突出的社会矛盾问题。从国家相关部门发布的数据看，近年来食品安全事故频发高发，特别是重大食品安全事故的中毒人数增多、波及范围扩大，群众恐慌心理加剧，引发了大量矛盾冲突。南京黑心月饼、金华敌敌畏火腿、阜阳劣质奶粉、肯德基苏丹红、上海瘦肉精、石家庄三聚氰胺等重大事件最为典型，有的矛盾至今尚未彻底解决，集体维权活动还在继续。2009 年《食品安全法》的出台，为食品安全监管提供了法律武器，但面对"食品药品安全事件风险高发期和矛盾凸显期"，农业、卫生等五部门共同监管的办法，却又可能衍生出越位、缺位、相互制约和重复执法等情况，产生新的矛盾问题。

### 7. 矿难事故

近年来，矿难事故始终在高位波动运行，重大、特大事故无持续性明显降低，死亡人数惊人、引发矛盾不断、形成社会热点。煤矿经营者不合理降低生产成本、矿工违规操作、政府监管不力等，是事故频繁发生的主要原因。地方政府为"出事"矿主提供保护，矿主支付一定费用逃脱严惩，矿难家属认同"私了"获得经济补偿，三者的互动配合，为下一次矿难埋下了隐患。

### 8. 医患纠纷

公共医疗卫生市场化运作倾向，弱化了公益性保障功能，医药不分、以药养医、医疗器械管理混乱等现象在各地都不同程度存在。群众对看病难看病贵、药品质量差疗效差、医生收红包拿回扣等问题反映强烈，手术不当、漏诊误诊、检查不全、告知不当和违规操作等导致医疗事故的案例频频发生。患者方对医院及调解机构的不信任和对经济赔偿的高额预期，以及职业"医闹"的插手策划，使得医患纠纷引发的矛盾冲突持续走高，行为趋于激烈。

### 9. 非法集资融资

近年来非法集资、非法融资等涉众型经济犯罪案件频发，由于潜伏时间长、受害群众多、涉及地域广、涉案金额大，加之追赃难、办案周期长，参与者一旦得知利益受损，往往情绪激烈、行为冲动，短时间内形成集群效应，引发持续不断的群体性矛盾冲突，并易引发非法拘禁、敲诈勒索、绑架、故意伤害等其他违法犯罪活动。近年发生的内蒙古万里大造林涉嫌集资诈骗案，青岛金华海生物有限公司涉嫌传销犯罪案，亳州兴邦公司、大连金澳港务有限公司、民航快递宁夏分公司非法吸收公众存款案等，由于案情重大复杂、牵涉面广、赃款大多被挥霍，引发的矛盾较多且激烈，造成的负面影响较大。

### 10. 教育领域矛盾问题

长期以来，教育领域的矛盾问题主要集中在招生录取、非法办学、学籍文凭、教学质量、内部管理、教职工工资待遇、师生非正常死亡等方面。近年来，随着义务教育学校绩效工资改革的全面推开，一些非义务教育学校教职工要求享受同等待遇的矛盾突出，大规模、持续性集访请愿行动在一些地方屡有发生，并呈现出不断发酵蔓延之势，不仅影响教育领域内部稳定，还引发其他利益群体的攀比。

### 11. 就业矛盾

就业是民生之本。我国劳动力资源丰富，近年来就业形势十分严峻，就业困难已成为当前突出的矛盾问题。城镇失业人数高位运行，特别是经济欠发达和落后地区失业率更高；隐性失业队伍庞大，仅国企职工中就有25%的富余人员，农业隐性失业者则过亿，同时现代企业制度的加快推进和农村劳动力的大量转移，正加快隐性失业显性化进程；高校毕业生就业压力大，全国普通高校毕业生近年来逐年递增，未就业毕业生成为继下岗失业职工之后最受关注的社会群体。大量的失业人群、较高的失业比率、拉长的失业时间，客观上加剧了贫富差距和心理落差，既制约经济发展又诱发社会矛盾。

### 12. 干群矛盾

干群矛盾是各类人民内部矛盾汇集的焦点，各级干部是矛盾的主要方面。人民内部矛盾的产生、激化或化解，固然有多种原因，但往往都直接或间接地同党委政府决策、干部形象及处理问题的方式方法紧密相关。当前，干群矛盾主要表现为：少数干部对群众缺乏感情，大搞形式主义，盛行官僚主义，甚至以权谋私、权钱交易、腐败堕落；一些党政机关部门利益化趋向明显，热衷于维护甚至追逐部门利益、小团体利益，弱化甚至基本丧失政府公共服务职能，以履行职权为名，行争利于民之实。这些都严重损害了群众利益，恶化了党群、政群、干群关系，践踏了党和政府的形象和威信。在这种高度紧张的背景下，任何一个偶然事件、任何一个具体矛盾，都可能导致群众和社会不良情绪的"井喷"，酿成不应有的过激行为，近年发生的贵州瓮安事件、云南孟连事件、重庆万州事件都是如此。

### 13. 民族宗教领域矛盾

"民族、宗教无小事"，在现阶段我国人民内部矛盾凸显、境内外敌对势力加紧捣乱破坏的大环境下，民族宗教领域矛盾显得尤为敏感和突出。民族心理、宗教信仰、地区发展和风俗习惯等方面的差异，民族意识、宗教信仰的认同与自我保护，极易产生矛盾，更易使个体纠纷演变为群体性事件，甚至重大社会冲突。特别是一些国外宗教势力渗透、地下宗教势力非法活动和少数不法分子民族宗教情绪煽动，加剧了民族之间、教派之间、信教与不信教群众之间的矛盾。有的地方民族宗教势力还利用具体的利益矛盾，煽动群众上访请愿，激化矛盾，扩大事态，个别事件还被敌对势力插手操纵。此外，教产问题引发的矛盾也趋于激烈，由于大多属于历史遗留问题，情况十分复杂，处理起来难度很大。

## 三 原因分析和发展趋势

（一）新时期人民内部矛盾的产生是政治、经济、文化等多种因素相互交织、相互作用的结果，其产生根源主要有以下几方面：

### 1. 生产力相对落后

人民日益增长的物质文化需要同落后的社会生产之间的矛盾是人民内部矛盾产生的总根源。改革开放30多年，我国经济快速发展，人均GDP已突破2000美元，步入下中收入国家行列。由于我国经济基础薄弱、人口众多，虽然经济总量大，但人均量小、发展不均衡，还有几千万人口处于贫困状态，与西方发达国家相比，总体生产力水平比较低。与此同时，全球经济一体化使国与国之间经济文化交流增多，国际经济生活的横向比较，使人们的视野开阔，对物质文化生活的需要不断提升。加上一些先富阶层高消费的导向性刺激，人民的物质生活需求空前膨胀，与国家提供财富的有限性形成强烈反差，生产的发展速度远远赶不上社会成员的物质文化需求增长速度。

**2. 利益关系调整**

利益冲突是人类社会一切冲突的最终根源，也是所有冲突的实质所在；利益关系的调整是人民内部矛盾产生的根本原因。改革是一场革命，必然引起经济制度、经济结构和经济运行模式的深刻变化。改革开放和社会主义市场经济的发展，打破了计划经济体制下的平均主义、大锅饭，对资源进行竞争性的再配置，经济主体、利益主体、分配方式出现多元化，利益分配格局发生重大调整。多层次的所有制结构带来劳动关系、分配形式、就业结构等的巨大变化，因体制改革、劳动关系等引发的矛盾纠纷大量出现；社会结构发生变化，新阶层、新群体不断产生，但中产阶层发展缓慢，为数众多的低收入阶层对资源占用和利益分配不满意，不稳定隐患大量存在；城市化进程的加快，城市的扩张和经济的发展，导致人口结构发生变化，失地农民越来越多，由此引发的矛盾也越来越突出。从沿海向内地延伸的改革开放思路，形成了珠三角、长三角、环渤海湾三个经济发展中心，广大的内地经济发展相对滞后，导致区域经济发展的极度不平衡。由此带来人口的单向流动，以地缘、亲缘、业缘为纽带的群体增多，"同乡村""同业村"出现，"抱团"现象严重，矛盾纠纷呈现群体性特征。随着社会体制的改革和政府职能的转变，社会管理方式由"单位"转向"社区"，大量的"单位人"变成"社区人"，相伴而生的是民间社团组织快速发展，鱼龙混杂，一些非法组织的捣乱破坏活动对社会稳定危害很大。

**3. 社会分配不公**

贫富悬殊、分配不公是人民内部矛盾产生的直接原因。地区差异、城乡差异的存在，导致各种资源向沿海地区和城市倾斜，虽然收入水平平均提高，但收入增速不同，地区之间、城乡居民之间的收入差别拉大；"让部分人先富起来"和一些偏袒强势群体的"隐性"制度和政策，使得"强者愈强"，贫富差距不断扩大；分配制度的不公平，群体之间、不同所有制企业之间、行业之间的收入差距增大，垄断行业的存在，更加大了这种差距；法律法规的不完善以及管理上的"空档"，给偷税漏税、走私贩私及不公平竞争等非法致富行为以可乘之机，加剧了社会的分配不公。以权谋私、钱权交易等腐败行为，更是使社会财富向部分人急剧集中。贫富差距过大导致社会财富的分配不公，极大地损害了社会的公平正义，部分低收入阶层没有享受到改革发展的成果，对社会产生强烈不满，"仇富心理""报复心理"蔓延，少数人心态失衡，报复社会，无直接利益冲突事件时有发生。

**4. 多元文化碰撞**

思想文化领域的矛盾和冲突是人民内部矛盾产生的内在原因。思想文化是社会经济和政治的反映，它对人们的行为方式和社会经济的发展影响深刻。多元文化的冲突和摩擦所引起的信仰、信念、道德和心理问题，是社会生活最敏感的神经。市场经济的竞争、效益、民主、平等观念与计划经济体制的旧观念发生碰撞，市场主体张扬个性和追逐利益最大化，客观上使一些人动摇共产主义信仰，失去前进的方向和奋斗的目标，模糊社会主义、爱国主义、集体主义的信念，滋生拜金主义、享乐主义和极端个人主义，道德错位，心理失衡。社会主义意识形态与封建思想文化、西方思想文化等会聚碰撞，思想文化领域多元化趋势加剧。腐朽的、反动的思想文化逐步蔓延，对进步思想文化和传统思想文化形成挑战，导致价值观念多元，主流思想文化被冲淡。在纷至沓来的各种思潮面前，一些人感到眼花缭乱，是非难辨，思想观念出现偏差，世界观、人生观发生扭曲。在思维方式和行动模式上出现从政治为主向经济为主、从集体为主向个人为主、从强调信念向强调实际、从强调奉献向强调功利、从注重工作向注重生活的倾斜。在民主法制意识不断增强的同时，自主意识和维权意识也在不断增强，人民内部矛盾也不断从隐性走向公开。

**5. 腐败现象滋生**

现阶段"人民内部矛盾，大量地表现在人民群众同领导者之间的矛盾问题上。"腐败现象是人民内部矛盾产生的重要诱因。腐败现象是社会的顽疾，也是人民群众反映最强烈的社会热点问题。政治体制改革的相对滞后，权力制衡机制和监督机制的不健全，导致腐败现象滋生蔓延。少数干部特权思想、等级观念、官本位思想及人治观念严重，崇尚权力和金钱，滥用权力，把"官场"变成生意场，权力寻租，争利于民，大搞钱权交易、权权交易、权色交易，漠视和损害群众利益，导致干群关系紧张，党和政府的形象受损；特别是司法机关和行政执法部门的腐败，扰乱政治系统的有效运转和国家政策法律的贯彻实施，践踏法律的权威性和公正性，损害社会的公平正义。一些腐败干部通过行贿、索贿等手段在短时间内迅速暴富，在各种超前消费中挥金如土，引起人民群众的强烈不满和愤慨。

**6. 社会管理滞后**

社会管理的缺位和滞后是矛盾纠纷产生的直接诱因。社会管理的主旨是缓和社会矛盾，追求社会和谐。随着改革开放的深入，新情况、新问题不断出现，传统的社会管理体制面临着巨大挑战，一些管理理念、管理方式、管理手段已明显滞后于新形势发展的需要。一是基层组织弱化。由于社会经济发展和市场经济带来的人员流动性，以户籍为基础的人口管理模式受到很大冲击，基层组织功能萎缩，对公民的行政控制力度严重弱化，号召力、凝聚力、约束力大大减弱，农村地区尤为突出。基层自治组织过度依赖行政权力，缺乏自我组织能力和自治能力，少数地区基层组织长期处于瘫痪半瘫痪状态，甚至被宗族势力、黑恶势力操纵、取代。二是出台政策措施欠当。一些重大政策措施出台时，宏观考虑不周，统筹协调不够，缺乏引导性，存在"头痛医头、脚痛医脚"的现象，带有部门、地方利益的政策措施五花八门、层出不穷，同一政策在不同部门和地方执行情况都不一样，导致相互攀比，人为引发矛盾纠纷。在出台改革措施的过程中，注重考虑经济社会发展"大题目"的同时，对部分群众切身利益这个"小题目"考虑不周；在推动一个地方、一个行业实现健康可持续发展这个"长远目标"的同时，对部分群众的"既得利益"和"眼前利益"兼顾不够，缺乏风险评估和调研认证，致使部分群众的利益受损，引发矛盾纠纷甚至矛盾冲突；在依法加强社会管理、整顿市场经济秩序的过程中，未能充分考虑相关群体的承受能力，未能准确把握政策措施的出台时机，未能恰当把握政策措施的执行力度，导致多数人预期个人利益受损，对政策措施不满，形成群体对抗。三是社会组织管理失控。社会组织是政府与公民之间的桥梁和纽带，是政府平衡社会矛盾的有效载体，发挥社会"平衡器"和"减压阀"的作用。但它同时又是一把双刃剑，培育和管理不好，就会成为集团力量，加剧各利益群体之间的矛盾，增加社会不稳定因素。当前，我国社会组织发展很快，但相关培育管理工作明显滞后，基本上是放任发展，"只登记，不管理"，导致一些社会组织打着合法的名义从事非法活动，甚至为集团利益制造社会不稳定因素。特别是对境外非政府组织的管理几乎是一片空白，"不登记、不干预"，底数不清、情况不明，基本上处于失控状态。四是民生关注不够。以人为本的管理理念欠缺、服务意识不强，管理方式简单，管理手段粗暴，因社会管理工作而引发的矛盾纠纷时有发生，特别是民生保障措施不力，社保、医保等保障机制不健全，一些低收入群体、弱势群体得不到基本保障，生活困难，引发大量矛盾纠纷。

**7. 化解渠道不畅**

化解渠道的不畅是人民内部矛盾激化的重要原因。化解渠道的畅通是确保有效解决矛盾纠纷的前提。现阶段，我们不缺乏矛盾化解和利益诉求表达的渠道，但这些渠道不够畅通，对矛盾纠纷反馈慢、化解成本高。不少矛盾纠纷在初始、萌芽阶段得不到及时化解，被推来推去、转来转去，"小事拖大，大事拖炸"；许多矛盾纠纷都是通过集体上访、堵塞交通、群体性事件甚至违法犯罪的方式来表达，通过激化矛盾来解决，形成了"大闹大解决，小闹小解决，不闹不解决"的非正常局面。不管是城市还是农村，解决社会矛盾的主要途径是依靠行政手段，而不是法律手段，在某种程度上说，是间接引导群众"信上不信下，信访不信法"，当法律途径一旦受阻，群众就会习惯性地找政府解决，把矛盾移交政府。在化解矛盾方面，"人治"与"法治"并存，权大于法、言大于法、关系大于法、人情大于法，相关监督机制又不完善，导致化解渠道堵塞，矛盾纠纷累积叠加，不仅不利于化解矛盾，反而有时会激化矛盾。

**8. 敌对势力插手**

敌对势力的插手破坏是人民内部矛盾的激化性因素。境内外敌对势力同"民运""法轮功""东突""藏独""疆独"等敌对势力相互勾连，在对我进行全方位渗透破坏的同时，把"维权"活动作为对我"西化""分化"的新的方式和突破口，实施"精英战略"和"草根计划"，培养和训练"维权"骨干，利用我改革发展过程出现的一些矛盾纠纷和社会热点问题大做文章，借助互联网等现代信息传播手段大肆炒作，插手群体性事件，策划、挑拨、鼓动群众与党和政府对立、对抗，使人民内部矛盾更趋尖锐和复杂。一些重大矛盾纠纷背后往往有敌对势力插手操控的影子，乌鲁木齐"7·5"事件就是一个典型例子。

（二）基于当前矛盾纠纷的现状和原因分析，人民内部矛盾发展的总体趋势是：高位运行，升降起伏，长期向好

**1. 高位运行**

改革开放以来，我国经济持续高速发展，用 30 年时间走完了西方发达国家 200 多年走过的发展路子，也遇到了西方发达国家 200 多年发展中所要解决的问题，在实现跨越式发展的同时，也积聚了许多一时难以解决的矛盾纠纷。有些是发展中产生的问题，有些是因为发展滞后产生的问题，要通过实现经济社会的全面发展来解决。社会主义初级阶段是一个相当长的时期，社会的转型是一个长期的过程，只要社会转型期引发人民内部矛盾的各种根源还存在，人民内部矛盾的产生就不可避免。在未来一个时期内，改革将不断深入，经济将持续发展，贫富、阶层、城乡、地区等结构性差异将继续存在，分配不公、腐败现象、社会管理滞后等问题在短时间内不可能彻底消除，以此为根源的人民内部矛盾必然会大量发生，并会出现旧的问题尚未解决、新的问题又在不断产生、矛盾纠纷累积叠加的局面。总之，只要人民内部矛盾的产生原因没有从根本上消除，人民内部矛盾的总体数量就不会大幅减少，多发高发的态势就不会改变。

**2. 升降起伏**

人民内部矛盾的总量虽然大，但发展会呈现不规则的起伏状，时而升高，时而下降，甚至会出现连续数年持续升高或下降的情况，不排除人民内部矛盾在某个阶段有激化的可能。但总体振荡的幅度不会太大，激化的程度不会太高，仍处在可控范围。人民内部矛盾的高低起伏与改革的力度、发展的速度和社会的可承受度密切相关：改革力度大、发展速度快、社会承受力低时，矛盾就会增多，反之则下降。2008 年我国出台《劳动合同法》，改革劳动关系，规范劳动行为，恰逢国际金融危机，大批中小企业由于承受能力低而纷纷倒闭，甚至欠薪逃匿，导致劳资纠纷大量涌现，一些地方企业员工围堵政府、堵塞交

通的事件频频发生，呈现激化态势。总之，人民内部矛盾在一个时期内都会在高位起伏徘徊。

### 3. 长期向好

社会主义制度的优越性决定了其自身具有很强的调控能力。改革的不断深入和经济的持续发展，利益关系调整的日趋合理，矛盾化解体制、机制的不断健全，民主保障力度的不断加大，贫富差距的逐步缩小，社会分配的日益公平，社会管理措施的日益完善，治理腐败力度的不断加大，预防和化解矛盾纠纷能力的不断增强，人民内部矛盾将呈现逐步减少的趋势。

# Group Events: Main Causes for and Trends in Current Social Conflicts

*Guo Xin*

**Abstract:** Group events triggered by current are having a large negative impact on social stability. And many group events show diversities in constitutions, complexity in incentives, fierceness in behaviors and strengthen in linkages. In the new era of modern China are rooted in the intertwined interactions among political, economic, cultural and other factors and issues. The main reasons behind these social conflicts are relatively backward productivity, comparatively unfair interest alignment adjustment and unreasonable behind these social conflicts distribution. However, the number of these group events will remain large and fluctuate in the short term, and will gradually decline in the long term.

**Key Words:** Contradiction among the People; Group Event; Social Stability

# B.3
# 中国环境危机管理现状、问题及对策

环保部政研中心环境危机管理课题组 *

**摘 要：**

　　伴随着经济发展逐步向重化工业阶段过渡和城市化的不断推进，我国已经步入环境污染事故的高发期。环境污染事故不仅给自然生态环境本身造成了极大破坏，而且从社会、经济、人文等各个方面对社会产生了各种不利影响。因此，加强环境危机管理，尤其是环境应急管理，已经成为各级政府必须履行的重要职能。环境危机管理的核心和载体都是突发环境事件应急管理。本文在分析2012年国内环境危机管理现状、地方实践、存在问题等的基础上，提出了相关政策建议。

**关键词：**

　　突发环境事件　环境危机管理　应急预案　全过程管理

　　伴随着经济发展逐步向重化工业阶段过渡和城市化的不断推进，我国已经步入突发环境事件的高发期。一方面，各类环境污染事故频发，造成的影响和危害越来越大；另一方面，人民群众的环境敏感度逐年提高，突发环境事件对公众心理上造成的负担和恐慌也越来越重。环境污染事故不仅对自然生态环境本身造成极大破坏，而且从社会、经济、人文等各个方面对社会产生各种不良影响。因此，加强环境危机管理，尤其是环境应急管理，已经成为各级政府必须履行的重要职能。

---

* 陈刚，环境保护部环境与经济政策研究中心，高级工程师、博士；郭红燕，环境保护部环境与经济政策研究中心，工程师、博士；罗楠，环境保护部环境发展中心，助理工程师；姜欢欢，环境保护部环境与经济政策研究中心，助理研究员。感谢环境保护部应急中心陈明处长对本文的指导和建议。

# 一 国内突发环境事件现状及特点①

## （一）现状

据不完全统计，2012 年国内突发环境事件主管部门直接调度处理的突发环境事件共 33 起，与 2011 年（106 起）相比下降 69%。

从突发环境事件级别分类来看，重大环境事件 5 起（广西龙江河镉污染事件，广东清远连州市星子镇儿童血铅超标事件，辽宁葫芦岛中储粮建昌直属粮库药品库因浸水产生有毒气体事件，湖南省邵阳市国电湖南宝庆煤电有限公司柴油泄漏事件，贵州省铜仁市万山特区万泰锰业有限公司锰渣泄漏事件），较大环境事件 3 起（湖南省湘潭县谭家山镇石坝口水库水质异常事件，广西华银铝业有限公司靖西县龙山排泥库泥浆泄漏事件，辽宁省抚顺市清原县化工厂房火灾造成柴河污染事件），一般环境事件 25 起。

从时间分布上看：2012 年第一季度 13 起，同比减少 9 起；第二季度 14 起，同比减少 23 起；第三季度 5 起，同比减少 25 起；第四季度 1 起，同比减少 16 起。

按突发环境事件起因分类，生产安全事故引发的环境事件 11 起（同比减少 40 起），交通事故引发的环境事件 11 起（同比减少 4 起），企业排污引发的环境事件 3 起（同比减少 17 起），自然灾害引发的事件 1 起（同比减少 5 起），其他因素引发的环境事件 7 起（同比减少 7 起），分别占总数的 33.33%、33.33%、9.09%、3.03%、21.21%。

按突发环境事件的污染类型来看，33 起事件中有 30 起为水污染事件，2 起为血铅事件，1 起为大气污染事件。水污染事件中 4 起为海洋污染事件，其余 26 起均不同程度影响到饮用水水源地。

## （二）特点

分析国内突发环境事件发生情况，主要有以下几个特点：

---

① 环境保护部应急办：《突发环境事件汇总分析（年报信息）》，2012 年 12 月 31 日。

### 1. 突发环境事件数量大幅减少

2012 年，环保部直接调度处置的突发环境事件数量较往年大幅减少。初步分析有三个原因，一是各级政府对环境应急管理工作高度重视，大部分省级环保部门成立了专门的环境应急管理机构，环境应急管理科学化、规范化水平不断提升，"属地管理，分级响应"的突发环境事件应对机制进一步完善，突发环境事件应对处置能力进一步加强，一些可能造成环境污染的事件，因处置及时，应对科学，事态均能在第一时间得到较好的控制和化解，从总体上减少了突发环境事件的数量。二是环保部于 2012 年 5 月底至 9 月组织开展了为期一百天的"环境安全百日大检查"活动。此次检查中，各级环保部门及相关企业结合实际、加强组织领导、积极组织业务培训、深入开展自查自纠工作，进一步摸清了环境风险底数，排查整治了环境风险隐患，推动落实了环境应急管理制度，遏制了突发环境事件的高发态势。三是未雨绸缪，采取针对性措施，确保汛期环境安全，及时下发了《关于加强 2012 年汛期环境安全保障工作的通知》，各级环保部门高度重视，严格按照通知要求，结合本地实际，抓紧组织开展汛期环境风险隐患排查整治工作，完善应急预案、强化预警监测、加强应急值守、积极预防并妥善处置汛期突发环境事件，2012 年汛期发生的突发环境事件较 2011 年下降 83%，汛期环境安全得到了切实保障。

### 2. 水污染事件频发，严重威胁人民群众生命财产安全

2012 年，环保部直接调度处置的突发环境事件中，水污染事件占事件总数的 91%，8 起较大及以上级别突发环境事件中，水污染事件为 6 起。水污染事件的数量及影响已远远超出其他污染类型事件，特别是重点水域、敏感水域及饮用水水源地发生的水污染事件，动辄威胁几十万人甚至上百万人的饮用水安全，严重损害群众健康和影响社会稳定。2012 年 9 月 11 日，湖南省邵阳市国电湖南宝庆煤电有限公司发生柴油泄漏事件，导致邵阳市桂花渡自来水厂、城西自来水厂和工业街自来水厂停止取水。事件发生后，环保部立即派出工作组赶赴现场，督促指导当地采取科学有效措施，妥善处置此次事件。经紧急采取切断污染源、吸附打捞污染物、加密监测等措施，至 9 月 13 日凌晨，受事件影响的资江邵阳至娄底段水质恢复正常。针对事件中暴露出的地方政府和环保部门应急处置能力滞后、企业环保意识不强、环境风险管理存在漏洞等问

题，环保部下发督查通知，要求当地严肃追究相关责任单位和责任人的责任，认真组织开展环境污染损害评估，抓紧落实相关整改要求。

**3. 重金属污染事件数量有所降低，但社会影响较大**

2012 年，环保部共接报并妥善处置重金属污染事件 5 起，与往年相比在数量上有所下降。但 5 起事件中有 3 起为重大环境事件，特别是春节期间发生的广西龙江河镉污染事件以及十八大召开期间发生的贵州省铜仁市万山特区万泰锰业有限公司锰渣泄漏事件，均对饮用水水源地安全造成严重威胁，引发社会强烈关注。广西龙江河镉污染事件发生后，环保部第一时间派出工作组赶赴现场指导处置应对，住建部、水利部、卫生部、工信部等部委全力支持，广西自治区党委、政府迅速作出部署，及时启动了突发环境事件应急预案，河池、柳州两市通力配合，经过 25 天奋战，取得了河道污染治理的全面胜利，实现了龙江河水质全线达标，柳州饮水安全不受影响的目标。贵州省铜仁市万山特区万泰锰业有限公司锰渣泄漏事件发生后，环保部工作组分两路于 11 月 8 日晚分别抵达贵州和湖南，及时了解有关情况，督促、指导当地政府做好应急处置各项工作。至 11 月 16 日，事件得到妥善处置，两省受污染河道水质全线达标，沿线居民饮水未受明显影响，社会稳定。

**4. 自然灾害次生环境事件相继出现**

2012 年，环保部及时调度并妥善处置了多起自然灾害次生环境事件，有力保障了环境安全。5 月 10 日，甘肃省岷县发生冰雹山洪泥石流灾害后，环保部第一时间与甘肃省环保部门取得联系，详细了解灾区的损失、环境风险隐患等情况，指导当地采取针对性措施，积极防范次生环境灾害。9 月 7 日，云南省昭通市地震灾害发生后，环保部立即派出工作组到达灾区现场，指导当地环保部门开展环境风险排查、环境应急监测等工作，经对昭通市 32 家重点企业进行现场检查，对 2 家企业进行电话询问，未发现环境风险隐患。

**5. 交通运输事故引发的环境事件比例有所提高**

2012 年，环保部直接调度处理的突发环境事件中，交通运输事故引发环境事件的比例达 33.33%，较近三年统计数据呈明显上升，交通运输事故已成为与生产安全事故并列的引发环境事件的首要原因。交通运输流动性、不确定性强，监管部门多，信息互通不够充分，监管难度大，故交通事故次生的突发环境事件的防范和处置难度大，特别是涉及危化品的交通运输事故，一旦处理不当，可能产生较大的环境影响，甚至次生重特大突发环境事件，影响环境安全。2012年发生的甘肃省甘南州碌曲县车辆侧翻导致丙烯酸泄漏事件、陕西省汉中市宁强县罐车翻车致苯乙烯泄漏事件等交通事故引发的化学品泄漏事件，均造成了不同程度的环境影响。目前，环保部正积极协调交通运输部建立应急联动机制，确保交通运输事故引发的环境事件发生后，能够信息通畅、处置高效。

# 二　环境危机管理制度及地方实践

## （一）环境危机管理制度

环境危机管理是通过对环境危机的生命周期加以分析，在环境危机发生、发展和结束的每个阶段制定出相应的战略，以最大程度消除危机可能产生的影响。根据我国的实际，环境危机管理的核心和载体都是突发环境事件应急管理，突发环境事件应急管理的水平，直接决定着环境危机管理的成败。"一案三制"则是突发环境事件管理的重点内容，具体而言"一案三制"是指为应对突发公共事件所制定的应急预案和建立健全应急体制、应急机制和相关法律制度的简称。"一案"是指应对突发事件的应急预案，"三制"指的是应对突发事件的应急体制、应急机制和应急法制。应急体制主要指建立健全集中统一、坚强有力、政令畅通的指挥机构；应急机制主要指建立健全监测预警机制、应急信息报告机制、应急决策和协调机制；而应急法制，主要指通过依法行政，使突发公共事件的应急处置逐步走上规范化、制度化和法制化轨道。

国务院于2006年正式发布的《国家突发环境事件应急预案》，对突发环境事件组织指挥和协调机构及突发事件的预防和预警、应急响应、后期处置等不同阶段都做出了规定，并具备如下特点：一是由全国环境保护部际联席会议作为国家环境突发事件的综合协调机构，而不仅仅是负责环境保护的主管部门；二是由环保、海洋和交通等三部门协作，分工负责信息监测，其中环保部门负责环境污染事件、生物物种安全事件、辐射事件的信息接收、报告、处理、统计分析，海洋部门负责海上石油勘探开发溢油事件，交通部门负责海上船舶、港口污染事件；三是应对范围较广、级别较高，包括了跨省界环境突发事件应对工作，和国务院或者全国环境保护部际联席会议需要协调、指导的环境突发事件或者其他突发事件次生、衍生的环境事件，应对举措依据突发事件衍生、扩展的范围而变，具有很大的灵活性和机动性；四是预防、预警为重点，未来将建立一系列的模型、平台和系统。应急预案的发布将极大地提高国内突发环境事件的应对能力。

应急预案是环境危机管理的龙头，也是相关管理工作的起点。经过努力，我国的环境应急预案管理体系已经初步形成：一是应急预案网络初具规模，基本形成了由国家总体应急预案、国家专项应急预案、国务院部门应急预案、地方应急预案、企事业单位应急预案和临时应急预案组成的应急预案网络。截至2011年年底，全国省级环保部门环境应急预案编制做到了全覆盖，预案修订率约80%，设区的市级环保部门预案编制率达90%以上。二是应急预案更加制度化、规范化。修订了《国家突发环境事件应急预案》，颁布了《突发环境事件应急预案管理暂行办法》，印发了《石油化工企业突发环境事件应急预案编制指南》，规范了编制、评估、备案、修订、演练等工作程序。三是应急预案演练逐步走向常态化，各省每年至少开展一次环境应急演练。

## （二）地方实践

### 1. 总体情况

2012年，国内环境应急能力建设不断稳步推进。开发了环境应急物资信息数据库，印发《全国环保部门环境应急能力建设标准》和《全国环保部门环境应急能力标准化建设达标验收暂行办法》，选取江苏省、辽宁省及沈阳市作为试点示范地区。沈阳市积极探索环境应急能力建设模式，第一个通过市县级一级建设标准验收，起到了良好的示范带头作用。在机构建设方面，全国约70%的省级环保部门、40%的地市级环保部门经编办批复成立了环境应急管理机构，其中独立运行的省级机构有12家，地市级机构有68家。山东、贵州、甘肃、吉林、江苏、重庆、四川等地基本建立了比较完善的省和地市两级环境应急管理机构。在装备建设方面：江苏、辽宁、四川等地正积极开展省和地市两级环境应急能力装备标准化建设，目前已初有成效；陕西开发了集预警预测、信息研判、辅助决策、远程指挥为一体的指挥模块系统；山东省基本建成省级环境安全预警与突发事件应急处置指挥平台系统；河南省积极推进国家中部地区应急物资储备中心和支援保障基地建设。

**2. 调研案例：鄂尔多斯市环境危机管理实践**

按照环保主管部门制定的《国家突发环境事件应急预案》，以及内蒙古自治区制定的《内蒙古自治区突发环境和生态安全事件应急预案》《内蒙古自治区环境保护厅突发环境事件预防及应急预案》等的要求，鄂尔多斯市于2008年着手制定了《鄂尔多斯市突发环境事件应急预案》，并于2012年进行了修订，规定更为详细，较之前也更具可操作性。

除了在管理制度方面进行改进，鄂尔多斯市政府和环保相关部门还高度重视突发环境事件应急能力建设，并就应对突发环境事件做了大量的预防、应急预案培训和应急演练工作。

（1）畅通了环境危机事件举报通道

在全市范围内开通"12369"环保热线的基础上，进一步完善来信来访的工作程序和制度，配备了相关人员并明确其责任，畅通了环保投诉举报渠道，努力使得每件举报都有案卷可查，每件事情都有调查结果。2011年鄂尔多斯市共受理来信来访环境投诉467起，其中"12369"环保举报受理114件次，处理率98%。通过畅通诉求通道，有效地维护了群众合法的环境权益。

（2）加强重点行业企业环境风险和化学品专项检查

2011年，鄂尔多斯全市各级环保部门历时一年半的努力，完成了重点行业企业环境风险及化学品检查任务。同年3月，环保部华北督查中心对鄂尔多斯市重点行业企业环境风险及化学品检查工作进行了督查及验收，对该市此项工作的开展予以肯定。通过本次检查工作的开展，基本摸清了鄂尔多斯市化学品生产及储存企业现状，完善了化学品管理档案，为今后的环境监管提供了有力的数据保障。

（3）进一步完善应急预案体系，并就应急预案开展了培训

为提高突发环境事件的应对能力，鄂尔多斯市在积极进行突发环境事件预

案建设的同时，也加快了旗（区）和风险企业突发环境事件应急预案编制工作，目前市、旗（区）、企业三个层级的预案体系已初步成形。旗（区）层面，根据《鄂尔多斯市突发环境事件应急预案》，各旗（区）纷纷制定了当地的突发环境事件应急预案。例如，2010年杭锦旗政府就公布了《杭锦旗环境污染事故应急预案》，2011年准格尔旗政府也印发了《准格尔旗突发环境事件应急预案》，2010年伊旗环保局修订完善了《伊金霍洛旗环境保护局突发性环境污染事件应急预案》。企业层面，政府在制定突发环境应急预案的同时还组织辖区重点企业制定完善环境应急预案。

应急预案出台后，相关部门为提升环境应急建设水平，还专门针对应急预案展开了培训。2012年鄂尔多斯市安监局对鄂尔多斯装备制造基地12家企业的应急管理人员进行了应急预案培训。培训中，依据两年来全市备案企业应急预案的整体情况，系统地分析了当前企业在预案编制、备案工作中存在的问题，并依据国家《生产经营单位生产安全事故应急预案编制导则》要求，对下一步企业应急预案编写进行了详细的讲解和辅导，明确了预案中必须撰写的内容，确定了预案中所要具备的关键要素。

（4）开展突发环境事件应急训练和演练

鄂尔多斯市政府高度重视突发环境事件应急工作，将预防突发环境事件作为一项长期工作来抓，在对重点行业企业进行专项执法检查的同时，也经常开展突发环境事件应急训练和演练。例如：2011年7月，为检验政府，有关部门和企业组织指挥、应急处置、协同联动的能力，鄂托克旗人民政府在蒙西工业园区神华蒙西煤化公司甲醇厂，举行了规模较大的危险化学品泄漏和火灾事故应急救援演练活动；2011年8月，为了提高企业生产安全事故应急救援能力，预防事故的发生，乌审旗中燃天然气公司联合鄂旗中燃公司在乌审旗进行了户外天然气泄漏灭火演练，乌审旗政府依据天然气泄漏事故的特殊性，启动政府应急预案，调集安监、公安、卫生、消防等部门按照各自职责开展救援。

这些大型危险化学品泄漏事故应急救援演练，不仅提高了企业自防自救的能力，使企业职工掌握了重大事故应急技能，增强了各救援部门的协作能力，还进一步强化了政府和企业协同处置突发安全生产事故的综合应急能力，为危化企业的应急救援体系建设及社会经济发展提供了有力的保障。

除上述实践之外，中国还通过与加拿大、美国、俄罗斯、哈萨克斯坦、意大利等国的合作，积极改进和提升国内环境应急制度和能力建设。合作的方式主要包括环境应急资料和技术交流、人员互访、项目合作、技术培训、共建机构，以及建立定期交流机制等，随着合作的全面深入，合作领域和内容将不断扩展。

## 三　环境危机管理面临的压力和存在的问题

### （一）面临的压力

"十二五"时期我国环境保护总体形势：局部有所改善、总体尚未遏制、形势依然严峻、压力继续加大。正如时任副总理李克强指出的，"环境总体恶化的趋势尚未根本改变，压力还在加大，一些地区污染排放严重超过环境容量，突发环境事件高发。"因此，"十二五"时期，我国环境安全仍面临严峻的潜在威胁和挑战，环境应急管理工作面临较大压力：

第一，我国重化工行业占国民经济比重较大，能源结构不合理，经济增长方式比较粗放，行业企业的结构性、布局性环境风险比较突出。

第二，环境容量有限，生态系统脆弱，环境问题日积月累破坏性释放，重金属、持久性有机污染物、危险废物和PM2.5等新的污染问题集中显现。

第三，生产安全事故、交通事故引发的突发环境事件持续上升。环保部直接调度处理的突发环境事件中，由生产安全事故和交通事故引发的分别占48.1%和14.2%，二者仍是次生突发环境事件的主要原因。企业违法排污和非法转移倾倒危险固体废物引发的突发环境事件越来越突出。

第四，暴雨洪水、地震和泥石流等自然灾害多发频发，衍生突发环境事件相继出现。

### （二）存在的问题

尽管环境危机管理工作已经取得很大进步，但同时也存在不少问题：

第一，对环境应急管理工作认识不足。对环境应急管理工作认识不到位，对环境应急管理工作定位和职能范围存在认识偏差，不利于工作的开展，也不利于有效保障环境安全。突出表现在，部分地区仍然存在重事件应对、轻环境风险防范的问题。认为环境应急管理工作就是在突发环境事件发生后开展应急处置，风险防范、应急准备之类的都不应该纳入环境应急管理职能范围。在近年组织开展的一系列环境安全大检查活动中，就发现很多工作人员存在不情愿、不积极的怠工心理，多为"走过场"，比如风险检查仅停留在完成任务、应急预案针对性和可操作性差、应急演练的雷同度很高、事件响应没有及时开展监测、事件处置结束后没有及时总结经验等。

第二，企业的环境安全主体责任落实不到位。从隐患排查、风险防范、预测预警，到预案演练、信息报告、应急处置等多个环节，企业在环境应急管理体系中存在严重的缺位现象。企业是第一道关口，是突发环境事件的第一亲历者和相关设施的主要管理者，承担着环境安全的主体责任。地方政府、环保部门要做的是督促和指导企业做好相关工作，不应该也没有能力代替企业开展环境应急管理工作。只有充分发挥企业的主观能动性，调动相关单位的积极性，各居其位、各得其所，才能各尽其职，环境安全才能得到保障。

第三，突发事件应对不科学。部分地方在处置突发环境事件过程中，没有及时开展环境监测，有的地方开展了监测，但监测方案不科学，从而影响对事件的研判处置。如某突发环境事件发生后，当地环保部门制定的应急监测方案不完善，布点不科学，监测数据不足，无法锁定污染团位置，进而就无法为研判污染扩散趋势和峰值变化规律提供可靠依据。应急监测是开展应急处置的基础，是辅助决策的重要依据，判断事件的环境影响必须要用数据说话，否则缺乏说服力。

第四，个别地方存在对突发环境事件的概念和范围把握不准确、不到位的问题。有些事件不属于突发环境事件，不是环境应急管理的工作内容。比如非法转移倾倒固体废物的情况，若其并未次生突发环境事件，则应由环境监察部门进行调查处理，不应作为应急事件处理。

# 四 相关政策建议

各级环保部门应围绕全过程环境应急管理主线，坚持以环境风险防控为核心，扎实做好各项重点工作。各区域环保督查中心要充分发挥作用：按照环保部的要求，积极参与环境风险隐患排查；对突发环境事件发生后情况不明的，要第一时间赶赴现场摸清情况，及时向环保部报告；将突发环境事件的后续整改落实情况纳入督查内容。具体建议如下：

## （一）突出预防优先，深化环境风险防控工作

一是深化环境应急预案管理工作。各地要按照《突发环境事件预案管理暂行办法》要求，严格落实企业环境应急预案的形式审查，切实提高企业预案的备案率。要进一步加强和规范环境应急预案演练工作，提高对预案的熟练应用程度。二是完善建设项目环境风险评估评审制度。严格落实《关于进一步加强环境影响评价管理 防范环境风险的通知》，以化工石化行业为重点，对涉及有毒有害、易燃易爆物质的建设项目进行环境风险评估评审，并把环境风险评估评审意见作为建设项目审批的重要依据。三是开展企业环境风险申报登记和等级评估试点。选取部分环境风险较高的地区开展试点，统一规范企业环境风险申报登记的内容和程序；研究制定《企业环境风险防控监督管理办法》，根据风险等级，在隐患排查、预案报备、应急演练、上市环保核查、绿色信贷等方面区别管理；根据企业内外条件及风险防控情况的变化，适时调整风险等级，并建立分级预警机制，为风险防控提供依据。四是深化重点领域环境风险管理工作。全面推进饮用水环境安全试点工作，切实提高试点地区环境风险防控水平和应对突发环境事件的能力。推进尾矿库环境风险分级分类方法研究和应用示范，进一步完善全国尾矿库环境风险信息系统建设。发布《化工园区环境应急管理工作指南》，在重点化工园区开展大气环境预测预警示范工程建设。出台油气输送管线环境安全管理规范，修订完善石化行业环境风险识别防范，指导相关行业开展工作。五是继续开展环境安全大检查活动。将重点行业企业预案编制报备情况、环保部环境风险

防范相关文件落实情况等作为检查重点，推动地方加强预案管理，督促企业排查整治环境风险隐患。

## （二）坚持有急必应，妥善处置突发环境事件

一是严格规范信息报送。各地要按照《突发环境事件信息报告办法》要求，规范应急值守和信息报送工作，确保信息渠道畅通。二是依法科学处置应对。修订完善《突发环境事件现场处置行为规范》，提高现场处置的科学性、规范性。各级环保部门要在当地政府的统一领导下，切实按照"五个第一时间"要求快速响应、科学处置，将突发环境事件的危害控制在最低限度。要高度重视涉及饮用水、重金属、危险化学品的污染事件，严防由环境问题引发群体性事件。三是强化事后管理。在处置重特大突发环境事件时，要同步开展污染损害评估，为事件定级、责任追究和环境权益维护提供依据。要加大对重特大突发环境事件责任追究和后督查力度，落实责任、督促整改落实。要做好案例总结，积极探索归纳突发环境事件应对工作的规律性经验。

## （三）健全环境应急管理法制机制

一是会同监察部门尽快出台《突发环境事件调查与处理办法》，理清责任、规范程序。加强对肇事企业、政府部门和相关责任人问责力度，切实做到"事件原因没有查清不放过、事件责任者没有严肃处理不放过、整改措施没有落实不放过"。二是继续巩固和深化与安全监管、公安消防等部门的应急联动机制成果，有序推进与交通运输等部门的应急联动机制建设，探索建立环境风险管理联席会议制度。三是研究出台企业环境风险隐患排查技术导则。探索建立石油化工行业的环境应急能力建设标准模式。继续加强对企业环境风险排查的培训工作，提高高风险行业企业负责人的环境风险防控意识，指导企业建立健全隐患排查制度和风险防控措施，提高企业应对突发环境事件的能力。

## （四）强化环境应急管理能力建设

一是全面推进环境应急能力标准化建设。研究制定全国环境应急能力标准化建设实施方案，为全国省、市两级环境应急机构配备必要的环境应急装备和

设施。各级环保部门要尽快制定本地区环境应急能力建设方案，同时积极与地方政府及机构编制、财政等部门协调沟通，争取在政策和资金上的支持，尽快成立专职环境应急管理机构。在标准化建设试点基础上，扩大试点范围，探索分区域、分级别、分步骤的环境应急能力建设模式，指导具有独立环境应急管理机构的地区逐步开展达标验收工作。各省也要加强指导、推动本地区环境应急标准化能力建设工作，可在辖区内选取 2～3 个地区开展试点或示范工作，并对本省内已符合验收条件的地区，逐步开展达标验收工作。二是推进环境应急基础能力建设。研究利用卫星、环保专网、移动通信网络，建立环境应急通讯网络平台，开发环境应急指挥系统和决策支持系统，进一步提高环境应急指挥能力。加强环境应急物资储备能力建设，支持中原、环渤海等地区建设环境应急物资储备库，提高区域环境应急物资保障能力。三是强化环境应急救援队伍建设。依托公安消防、危化品救援等综合救援队伍以及骨干企业，采取专业化和社会保障方式，大力推进和规范环境应急救援队伍建设。选择石油化工企业集中和环境敏感地区，开展区域环境应急救援队伍建设试点。

### （五）着力提高"12369"环保举报热线群众满意度

一是加强品牌宣传。树立"12369"环保举报热线专业高效、服务为民的部门形象，通过新闻媒体报道、展板宣传等方式，提高"12369"品牌知名度。二是加强督办。加大对群众关心的热点环境问题的查处力度。指导各地建立督办机制，将重复反映的问题纳入重点监管范围，对违法企业加大监管和处罚力度，对超出环保职能的举报及时移交相关部门。三是拓宽社会监督渠道。聘请有较大社会影响力的公众人物担任社会监督员，充分调动公众和环保非政府组织的积极性。四是提高服务质量。进一步规范接报和处理工作程序，按时、保质、保量完成交办任务，做到"事事有结果，件件有回音"。

**参考文献**

付璇：《我国政府危机管理绩效评估体系研究》，硕士学位论文，浙江大学，2008。

田为勇：《预防优先　妥善处置突发环境事件——2012 年上半年突发环境事件特点、原因及对策分析》，《环境保护》2012 年第 18 期。

张力军：《加强体系建设　推进战略转型　努力实现环境应急管理工作新跨越——张力军在 2012 年全国环境应急管理工作会议上的讲话》，《环境保护》2012 年第 21 期。

周文颖：《加快建设中国特色环境应急管理体系》，《中国环境报》2009 年。

# Current Situation, Problems and Policies of Environmental Crisis Management in China

*Research Group of Environmental Crisis Management*

*and Environmental Protection Departments*

**Abstract：** China has been recently suffering from a peak of environmental pollution accidents, occurred with the heavy industrialization and urbanization through gradual economic development and reform. It is undeniably that environmental pollution accidents result tremendous damages to ecology and nature, and lead various negative impacts on society, economy, and humanity too. Therefore, capacity in environmental crisis management, especially in environmental emergencies, has already been considered as one of the most crucial abilities and functions of the governments at all levels. The management of environmental accidents is undoubtedly both the pivotal role and the carrier of environmental crisis management. And this paper herein provided proper suggestions to policy-making through the analysis of the situations and problems of domestic environmental crisis management in 2012 .

**Key Words：** Environmental Accidents；Environmental Crisis Management；Contingency Plan；Whole-process Management

# B.4
# 2012年我国城市生命线危机
# 现状综述与未来趋势分析

苗金明 杨明亮 王 强*

**摘 要:**

本文从2012年全国城市生命线主要的典型危机事件入手,分析、归纳和总结了2012年全国城市生命线危机发生的特点和规律,提炼出导致城市生命线危机发生的主要影响因素。同时,对我国部分城市典型生命线危机事件应对情况进行了评估,试图分析我国城市生命线危机管理存在的主要问题、漏洞和不足。最后,对城市生命线危机未来发展趋势进行了分析,并对改进城市生命线危机管理工作进行了展望。

**关键词:**

城市生命线 危机分析 危机事件 危机管理 趋势分析 展望

目前,我国正处于社会急剧转型和城市化加速发展的重要时期。有统计数据显示,我国有近80%的危机损失发生在城市及社区中,种种迹象表明,我国城市将进入一个"突发事件高发期",城市已然成为危机的集聚地,城市危机管理任重道远。如何提高城市危机管理能力,已成为我国各级政府面临的重大课题。

容易引起城市突发危机事件的因素很多,其中,城市生命线系统就是一个极其重要的方面。城市生命线系统是保证城市生活正常运转的重要的基础设施,是维系城市功能的基础性工程,包括电力、交通、输油、供气、供

---

\* 苗金明,北京劳动保障职业学院安全工程系教授级高工、工学博士;杨明亮,北京劳动保障职业学院副院长、高级经济师;王强,北京劳动保障职业学院安全工程系讲师。

水、通讯、网络等系统。城市生命线系统是城市的重要基础设施，为城市居民的生产生活提供着普遍的公共服务，一旦出现问题，关联众人、影响巨大，甚至可能造成整个城市瘫痪，引发社会危机。城市生命线系统既是城市社会发展的支撑条件，也是城市经济建设的活动载体，其运转是否安全可靠，不仅关系到全体市民的基本生活质量和共同利益，而且涉及社会稳定和公共安全。

随着我国城市化进程的推进，我国的城市规模还将不断扩大。城市人口和财富的快速集聚，对城市资源、环境、基础设施、城市管理提出了严峻的挑战，而因人为因素、自然因素以及两者叠加造成的城市危机频度和程度也在迅速增加。从目前的经济形势以及城市发展态势判断，我国城市公共危机可能会呈现出高发趋势，对极易诱发公共危机的城市生命线系统来说必将面临着严峻考验。因此，从公共危机管理的视角研究如何加强城市生命线系统安全，科学地对城市供水、供电、供气、供热以及交通、通讯等城市生命线系统的危机管理进行评估与分析，并采取措施改进和优化危机管理，提高相应的危机应对及处置能力，具有重要的现实意义和紧迫性。

# 一　2012 年全国城市生命线主要危机事件综述

本文以城市突然大面积停电事件、燃气泄漏及供应中断事件、供水中断事件、排水不畅及市区内涝事件、市区道路交通突发事件等五类典型危机事件为切入点，进而对 2012 年全国城市生命线主要的典型危机事件进行梳理与概述。

## 1. 突然大面积停电事件

2012 年 1 月 29 日 21 时 45 分，由于 220KV 头屯河变电站出现设备故障，导致新疆乌鲁木齐经济技术开发区（头屯河区）内八钢、火车西站、王家沟和三坪四个片区大面积停电。经电力部门采取应急保障措施后，于 1 月 30 日零时 35 分恢复民用供电，2 时 25 分，电力部门排除故障，恢复了正常供电。停电事件发生后，由于开发区（头屯河区）区委、管委会、区政府领导反应迅速，措施有力，问题得到了及时解决，未造成大的影响和损失。

2012年3月19日21时，山西省朔州市区受雨雪天气影响，城南线、城西线陆续发生线路故障（降雪使得供电线路发生"污闪"现象而造成短路），出现大面积停电。停电事件导致市内红绿灯无法正常工作，部分商店、饭店关门停业。经电力部门抢修，3月20日中午全市大部分地区恢复供电。

2012年4月10日20时30分左右，中国南方电网辖下深圳变电站设备故障，致深圳市罗湖区、福田区和龙岗区等地大面积停电。此次大面积停电导致19趟和谐号广深动车组列车出现晚点，路面红绿灯熄灭，交通出现瘫痪。在停电期间，深圳市119热线共接获496个报警电话，消防部门进行了56宗救援行动，大部分是乘客被困电梯而须救援。深圳市交警局启动应急预案，调动大批警力疏导交通，但深圳地铁未受停电影响。当日22时30分左右，深圳全市基本恢复供电。

2012年7月13日21时至23时，郑州市区十多处区域出现大面积停电现象。由于正处夏季，当日郑州最高气温接近40℃，市区用电负荷过高，导致400伏以下的电机发生故障，郑州市的西大街、北顺城街、北下街、人民路区域大面积停电，造成数十万居民空调等降温设备无法使用。郑州供电公司立即派出12辆抢修车辆，427名抢修人员到达事故发生地点，经过一夜抢修，市区供电线路才恢复供电。

…………

如今，电力已成为一座城市的"中枢神经"，可谓"牵一发而动全身"。交通、网络、银行、医院、商场、家庭照明等这些高度依赖于电力的部门和设施，已经构成人们生活的一部分。当城市出现突发性的大规模停电时，人们将寸步难行，无所适从，甚至让城市秩序迅速陷入混乱的状态。目前很多城市都建立了应对地震、风暴、雨雪等自然灾害的应急处置机制，以及突发重大公共安全事故的公共危机管理机制。但是针对"大规模停电现象"的整体处置机制似乎还比较少，且并未上升到城市整体性的公共危机处置的高度。随着我国城市的快速发展，城市用电量日益增大，我国很多城市的电力系统负荷已经达到或接近饱和状态。此外，一些电力设备、设施建设也没有跟上用电发展的节奏，导致一些电力设施"超期服役""超负荷"工作，这都需要引起高度警惕。如何在大规模停电发生之时，迅速调集力量，防范停电后的"次生灾害", 保障公共秩序良好和居民的人身财产安全, 这是摆在公共安全管理部门面前的一个重大课题。

目前, 电力系统运行的好坏, 已经成为左右城市生活的重要环节。因此, 政府应当把保障城市电力运行当做一件大事来抓, 尽可能做到不发生大规模停电。即使发生了, 也能够依托城市统一的公共危机综合管理处置平台, 做到科学、快速、有效应对。

**2. 燃气泄漏及供应中断事件**

2012 年 1 月 20 日凌晨, 因电信公司通信光缆工程私自施工, 位于河北省衡水市区橡胶城西口的燃气管道被破坏, 造成泄漏, 巨大的压力将部分路面顶起。此事件影响居民生活用气约 1 万余户, 企事业单位 60 余户。

2012 年 2 月 1 日 12 时 30 分, 在哈尔滨市松北区莅江路一居民小区院内燃气管道破裂, 导致绿地出现裂缝并冒出火苗和烟雾。事发后, 消防部门和辖区燃气公司抢险人员迅速赶来处置, 抢险人员将该区域的燃气管线阀门全部关闭, 造成周边新新怡园等小区燃气供应中断。

2012 年 5 月 7 日早上, 浙江省温岭市位于温岭万昌中路与曙光东路交界的地下燃气管道被挖掘机挖破了, 导致大量燃气泄漏。为防止更多的燃气泄漏, 抢修人员随即关闭附近的燃气管道阀门, 致使附近多家酒店、商铺及住户燃气供应中断。由于事发地属商业街, 过往车辆和行人相对较多, 为了避免险情发生, 除了燃气公司工作人员投入抢修外, 交警部门还派出了多名警力, 消防官兵也赶到现场救援。经过燃气公司调查, 市政部门在安装排水管道施工前未与燃气公司联系, 挖掘机不慎将埋在离地面近 1 米深的燃气管道挖破。

2012 年 7 月 22 日 4 时, 吉林省长春市吉顺街两根直径 300 毫米的燃气主管道发生了泄漏。燃气公司为安全抢修, 紧急关闭了燃气管道阀门, 导致附近多个小区燃气供应中断。

2012 年 8 月 12 日 21 时许, 广西南宁市园湖民主路口一工地进行作业时, 不慎挖断一条燃气管道, 发生燃气泄漏。事发后, 长堽路和望州南路多个小区燃气中断。由于消防官兵和燃气公司工作人员及时处置, 未造成严重的后果。13 日凌晨零时许, 燃气管道修复完毕, 清晨 6 时许, 小区燃气恢复供应。燃气公司解释, 被挖断的是一条 160 毫米口径的燃气管道。此前燃气公司已跟施工单位进行沟通，并在管道的位置设置了标志。由于夜间施工，施工人员看不清标记才挖断燃气管道的。

2012年9月8日13时54分，河北省石家庄市长安区育才街与谈北路交叉口西南角发生燃气泄漏失火，浓烟烈火高度达20余米。此次失火造成周边多棵树木被烧焦，路边停靠的七辆私家车不同程度地受到损害，路口信号灯、电线、供水管道等受到损害，导致周边停电停水。同时，发生着火的地点还发生了坍塌，面积有20平方米左右，所幸无人员伤亡。

2012年10月19日20时左右，北京通州区天赐良园小区（二期）附近燃气管道因故障而发生燃气泄漏，导致小区近3000户居民燃气供给中断。

2012年11月13日6时，因路面地基下陷，致使兰州市城关区焦家湾粮库家属院一天然气管道阀门处发生天然气泄漏。天然气泄漏发生后，消防官兵迅速疏散了周围居民，并对现场的泄漏天然气进行喷淋稀释，燃气公司紧急关闭了管道阀门，附近百户居民的燃气供应也被迫暂时中断。经兰州中石油昆仑燃气有限公司调查，造成此次天然气泄漏事件的主要原因是事发路段地基下陷导致埋藏的天然气管道下沉，从而导致阀门松动。

…………

近年来，因城市燃气管道管理不善造成燃气泄漏出现次生事故的情况时有发生。这些事故给人民群众的生命财产造成了巨大损失，也给社会的公共安全与稳定带来了极大的负面影响。

埋地管道属隐蔽工程，随着时间的推移，管道老化及其他不可预见因素均可造成管输气体外漏情况，从而引发火灾爆炸等事故，导致燃气供应中断。城市燃气泄漏事故频发主要有三方面原因[1]：

一是管道腐蚀泄漏。燃气钢制管道设计寿命为15～20年，多数城市燃气中压燃气管网及早期投入运营的低压管网运行近20年左右时间，已接近或达到寿命终点，多数管网处于事故多发期。此外，埋地钢制管道主要采用管道外防腐，但埋地钢质燃气管道缺乏检测保养。经多年运行，其安全可靠性无法确定，随年限的增加，管道腐蚀穿孔的情况也随之增加，导致燃气泄漏。

---

① 李军、张书堂、董学佳：《城市燃气管道的安全管理》，《煤气与热力》2009年第9期。

二是管道受第三方破坏。许多城市燃气管网随着城市建设的发展，局部管道相对位置发生变化，如道路拓宽等原因使燃气管道置于车行道下面，极易造成管道受压损坏，发生燃气泄漏；管道周边施工屡有发生，施工单位不遵守燃气安全规定，违章作业经常会造成管道损坏。

三是燃气施工过程操作不当。施工过程与规范要求存在较大差距，多为人为因素而造成的施工质量问题。有学者对我国燃气管网事故做过统计分析，管道腐蚀泄漏因素占56%，第三方破坏因素占24%，操作不当因素占20%。

### 3. 供水中断事件

2012 年 4 月 13 日凌晨，江苏省南京市水西门大街与虎踞南路交接路口的东北侧，地下一根直径 1000 毫米的水管突然爆裂，瞬间喷出的大水，将附近道路全部淹没。大量的自来水在事发地点附近的小区迅速汇集，最深处达到近 1 米，导致许多住户和私家车进水。因事故抢修，导致附近小区自来水供应中断。

2012 年 6 月 25 日凌晨，广东省惠州市大道三新路段发生塌陷，致使埋设在路下的一根直径 1 米的主供水管道被压断，道路塌陷因城际轻轨施工不慎引起。该事故造成惠州市江北、桥西、桥东等多片区停水 19 个小时。

2012 年 8 月 1 日 17 时许，上海市宝山区华和路边一个消防栓被一辆轿车撞断，导致地下所埋的一条约直径 50 厘米的自来水总管道随即破裂。爆裂的自来水管道喷涌而出的水柱高达七八米，路边积水十几公分。自来水公司紧急关闭阀门并修复受损管道，事故导致附近居民家中供水中断。

2012 年 8 月 19 日 14 时 30 分，广东清远市人民路段 DN1000 主干供水管因市政施工爆漏，大量自来水喷涌而出，形成"小河"。当晚，北江河畔迎来了担水的人潮，由于大停水，居民们纷纷全家出动到河边担水，以备应急使用。因抢修施工，清远市区至少 40 万居民及单位暂时停水。这是清远市今年来第三次因施工不慎导致城市供水中断。

2012 年 12 月 7 日 7 时 30 分许，北京市海淀区航天桥东北角的光耀东方写字楼附近一处地下自来水管爆裂，导致该写字楼供水中断。经自来水集团调查，此自来水管道爆裂由于路面车辆碾压而导致。

2012 年 12 月 20 日 21 时 20 分许，在天津市津塘路与十经路交口附近，一个闲置建筑工地内紧靠围墙地面下的一根自来水管道发生爆裂，附近多条道路被淹，并出现不同程度的积水或结冰，造成了交通瘫痪，严重影响市民出行。发生爆裂的是一根直径 800 毫米的自来水管道，由于大型货车长期碾压和气温太低等原因导致管道爆裂。

2012 年 12 月 23 日 12 时许，长沙市第八水厂发生一起地下主生活用水管道因热胀冷缩发生撕裂的事故，造成大量自来水向外冒出，附近数十位居民家中遭遇"水灾"。该起事故是今年长沙发生的最大一起水管爆裂事故，城南地区上万户居民家中出现暂时停水。事故发生后，长沙供水公司迅速调配第三水厂及城区多家水厂向城南地区供水，市民日常生活受到严重影响。

2012 年 12 月 31 日 7 时 40 分，山西长治发生一起化工厂苯胺泄漏事故，泄漏苯胺致漳河流域水源被污染。此事件导致漳河下游的河北邯郸突发大面积停水，市民恐慌性抢购饮用水。邯郸市为了预防市民使用受到污染的水源，市政府决定停止从水源地之一的岳城水库取水，改为全部由另一水源地羊角铺地下水源地供水。由于单水源供水管网压力较低，部分地区和楼房高层会出现水量不足，群众生活受到严重影响。

…………

城市供水在居民生活和生产中占有重要地位。供水管网是城市不可缺少的基础设施之一，也是城市生命线工程的重要组成部分。水源污染和自来水管道爆裂是导致城市供水中断的两大原因。从我国 2012 年城市供水中断典型事件来看，绝大多数供水中断事件由自来水管道爆裂引起。近年来，由于我国城市化进程的加快，城市规模的不断扩大，城市供水系统规模趋于大型化，供水系统中的管网分布亦日趋复杂，管道长度不断增加；同时，城市供水管网老化情况日益加重。这些都诱使了城市供水管网爆管事故的频发。如何有效的解决城市供水管网的爆管问题已成为国内外各供水部门普遍面临的问题。

导致城市供水管道爆裂的原因一般有七个方面[①]：①管道材质差，强度低；②内外负荷过高；③管道年久、腐蚀老化；④地基不均匀沉降；⑤温度变化不均；⑥管道压力过大；⑦施工不当（第三方破坏）。

---

① 李楠、韩佳：《供水系统管道爆裂原因及规律分析》，《山西建筑》2012 年 4 期。

**4. 排水不畅及市区内涝事件**

2012 年 7 月 7~8 日，山东省菏泽、济南、泰安、莱芜、临沂五市局部降下大暴雨，部分城区甚至出现内涝。7 月 8 日凌晨，一场大雨向济南袭来，造成天桥区蓝翔路铁路桥下积水达 2 米多深，部分车辆被淹在桥下。

2012 年 7 月 13~14 日，安徽省安庆市连降暴雨，导致市区部分地段出现内涝，其中菱湖新村社区积水倒灌，导致一幢居民楼被淹，200 余名居民被困，黄土炕居民区有 20 名群众被困。安庆消防支队调集全市五个中队 100 多名官兵，用冲锋舟、浮艇泵等工具将上述几处的居民迅速转移到安全地带。

2012 年 7 月 21 日，北京城遭遇当年以来最大的暴雨，总体达到特大暴雨级别。一天内，市气象台连发五个预警，暴雨级别最高上升到橙色。截至 22 日 2 时，全市平均降雨量 164 毫米，为 61 年以来最大。其中，最大降雨点房山区河北镇达到 460 毫米。暴雨引发房山地区山洪暴发，拒马河上游洪峰下泄。暴雨洪涝灾害造成房山、通州、石景山等 11 区（县）12.4 万人受灾，4.3 万人紧急转移安置。全市受灾面积为 1.6 万平方公里，受灾人口 190 万人，其中房山区 80 万人。北京"7·21"特大自然灾害造成 77 人遇难，全市经济损失近百亿元。

2012 年 7 月 25~26 日，天津市中心城区普降大到暴雨，城区出现严重内涝，局部地区水深超过 2 米。天津连续三次发布暴雨橙色预警信号，累计平均降雨量达 157.9 毫米，达到大暴雨量级，最大降雨量出现在西青区，雨量为 344.9 毫米。由于雨量已超过天津市排水设计标准，中心城区部分路段积水，交通受阻。天津市交通管理部门提供信息显示，全市 300 毫米以上严重积水 69 处，道路积水 142 处，多个车辆在水中熄火停滞。受持续暴雨影响，天津机场进出港延误航班 34 架，取消航班 20 架，约 5000 余名旅客滞留空港，天津机场全面启动了大面积航班延误橙色预警。

2012 年 7 月 29 日夜间，宁夏中北部大部持续强降水，导致银川暴雨最大雨量超过 30 毫米，其日降水量为 1951 年以来最高值。暴雨使宁夏银川市城区内部分地区出现内涝，银川市启动应急预案应对城市内涝，部分路段紧急封闭，相关部门出动救援人员赶赴被淹的小区和路段抢排。银川市城区部分地区积水严重，部分地区供电中断。银川市出现游客被困、房屋倒塌、车辆熄火滞留水中、部分小区和地下停车场被淹等险情。

继北京、天津等地出现暴雨后，2012 年 7 月 30 日，山西省太原市也降下暴雨，市区多处低洼地带积水过膝，许多车辆行人受困。山西省民政厅报告，7 月 26 日以来的暴雨洪涝灾害造成吕梁、运城等地 48.3 万人受灾，因灾死亡 7 人，失踪 3 人，紧急转移安置 12.3 万人，倒塌房屋 4100 余间，3.1 万间房屋不同程度受损，农作物受灾面积 642.5 千公顷，绝收 10.3 千公顷，直接经济损失 14.6 亿元。

2012 年 8 月 9 日 6 时至 10 日 6 时，江西省景德镇市遭遇特大暴雨，平均降雨量达 155.5 毫米。暴雨导致景德镇市区内涝严重，部分城市交通瘫痪。此外，暴雨还导致南昌至景德镇 K8730 次、景德镇至南昌 5205 次、景德镇至绩溪的 6094 次列车停运。据不完全统计，景德镇市 5.6 万人受灾，浮梁县紧急转移 110 人，景德镇城区内涝转移 738 人。

2012 年 8 月 21 日 22 时许，一场雷电暴雨开始袭击广西首府南宁市，造成城区许多路段严重内涝，一时间交通瘫痪，众多夜归人被困归途。22 日凌晨 3 时，受突如其来大暴雨的影响，南宁市江南区一个工地发生严重内涝，30 多名工人被困水中，当地消防官兵紧急出动两艘冲锋舟花费近两个小时将被困人员全部救出。

2012 年 9 月 10 日晚，一场区域性暴雨袭击四川泸州。全市 113 个自动雨量检测站中，达到暴雨标准的有 48 站，大暴雨标准的则有 18 站。其中，降雨量最大的泸县天兴，雨量达 127.8 毫米。暴雨并未造成人员伤亡，但由于短时间内降雨量集中，泸州城区部分低洼地段出现内涝。据泸州市应急办统计：此次强降雨共造成泸州 36 个乡镇 2.41 万人不同程度受灾；因灾损坏房屋 279 间，倒塌 329 间，紧急转移 195 人；暴雨共造成泸州直接经济损失 603 万元。

…………

据民政部、国家减灾委办公室公布数据，截至 2012 年 7 月 31 日，我国因洪涝灾害（含台风、滑坡泥石流）共造成 9993.8 万人次受灾，因灾死亡 707 人，失踪 130 人，369.1 万人次紧急转移安置，直接经济损失 1233.2 亿元。

造成城市"遇水即涝"主要有两个原因：一是目前城市中的排水设施标准普遍偏低。以北京为例：目前仅有天安门广场和奥林匹克公共区的管线达到

5 年一遇，即满足每小时 56 毫米的降雨量的排泄；中心城区普遍为 1 年一遇；个别区域按照 3 年一遇的标准建设，换言之，可以经受每小时 36 毫米至每小时 45 毫米的降雨量。频繁的极端降雨势必加重城市排水管网的负担。另一个原因则是城市建设的通病加剧了突发天气灾害的可能性。城市建设中的空间扩张、硬覆盖加剧、人口膨胀等通病易造成汛期内涝。以北京为例，每年汛前排查时都会发现许多排水口被包装废纸、烟头杂物等堵塞，排疏功能基本作废。汛期来后，像塑料袋、槐花瓣等新杂物又会顺着雨流进入到管道，如果不及时清掏，又会形成新的堵塞①。

另外，目前国内城市都在大范围进行基础设施建设，施工挖掘的基坑、竖井日益增多，这些破土建设容易破坏原有的排水系统，形成新的积水点，给汛期带来不小的隐患。

**5. 市区道路交通突发事件**

2012 年 2 月 21 日 18 时许，由于一列列车的车载 ATP（列车自动保护装置）故障，北京地铁十号线多趟列车出现甩站、晚点等情况，导致晚高峰期间十号线站内人满为患，晚高峰暴堵 1 小时，市民出行受到严重影响。

2012 年 7 月 5 日清晨，北京地铁 1 号线因电压不稳突发故障，列车双向停运，多个站点封闭，与 1 号线相连的八通线被迫采取限行措施。该事故导致大量乘客滞留站内。

2012 年 9 月 5 日，深圳地铁发生有史以来最严重的停运事故。受供电网络中断影响（接触网故障跳闸），深圳地铁 4 号线（龙华线）民乐至福田口岸段于当日下午 1 时 37 分瘫痪，事故造成该线路停运 6 个半小时。事故发生后，负责运营的港铁公司向轨道交通应急指挥协调中心（TCC）申请启动公交接驳，沿线各站相继封闭，避免乘客涌入。深圳抽调 170 台应急公交接驳车在 4 号线及 1 号、2 号、3 号线与 4 号线换乘站间疏散乘客。

2012 年 11 月 19 日 19 时，广州地铁 8 号线鹭江站往客村站区间隧道，一辆往万胜围方向的列车在行驶过程中车厢内突然冒烟起火花，列车临时停在隧道距车站 200 米处。惊恐不已的乘客自行打开车门，上演隧道大逃亡。事件发

---

① 于海波：《城市内涝的原因分析及应对措施》，《市政公用建设》2012 年第 4 期。

生后，消防出动 5 辆消防车、约 30 名消防员到场救援。经事故调查，列车因车顶受电弓（电压 1500V）发生故障，其部件与车顶发生接触短路，产生响声和烟雾，同时电弧击穿列车顶部，烟雾从洞口（直径约 4cm）进入车内。

2012 年 11 月 29 日 11 时许，江苏省南京市中山东路太平北路路口，地铁 3 号线大行宫站基坑附近发生局部地陷，一辆公交车陷入塌陷的地面。事发后，交管部门将大行宫路口南北向封闭管制，只保留中山东路东西向通行，另调派大型吊车赶赴现场救援。事故未造成人员伤亡，但造成附近道路严重拥堵。

2012 年 12 月 28 日下午，北京道路出现严重拥堵。由于北京降雪，恰好与周五晚高峰叠加，再加上临近元旦假期路面车流集中。从晚高峰开始，"飘红"的拥堵路段逐渐增多，到 6 点 30 分左右达"顶峰"，平均时速只有 14.6 公里，属于严重拥堵。

…………

地铁是城市公共交通重要组成部分之一，地铁安全的重要性不言而喻。2012 年我国北京、深圳、广州等城市地铁先后发生不少事故。地铁运营安全不仅涉及"人—车辆—轨道"等系统因素，还受到社会环境和列车运行相关设备（信号系统、供电系统）等因素的影响。近年来国内外地铁事故统计的分析表明：人、车辆、轨道、供电、信号及社会灾害等是地铁事故的主要诱因。

此外，国民经济的持续高度增长对交通产生了强大的需求，我国各城市机动车拥有量急剧增加，而交通设施的相对匮乏和管理水平的相对落后，同样使城市交通问题日益严重。交通拥堵的直接危害是使交通延误增大，行车速度较低，带来了时间损失和燃料费用的增加；汽车的低速度行使增加了排污量，造成环境污染；此外，交通拥堵使交通事故增加，而交通事故的发生又使交通阻塞加剧，形成恶性循环。

恶劣的环境以及自然条件、突发性的公共事件、日常性的交通事故将对城市交通的通行能力产生较大影响。城市道路交通受到自然环境、社会环境、经济环境的影响，存在脆弱性的一面。面对城市道路交通突发事件的频频发生，交通部门除了进行相关的救援活动和疏散活动外，必须在政府的组织下建立完整的交通应急方案，系统地应对城市突发公共事件，这样才能更有效果地处置城市交通突发公共事件。

## 二 2012 年城市生命线危机特点及规律分析

**1. 2012 年城市生命线危机特点**

城市生命线危机具体涉及：轨道交通运营突发公共事故、道路突发事故、桥梁突发事故、城市公共供水突发公共事件、城市排水突发公共事件、重大电力突发公共事件、燃气事故、供热事故、通信线路和通信设施事故、地下管线事故等。

城市生命线危机具备突发性、易变性、危害性、紧迫性、扩散性、社会性等特点。此外，城市生命线危机还存在一些动态特征[①]：一是危机事件的总量增长迅猛；二是危机事件的顽疾久治不愈；三是危机事件的危害程度增大；四是危机事件的人为因素居多。

**2. 2012 年城市生命线危机规律**

通过分析，城市生命线危机存在一定规律[②]，具体表现为：

（1）突发性与紧急性并存

城市生命线危机事件多以突然的形式产生，一旦发生，其力量、声势、规模都扩展的非常迅速。

（2）公共性与灾难性并存

城市生命线危机事件破坏性的后果虽直接涉及范围不一定在普遍的公众领域，但由于城市生命线系统的密集、交流的通畅，事件很容易因为其灾难性而迅速传播引起公众的关注，成为公共热点。

（3）共振性与复杂性并存

城市生命线系统存在复杂性、密切相关性与依赖性，危机一旦产生，往往共振造成"连锁效应"与"多米诺骨牌效应"，使危机事件日趋复杂，危害极大。

（4）不确定性与时间的有限性并存

城市生命线危机事件的复杂性使危机处理无先验性知识可指导，而其处理

---

① 索玮岚、陈锐：《城市生命线运行风险评估方法研究现状与展望》，《自然灾害学报》2012 年第 5 期。

② 陈柳钦：《城市危机管理及其机制创新研究》，《南都学坛》2010 年第 5 期。

决策上往往也只有有限的反应时间。

**3. 导致城市生命线危机发生的主要影响因素**

通过对近年来我国城市生命线危机事件的研究，本文分析并总结出导致城市生命线危机发生的主要因素。按照城市生命线系统的种类或功能作用类型，城市生命线系统危机可划分为七类：燃气类危机、供电类危机、供热类危机、供水类危机、排水类危机、交通类危机、通讯类危机。

（1）燃气类危机发生的影响因素分析

我国城市燃气系统当前存在的主要危机因素有：①在市政道路施工过程中缺乏对燃气管道的有效保护措施，极易造成燃气管道破坏。②城市中一些老旧小区存在着违章占压和违章设施等情况、将燃气调压设施封闭在违章建筑内等现象。③城市燃气管网管理较混乱，各类地下管线的管理条块分割，缺乏统一协调的规范管理，存在着各类地下管线与燃气管线混装现象。④很多城市早期投入运营的燃气管网运行时间已接近设计寿命，多数燃气管网将进入老化、腐蚀，管道腐蚀穿孔的事故多发期。⑤燃气管线的选址规划、布局、设计不合理，管道施工与抗灾设防要求未达到国家技术规范的要求。⑥燃气供应不足或中断供应，没有足够的储备，短时间气源无法恢复，出现了燃气长时间中断供应的现象，未及时如实发布信息并采取补救措施，进而可能诱发次生、衍生的群体性或社会性公共突发事件。⑦由于地震、暴雨、极端寒冷、暴雪、大风、沙尘暴等严重自然因素或自然灾害，导致燃气管网设施严重破坏，发生燃气严重泄漏。

（2）供电类危机发生的影响因素分析

安全可靠的电力供应成为城市稳定的重要因素。现代城市一旦发生突然地大面积停电，可能会引发严重的次生事件和危害，如城市供水、供气、供热、交通、通讯等方面大面积瘫痪，还有可能导致严重的火灾、爆炸事故，造成重大人员伤亡及财产损失。

我国城市供电系统在当前和今后可能引发局部或大面积停电危机的因素主要包括：①城市老城区部分电力设备、电力线路存在负荷容量低、线路不合理、严重老化现象，如柱上安装的油浸式变压器、市区架空电力线路等。②部分居民和企业私接乱搭电线的现象严重，线路敷设不符合要求，存在安全隐患，没有全面的有效监控。③地方政府目前对大量建筑施工、市政道路施工活动的电力设施保护措施缺乏有效地监控，保护措施经常不到位。④中小城市电厂、电源布局不尽合理，电力调度问题等情况在今后随时可能出现，这些情况极可能成为引发城市电网大面积停电事故危机的直接诱因。⑤中小城市电网建设速度相对滞后、电网架构稳定度相对薄弱，电网安全稳定程度存在降低的趋势。⑥极寒、暴雪、暴雨、大风、沙尘暴等恶劣气象条件成为可能引发城市电网大面积停电事故危机的重要诱因。⑦举办重要活动以及遇到重大节假日，甚至发生一些突发的社会群体性事件，可能引发城市电网大面积停电事故危机。

（3）供热类危机发生的影响因素分析

我国北方城市冬季相对较长、气温较低，所以供热对人民生活具有至关重要的作用。城市供热类危机的影响因素总体表现为：①供热管网运行过程中由于供热设备老化、管理不到位、应急处置不当、自然灾害等因素引发的影响供热管网安全稳定运行或者影响供热正常供应等事故，导致冬天不能向居民正常供热，影响居民正常的生活，进而发生群体性社会事件。②供热管道破损：导致蒸汽、热水等高温介质泄漏，造成严重的人员烫伤或死亡；长时间大量泄漏和浸泡土层，造成地表塌陷，行人坠落造成高温烫伤或死亡。③供热负荷降低或供热中断，给冬季的人民生活带来困难。

（4）供水类危机发生的影响因素分析

严格保证水质的安全和卫生是防范供水危机的首要工作，其次应充分考虑供水能力，特别对于我国内陆干旱区域的城市，保证水源应有长远的规划和考虑。

我国城市供水系统在当前和今后可能引发局部或大面积停水危机的因素主要包括：①城市供水部门对地下水管的日常巡线和检测力度不够，不能及时排查道路施工等外力因素或者地下水管腐蚀、老化等自然因素可能对地下水管造成的破损，极易发生爆管等事故。②城市应对和处置爆管等事故的能力不足，致使破损的管道得不到及时修复、长时间停水，若不能及时发布信息并采取补救措施，极易引起群体公共事件。③城市对地下给水管道的运行维护、保养、修理不到位，导致自来水管网供水的漏损率达到了近20%，此外没有全面推广应用节水设施,大大增加了水源负担。④大中型城市对区外调水依赖程度较高,城市供水系统非常脆弱,供水水源地易受上游或周边排污以及突发性水污染事故影响,进而造成城市大面积停水。⑤随着城市的扩张、人口的增长,我国一些城市今后将面临自来水的供需不平衡矛盾。

(5)排水类危机发生的影响因素分析

我国城市排水系统当前存在的主要危机因素有:①很多城市污水处理能力不足,污水处理率未达到100%。随着城市的发展,生产及生活废水会不断增加,如不加以改善,可能导致严重的城市环境问题。②很多城市的排水管线和雨水管线是混流合用,没有分开,易导致管道堵塞。③污水井和雨水井的路面井盖损坏或丢失,没有及时更换或补充,导致路面交通事故、交通拥堵等事件。④排雨水管道设施设计建设标准较低,一旦遇到百年不遇的特大暴雨,雨水将不能及时泄流,可能导致严重的市区内涝,引发城市公共安全问题。例如北京2012年"7·21"特大暴雨事件。⑤有关负责单位意识薄弱,重视不够,没有对地下污水管道进行有效管理,运行维护、保养、修理不到位,污水管道破损泄漏,浸泡土层,可能导致道路路面塌方,进而引发交通事故、交通拥堵等。

(6)交通类危机发生的影响因素分析

在所有生命线系统事故危机中,交通事故灾害危机排名"第一"。城市交通危机与人们的生命安全有直接的联系,出行是人们日常生活不可缺少的,若交通上出现问题,给人民心理上的困扰是足以影响到社会稳定的。

我国城市交通系统当前存在的主要危机因素有:①城市道路交通容量不足,易发生交通拥挤现象,特别是在雨雪天气,道路湿滑更易引发交通问题。②小城市公共交通基础设施不足,公交车班次太少,公交路线不足以满足市民出行的需求。③部分城市道路桥梁存在严重质量问题或大型载重车辆严重超载,可能造成桥梁设施的垮塌,引发严重的城市道路安全问题。④部分城市道路路段规划设计不合理、道路交通安全设施存在严重缺陷,又没有采取相应的补救措施,导致该路段交通安全事故频发,甚至发生严重的交通安全事故。⑤随着中国各城市机动车辆的不断增加,如酒驾、超速、疲劳驾驶等严重交通违规现象大量出现,极可能导致严重的交通安全事故。

（7）通讯类危机发生的影响因素分析

城市通讯一旦突然中断，将给人民群众的日常生活造成联络困难，以及给国防军事等其他方面工作造成困难，进而可能诱发无法预料的次生、衍生事件。

我国城市通讯系统当前存在的主要危机因素有：①道路施工或其他破土挖掘施工不当，造成地下通讯光缆或通讯电缆破断，导致通讯大面积中断，给群众的日常工作生活带来影响。②无线网络基站的选址不合理，存在供电问题，以致通讯信号的稳定性与覆盖范围受到严重影响，造成通信联络不畅，给群众的日常工作生活带来影响。③通讯光缆或通讯电缆意外破断，导致通信大面积中断，无线网络设施遭到破坏，重要的数据信息平台无法正常获取数据，出现大量数据、信息丢失等严重问题，使许多重要工作无法正常进行，甚至给国防工作造成障碍，从而诱发严重的信息化突发事件危机，给各项工作带来无可挽回的严重损失。

# 三 2012 年城市生命线危机管理及应对分析

城市生命线系统危机应对是城市危机管理的重要组成部分，属于公共危机管理范畴，它是指城市公用事业单位（含政府及其主管部门）通过建立必要的危机应对机制，针对城市生命线系统危机的实际情况，采取一系列必要措施，预防、监测、处置（化解）危机，恢复城市的良性运行和协调发展，保障人们正常的生产和生活秩序，维护社会稳定，促进社会的和谐发展。

**1. 2012 年城市生命线危机应对效果分析**

本文以北京市政府应对"7·21"特大暴雨危机事件为例，对 2012 年我国城市生命线危机应对效果进行分析。2012 年 7 月 21 日，北京发生 61 年来最大暴雨，受灾面积为 1.6 万平方公里，受灾人口约 190 万人，其中房山区 80 万人，死亡 77 人。截至 7 月 22 日 18 时许，共转移群众 65933 人，其中房山区转移 20990 人。道路桥梁多处受损，主要积水道路 63 处，路面塌方 31 处；民房多处倒塌，平房漏雨 1105 间，楼房漏雨 191 栋，雨水进屋 736 间，地下室倒灌 70 处；几百辆汽车损失严重。①

从北京市应对此次城市重大危机可以看到，政府部门在危机预警、应急响应、资源调配和社会动员等方面都有着良好的表现。比如："7·21"北京大暴雨前一天及当天北京气象部门已经发布了暴雨蓝色、黄色、橙色预警；政府在应急机制启动之后，公安、消防、市政、给排水等部门反应非常迅速，组织力量实施救援和排水；北京交管部门在市内各桥区、环路等易积水路段均增派了警力疏导交通，随时准备应对突发情况；政府通过手机短信、微博、广播等形式向市民及时发布预警和救援信息。②

近年来，我国在城市生命线系统危机应对与管理方面做了大量工作，在城市生命线危机应对中取得了明显的效果，主要体现在以下四个方面：

①加大了关于城市生命线系统危机管理的立法力度；②制定并实施了各类城市生命线系统突发事件应急预案；③逐步形成了城市生命线系统以"分兵把口"为特点的危机管理模式；④城市生命线系统危机管理越来越受到人们关注，城市生命线系统危机管理及其相应技术的研究应用得到加强。

**2. 2012 年城市生命线危机管理存在的主要问题和不足**

北京市政府在"7·21"特大暴雨危机事件应对中存在的主要问题是：重大危机事前风险预测、风险评估不够充分，灾情发布因技术故障范围有限，对城市排水设施承受大暴雨的能力预测与评估存在盲点，应对城市大灾害的危机预案不够完善，应对危机的救援速度急需提高，政府综合协调能力，发挥核心领导能力的空间有待提升。

近年来，我国在城市生命线系统危机应对与管理方面取得了可观的成效，我国各城市的政府及有关部门、生命线系统各单位初步形成了针对城市生命线系统的危机管理体系和工作机制，制定了各级各类城市生命线系统突发事件应急预案。但是，由于现代城市对交通、水、电、气、油等生命线系统的高度依赖，城市的高速发展使得城市的生命线系统迅速饱和甚至超负荷运行，又大大

---

① 尹力：《北京特大暴雨已致 190 万人受灾经济损失近百亿》，http：//news. sina. com. cn/z/2012 - 07 - 22/20124822601. shtml。

② 吕景胜、郭晓来：《政府城市重大危机应急管理中的问题与对策——以北京 7·21 大暴雨为案例视角》，《国家行政学院学报》2012 年第 5 期。

增加了城市的脆弱性。

从我国城市生命线危机管理整体水平来看，存在的主要问题是，在应对突发事件时表现出脆弱性和不完善性，主要体现在：①危机意识薄弱，对生命线系统危机管理认识不到位；②政策制度不健全，应急预案可操作性差，应急演练效果差；③危机管理体制不顺，缺乏危机统筹应急体制；④信息不公开，透明度不够，参与制度不健全；⑤城市危机教育不足；⑥城市生命线系统抗灾能力脆弱，生命线系统安全保障的科技水平总体较低。

## 四　城市生命线未来危机发展趋势分析与管理工作展望

### 1. 城市生命线危机未来发展趋势

随着城市的发展，生产方式和生活方式变迁，在全球化、市场一体化、信息化等一系列因素的影响下，城市生命线危机也在不断地显露出新的发展趋势。[①]

（1）城市化和经济的高速度发展与高风险相伴相随

从全国整体上看，我国正处于城市化的中前期。因此，在未来一段时间，城市化的数量型扩张还将持续。城市化的高速发展，破坏了计划经济时代下传统城市的"超稳定结构"，城市人口和财富的快速集聚，对城市生命线系统提出了严峻的挑战。

（2）城市的复杂化增加了生命线危机的复杂性和处理难度

城市经济密度的不断提高，必然导致城市系统的复杂性、相关性与依赖性的提高。城市生命线危机一旦发生，往往共振导致"连锁效应"与"多米诺骨牌效应"，引发社会公共事件，使得危机事件日趋复杂，造成极大危害。

（3）城市生命线的科技成分增加，危机治理难度增大

科学技术是把"双刃剑"，在提高城市生命线集成化和信息化的同时，也

---

① 李芳、邓贵胜：《试析城市危机管理主体的多元化》，《辽宁行政学院学报》2007 年第 12 期。

给城市生命线带来了高风险。城市生命线系统科技含量的增加，使其可靠性有所降低，在受灾时也极易产生连锁反应和次生灾害，使得缺乏现代管理的发展中城市在灾害面前特别脆弱。

**2. 城市生命线危机管理工作的展望**

（1）加强法规体系建设，为城市生命线危机管理提供坚实的法律保障

城市生命线危机管理需要相关法律法规来规范和保障。为减轻灾害损失，必须利用法律手段来规范人们在紧急状态下的一切活动；同时，应明确政府、社会团体和个人在危机处理工作中的义务和责任。在城市生命线危机管理中必须有明确的法律基础，法律的保障是城市危机管理体系有效运行的前提，也是城市可持续发展的法律保证。

由于全国统一法律的出台和统一机构的建立可能还需要一段比较长的时间，因此，为了保证城市经济社会正常运行和发展，大城市应积极运用地方立法权，针对城市生命线出台专门的法规条例，以规范各项管理工作，为现已设立的"硬件"（各类应急管理机构）高效有序地运转提供规范有力的"软件程序"系统。另外一方面，制定出完备的应急法律法规后，最重要的是要有执行力，政府部门务必保证制定出来的法规贯彻到实处，真正实行依法管理。

（2）建立科学合理、高效、积极的城市危机预警系统

第一，城市生命线系统单位应当建立健全"条块"结合的生命线系统危机预测网络，根据生命线系统危机的种类和特点建立健全监测网络，划分监测区域，确定监测点，明确监测项目，提供必要的设备、设施，配备专、兼职人员，对有关生命线系统危机进行全天候监测。

第二，建立数字城市系统，运用计算机技术、网络技术、通讯技术、GIS、GPS等高技术手段，对城市各类生命线系统进行监控，及时采集、分析和处理城市各类生命线系统危机信息，整合各类生命线系统危机处置资源，构建一个各级各类生命线系统危机处置指挥机构和相关部门互联互通的通信信息基础平台和信息网络。

第三，按照各生命线系统危机事件的影响范围、性质、危害程度，将天气预报发出的气象预警信息与生命线系统可能受到的影响及损坏程度相联系做综合分析和判断。

第四，组建城市生命线系统危机管理专家组，建立危机处置决策支持子系统。城市生命线系统危机发生后，通过汇总分析相关地区和部门的预测结果，结合危机进展情况，对危机影响范围、影响方式、持续时间和危害程度等进行综合研判。在危机处置决策和行动中，能够针对当前灾情，通过调用专家知识库，对信息综合集成、分析、处理、评估、研究制定相应技术方案和措施，对危机处置过程中遇到的技术难题提出解决方案，实现危机处置的科学性和准确性。

（3）构建城市生命线危机管理的社会整体联动机制

第一，加强政府监管，统一生命线系统监管职能，理顺危机管理的体制和机制，建立生命线系统危机管理的统筹应急体制。城市生命线系统危机管理是一项系统工程，需要依靠立法、行政、教育、工程技术和管理等多种手段进行综合管理。因此，有必要在现有危机管理体制的基础上建立更高层次的领导和协调机制，实现制度创新，完善统筹应急体制。

第二，进一步完善和强化生命线系统危机管理组织体系和运行机制。通过完善现有各级各类生命线系统突发事件应急预案体系，提高应急预案的可操作性，明确危机管理职责分工，强化危机管理的权限和责任，真正建立"统一指挥，属地为主，公众动员"的危机管理运行机制。通过经常性地开展有针对性危机处置演练，全面检验危机管理组织体系的有效性，强化危机管理运行机制。

第三，建立生命线系统危机信息发布制度和全面公众参与制度。建立严格的生命线系统危机信息发布制度，确保信息发布和新闻报道工作按照国家和地方政府的有关规定执行，由危机处置指挥部会同宣传部门对信息发布和新闻报道工作进行管理和协调，统一安排，及时、准确发布有关信息。澄清事实，解疑释惑，正确引导舆论导向，确保生命线系统危机信息及时、准确、客观、公开、透明地向全体市民传递。[①]

（4）全面提高生命线系统单位及人员的危机意识，加强危机处置应急演练

通过广播、电视、网络、报纸、短信等多种媒介途径大力宣传普及生命线

---

① 张鹏：《构建城市危机管理联动机制　提高城市危机防范能力》，《科技情报开发与经济》2007年第 2 期。

系统危机管理知识；同时采取必要的强制性措施，通过组织学习班、培训班、研讨会以及现场观摩等方式，加强对生命线系统单位及人员的教育和培训，提高生命线系统单位及人员自身的危机意识和对生命线系统危机管理的认识。

政府应确保生命线系统应急预案详尽而具体，同时要具备多方案，较强可操作性且可分层、分级别管理实施，并明确管理人职责。根据城市的功能需要，考虑生命线中各系统的代替机能，作好物资器材储备，作好抢修方案。同时，因地制宜，结合具体情况，开展有针对性的演练活动，提高演练效果，锤炼城市生命线系统危机管理统筹应急协调能力，检验应急联动机制运行的及时性和顺畅性。

（5）制定适度超前的城市生命线系统规划

政府要制定适度超前的城市生命线系统规划，提供充足的设备和经费，为生命线危机管理研究的展开提供支持，加强政府与城市危机管理研究力量的交流与合作，提高科技含量，使生命线系统得到可靠的保障，使城市在安全的前提下得到可持续发展。

# China's Urban lifeline Crisis in 2012 and Its Developing Trend

*Miao Jinming    Yang Mingliang    Wang Qiang*

**Abstract：** This paper investigated some typical samples of national urban lifeline crises in 2012, summarized their characteristics and explored the potential laws and main factors of these national urban lifeline crises. Meanwhile, the paper also analyzed the problems, loopholes and shortages in urban lifeline crisis management in China through appraising some national methods adopted in present typical lifeline crisis. Besides, the paper analyzed urban lifeline's development tendency and forecasted the improvements of the urban lifeline crisis management.

**Key Words：** Urban Lifeline；Crisis Analysis；Crisis Management；Trend Analysis；Forecast

# B.5

# "7·23"动车追尾危机中的微博、政府规制和社会责任

何 辉*

**摘 要:**

本文以危机发生发展的时间顺序,对"7·23"动车追尾事故引发的公共危机的酝酿、爆发、蔓延,乃至平复过程进行了分期,分析了微博在危机传播中的推动作用,认为这是此次铁路部门危机应对失败的关键外部舆论因素。文章也分析了危机背后的制度因素,特别是铁道部的政企合一特点和政府规制的不足。与此同时,铁道部缺乏足够的顺应时代的社会责任和价值观,也是导致此次危机应对失败的重要原因。文章将德国和日本的同类事件与动车追尾事故进行比较分析,讨论了此次危机对我国危机管理研究的启示。

**关键词:**

危机管理 政府规制 社会责任

## 引 言

2011 年 7 月 23 日 20 时 34 分,北京开往福州的 D301 动车组行至温州方向双屿路段下岙路与杭州开往福州 D3115 动车组发生追尾,导致后车四节车厢从桥上坠下,造成脱轨,悲剧突然降临,带走了 40 个生命,留下了 200 名伤员。至今仍有很多人难以相信:这样一个多重安全机制互为保障的系统,如何能同时失效;这样一个低级错误导致的事故,如何能发生在定义为"中国高铁安全可靠"的时代。

---

* 何辉,中国社会科学院研究生院,讲师。

这起事故是中国高速铁路第一次发生重大伤亡事故，也是全球高速铁路继1998年6月3日艾雪德列车出轨事故之后发生的第二起重大伤亡事故。事故发生后，搜救行动是否过早结束、恢复通车是否过急、坠地的后车车头被迅速掩埋、铁道部门的信息发布不及时、过早签订伤亡赔偿协议等问题使中国铁道部遭到了中国社会各界的质疑，引发了国内乃至世界的广泛关注与评论。对于铁道部而言，这不仅是一次特大铁路交通事故，更成为一次非常严重的公共危机。如果从更大的视野来看，由于此次动车追尾事故以及后续的一系列事件，一定程度上构成了政府公信力的危机，甚至中国形象的危机。温家宝总理7月28日在事故现场的答记者问，一定程度上正是在回应政府公信力和中国形象的危机问题。

对"7·23"动车追尾危机事件而言，可以有很多的分析角度。目前的一些关于动车追尾事故的学术文章，集中在公共关系和危机管理的层面，以危机管理的分析框架来探讨此次危机中铁道部的诸多应对不力，指出其在危机管理中的不足以及需要改进的地方；也有一些文章从新闻学和传播学的视角，分析此次危机的传播特征。笔者认为，在危机管理和危机传播视角的研究之外，还需要更多视角的介入，才能加深对此次危机事件的理解。正如教育部前新闻发言人王旭明透露的，铁道部的新闻发言人王勇平是我国政府新闻发言人的"黄埔一期"学员，应该说受到过较好的训练。因此，铁道部在事故发生第二天晚间的新闻发布会——作为对动车追尾危机火上浇油的一个事件——上王勇平的诸多表现，除了暴露出危机管理和危机沟通的问题之外，应该还有更深层的原因。这不禁让人联想到制度因素，是否存在一些制度上的原因，导致一个组织必须或者最好这么干？即使他懂得现代危机管理的常识。另一个是组织自身的问题，其价值观、伦理观乃至其对社会责任的看法是怎样的？对社会责任的看法，决定了其在行事时如何看待公共利益和自己的利益，如何回应社会公众的诉求，等等。

制度是外在的，其构成对一个公共组织或者企业的外在约束。在本文中，我们将其界定为政府对铁路部门的规制。而组织的价值观和社会责任的行动，则是一个组织内在的，直接影响到组织面对危机时对危机的判断和应对。

从这两个角度来看，对铁道部危机应对行为分析时，我们就不会仅仅从公共关系和危机沟通的角度来分析其技巧的不成熟和错误，而是要分析其背后的制度背景和铁路部门的价值观是什么。

对于此次危机，还要分析网络舆论或者说自媒体对此次危机的推波助澜的关键作用。之所以如此，是因为若没有新媒体，特别是微博的加入，针对"7·23"动车追尾事故，铁道部甚至政府面临的危机大概不会如此危急和严重。如果说近几年来，随着论坛、博客等网络媒体和舆论的出现，其在公共应急事件中的影响越来越大的话，那么在此次危机中，微博显示出更加突出和巨大的力量。正是由于微博的巨大能量，"7·23"动车事故虽然在死亡人数上没有2008年4月28日胶济铁路撞车事故死亡人数多，但其产生的社会影响却远较后者大，成为一次极其严重的危机事件。

第一，此次动车事故作为一个危机事件，对我国政府和国有企业的危机管理有非常重要的意义。由于中国铁道部政企合一的体制，此次危机既可以看成是一次企业危机，也可以看成是一次政府公共危机。也正是因为这一特点，决定了此次危机事件的复杂性，不能仅仅从企业危机或者是从公共危机的角度进行分析。在此之前，我国面临的公共危机事件要么是政府的危机事件、要么是企业的危机事件，二者往往泾渭分明。

第二，此次危机中微博成为一个影响危机进程和需要危机应对主体严肃对待的媒体和舆论，更成为事故相关方以及广大网友对公共危机事件发展过程的影响平台。政府如何应对网络和微博，成为危机传播和管理沟通非常关键的部分。

第三，铁道部在此次危机处理方面，犯下了诸多的"错误"，非常不符合常规的危机管理的注意事项和方法。例如，救人过早结束，急于通车，赔偿问题，对待媒体的态度问题，对事故原因的分析，乃至事故调查报告迟迟未提交的问题，等等。铁道部的危机管理水平可见一斑。铁道部的危机管理失误，首先反映了目前我国政府和企业在应对危机时的危机管理水平还亟待提高，重视信息操控和单向说服，忽视危机状态下的信息共享和双向互动。① 其次，反映了在政企合一的制度下铁道部养成了"铁老大"的不可一世的姿态。最后，

---

① 很多人会举出汶川地震的例子来说明我国政府的危机管理水平已经相当高，但汶川地震事件本身是一个自然灾害，并不需要有人出来承担灾害发生的责任，而此番动车追尾事故的危机则必然需要有人来承担责任。这样的危机更常见，也更能反映出一个国家和企业在日常状况下对危机的应对能力和水平。

反映了我国一些政府部门和企业在危机管理中的价值观尚存在误区，往往"以己为本"而不是"以人为本"。

需要说明的是，在本文分析中，为了对温州动车追尾事故危机处理有一个相对客观的分析，对涉案的各主体有一个公允的评价，本文还将德国的高铁事故和日本的轻轨事故与温州动车事故进行比较，分析三个危机事件中的处理和应对情况。通过比较，可以更清晰地看到动车事故中的危机管理的"对"与"错"，以及由此反映出我国整体的危机管理水平。

本文内容由以下几个方面组成：第一，从危机发生发展的时间顺序，对整个危机事件进行简要描述；第二，通过分析媒体对危机事件的报道，对此次危机的酝酿、爆发、蔓延乃至平复过程进行分期；第三，分析微博在危机传播中的推动作用，这是此次铁路部门危机应对失败的关键外部舆论因素；第四，分析此次危机传播背后的制度因素，特别是铁道部的政企合一特点和政府监管的不足，这些是此次危机应对失败的制度原因；第五，从组织和企业的社会责任和价值观的角度，分析导致此次危机的原因，认为铁道部缺乏足够的顺应时代的社会责任和价值观，是导致此次危机应对失败的主观原因；第六，将此次危机事件与德国和日本的同类事件进行比较，从中找到几点启示；最后，讨论了此次危机对我国组织危机管理的启示。

## 一　危机过程的时间描述[①]

2011 年 7 月 23 日：

20 点 30 分 05 秒，温甬线浙江省温州市境内，北京南站开往福州站的 D301 次动车组列车与前行的杭州站开往福州南站的 D3115 次动车组列车发生追尾事故，造成其后车四节车厢从高架桥上坠下。这次事故造成 40 人（包括 3 名外籍人士）死亡，172 人受伤。

事故发生 4 分钟后，D301 次列车车厢内的乘客"@袁小芫"通过微博发

---

① 以下的文字，参考了《"7·23"甬温线特别重大铁路交通事故调查报告》，http://news.sina. com. cn/c/2011 – 12 – 28/201223711187. shtml。

布出第一条事故消息，称动车紧急停车并停电，有两次强烈的撞击。事故发生13分钟后，乘客"@羊圈圈羊"发出第一条求助微博。

20时42分，温州市公安消防支队鞋都中队的22名官兵赶到现场，立即展开搜救工作。

20时50分，接到上海铁路局报告后，铁道部部长、党组书记盛光祖和其他党组成员立即赶到铁道部调度指挥中心，指挥抢险救援，作出相关部署，并联系浙江方面，请地方出动卫生、武警、消防等方面力量全力抢救，同时调动组织铁路方面的应急救援队伍尽快赶赴事故现场，投入抢险救援工作。

21时左右，浙江省委、省政府接到事故报告后，立即启动了应急响应。

21时19分，浙江交通之声广播社会性媒体电台播发了第一条有关此事的消息。

23时20分，浙江省公安消防总队部分官兵到达事故现场；23时30分，丽水、台州、宁波、金华等5个公安消防支队部分官兵陆续到达事故现场。

7月24日：

凌晨，铁道部紧急向各铁路局下发调度命令，通报该次事故状况，并要求所有铁路局局长深入一线进行指挥，同时强化安全管理，并要求对线路和机车设备进行全面检修，强化安全意识，确保运输安全。

1时30分，温州电视台开始对事件进行新闻直播。

1时40分，浙江省委副书记、省长吕祖善率副省长毛光烈、王建满及有关部门负责人到达温州。察看现场后，主持召开了有省级相关部门和温州市有关负责同志参加的紧急会议，成立了抢险救援指挥部，统一协调指挥救援工作，对抢险救援工作进行部署，落实了任务分工，并提出了加紧现场搜救、全力救治伤员、尽快疏散旅客、妥善安置家属四条意见。

2时40分，时任上海铁路局党政主要负责人到达事故现场，立即成立了现场救援指挥机构。

3时左右，铁道部部长、党组书记盛光祖，副部长胡亚东、卢春房率工作组到达现场后，浙江省、铁道部主要负责同志在现场召开了省、部会商会。

当日上午，中共中央政治局委员、中华人民共和国国务院副总理张德江受中共中央总书记胡锦涛和中华人民共和国国务院总理温家宝的委派，率领有关部门负责人前往事故现场指导救援、善后处理和事故调查工作。

上海铁路局局长龙京、党委书记李嘉、分管工务电务的副局长何胜利被铁道部党组织免职。时任铁道部总调度长的安路生被调任为上海铁路局局长。

22 时，铁道部发言人王勇平在新闻发布会上向事故所有旅客公开道歉。同日，铁道部盛光祖部长接受了中央电视台记者的采访。

23 时 30 分左右，在确认没有幸存者，并对遗物、车体进行清理收集完后，救援工作结束。

7 月 25 日：

6 时 57 分，由宁波东开往苍南的 DJ5603 次列车通过甬温线列车追尾事故地段，该线路恢复通车。因受列车追尾事故影响而中断的杭深线运输秩序逐步恢复，上海铁路局杭州站、温州站的动车运行都已基本恢复正常。

国务院批准成立了"国务院'7·23'甬温线特别重大铁路交通事故调查组"。

当晚，部分温州市民聚集在世纪广场，通过点蜡烛和放孔明灯哀悼事故中的遇难者，为伤者祈福。28 日，过千民众也在世纪广场自发举行烛光晚会，悼念死难者。

7 月 26 日：

公布"7·23"甬温线特别重大铁路交通事故第一批遇难者名单，共包括 28 人。（27 日上午公布第二批，共 7 人。27 日下午和 28 日上午分两次公布第三批，共 4 人。7 月 28 日晚上，温州市委宣传部和温州市卫生局发布消息，"7·23"动车事故又有一名伤员因抢救无效身亡。至此，"7·23"甬温线特别重大铁路交通事故遇难人数上升至 40 人。）

当日，首个赔偿协议达成，29 岁的遇难者林焱的家属获赔 50 万。

7 月 27 日，国务院总理温家宝主持召开国务院常务会议，对遇难者表示深切哀悼，要求"公开透明地进行调查，给人民群众一个真诚负责任的交代"。

7 月 28 日上午，温家宝到达温州市第二人民医院慰问事故伤员，上午 11 点多，温家宝到达温州医学院附属第二医院看望了事故中最后获救的幸存者——小女孩项炜伊，随后温家宝来到温州金球国豪酒店看望了部分死伤人员家属，并回答了他们的问题。12 时 30 分，温家宝抵达事故现场。他向遇难者敬献了花圈，回答了中外记者提问，对事故调查工作提出了明确要求，强调要通过现场勘察、技术鉴定、调查取证、综合分析和专家论证等，得出一个实事求是、经得起历史检验的结论。他就中国高铁技术安全、事故对铁路建设的影响、事故是天灾还是人祸、事故处理、如何让中国民众和海外人士重新恢复对中国的信心、温州人在这次救援中的表现等问题回答了中外记者的提问。

7月28日，召开的"7·23"事故国务院调查组全体会议上，上海铁路局负责人表示，事故是由于温州南站信号设备在设计上存在严重缺陷，遭雷击发生故障后，导致本应显示为红灯的区间信号机错误显示为绿灯。

7月29日，遇难人员赔偿救助标准由50万元提升为91.5万元。按照"头七"的传统丧葬习俗，"7·23"甬温线特别重大铁路交通事故遇难者家属和亲友来到事故现场举行悼念活动。

7月30日，中央台记者访问铁道部副部长陆东福，回应只为了抢通线路而没有把救人问题放在首位，又引起极大的争议。

8月10日，铁道部部长盛光祖宣布将调低高铁运营初期的运行速度，同时调整高铁运营初期的列车开行方案。

8月10日，温家宝总理主持召开国务院第167次常务会议，专题研究事故调查处理和铁路安全工作，对事故调查工作进一步提出明确要求，强调要按照科学、严谨、依法和实事求是的原则，不仅要查清直接原因，还要追根溯源，查清设计、制造、管理等方面的源头性问题，依照法律法规严肃追究直接责任者和有关领导的责任，并要接受群众监督和社会监督，给人民群众一个真诚、负责任的交代。根据调查工作需要，决定对事故调查组进行充实、加强。事故调查组由国家安全监管总局局长任组长，国家安全监管总局、监察部、工业和信息化部、电监会、全国总工会、浙江省人民政府各1名负责同志和3位曾担任过国家有关部门（单位）或地方政府主要负责人且熟悉铁路工作的老同志任副组长。事故调查组下设技术组、管理组、综合组。同时，聘请了12名铁路运输、电力、电气、自动化、通信、信号、安全管理、建筑等专业领域的专家组成专家组（其中有全国人大代表2名、全国政协委员1名、"两院"院士2名）。邀请最高人民检察院派员参加了事故调查工作。

8月11日，有36名遇难者的家属与相关部门签订了赔偿协议。赔偿救助标准为91.5万元。

8月16日，铁道部表示：铁道部新闻发言人王勇平被免职。

11月20日，距离温州动车事故发生120天，也是动车事故调查报告递交的截止日期。事故调查专家组副组长王梦恕透露，技术层面的动车事故调查报告已经于9月底完成并递交，调查结果颠覆了此前认为信号技术存在缺陷导致事故的说法，并提出组织和管理不善是动车事故形成的主因。

2011年12月28日，国务院总理温家宝主持召开国务院常务会议，听取"7·23"甬温线特别重大铁路交通事故调查情况汇报。经调查认定："7·23"甬温线特别重大铁路交通事故是一起因列控中心设备存在严重设计缺陷、上道使用审查把关不严、雷击导致设备故障后应急处置不力等因素造成的责任事故。在事故抢险救援过程中，铁道部和上海铁路局存在处置不当、信息发布不及时、对社会关切回应不准确等问题，在社会上造成不良影响。同意事故调查组给予铁道部、通信信号集团公司、通信信号研究设计院、上海铁路局等单位54名责任人员党纪政纪处分的处理意见。①

## 二 危机过程的阶段划分

### （一）媒体的新闻报道分析

媒体的关注度和报道数量一定程度上可以反应危机发生的阶段性。为了了解媒体对"7·23"动车追尾事故的新闻报道情况，笔者利用百度的新闻搜索，输入关键字"动车"，任意包含的关键字"追尾"、"温甬"、"7"、"23"，进行全文搜索，找到从"7·23"事件发生当天到2012年1月，网络上每天对于这个事件的新闻报道数量。图1的曲线为每日相关的新闻条数。由于8月中旬之后每天相关新闻报道的数量很少且较为平均，因此在图中没有列出8月中旬之后每天的数据。2011年12月28日前后，此次事故的调查报告公布，新闻报道数量有所回升，因此在图中也列出了这几天的数据。

---

① 《温家宝主持召开国务院常务会议，听取"7·23"甬温线特别重大铁路交通事故调查情况汇报》，http://www.gov.cn/ldhd/2011-12/28/content_2032218.htm。

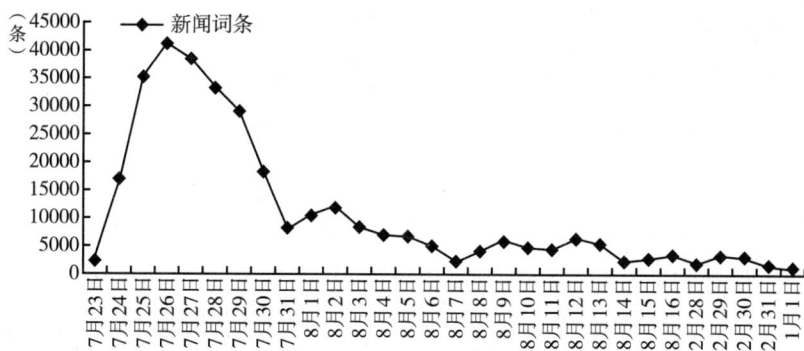

**图1 动车追尾事故的新闻报道数量**

从图1可以发现，从7月23日至26日，新闻报道数量急剧上升，26日之后下降，在28日到29日的新闻报道数量的下降趋势较强烈，29日之后新闻报道数量便进入一个长期的下降通道中。8月1~3日新闻报道数量增加，但并没有改变整体下滑的趋势。

为了更仔细地分析新闻报道的具体情况，笔者又选取了国内门户网站——新浪和搜狐，对两个网站关于此次动车追尾事故的新闻报道情况进行分析。图2为笔者对搜狐网站"温州动车追尾事故专题"① 中滚动新闻每天数量（图中

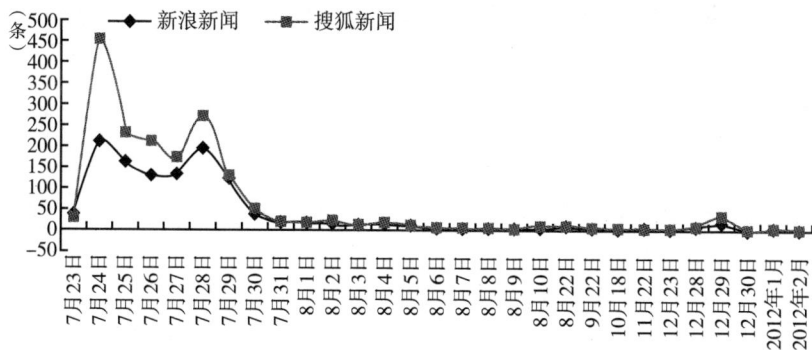

**图2 新浪和搜狐关于动车事故每日滚动新闻的数量**

---

① 《"D3115 与 D301 次列车温州发生追尾"专题报道》，搜狐网，http：//news. sohu. com/s2011/dongchezhuiqiao/。

129

为每日相关新闻条目数），新浪网站"温州动车追尾脱轨事故专题"① 中的滚动新闻每天数量（图中为每日相关新闻条目数）的分析。

对比图1和图2，可以看出此次危机的基本走势。两张图不同的地方在于，在新浪和搜狐的滚动新闻中，24日由于夹杂着非常多的视频片段，以及新闻发布会的新闻，因此新闻报道的数量相比其他时间要高出很多。而28日的滚动新闻中，由于有对温家宝总理视察经过、特别是答记者问的新闻的随时更新，因此数量又呈现出一个小高峰。搜狐和新浪的滚动新闻的这两个特征是非常一致的。但在百度的新闻搜索中，此类视频新闻和温总理的视察和答记者问并不在搜索范围内，因此7月24日、7月28日的新闻数量并不突出。如果考虑到这个因素，图2中7月24日和28日的高峰将大幅降低，其曲线走向将和图1中大体一致。

整体来看，百度新闻的搜索结果比较全面地反映了主流媒体和网站的新闻报道的内容。而搜狐和新浪的专题滚动新闻则能动态地反映当日新闻的动态关注情况。

7月23~29日各媒体报道的主要内容如下：

7月23日，事件发生时间较晚，因此当天的报道量比较少，且都是围绕事件报道和救援过程的报道。

7月24日，事件得到全方位的报道，包括抢救、政府应对、铁道部的新闻发布会等。②

7月25日，报道在保持对事件本身的基础上，逐渐转向对"生命至上"理念的阐释、对铁道部的质疑，以及善后处理的问题。③

7月26日、27日，报道重点转向温州动车事故所带来的各方面的影响，

---

① 《"温州动车追尾脱轨事故"专题报道》，新浪网，http：//news.sina.com.cn/z/hzdccg2011/。
② 京华时报：《动车惨剧警示速度的风险》；人民网：《缺乏安全的发展不要也罢》。
③ 广州日报：《动车追尾特大事故令人警省》，京华时报：《每个人都是风险时代的乘客》，中新社：《动车事故有悲生命安全无价》，新京报：《自发救援见证公民精神成长》，青年时报：《道德血液点亮人性和社会》，钱江晚报：《不要拿生命和爱心填补黑窟》、《列车追尾，人祸几何》，新京报：《尽快查清事故原因是重中之重》，人民日报：《高速时代尤须系好"安全带"》，齐鲁晚报：《安全事故警示"生命高于一切"》，上海商报：《温州动车追尾不仅是一起事故》，环球时报：《高铁是中国必须经历的自我折磨》，大洋网：《动车追尾须从三方面反思》，青年时报：《重启铁路改革正当其时》。

责任归因，以及善后赔偿上。①

7月28日及之后，报道加大对事故责任归因的比重，重点报道了温家宝总理的视察和对公众的回应，以及动车事故的影响与带来的教训及反思。②

## （二）危机事件的阶段划分

一般情况下，一个危机包含四个不同的阶段：危机征兆阶段，危机爆发阶段，危机延续阶段，危机解决阶段。③ 对于危机的阶段划分还有不同的方法，结合"7·23"动车追尾危机的发展过程，笔者利用芬克的方法做简单的划分。

### 1. 危机征兆期："7·23"事故发生后数个小时内

该段时间内，一方面救援工作快速展开，另一方面随着救援工作的开展，主要以微博为消息源的各种信息和谣言开始传播，但尚未得到官方确认和回应。

### 2. 危机爆发和迅速蔓延期：7月24~7月30日

这一阶段对应于图1的波峰期。24日随着更多的人关注这一事件，救援工作中的诸多问题浮出水面，并迅速通过微博、网络以及各种媒体传播，由此引发对铁道部的各种质疑，包括"为了通车过早结束抢救""事故是天灾还是人祸""铁道部是否有意破坏现场"等等。24日晚铁道部召开的新闻发布会，由于发言人的糟糕表现，非但没有解决危机潜伏期出现的各种问题和谣言，没有起到危机沟通、危机公关的作用，反而引发了更多的疑问，加重了各界的猜测和责难。24~28日期间新闻报道充斥着社会各界的疑问和质疑，以及铁道部的种种仓皇应对。7月28日温家宝总理在事故现场的讲话，一定程度上是

---

① 新京报：《重建公众信任，从事故善后开始》，人民日报：《记取"温州温暖"的力量》，中国青年报：《乘客安全不是"赌"来的》，广州日报：《铁老大改革，不能再拖》，东方早报：《高铁发展需客观看待，但也别神化》，环球时报：《安全应是中国调整的主攻方向》，大洋网：《低廉赔偿辱没火车事故遇难者尊严》。

② 广州日报：《铁路保险糊涂账应有个说法》，新民晚报：《必须重拾公众对铁路的信心》等，京华时报：《善后人性化是面镜子》，新京报：《如何给民众一个负责任的交代》，环球时报：《中国的具体漏洞需一针一线补上》，人民网：《总理坦诚答问是一针"镇静剂"》，人民日报：《让公布遇难者名单成为制度》。

③ 〔美〕阿奇 B. 卡罗尔、安 K. 巴克霍尔茨著《企业与社会：伦理与利益相关者管理》，黄煜平等译，机械工业出版社，2004，第98页。

危机迅速蔓延的一个遏制，至少从国家政府层面，表达了对铁道部的不满，以及政府的姿态，部分消解了此次危机全面上升为政府公信力危机的可能性，也是从此时起，媒体和网络对此事件的关注开始下降。

**3. 危机延续和消减期：从 7 月 30 日至 12 月 29 日**

随着动车事故的抢救、对遇难人员的赔偿、事故信息的逐步披露和问责、国家调查的展开，人们关注点逐步转移，此次危机进入漫长的延续消减期。在图 1 上则表现为 7 月 30 日后新闻报道数量的锐减，随后在一个非常低的状态徘徊。8 月 7～13 日新闻报道数量有所回升，这是因为在此期间，温家宝总理主持会议强调要对事故彻查和追责，并改组事故调查组，铁道部降低火车运营速度，遇难人员签署赔偿协议等事情较为集中。2011 年 12 月 28～29 日期间：28 日国务院总理温家宝主持召开国务院常务会议，听取 "7·23" 甬温线特别重大铁路交通事故调查情况汇报，29 日官方公布调查报告，此次动车追尾事故基本盖棺定论。

**4. 危机的解决期：2011 年 12 月 30 日之后**

基于官方调查报告的出炉以及相关责任人被追究，此次危机基本得到解决。在新闻媒体的报道上，数量急剧减少：2012 年 1 月，新浪和搜狐的相关新闻分别只有 3 条和 6 条，2 月则分别只有 1 条和 2 条。

## 三 微博在此次危机中的作用

为什么这次危机关注度和严重程度如此之高？

通过浏览相关文献，可以将此次追尾事故危机爆发的原因归纳如下：第一，过早宣布结束救援行动；第二，未能及时透明地公布危机真相；第三，新闻发言人对待公众及媒体态度强硬；第四，对恢复通车操之过急；第五，事故赔偿标准以何为标准；第六，政府对于事故原因的解释前后反复、缺乏诚意等。① 这些分析较好地描述 "7·23" 动车追尾事件演变成危机的原因以及后

---

① 章月芳、葛国曙：《公关危机管理和应对——"7·23"温州动车事故启示》，《兰州教育学院学报》2012 年第 1 期，第 51～53 页；刘哲昕：《"7·23"动车追尾事故应急处理引发的法律思考》，《法学》2011 年第 8 期，第 10～16 页。

期铁道部危机管理中表现出的诸多不妥。但是,为什么追尾事件会变成危机?为什么铁道部的新闻发布会如此糟糕?为什么铁道部将通车放在比救人更优先的位置上?微博在此次危机中扮演了非常重要的角色,起到了推动危机发展、监督政府的危机应对能力的重要作用。

微博,源自 Twitter。作为舶来品,它最早的本土化标志是 2006 年以"饭否"为代表的专业性网站诞生。2009 年新浪微博内测版进入公众视野,经历了"我爸是李刚""江西宜黄强拆自焚""上海高层住宅大火""腾讯与 360 大战"等多个事件后,微博的影响力不断扩大,并成为人们获取信息、发布信息、社会交往的重要工具。①

微博在中国的发展速度很快。《第 28 次中国互联网络发展状况统计报告》显示,2011 年上半年,我国微博用户数量从 6311 万快速增长到 1.95 亿,半年增幅高达 208.9%,成为增长速度最快的互联网应用。手机微博在手机网民中的使用率达到 34.0%,成为 2011 年上半年增长最快的手机应用。如此爆发式增长,按照最新的人口普查数字,表明平均不到 10 个中国人中,就有一个人开通微博。

"7·23"动车事故发生后,网民在微博上形成了前所未有的强大的舆论力量,微博集结了最广大群众的救援力量,人民群众在网上网下同时开展及时有效的救援直播和爱心传递。对比 2008 年的"4·28"胶济铁路特大事故,前者伤亡人数远远超过此次"7·23"动车追尾事故,但是影响和传播面要远小于这次动车事故,一个非常重要的原因在于微博力量的介入。微博作为一种新媒体,在这次事故中,扮演了多重角色:最早的信息发布源,最快的求助通道,最多人参与的寻亲方式,最有效的辟谣途径,最感人的救助平台,最严厉的追问方式。② 本部分从微博的"先声夺人""快速动员""舆论监督"三个特点分析微博在此次动车事故中所起的重要作用。

---

① 王秋菊、师静:《从"7·23 动车追尾"看微博舆论波的成因》,《新闻界》2011 年第 9 期,第 67 页。

② 向菊梅:《试论秒时代党报媒体的发展瓶颈与对策》,《东南传播》2012 年第 1 期,第 134 页。

## （一）先声夺人

事故发生前 7 分钟，就有乘客在微博上发出动车行驶缓慢的消息；事故发生 4 分钟后，有乘客通过微博发布出第一条消息："动车紧急停车并停电，有两次强烈的撞击"；事故发生 13 分钟后，有乘客发出求助微博，该微博转发突破十万次；事故发生 20 分钟后，"四节车厢掉下高架桥，两节车厢脱轨"的微博发出，事故发生 1 小时后，事故现场群众自救的照片通过微博发到网上；事故发生 12 小时后，微博上相关讨论量已突破 200 万条，其中寻人消息的转发量已经超过了 50 万条。以新浪微博为例，截至 7 月 24 日 12 时，已有 320 万条关于这起事件的微博。网民从事故现场、寻人、遇难名单、献血现场、救援现场、善后事宜、医院救治等多角度展示这次突发事件，铁道部新闻发言人的不当言辞也通过微博在网上迅速传播，被不少网民调侃甚至恶搞，甚至成为网络流行语。网民对动车安全、铁道部职责、救援工作的质疑，在微博这个平台上淋漓尽致地表达了出来。7 月 28 日上午 10 时许，温家宝总理来到温州察看"7·23"动车追尾事故现场，悼念遇难者，并看望受伤人员，慰问伤亡人员家属。在各大主流媒体如人民日报、中央电视台、新华社把这则新闻播报出来之前，甚至在温总理到达之前，在动车事故现场等候的记者已经通过微博，将记者入场、布置温总理讲话地点和新闻发布台等事件的图片与信息全部都发到了互联网上。温总理答中外记者问的新闻，也通过微博在网上"直播"了。截至 2011 年 7 月 28 日 19 时，腾讯微博关于此次动车事件的微博达 10694334 条，新浪微博达 8227093 条。①

## （二）快速动员的平台

官方和草根微博动员一切力量参与救援救治行动，得到了广泛回应。例如，新浪微博和腾讯微博迅速开辟了"微博寻亲"专栏，在事故发生后不到

---

① 张瑞静：《在博弈中双赢：微博与传统主流媒体——以"温甬动车追尾"突发事件的信息传播为例》，《济南大学学报（社会科学版）》2011 年第 6 期，第 54 页。

六小时，寻找事故中人员的新浪微博转发量超过了 50 万条，由于伤员太多造成血浆不足，微博上马上出现了爱心信息转发，至当夜 24 时便有 200 余温州市民前往医院献血……可以说，微博在这次事故发生后所发挥的积极作用，是其他媒体无法替代的。面对突如其来的灾难，微博不仅仅是传播报道的工具，更成为无处不在的动员和救助平台。①

### （三）舆论监督的平台

"7·23"动车事故发生后，广大民众不满意铁道部的善后处理，微博中民意涌动，质疑事故真相。整个危机发展过程中，在网络和微博这个放大镜下，有关部门对事故的搜救、善后、信息发布等方面的工作都受到了舆论的追踪监督和持续的质询。

在问责方面：最初有关部门将事故原因归结于雷雨天气，"天灾"论旋即遭到广泛质疑。天涯网友——"宅男宅女拯救世界"在他的微博中，搜集整理了不同网友提供的资料，绘制了事故发生前一小时的时间线，精确到分钟，试图分析事故发生的原因，认为铁道部门管理有缺陷，调度负有不可推卸的责任。此外，活跃在微博上的政府官员蔡奇也发出质疑："这么大的事故，怎能归咎于天气和技术性因素？又该谁来埋单？……铁路再提速，也要安全第一！生命伤不起啊！"

在事故调查方面：事故发生后的第二天，一张事故现场的图片在微博上流传开来：七八辆挖土机在坠落的几节动车车厢旁挖了几个大坑，对车厢进行破拆和碾轧，然后将其推入坑中进行现场掩埋。对此，网友"落魄书生周筱"在微博中质疑："洛克比空难，飞机爆炸分解成四百多万片碎片，散落范围超过 65 公里。一千多名调查人员搜集全部碎片，用 3 年时间几乎完全还原了飞机，并查出是人为因素，具体爆炸出自哪个行李箱，并由此找到嫌疑人。而动车追尾事故，仅一天时间，就拆解掩埋了车头。事故调查不需要检测车头吗？"

---

① 蔡军：《微博的传播特性与功能——以"温州‘7·23’动车事故"为例》，《新闻界》2011 年第 9 期，第 76 页。

在救援方面：当事故现场救援部门宣布搜救已告一段落，"已无生命迹象"的情况下，人们却又从车厢救出一名两岁零八个月的小女孩。有网友在微博中评论说，"在事故发生还不到 24 小时，是什么依据让救援和搜寻匆匆结束？灾难救援时被频繁引用的'黄金 72 小时'共识，在环境更复杂更多变的地震、泥石流灾害中尚得到坚守，为何情况相对简单的动车追尾事故，却无法被遵守？又是谁下达了把车厢'吊起来、放到桥下清理'的指令？实在无法想象，这样的鲁莽决策如果没有得到抵制，将是怎样的惨绝人寰。"①

微博舆论本质上是公众以微博为平台，通过关注、转发、评论等方式对某些公共事务或焦点问题所表现出的意见的总和。以微博为代表的网络表达的影响力日益集聚和放大，"不仅以直接民主形式推动了公共决策中的协商民主，而且有利于营造民主决策的气氛和习惯，对公共问题和公共决策形成补充和推动，同时将其积极意义渗透体现在决策过程的各个环节"②。在一些公共事件的解决过程中，已经形成了一种新的"议程设置"模式，即网络（微博、BBS、博客或手机等）提出议题——传统媒体关注——全社会参与——政府行为的模式。③ 此次危机事件的发展和相关部门的应对，便具有这样的议程设置特点。

## 四　铁道部危机应对失误背后的制度背景

在此次危机中，需要思考两个问题：

第一，"7·23"前一天河南省就发生了死亡人数更多的汽车交通事故④，

---

① 蔡军：《微博的传播特性与功能——以"温州'7·23'动车事故"为例》，《新闻界》2011 年第 9 期，第 77 页。

② 张淑华：《网络语境下民意权利与决策权力协商的意义》，《新闻爱好者》2009 年第 16 期。

③ 谢耕耘主编《中国社会舆情与危机管理报告（2011）》，社会科学文献出版社，2011，第 7 页。

④ 2011 年 7 月 22 日凌晨 4 时左右，河南省信阳市境内一辆山东威海至长沙的中型客车（核载 35 人）由北向南行驶至京珠高速河南信阳明港段 938 公里处发生火灾，共造成 41 人死亡，6 人受伤。

这次事故并没有引起多少关注，也未发生如动车事故一般的危机，为什么？

这个问题需要从铁路行业的特点来分析。铁路在一定程度上是自然垄断行业，铁路作为最重要的交通运输行业，拥有民航、水运、公路、管道等其他交通运输行业所无法比拟的特殊性，对国民经济和生活的影响非常之大。整个铁路企业是一架高速运转的联动机，内部涉及车务、机务、工务、电务、供电、车辆等诸多工种，实行半军事化垂直管理体系。[①] 铁路事故和汽车事故的区别在于，后者往往被认为是个体事件，出事与司机驾驶问题、超载问题等联系在一起，人们并不会有意识地将一起汽车事故与整个汽车运输联系在一起。但铁路则不同：一方面，为确保安全生产，铁路有非常严密的安全运输技术和管理，按照铁路的安全设计的特点，基本不可能发生事故；另外，一旦发生事故，则必然和管理问题或者机车的质量问题相关联，会让人牵一发而动全身的去对整个铁路运输的安全性做出评价。因此，"7·23"动车追尾事故的发生必然引发人们极大的关注。

第二，在此次危机应对中，温州市和整个浙江省都全力以赴进行抢救和善后工作，媒体对其予以较高的评价，与地方政府相比，铁路部门的危机应对则逊色很多，遭到批评和责难。为什么浙江省和温州市政府在危机的抢救方面表现较好？笔者认为，在先后经历包括"SARS"事件、汶川地震以及各地出现的公共危机事件后，相对铁道部官员而言，部分政府官员在公共管理的伦理意识上更加清晰，对公共危机管理的实践也相对充分；与此同时，地方政府在危机管理上的奖惩机制也相对完善。

上面这两个问题中，第一个属于铁路行业的特征，这个特征在经济学视角下，被描述为自然垄断。由于存在资源稀缺性和规模经济效益、范围经济效益，使得提供一种产品（或服务）的厂商或联合起来提供多数产品（或服务）的厂商形成一家或极少数几家厂商使进行生产的效率更高，我们把这种由于技术原因或特别的经济理由而成立的垄断或寡头垄断称为自然垄断。像铁路、城市自来水、天然气、城市电信等都属于自然垄断行业。从经济学角度看，这些

---

① 左鹏：《铁路企业负面新闻发生的主要原因和防范应对措施》，《理论学习与探索》2009 年第 2 期，第 45 页。

行业最好由一家企业来经营效率最高。但如此一来，自然垄断的企业就有可能依靠自己的垄断地位谋取本企业的利益，损坏公共利益。因此，政府要对自然垄断行业进行约束，包括产品和服务的价格、质量，以及是否允许其他企业与之竞争。政府基于公共利益，依法对自然垄断企业的行为进行限制的制度和行为就是政府规制。

铁路运输业作为国民经济的基础行业，是典型的自然垄断产业，具有战略性地位。纵观政府规制的历史，铁路曾经是第一个引入政府规制的行业。对于铁路产业的政府规制，在世界政府规制的产生、发展乃至放松规制的过程中都是具有非常重要的代表性的。而直到现在，铁路的规制及其改革一直是政府经济性规制的重要组成部分。如何从政府规制的角度来分析动车追尾事故？

## （一）我国铁路政府规制的特征

与西方国家铁路行业的垄断不同，我国铁路行业的垄断地位是先行政垄断而后才是自然垄断，具有双重性质。行政垄断是指凭借政府机关或其授权的部门、单位所拥有的行政权力，而使某些企业得以实现垄断或限制竞争的一种状态和行为。由于行政垄断的弊端明显，因此我国政府经过30多年的改革，取消或放松了对一些产业的规制，一些政府主管部门或垄断企业既当"裁判员"又当"运动员"的传统框架有较大的改变，竞争的局面逐渐形成，初步建立了社会主义市场经济体制。但是，在一些例如铁路、电力、电信、供水、天然气等产业，长期以来受到政府的严格规制。虽然经过了改革，但依然维持着政企不分的关系，有些产业领域基本上仍然是国家垄断经营，行业主管部门兼具有经营者、规制主体和政策制定者的三重角色。最典型的就是铁路部门：改革开放以前，我国铁路运营与管理体制是以高度集中和半军事化为特点的，是中国传统的因政府垄断性导致缺乏有效竞争的计划经济体制的典型；改革开放以来，在全国经济改革渐进的、不断深化的大背景下，铁路运输业的改革和发展也不断推向前进。但我国铁路仍然实行"政企合一"的管理体制，铁道部既是国务院的一个部级机构，又是一个大型垄断企业，既负责行业监管，也负责企业经营。①

由于铁路服务的独家垄断，有可能使铁道部成为铁路行业利益的维护者，难以兼顾消费者利益。与此同时，"政企合一"的管理体制容易使监管流于形式，导致铁路行业的绩效低下，对铁路业及相关行业的发展，乃至国民经济的发展造成巨大的危害。主要体现在以下几个方面：

第一，寻租与腐败行为泛滥。铁路的行政垄断造成了其与铁路行业相关的企业与官员之间进行寻租活动，同时还滋生了企业与官员之间的腐败行为。据媒体报道，在我国动车采购中，出现过如下情形：一个自动洗面器7.2395万元，一个有色理石洗面台2.6万元，一个感应水阀1.28万元，一个卫生间纸巾盒1125元，最后组合成总价高达三四十万元的整体卫生间；上万元的15英寸液晶显示器，2.2万元一张的单人坐椅，6.8万元的冷藏展示柜等。②

第二，我国铁路的计划经济管理体制和国有企业的性质，决定了企业的预算软约束。铁路部门大力扩张，希望通过增加规模、跨越式发展等来取得更多的利润，和政治上的升迁。从上个世纪末开始，铁路改革的重心逐步转移到铁路大发展和调整运输能力和布局上来。曾经主导中国的"网运分离""区域公司改组""客货分离"等销声匿迹，代之以"跨越式发展""高速铁路""动车组"等围绕铁路技术升级和建设规模的主题。作为企业的铁路部门，由于处于法定的垄断经营地位，缺乏外部竞争压力，企业的物质利益不完全取决于

---

① 铁道部作为主管全国铁路工作的职能部门，其主要职能包括七个方面：1. 研究制定全国铁路运输行业的发展战略、方针、政策、法规和国铁管理体制及布局方案，制定国铁统一的规章制度并监督执行；制订全国铁路行业的中长期发展规划，编制国铁的各项年度计划并组织实施。2. 负责铁路工程建设的行业管理，管理铁路大中型基本建设和铁路网的更新改造项目的立项、设计、审批和组织竣工验收工作。3. 制订全国铁路行业科技发展规划和技术政策，制定铁路技术管理规程、规范、标准。组织新技术、新产品的研究和开发，推动技术进步。综合管理国铁的节能工作。4. 研究提出国铁客货运行方案，经批准后组织实施。参与制订铁路运输价格、税收、信贷等经济调节政策的工作，推动国铁企业深化改革。5. 监督管理国铁的国有资产和财会制度，统筹安排全国铁路建设资金及各项专用资金，编制国铁事业经费预算。集中组织国铁清算运输收入、货车修理费用和国际联运收支。统纳国铁运营税金。6. 统一组织、指挥国铁运输，协调路内外关系，充分发挥运输效能。检查监督铁路生产安全和路风建设。7. 承办国务院交办的其他事项。这些职能带有明显的计划经济色彩。除第7项职能外，其余各项都涉及企业的职能。从第4项职能还可以看出，国家还利用铁路通过参与制订铁路运输价格、税收、信贷等作为宏观经济调控的工具。

② 新京报社论：《动车采购腐败超出想象》，《新京报》2012年2月20日。

自身的业绩，如果发生亏损，则由政府财政进行补贴，缺乏内在激励机制。缺乏压力与激励导致企业对消费者的需求往往漠然视之。每年的春运的购票难，尽管有客观因素，但铁路部门忽视消费者需求也是其重要原因。

第三，政府在制定服务价格或者铁路的发展方向时，往往更多地考虑政治和社会目标，较少按经济规律办事，或者过多的庇护生产者的利益，漠视消费者利益。例如近些年来的高铁"大跃进"式的发展，高铁运营后减少同路段的普通车次的开行等。

### （二）铁道部的独立王国

"政企合一"的铁道部自身形成了一个庞大的独立王国。长期以来，铁道部集中了"公检法军事"（公安、检察、法院、军事、事业单位）多个系统，集"路网垄断者、主导运输商、价格制定者、运行总调度、行业管制者和行政性执法者多重角色于一身"[①]。例如，铁路公安形成于计划经济时代，是仿照苏联模式建立起来的，与此相类似的：我国的民航、交通、石油、林业、矿山等企业和机构，也存在着类似"独立"的司法体制，但它们有些早已纷纷改革、脱钩，使公安、司法权力回归姓"公"，而只有铁路系统依旧长期维持原来的体制不变。1982 年，鉴于当时的严打需要，又在铁路公安之外，自上而下建立了三级铁路运输法院和铁路运输检察院，从而最终形成了一个完备的铁路司法体系。但是，这种独立于既有司法体系的体外循环系统，很快就呈现出极其不合逻辑的荒谬性。1983 年 9 月，六届全国人大常委会曾修改了《人民法院组织法》，删去了"专门人民法院包括：军事法院、铁路运输法院、水上运输法院、森林法院、其他专门法院"。1987 年，铁路运输高级法院和全国铁路运输检察院被撤销，铁路运输中级法院改由各省高级法院监督；铁路运输检察分院改由各省检察院领导。这被广泛认为是铁路司法"回归司法"的第一步，但迈出这一步后，铁路司法改革在此后的 20 余年内几乎没有任何进展。铁路司法系统管辖铁路沿线车、站、途中、铁路工厂、企业、铁路院校等发生的各类案件。铁路系统的公安局、检察院和法院，实际上成为在国有企业管辖

---

① 汪伟：《铁道部"政企不分"遭诟病　铁路高速客运前景堪忧》，《新民周刊》2008 年 5 月 7 日。

下但又行使着国家治安、司法权力的机构，它们的人事、财政和物资装备等全然受着铁路企业的管控和调度，成了国家司法体系之外的"独立王国"。

对铁路王国而言，由于其独立性和封闭性，铁路官员和管理者长期以来对新闻报道和舆论存在一定的自闭性，过多关注路内新闻报道，只注重铁路内部自成一体的新闻报道体系和渠道。例如，在"7·23"动车事故发生后，铁道部的网站上根本找不到事故的最新进展和伤亡情况，相关的新闻都是领导活动新闻和口号标语式新闻。① 另外，铁路企业在对待危机时缺乏有效的应急管理机制，往往是沉默和回避，直到负面新闻蔓延升级后才出来解释和说明，导致被动。②

铁道部之所以在"7·23"动车追尾事故的新闻发布会上如此的"高调"③，正是在于其长期以来的独立王国的角色，使其在政府的社会责任、企业的社会责任方面极度欠缺。"如果铁道部宣传部门能在官方网站24小时滚动更新救援进展、事故原因调查进展、公布伤亡名单、开辟联络簿帮助亲属寻找家人，这比推三阻四的道歉要来得实际得多，充斥于各大社交网站和论坛的'愤怒情绪和怀疑态度'自然会慢慢比现在弱得多，同时也可以让谣言不攻自破。"④

### （三）"铁老大"：铁路部门给人的刻板印象

"7·23"事故发生前，中国经历了六次铁路大提速，中国高速铁路也经历了十年的发展，从而拥有了全世界最大规模以及最高运营速度的高速铁路网。然而跨越式的发展也带来了诸多问题，特别是高铁开通后，高昂的票价，以及随之而来的部分原线路上车次的减少甚至取消，引发了很多的讨论和质疑。与此同时，铁道部近些年一直宣称高铁的建设将根本解决春运一票难求的问题，但这几年实际情况并非如此。铁道部长期以来的政企不分，及其由此引发的诸如春运难等问题，在公众眼中已经形成了刻板印象："铁老大"。对于"铁老大"，人们往往怨声载道。而2011年2月12日新华社报道的"经中央

---

① 张妮：《外媒看"7·23"动车追尾事故》，《中国发展观察》2011年8月刊，第59页。
② 左鹏：《铁路企业负面新闻发生的主要原因和防范应对措施》，《理论学习与探索》2009年第2期，第46页。
③ 参见王旭明《写给勇平兄的一封信》，2011年7月28日王旭明新浪博客，http://blog. sina. com. cn/s/blog_ 53402f740102drfb. html。
④ 张妮：《外媒看"7·23"动车追尾事故》，《中国发展观察》2011年8月刊，第59页。

纪委有关负责同志证实，铁道部党组书记、部长刘志军涉嫌严重违纪，目前正接受组织调查"的消息更是让铁道部形象受损。

在高速铁路的安全运营方面，在京沪高铁正式运营后，不足半个月，就连续出现故障，曾在5天内发生6起行车故障。2010年7月14日，中央电视台的专题报道中，总结了京沪高铁延误的几大特点，其中包括：事故太频繁，近日来连续发生多次故障和延误事件；解释太模糊，每次发生临时长时间停车，乘客往往得不到合理的解释和说明；服务太欠缺，在7月10日的故障中，一列高铁的列车长在等待上级处理车厢闷热等情况决定的漫长时间中，被乘客指责得哭了；细节太粗糙，7月14日，铁道部政治部副主任兼政治部宣传部部长、新闻发言人王勇平公布了京沪高铁3起故障的原因，并向公众致歉。①

如果再向前追溯，铁路这几年的事故是非常多的。2008年1月23日，胶济铁路也曾发生过一起重大事故，导致18人遇难，9人受伤。2008年4月28日胶济铁路发生旅客列车脱轨倾覆相撞特别重大交通事故：72人死亡、416人受伤，其中重伤70人，受伤旅客中有4名法国籍旅客。这起事故是中国大陆自1997年以来，旅客伤亡最为惨重的一次，加之其发生在北京奥运会火炬传递期间，引起了国内外广泛关注。

胶济铁路的事故，有强烈的讽刺意味。因为在此次事故之前，原铁道部部长刘志军曾多次指出，对既有线路进行时速200公里改造和实施中国铁路第六次大提速，"标志着在速度目标值和管理方面进入世界先进民族之林，必将载入中国铁路和世界铁路的史册……成败与否，关键取决于胶济线的示范和样板"。但这次事故，恰恰处在了"样板"线路和速度上。②

2009年6月29日，京广铁路湖南郴州站，湖南郴州两辆列车发生侧面冲突。③ 湖南郴州站 K9017 次（长沙到深圳）客车与刚启动出站的 K9063 次

---

① 辛忠：《央视总结高铁连续故障四个"太"》，http://guancha.gmw.cn/2011-07/15/content_2283714.htm。

② 参见《"4·28"铁路事故中的官员》，《中国新闻周刊》2008年5月12日版，第23页。

③ 参考《湖南郴州两辆列车发生侧面冲突》专题，http://news.sohu.com/s2009/chenzhoulieche/。

（铜仁到深圳西）客车机车发生侧面冲突。K9017 次机车及机后 15 位车辆、K9063 次机车及机后 1～2 位车辆脱轨，致 3 死 60 余伤。

有了以上的背景，再回过头来看铁道部 2012 年 7 月 24 日召开新闻发布会时所面对的激动的媒体记者，就可以理解了。原本就形象不佳的铁道部，如今又发生了如此严重的动车事故，记者怎可能不激动？由于铁路部门危机应对的诸多问题，动车事故危机很快从一个铁路运输企业的危机事件演化为铁道部——一个政府部门的危机事件，甚至政府公信力的危机，乃至国家形象的危机。

之所以说此次事件除了是铁道部的危机之外，更引发了政府公信力的危机，是因为在出事之前，国家的主流媒体，甚至党报都大力宣传我国高速铁路的安全和先进性。铁道部的独立王国的特色，以及其"政企合一"的特点，决定了国家的主流媒体在对其报道时往往只能按照铁道部的意思办。因此，追尾事故前主流媒体对动车一片叫好之声：从新华社关于高铁的稿件，看几个篇名，《铁道部总工程师：我国高铁建设占六项世界第一》（2010.09.02）、《奥巴马：向中国学习建设高铁》（2011.01.27）、《"时速 600 公里内几乎没脱轨可能"——探秘京沪高铁新一代动车组安全装置》（2011.06.17）、《铁道部谈京沪高铁：中国高铁的安全完全有保证》（2011.06.28）。

动车追尾事故发生后，网络上开始疯传人民日报的一篇人物报道——《"提速先锋"李东晓》。这位中专毕业的高铁司机，创造了多项奇迹，其中，最经典的例子是：当德国专家说没有三个月不可能驾驭世界上最先进、最复杂的高速动车组时，这位司机杠上了，针锋相对地说"不出 10 天开回家"——当然这也是上级的死命令。最终他成功了，成为"挑战国外权威、大长中国志气"的又一案例。类似内容包括新华社在内的多家中央媒体都做了报道。①

### （四）"政企合一"导致应急指挥的条块分割

铁道部作为政府的部级单位，在与地方政府之间沟通和合作时存在问题。我国的铁路事故应急救援体系由于存在条块分割，导致此次动车事故应急救援

---

① 韩晓杰：《高铁报道偏差分析》，《青年记者》2011 年 8 月（下），第 9～10 页。

指挥的混乱。《铁路应急预案》规定，国务院或国务院授权铁道部成立非常设的国家处置铁路行车事故应急救援领导小组，铁道部成立铁路行车事故应急指挥小组，下设行车事故灾难应急协调办公室。《铁路应急预案》同时又规定，事发地省级人民政府成立现场救援指挥部，具体负责事故现场群众疏散安置、社会救援力量支援等方面的现场指挥和后勤保障工作。这就是中国铁路事故应急救援的"条块合作"模式。2011年7月24日凌晨3时左右，浙江省、铁道部主要负责同志在动车追尾事故现场召开了省、部会商会，决定成立省部联合救援及善后工作指挥部，并下设四个工作小组，明确了责任分工。在现场救援中，桥上救援指挥由铁道部一名副部长和安全总监及上海铁路局一名副局长负责，桥下救援指挥由铁道部另一名副部长和温州市一名副市长及上海铁路局另一名副局长负责。[①]

这样的安排看似合情合理，但在具体执行中就出现命令不一致的状况。比如媒体广泛关注的，为了及时恢复通车，铁路部门要求把事故车吊下铁轨再清理，而温州特警队长邵曳戎抗命不遵，坚持原地救援并最后救出小女孩项炜伊。然而7月29日铁道部有关负责人在答记者问时，却矢口否认这一"指控"，认为铁路部门始终是把救人放在第一位，正是由于铁路部门的坚持，才使得项炜伊最终获救，救援工作结束前，铁路部门指挥人员从未宣布过"停止救援"。[②]

## 五　危机应对主体的价值观和社会责任

### （一）先救人还是先通车？

"7·23"事故发生后不到36个小时，在确切的死亡人数还不得而知的时候，经过铁路部门加班加点的抢修，事故路段就恢复通车了。然而这样的快速

---

① 参见国务院"7·23"甬温线特别重大铁路交通事故调查组《"7·23"甬温线特别重大铁路交通事故调查报告》，国家安监总局网站，2011年12月28日。

② 《铁道部副部长：发现幸存女童前从未停止搜救》，http://news.sina.com.cn/c/2011-07-31/082122907744.shtml。

恢复通车并没有获得舆论的赞扬，反而招来了舆论的强烈批评：是先救人还是先通车？媒体曾广泛报道，当铁道部为了抢修道路要求停止搜救的时候，温州当地的特警队长邵曳戎抗命坚持原地救援进而小女孩项炜伊最终获救的"生命奇迹"。

是先救人还是先通车？对于老百姓而言，当然是救人重要。那么铁道部为何要先通车？这其实是有法可依的。也就是说，铁道部的做法从人道主义讲，当然是不对的，但在现有的法规体系中，铁道部的做法又是合法的。2007 年施行的《铁路交通事故应急救援和调查处理条例》是目前铁路部门开展事故应急救援的主要法律依据。该条例第 6 条规定："事故发生后，铁路运输企业和其他有关单位应当及时、准确地报告事故情况，积极开展应急救援工作，减少人员伤亡和财产损失，尽快恢复铁路正常行车"。该条例第 19 条规定"事故造成中断行车的，铁路运输企业应当立即组织抢修，尽快恢复铁路正常行车。"根据这两条判断，可以看出目前铁路应急救援的重心在于通车而不是救人。第 6 条"减少人员伤亡"前面没有冠以"最大限度"的定语，而后也没有再出现过。而"恢复铁路正常行车"却在第 6 条和第 19 条中都得到强调，被冠以"尽快"的定语。① 这种排序可以上溯到《应急救援条例》的上位法《铁路法》。1991 年 5 月 1 日施行的《铁路法》第 57 条规定："发生铁路交通事故，铁路运输企业应当按照国务院和国务院有关主管部门关于事故调查处理的规定办理，并及时恢复正常行车，任何单位和个人不得阻碍铁路线路开通和列车运行。"

在不妨碍救人与调查取证并确保同类隐患已经得到排除的前提下，抢修通车当然是越早越好，毕竟我国的铁路承担着全世界最繁忙的运输任务，尽快通车也是符合多数人的利益的。而且，铁路部门本身并不是一个纯粹的政府组织，还是一个企业。企业的盈利最大化是其行事的首要目的。但是，这能成为抢修通车比救人更重要的理由吗？

基于与铁路的可比较性，笔者查阅了《国家处置城市地铁事故灾难应急

---

① 刘哲昕：《"7·23"动车追尾事故应急处理引发的法律思考》，《法学》2011 年第 8 期，第 10~11 页。

预案》、《国家处置民用航空器飞行事故应急预案》以及《国家安全生产事故灾难应急预案》。在这些国家级的应急预案中，都将"救人"放在了工作原则的第一位，没有关于"尽快通车""尽快通航"或"尽快生产"的工作原则。《国家处置城市地铁事故灾难应急预案》四项工作原则分别是："以人为本、科学决策""统一指挥、分级负责""属地为主、分工协作""应急处置与日常建设相结合、有效应对"。对于飞机或者地铁而言，发生事故后尽快恢复通航、通车一定也是运营企业十分重要的诉求，然而在应急预案中，这一诉求没有体现。只有铁路的相关法规将尽快通车的重要性放到了救人的原则之前。

笔者以为，"尽快通车、尽快恢复生产"在建国后很长时期应该是很多部门和企业在出现事故后的首要原则。但随着这些年的改革开放，政府部门和很多受政府规制的行业都逐渐根据"以人为本"原则将"救人"放到了"恢复生产、尽快通车"之前。但铁路部门长期以来的"政企合一"的封闭式发展，并没有与时俱进真正"以人为本"，也就决定了其不但在法规上、而且在事故实际发生后，都将"通车"放在了"救人"之前。

### （二）危机管理中的价值观和以人为本原则

公共危机管理的"以人为本"原则首先表现在危机管理的价值观层面。安全作为人类自身最优先、最重要的"公共资源"与"公共产品"，有其生存意义上的"善"的本质特征。联合国1994年发布的《人类发展报告》认为，"人的安全有两方面内容：一是免于诸如饥饿、疾病和压迫等长期威胁；二是在家庭、工作和社区等日常生活中对突如其来的、伤害性骚扰进行保护"。"人的安全"的概念突破了传统安全限定于政治对安全的限定，因为"人的安全与人的权利是一个硬币的两面"，"人的安全"概念意味着安全的核心内容是人的日常生活的境况——食物、居所、求职、健康、公共安全和人的权利等，而不是国家外交政策和军事实力的专有物。

"人的安全"的概念应该成为政府管理的基本价值目标，更应该成为政府在应对危机时的取舍依据。也就是说，在面临危机时，应该将人的安全和生命作为最宝贵的、首先应该进行抢救和保护的对象。这就要求在公共危机的管理中，要牢固树立"以人为本"的核心理念，始终将保护人民群众的生命财产安全作为应急管理的首要职责，尊重生命权、知情权、参与权和利益权。

（1）尊重生命权。由于危机事件往往给人的生命财产带来危害，遵循"以人为本"的理念就是要做好预防工作，尽量防止危机的发生。当危机发生后，就是要通过危机应对行动，最大限度地保护、抢救最大多数人的生命安全，哪怕付出巨大的代价也在所不惜，即在公共危机管理中要遵守"生命第一原则"。

（2）尊重知情权。当危机发生后，公众对所处危机拥有知情权。公众对自身和其他人可能招致的生命威胁和财产损失有权知道，政府应该及时提供已经获得的信息。应对突发的危机事件，信息的及时、客观的披露是明智之选。否则，人们可能基本自我保护而产生不必要的恐慌和非理性过激行为。此次动车危机中铁路部门在包括新闻发布会等场合没有及时公布真实信息，是危机升级的重要原因。

（3）尊重参与权。个体价值往往是通过参与公共行动来实现的。人们在危机中基于维护自身和他人价值的需要，可能会积极参与到危机应对中。"人们基于责任而采取的应对危机的行为提供了社会治理得以持续的根本动力"。

（4）尊重利益权。意味着"在人民群众生命财产受到威胁的危急状态下，一定要将人民安危、人民利益置于首位，给予高度关注"。[①] 任何忽视民生、罔顾民瘼的冷漠态度都会激起有关人员的怨愤，使局面更加难以控制。在此次危机中，为了通车，铁道部迅速拆卸事故车体，必然影响到一些遇难者和受伤乘客的行李和物品的收集、保管和返还工作。到了7月31日，"7·23"事故善后工作组发出寻物启事，请求公众帮助寻找31份旅客遗失物品，其中不乏

---

① 陈唐山：《企业突发事件应急管理与应急预案及典型案例解析指导手册（上）》，中国知识出版社，2006，第319页。

"OMEGA 星座系列女式手表 1 块""棕色小包一个，内有美金若干""银色 AP 牌手表一块，表盘镶满小钻"等贵重财产。[①] 正是铁路部门没有足够尊重利益权的行为而导致的后果。

### （三）危机管理中的企业社会责任

上文将铁路部门作为一个政府部门，从政府部门的危机管理的价值观的角度进行分析。铁道部作为政府部门，自然应该遵循公共管理的"以人为本"的价值观，公共利益优先。此外，我国铁道部还是一个超大规模的自然垄断企业，在企业性质上和央企一致。众所周知，近些年来随着企业社会责任理论的传播，我国企业的社会责任意识有了一定的发展。一些企业开始意识到：如果想更好地经营，就必须关注和回应其各个利益相关方的诉求，这个过程就是履行企业社会责任的过程。国内一些企业开始定期发布自己的社会责任报告。但是，总体而言，我国企业的社会责任意识和实际执行仍然处于相当低的水平。包括中石油、中石化、电力、民航等国有垄断企业经常由于为了企业私利而损害公共利益而遭到公众的批评和谴责。如果说，已经有了社会责任意识的一些中央企业仍然经常损害公共利益而面临公共危机的话，那么"政企合一"最为典型的铁路部门，在"7·23"动车事故中呈现出危机沟通的诸多问题就容易理解了。

对于铁路部门来讲，如果提倡"以人为本"的价值观显得要求过高的话，至少从企业角度要求其履行社会责任是没有问题的。履行社会责任的关键是，尽可能从企业的各个利益相关者的角度考虑问题，在企业的运营中，乃至危机中都要加强对利益相关者的回应。铁道部在"7·23"动车事故中危机应对不力，是其缺乏社会责任意识的表现。这样的表现却一再上演。

2011 年 8 月，河南省二级残疾人王金雷等 353 人联名向铁道部发出呼吁，希望在列车上为残疾人设置专门座位并提供半价优惠。铁路部门在沉默两个多月后，通过书面答复称，"关于残疾旅客火车票半价问题，因铁路运价受国家

---

① 《"7·23"事故善后处理工作组发出寻找旅客遗失物品启事》，http://society.people.com.cn/GB/41158/15288250.htm。

价格管理部门的管制，自 1995 年至今，铁路客运基准票价率一直没有做过调整，始终实施低运价政策，较公路、民航等其他运输方式明显偏低，铁路运输企业保本经营已十分困难。没有能力再承担更多的票价优惠。"①

铁道部的回应丝毫没有表现出其对利益相关者——残疾人的关注，而仅仅是从自己经营的角度考虑问题。如果铁路部门多关注残疾人的诉求，多了解一些其他公共交通工具对残疾人的态度，可能就不会这么"自私"地回应了。世界各国的公共交通工具大都对残疾人给予特殊的照顾，实行优先、优质、优惠原则，国内很多城市已实行残疾人免费乘车。

## 六 动车事故的国际比较

### 1. 1998 年德国艾雪德列车出轨事故②

1998 年 6 月 3 日上午 10 时 59 分，德国城际高铁在经过德国小镇埃舍德时发生严重出轨事故。第 2 节车厢的第 3 条车轴上的一个车轮外钢圈因疲乏而突然爆裂，钢条碎片插进了车厢内。当列车驶过转辙器时，爆裂的车轮外钢圈又把转辙器上的引导轨扬起一段，同时也插入了车厢走道并冲破车厢顶；一连串反应造成车头与第 2 节之后的车体分离。由于事发时列车车速高达每小时 200 公里，因此引致第 2 节车厢抛离轨道冲入树丛之中，而第 3 节及以后的车厢则驶进了另一轨道上，并撞向一条行车天桥的拱位（桥梁）之上，天桥桥梁被撞断后，天桥主体随即倒塌压在第 3 节车厢中后段，第 3 节之后的所有车厢全部出轨挤压在一起。当时，整个事故造成 101 人罹难，107 人受伤。

上午 11 时整，110 接到第一个报案电话。2 分钟后，警察报告"艾雪德火车相撞事故"。11 时 7 分，第一辆消防车到达事故现场。随后展开了长达 70 多个小时的搜救行动。

---

① 王卡拉：《铁道部：无力承担残疾人半价票优惠》，《新京报》2011 年 11 月 10 日，http://politics.gmw.cn/2011-11/10/content_2941850.htm。

② 维基百科：《艾雪德列车出轨事故》，http://zh.wikipedia.org/wiki/%E8%89%BE%E9%9B%AA%E5%BE%B7%E5%88%97%E8%BB%8A%E5%87%BA%E8%BB%8C%E4%BA%8B%E6%95%85。

11 时 18 分，德铁公司决定停止运营，并于 7 分钟后停驶所有列车。为救治伤者，当局搭起了帐篷，轻伤者在 300 米外一所健身室就地诊治，再转送医院。事发后一小时，50 多名医生到达现场。12 时 5 分，首名伤者由直升机送往医院。约 15 时，已有 87 名伤者被送往医院。15 时 15 分，紧急警报解除，此时在邻近县的大部分志愿消防和救援服务人员已被征调。接着就开始设法移开埋住三节车厢的倒塌的桥梁。到了午夜，挖掘出 78 具尸体。检察官下令，所有尸体都要解剖。

当天 18 时召开第一次新闻发布会，第二天，时任总理科尔和下萨克森州部长施罗德到达事发现场视察。初步证据指出一个破碎的轮辋造成这一次灾难。

6 月 5 日，肇事列车部分零件在附近一个树林中被发现，路轨已大致清理好。6 月 8 日，时任联邦总统赫尔佐克宣布把 6 月 21 日定为中央追悼日。事发路段在 6 月 9 日恢复行车，首列车于 17 时 35 分通过该路段。

6 月 21 日，在策勒镇教堂举行了悼念会，包括科尔和施罗德在内共 2000 人参加。总统赫尔佐克在讲话中特别感谢无数的志愿者所作出的贡献，高层领导人员在事故现场敬献了花圈。

接下来长达 3 年的事故问责审查工作随之开展。德铁公司降低时速，更换所有车轮，还把所有列车的车窗更换为在紧急时可用锤子击破的玻璃窗。德铁公司向每名遇难者家属发放 3 万马克抚恤金，2 名官员、1 名工程师被控误杀罪。事后，德国相关部门进行了长达 5 年的技术调查和法律审判。2001 年，又在事故现场旁竖起纪念碑，刻上 101 位遇难者的名字、出生年月和家乡。这些举措，让人们对德国高铁重拾信任。[①]

**2. 日本 JR 福知线列车脱轨事故**[②]

2005 年 4 月 25 日 9 时，西日本旅客铁道公司（JR 西日本）福知山线一辆列车在行至兵库县尼崎市一个半径 300 米的右拐弯区间时发生脱轨。出事列车

---

① 刘效仁：《动车惨祸后重建信任当学德国》，2011 年 7 月 28 日，http：//news. qq. com/a/
20110728/000217. htm。

② 参见百度百科《福知山线出轨事故》，http：//baike. baidu. com/view/6207525. htm；维基百科：
《JR 福知山线出轨事故》，http：//zh. wikipedia. org/wiki/JR% E7% A6% 8F% E7% 9F% A5%
E5% B1% B1% E7% B7% 9A% E5% 87% BA% E8% BB% 8C% E4% BA% 8B% E6% 95% 85；《日本
福知山线脱轨事故处置回顾：共实施 15 次调查》，http：//news. eastday. com/w/20110729/
u1a6023169. html。

共 7 节车厢，前 5 节车厢脱轨，其中头两节撞上铁路边一栋 9 层公寓，公寓底层的停车场面目全非。经过持续 22 个小时的抢救，事故造成包括列车司机在内 107 人死亡，另有 562 名乘客受伤。

脱轨事故发生后，福知山线尼崎—宝塚区间停运。同年 5 月 31 日开始修复线路，6 月 7 日试运行。一直到 6 月 19 日，也就是事故发生 55 天后，这段线路才重新投入运行。JR 西日本随后采取了多种整改措施，包括减少运行密度，增设紧急自动停车和紧急防护装置等。从脱轨事故发生日至 2006 年 8 月 31 日，事故调查委员会前后实施了 15 次调查。2006 年 12 月，调查报告草案完成。2007 年 2 月 1 日，调查委员会就初步调查报告举行听证会，并经 10 名委员审议通过，同年 6 月 28 日向公众发布了近 300 页的调查报告正文和图表、照片等多份附加材料。调查组将相关的调查报告发表在日本国土交通省官方网站的显著位置，做到面向公众的信息透明化、知情化。在善后工作方面，除向罹难者谢罪外，西日本旅客铁道公司还频繁地召开新闻发布会，向相关媒体公开调查进展及最新信息。西日本旅客铁道公司高层还亲自接受日本国会相关议员的质询，直至审判最终结束。赔偿方面，根据日本的法律和惯例，交通事故中的赔偿金主要包括潜在收入损失、慰问金、丧葬费用。潜在收入损失根据遇难者年龄和收入水平而定，即假定工作到 67 岁的所得收入。慰问金根据死伤者在家中的经济作用而定，按以往日本法院的判例，慰问金最高达 2800 万日元。2008 年 5 月，大约 30 名死者的遗属成立"赔偿交涉会"，要求 JR 西日本公司在安慰金基础上，增加"生命代价费"，以体现公司在这起事故中的组织责任，但遭到 JR 西日本的质疑和反对。

德、日政府对事故的处理和善后工作对我国铁路交通事故的危机处理和危机沟通有深刻的警示意义和借鉴价值。事故发生后，及时有效的救援和审查机制能够保障人民的生命财产安全以及未来工作的安全与稳定，而危机沟通体系的启动，则可以有效地树立政府或企业的公信度、规避危机的变相、避免危机变成灾难的潜在危险、使得政府或企业在舆论中掌握主动。①

---

① 薛雨萌、张大生：《浅谈（3W＋4R）8F＋V 或 V2 框架下的群体危机沟通立体干预体系建设问题》，《商业经济》2011 年第 11 期，第 2 页。

**3. 关于此次危机本身需要检讨的地方**

（1）进一步完善事故调查制度

根据我国《铁路交通事故调查报告》第 42 条规定，特别重大事故的调查期限为 60 日，最长时间不超过 120 天。与国外惯例相比，这一要求过于苛刻。调查时间的限制必然会影响调查工作的质量，最终影响调查结果的科学性。国外重大事故的调查，并没有严格的时间限制。如 1998 年德国高铁事故的调查和审判用了 5 年时间，1988 年洛克比空难的事故调查花费了 10 年时间，2005 年日本 JR 福知山线列车出轨事故调查用了两年多时间。①

我国事故调查组的人员组成方面还存在缺陷，没有形成利益回避制度。在我国，由于缺乏严格的利益回避制度，事故调查组一般由代表不同利益主体的相关部门组成，对事故调查中的回避问题也往往只是从个人而非组织机构角度提出的。这种做法往往很难保证调查结果的客观中立。例如，在 2011 年 7 月 25 日公布的首个调查组名单中，各个工作组均出现了主要相关责任部门（铁道部）的相关领导。现有监管部门和主管部门合作调查的方式虽然在专业性方面有一定的优势，但由于行政主管部门的参与，给人造成"裁判员"和"运动员"合二为一的印象，使得事故调查过程和结果的客观性容易遭到公众质疑。2011 年 8 月 10 日召开的国务院常务会议调整事故调查组的构成，撤出了涉及事件的行政主管部门领导，表明了调查机构独立性的问题已经引起高度重视。

另外，按照国际经验，需要建立独立的调查机制，由专职调查员组成调查组，赋予他们一定的权力，包括调查各种信息等。2011 年 8 月 10 日调整后的调查组仍然存在一些问题，如很多成员是在职官员，如果他们把精力都放在事故调查上就无法正常开展其他工作。如果调查不独立，最后得出的报告就很难做到全面客观，一些关键性事实可能被掩盖，对事故背后的细节、过程的分析也欠详细。② 对比"7·23"事故调查报告和日本脱轨事故调查报告，前者共

---

① 薛澜、沈华、王郅强：《"7·23 重大事故"的警示——中国安全事故调查机制的完善与改进》，《国家行政学院学报》2012 年第 2 期，第 25 页。

② 刘梦羽：《悲剧止于反思——对"7·23"动车追尾事故的再追问 专访清华大学公共管理学院院长薛澜》，《中国报道》2011 年第 9 期，第 47 页。

计 36000 余字，后者则包括近 300 页的调查报告正文和图表、照片等多份附加材料。二者相比，我们的调查报告要简单地多。我们现在强调问责制，在事故调查以后会处理一批相关责任人，这样做会得到社会的认可。但问题是，问责制容易产生对责任人"各打五十大板"的做法，进而使得调查机制成为一种责任分配机制。对于事件背后的体制机制原因，社会则可能无法了解，也就无法从中学习和改进。

（2）对民众生命的尊重

在日本的列车脱轨事故发生后，连续进行了 3 天 3 夜的搜救工作。德国在事故发生后第 4 天才停止了人员救援工作；事故发生 5 天后，德国总统赫尔佐克还宣布把 6 月 21 日定为中央追悼日；事发路段在第 6 天恢复行车；6 月 21 日，在策勒镇教堂举行了悼念会，包括总统、总理官员等在内共 2000 人参加；2001 年，时隔 13 年后，又在事故现场旁竖起纪念碑，刻上 101 位遇难者的名字、出生年月和家乡。

汶川地震后，我国第一次有了为平民群体性遇难举哀的先例。全国哀悼日的设立，彰显着对人民群众生命的高度尊重，这是我们从特大地震的痛楚中收获的精神成果，也是我们走向更高层次的政治文明的一个标志。此次动车危机后，在广大群众和媒体的强烈要求下，官方头一次公布准确的死难人员名单。天灾人祸之后公布遇难者和失踪者名单，在我们很多地方还是一个难以逾越的雷池。我们切盼，让公布遇难者名单成为一项制度，从此被不折不扣地遵循。让个体生命的尊严、让灾难的真相，凛然闪烁在这份庄严肃穆的名单之中，并时时提醒各级政府，"最大的责任就是保护人的生命安全"。

与日本和德国相比：我国政府尊重普通民众生命的意识还需继续深化、继续走向制度层面，让救人优先的观念，真正体现到法律法规中，从而根本性地起到保护广大公民生命权益的作用；另外为危机事件、特别是为死难人员竖立纪念碑的做法，可以充分体现政府对民众生命的尊重，同时也能够时时提醒危机事件的责任方和政府官员。

（3）保护现场证据

德国在事故发生后，长达三年的事故问责审查工作随之开展。为什么列车会出轨？由于事故现场有辆汽车被压在火车残骸下，调查组怀疑是列车撞上了汽车。调查人员仔细勘察了火车头，没有发现撞击的痕迹，从而排除了这一种可能。随后调查人员扩大搜索范围，在距离出事地点6公里外的铁轨上发现了剐蹭的痕迹。这说明出轨前的几分钟有异物剐蹭铁轨。调查人员通过对车厢残骸的搜索，在第一车厢发现了一截卡在车厢地板上的巨大钢条，证明是车轮的外部钢圈因金属疲劳断裂而被高速转动的车轮带来的离心力甩出，插入车厢地板并一路刮蹭铁轨。然而为什么钢圈脱落后列车没有马上脱轨？调查人员在出轨处仔细搜查，发现出轨地点正好是铁路支线和主线的交汇点，而交汇点上的一截钢条状的护轨不见了。调查人员随后调查发现那段护轨穿入一节车厢的地板和天花板，形成大洞。调查人员推理，卡在车厢地板上的钢圈一路刮蹭，最后将这一段护轨挑起。然而即便护轨被挑起，同样不至于脱轨。于是调查人员再次返回事故现场，最后在第二组交汇点上发现脱轨的真正原因。原来经过前面一系列的破坏，第一节车厢两个出轨的车轮之一撞开了第二组交汇点，将后面的车厢导向了错误的轨道，终于导致车头和车厢分离，酿成脱轨悲剧。经过如此反复细致的调查，德国高铁出轨事故最后水落石出。德国人根据调查结果做出了事故处理：降低时速，更换所有车轮。这样的反复调查无疑需要将所有残骸原样保留，保护好出事现场，同时封闭至少6公里以上的轨道。对照铁道部在"7·23"事故中切割列车车头和车厢的做法，只能用匪夷所思来形容。[①]

（4）后续处理

德国高铁事故发生后，政府勒令59列1991年生产的城际特快列车中止运营，全面检查，并将44列二代城际特快列车的最高时速降至160公里/小时。三周之内所有城际特快列车的车轮得到更换，还把所有列车的车窗更换为在紧急时可用锤子击破的玻璃窗。[②]消除了事故隐患，重新赢得世人对德国高铁技术的信任。我国此次动车事故后，铁路部门也做了很多的工作，如降低车速，组织全系统的安全大检查等，但缺乏从技术层面改进。

---

① 刘哲昕：《"7·23"动车追尾事故应急处理引发的法律思考》，《法学》2011年第8期，第13页。
② 张妮：《外媒看"7·23"动车追尾事故》，《中国发展观察》2011年8月刊，第59页。

## 七　小结　由危机管理到问题管理

"7·23"动车追尾事故发生已一年。回顾这次事件，由动车追尾事故演变为危机，政府和铁道部门、以微博为代表的网络舆论等在危机进程中的种种表现，不禁让人唏嘘不已。如何在今后避免此类事件的再次发生，如何在类似的危机中能够有更好危机沟通，危机事件的责任人如何能够履行其社会责任，化解危机，都是我们极为关注的。很多文献也从危机管理等角度进行了阐述，本文对此不再赘言。笔者想强调的是，不管危机管理的理论和方法掌握的多么好，对于危机应对本身而言，都不是最重要和最核心的。最核心的是组织的价值观和社会责任，一个组织如果能够以公共利益为重，则很多危机根本就不会发生，即使发生了也会较好地予以处理。对于此次危机的当事人——铁道部来说，尽快地进行政企分离，该归市场的归市场，是政府的归政府，使其能够较好地处理各自的伦理和社会责任。政府也将能够超然物外地监管铁路企业，这是减少铁路事故发生的根本所在。

纵观现有的危机管理的文献，危机公关的意味非常浓。危机公关的技巧当然可以引入，但很多企业的危机，即使有了公关，也无济于事。仅仅靠公关，是治标不治本的方法：即使这次危机能够侥幸逃离，但如果组织没有行动上的根本改变，迟早会面临新的危机，而且可能是更大的危机。危机发生前的问题，是需要管理者格外关注的。危机管理已广为关注，而问题管理远远没有引起足够的重视。

老子在《道德经》中说："其安易持，其未兆易谋；其脆易泮，其微易散"，所以要"为之于未有，治之于未乱"。这反映了问题与危机的关系，绝大多数危机和突发事件不是突发的，而是由小问题积累成大问题、大问题演变为危机的。温水煮青蛙的道理告诉我们相似的道理，企业中的一些小问题日积月累会形成大问题，进而可能演变成危机，等危机爆发或即将爆发时，要么是需要付出惨重的代价，要么是已经失去解决问题的能力和机制。[①]

---

① 孙继伟：《问题管理的理论与实践》，《管理学报》2010 年第 7 卷第 11 期，第 1616 页。

问题是双方或多方之间对某事的争议。争议一般会引发需要解决的争论、辩义或意见上的不同。一旦一个问题成为公众的问题，要由公众争论来决定或被媒体曝光，对该问题的解决就愈加困难。问题，特别那些出现在社会和伦理领域里的问题，共同点是，它们将不断出现，不断需要回应。

问题管理和危机管理两者都是关注改善利益相关者的管理，并都是为使组织对利益相关者的期望能够给予更为合乎伦理的回应。有效的问题管理和危机管理必须把加强对利益相关者的社会回应作为二者的根本目标；应该说，有效的问题管理可使管理部门更为有效的开展危机管理活动。通过主动认真地开展问题管理活动，某些危机是可以预料到的，进而是可以得以避免的。由危机管理转向问题管理，需要在观念上确立问题是可以管理的，企业可以在很大程度上使其加以控制、引导和化解，使问题不致演化为危机。① 更为重要的是，要把社会责任意识和问题观念转化为具体行动，并体现到日常的工作细节中，渗透到每个部门、每个员工的工作中，只有这样，才能有效地避免危机的发生。

## 参考文献

〔美〕阿奇 B. 卡罗尔、安 K. 巴克霍尔茨著《企业与社会：伦理与利益相关者管理》，黄煜平等译，机械工业出版社，2004。

〔美〕劳伦斯·巴顿著《组织危机管理》，符彩霞译，清华大学出版社，2002。

〔英〕迈克尔·雷吉斯特、朱蒂·拉尔金著《风险问题与危机管理》，谢新洲、王宇、鲁秋莲译，北京大学出版社，2005。

白贵秀：《社会应急管理机制研究》，《当代法学论坛》2011 年第 3 期。

陈丽华、王霆瞳、李倩：《公共视角下的危机管理》，中国社会科学出版社，2009。

陈振明：《公共管理学——一种不同于传统行政学的研究途径》，中国人民大学出版社，2003。

国务院"7·23"甬温线特别重大铁路交通事故调查组：《"7·23"甬温线特别重大铁路交通事故调查报告》，2011 年 12 月 28 日，国家安监总局网站。

韩晓杰：《高铁报道偏差分析》，《青年记者》2011 年 8 月（下）。

---

① 〔美〕阿奇 B. 卡罗尔、安 K. 巴克霍尔茨著《企业与社会：伦理与利益相关者管理》，黄煜平等译，机械工业出版社，2004，第 89 页。

何舟、陈先红主编《危机管理与整合策略传播》，武汉大学出版社，2010。

胡税根、余潇枫、何文炯、米红：《公共危机管理通论》，浙江大学出版社，2009。

姜平、贾浩萍、孔庆兵：《公共危机管理与突发事件应对》，红旗出版社，2011。

李瑞昌主编《危机、安全与公共治理》（复旦公共行政评论·第三辑），上海人民出版社，2007。

刘梦羽：《专访清华大学公共管理学院院长薛澜：悲剧止于反思——对"7·23"动车追尾事故的再追问》，《中国报道》2011年第9期。

刘湘丽：《安全事故的人为因素与组织因素——4·28胶济铁路事故试析》，《经济管理》2008年第21～22期。

刘哲昕：《"7·23"动车追尾事故应急处理引发的法律思考》，《法学》2011年第8期。

唐钧：《公共部门的危机公关与管理——政府与事业单位的危机公共关系解决方案》，中国人民大学出版社，2007。

文学国、范正青主编《中国危机管理报告（2011）》，社会科学文献出版社，2011。

谢耕耘主编《中国社会舆情与危机管理报告（2011）》，社会科学文献出版社，2011。

薛澜、沈华、王郅强：《"7·23重大事故"的警示——中国安全事故调查机制的完善与改进》，《国家行政学院学报》2012年第2期。

叶皓：《对温州高铁事故新闻发布的反思》，《现代传播》2011年第10期。

张成福、党秀云：《公共管理学》，中国人民大学出版社，2010。

张成福、唐钧、谢一帆：《公共危机管理：理论与实务》，中国人民大学出版社，2009。

张淑华：《网络民意与公共决策：权利和权力的对话》，复旦大学出版社，2010。

章月芳、葛国曙：《公关危机管理和应对——"7·23"温州动车事故启示》，《兰州教育学院学报》2012年第1期。

卓立筑：《危机管理——新形势下公共危机预防与处理对策》，中共中央党校出版社，2011。

孙继伟：《问题管理的理论与实践》，《管理学报》2010年第七卷第11期。

张妮：《外媒看"7·23"动车追尾事故》，《中国发展观察》2011年8月。

# Weibo（Microblog），Government Regulation and Social Responsibility in "7·23" EMU Train's Rear end Accident

*He Hui*

**Abstract**：This paper investigated the effectiveness and power of Weibo（Microblog）through the sequentially periodical studies of the each phases of the public crisis caused by "7 · 23" EMU trains read-end accident, including brewing, breaking out, spreading and appeasing. It is also analyzed the key external factors from public opinions in the failure of emergency management by the Ministry of Railways on this issue. Moreover, the paper explored the regulatory factors in behind, especially from the perspective of the drawbacks resulted from the government-enterprise unification at the Ministry of Railways and failing governmental regulations. Besides, it is believed that the lack of updated responsibilities, values and awareness in the Ministry of Railways also led such consequences to the accident. This paper made comparative studies with similar incidents in Germany and Japan as well, discussing their revelations to crisis management in China.

Key Words: Crisis Management; Government Regulation; Social Responsibility

# 企业危机管理

Corporate Crisis Management

## B.6

## 康菲溢油事件的启示与思考

——关于加强和完善我国海上溢油应急处置管理的调研报告

中央党校第 32 期中青一班一支部第三课题组 *

**摘　要：**

　　近年来，我国海上连续发生多起溢油事故，对海洋生态环境和沿岸居民生产生活都造成了巨大的影响，我国海洋生态环境保护面临严峻形势，加强和完善我国海上溢油应急处置能力建设显得非常必要和迫切。与一些典型国家相比，我国海上溢油应急处置能力存在明显不足。结合我国实际情况，我们从国家立法、体制机制、政策支持、企业责任和国际合作等方面提出了改进意见。

**关键词：**

　　溢油应急处置　监管　分级响应　立法

---

* 课题组成员：马千里、武广齐、杨根生、刘家强、程丽华。

2011 年 6 月 3 日，以康菲石油中国有限公司为作业者的渤海湾蓬莱 19－3 油田 B 平台发生漏油事故。2011 年 6 月 17 日蓬莱 19－3C 平台 C20 井发生井涌，控制后 C 平台附近海底出现原油和油基泥浆泄漏，造成溢油事故。蓬莱 19－3 油田漏油事件引起党中央、国务院领导的高度重视，引起了广大公众的普遍担忧，引起了社会舆论的广泛关注，海上溢油应急处置和海洋环保也成为政府和公众关注的焦点。目前，溢油事故已得到妥善处置，相关后续工作已陆续开展。但此次溢油事故也暴露出我国在海上溢油应急处置方面诸多薄弱环节。

一是对媒体和公众的信息披露不及时。按照《中华人民共和国海洋石油勘探开发环境保护管理条例》第 16 条的规定，溢油事故应由作业者向政府主管部门报告。事故发生后，2011 年 6 月 4 日，康菲公司主动向国家海洋局北海分局报告了蓬莱 19－3B 平台附近发现油膜和气泡，合作方中国海洋石油总公司也及时向国家有关部门报告了溢油事故情况。相关企业不存在瞒报事故的情况。但媒体直到事故发生近一个月后才得知溢油事故消息，因此媒体质疑在信息披露过程中公众被忽视，相关企业和政府机构处理公共事件思维陈旧。

二是事故相关方在溢油应急处置方面缺乏协调一致性。事故发生后，由于康菲中国公司、中国海洋石油总公司（中国海油）以及相关政府部门对于事故原因、污染范围、事故的复杂性等方面的认知并不统一，溢油应急处置反应相对滞后。而墨西哥湾漏油事件发生后，美国政府与石油公司第一时间将此事对公众进行了通报，对海水受污染程度的评估也很及时。我国海洋环境管理和海上溢油应急处置管理涉及多个机构，实际工作中的职能出现交叉，一些具体分工比较模糊，协调成本比较高，监管、处置、赔偿和信息发布工作缺乏必要衔接。企业参与溢油应急处置，基本上属于承担社会责任，市场化机制尚没有完全引入。

三是相关法律法规的缺失和陈旧。例如，目前，我国相关法律法规尚未有企业向社会公众和媒体披露溢油事故的责任要求。媒体和公众是政府和企业之外的"第三方"，应从法律上对相关企业和政府部门的信息披露做出界定，满足公众的知情权。我国《海洋环境保护法》对经济损失进行赔偿的罚金只有 20 万元人民币，对环境污染赔偿并没有详细规定。国家海洋局颁布的《海洋溢油生态损害评估技术导则》指出，海洋生态损害评估，应该包括海洋生态直接损失、环境修复费计算（包括清污费、修复费）、生物种群恢复费计算、调查评估费等四个方面。因此，应加快海洋环境污染赔偿和生态补偿标准的制定，并明确法律法规的执行部门。

当前，我国已经进入海上溢油事故频发期，海洋生态环境、沿岸水产养殖、旅游、居民生活遭受溢油威胁的风险越来越大。这次漏油事件表明，我国亟待建立与时俱进的海洋环境保护法律体系。近年来，我国海上溢油应急响应体系建设虽然不断完善，但相比于美国等国外发达国家仍存在不小的差距，应急流程有待明确、应急效率有待提高。我国海洋环境保护和海上溢油应急处置面临十分严峻的形势，加强和完善我国海上溢油应急能力建设十分紧迫。

# 一 加强和完善我国海上溢油应急处置管理的必要性和紧迫性

我国已经处在溢油高风险期，每年各种溢油造成的污染事故有增无减，危害越来越严重。我国海上溢油主要有四个来源：船舶溢油、海上石油勘探开发溢油、陆源溢油和不明来源的溢油。据交通运输部统计[①]：我国沿海在 1976～2010 年间，共发生大小船舶溢油事故 3115 起，平均每 4 天发生一起；1973～2010 年共发生 50 吨以上的重大溢油事故 82 起。2010 年以来，除了蓬莱油田漏油事件之外，我国近海就发生多起重大溢油污染事故。2010 年 5 月 21 日，香港附近水域发现面积达 17 平方公里来源不明的油污；2010 年 7 月 16 日，大连新港附近输油管道发生爆炸引起大火，逾万吨石油泄漏，造成超过 50 平方公里的海域受到污染；2011 年 12 月 19 日，南海海底天然气管线由于外部挖沙船的挖掘导致损伤，造成天然气泄漏。溢油事故造成巨大的财产损失，对海洋环境造成巨大破坏，对海洋生物资源造成巨大影响，有的还造成很大的国际影响。上述事件表明，随着我国进入海上溢油高风险期，加强和完善我国海上溢油应急处置管理显得非常必要和紧迫。

---

① 中华人民共和国交通运输部网站，http：//www. moc. gov. cn/zhuzhan/zhengcejiedu/zhengcewenjian＿JD/haishangchuanbowuranSGDCCLGD＿ID/jieduzhengwen/201203/t20120328＿1217909. html。

## 二　我国当前海上溢油应急处置管理体系亟待改进

多年来，针对不同来源的海上溢油污染，我国政府通过颁布相关法律、设置相应的管理机构，初步建立了我国海上溢油响应机制，海上溢油防治已经迈出一大步。

### （一）我国海上溢油应急处置管理取得了较大进展

**1. 已经颁布了一批海上溢油应急处置法律法规**

目前，我国基本形成了海上溢油应急处置的法律体系，该体系以《中华人民共和国海洋环境保护法》为基石，以船舶溢油污染和海洋石油勘探开发溢油污染为主要内容，对我国海上溢油事故的主管部门、责权划分、应急措施等作了较为详细的规定。

（1）《中华人民共和国海洋环境保护法》

1982 年通过，1999 年进行了修订，2000 年 4 月生效。这是中国保护海洋环境的基本法律，对防止因海岸工程建设、海洋石油勘探开发、船舶航行、废物倾倒、陆源污染物排入而损害海洋环境等作了法律规定，并对不同来源污染的管理部门作了规定。

（2）《1990 年国际油污防备、反应和合作公约》

1998 年 3 月 31 日我国加入了该公约。该公约对发生重大溢油事故的国家提供技术援助和咨询。

（3）《中华人民共和国防治船舶污染海洋环境管理条例》

2010 年 3 月 1 日由国务院发布。该条例规定了由交通运输部负责管理主管所辖港区水域内非军事船舶和港区水域外非渔业、非军事船舶污染海洋环境的防治工作。

（4）《中华人民共和国船舶及其有关作业活动污染海洋环境防治管理规定》

2011 年 2 月 1 日由交通运输部发布。该规定是《中华人民共和国防治船舶污染海洋环境管理条例》的配套规定和具体实施细则，使防治溢油污染工作有了更加坚实的法律依据和保障。

（5）《中国海上船舶溢油应急计划》

2000 年由交通部与环保总局联合发布，主要目的是建立我国海上船舶溢油应急组织指挥系统和应急反应队伍，配备相应的设备，一旦船舶溢油事故发生，可迅速做出应急反应，控制和清除溢油污染。

（6）《中华人民共和国海洋石油勘探开发环境保护管理条例》

1983 年 12 月 29 日起实施。该条例规定了海洋石油勘探开发环境保护的主管部门、管理对象、管理内容等方面，是解决海洋石油勘探开发出现环境问题时最重要的法律依据。

（7）《海洋石油勘探开发溢油事故应急预案》

2004 年由国家海洋局发布，主要目的是防治海洋石油勘探开发海上溢油事故的污染损害，维护海洋生态平衡。

（8）《海洋石油勘探开发溢油应急响应执行程序》

2006 年 8 月由国家海洋局发布，该程序确保及时有效地开展海洋石油勘探开发溢油事故应急响应工作，建立统一领导、分级负责、反应快捷的应急工作机制，最大程度地保护海洋环境和资源。

**2. 基本明确了海上溢油应急处置的监管机构和职责分工**

根据《中华人民共和国海洋环境保护法》规定，针对不同来源的海上溢油污染，我国已经初步形成了对应的管理机构以及监督机构，明确了分工。

（1）管理机构

陆源污染：国务院环境保护行政主管部门作为对全国环境保护工作统一监督管理的部门，对全国海洋环境保护工作实施指导、协调和监督，并负责全国防治陆源污染物和海岸工程建设项目对海洋污染损害的环境保护工作。这表明由陆源溢油导致海洋污染事件由国家环境保护部负责。

海上石油勘探开发生产过程溢油污染：国家海洋行政主管部门负责海洋环境的监督管理，组织海洋环境的调查、监测、监视、评价和科学研究，负责全国防治海洋工程建设项目和海洋倾倒废弃物对海洋污染损害的环境保护工作。这表明国家海洋局负责海上石油勘探开发生产过程溢油污染。

船舶溢油污染：国家海事行政主管部门负责所辖港区水域内非军事船舶和港区水域外非渔业、非军事船舶污染海洋环境的监督管理，并负责污染事故的调查处理；对在中华人民共和国管辖海域航行、停泊和作业的外国籍船舶造成的污染事故登轮检查处理。船舶污染事故给渔业造成损害的，应当吸收渔业行政主管部门参与调查处理。这表明交通运输部海事局负责船舶溢油造成的污染。

来源不明的溢油污染：国家渔业行政主管部门负责渔港水域内非军事船舶和渔港水域外渔业船舶污染海洋环境的监督管理，负责保护渔业水域生态环境工作，并调查处理前款规定的污染事故以外的渔业污染事故。

军用船舶溢油污染：军队环境保护部门负责军事船舶污染海洋环境的监督管理及污染事故的调查处理。

（2）监督机构

国家海洋行政主管部门按照国家环境监测、监视规范和标准，管理全国海洋环境的调查、监测、监视，制定具体的实施办法，会同有关部门组织全国海洋环境监测、监视网络，定期评价海洋环境质量，发布海洋巡航监视通报。

（3）重大海上溢油应急处置机构的设置

2010年12月，国务院和中央编委批准建立国家重大海上溢油应急处置部际联席会议制度，由交通运输部牵头，具体工作由中国海上搜救中心承担，对外以中国海上溢油应急中心的名义开展工作。这项工作能够将分散在各部门内处理我国海上溢油污染的力量集中起来，统一、协调工作，意义重大。然而到目前为止，该方案仍未最终出台。

**3. 初步建立了海上溢油应急处置机制**

"十一五"期间，我国坚持"预防为主，防治结合"的方针，建立监控网络和联动机制，完善应急体系，整合社会资源，开展溢油演练，加强污染治理，初步形成了"机构合理化、法规系统化、队伍专业化、信息网络化、监控立体化、反应快速化"的管理格局①，海上溢油监控预控能力以及应急处置能力明显提高，初步建立了海上溢油应急处置机制。

（1）船舶漏油应急处置机制

一是基本形成了国家级、海区、省（自治区、直辖市）、港口（码头）和船

---

① 法制网，http://www.legaldaily.com.cn/index/content/2011 - 10/13/content _ 3039482. htm? node = 20908。

舶等溢油应急反应体系。截至 2011 年，该体系包括 1 个国家级应急预案，4 个海区级应急预案，9 个省级应急预案，58 个地市、港口级应急预案。二是我国在渤海湾、长江口和珠江口海域建立了船舶污染应急联动机制。2006 年，环渤海三省一市的天津海事局、辽宁海事局、河北海事局和山东海事局签订了《渤海海域溢油应急联动协作机制》备忘录。2010 年 6 月，针对协作机制中暴露出的缺点，四个海事局进一步完善了联动机制。三是在溢油事故处理的多部门合作方面也取得了积极的进展。河北海事局代表省政府制定了《河北省海域重大污染事故应急联动协调机制》，创立了省内各部门合作、共同应对重大溢油污染事故的良好模式。四是我国首艘专业溢油应急回收船"海特071"轮在青岛正式列编服役，专业溢油应急回收力量得到增强，提升了我国应对船舶溢油的应急反应能力。

（2）海上油气勘探开发溢油应急处置机制

为对海洋石油勘探开发过程中发生的重大海上溢油事故做出快速反应，国家海洋局与海上石油生产企业共同建立了溢油应急响应组织体系。该体系包括"全国海洋石油勘探开发重大海上溢油应急协调领导小组""海洋石油勘探开发重大海上溢油应急指挥中心"和"海洋石油勘探开发重大海上溢油现场应急指挥部"三级协调指挥系统，统一组织、协调和指挥全国海洋石油勘探开发重大海上溢油的应急响应工作。"海洋石油勘探开发重大海上溢油应急指挥中心"是全国海洋石油勘探开发重大海上溢油应急响应工作的管理机构，是溢油应急协调领导小组的办事机构，负责全国海洋石油勘探开发重大海上溢油应急响应的组织和协调。指挥中心的常设机构设在中国海洋局下属的海监总队。

## （二）我国当前海上溢油应急处置管理存在的问题

我国当前溢油应急处置管理体系仍然存在着一些问题，比如法律缺失、多头管理、力量薄弱分散等等，制约着溢油响应工作的进展。我国海上溢油应急处置管理体系亟待改进。

### 1. 立法尚不完善不健全，操作执行难度大

近年来，在《中华人民共和国海洋环境保护法》下，尽管相关部门已经发布了数部针对船舶溢油污染和海洋勘探开发生产过程中的溢油污染专门的法律，但我国的油污损害赔偿制度建设尚处于初级阶段，相关的法律制度需要进

一步完善，污染损害评估技术手段还需开展深入研究。总的来说，对于海上溢油事故应急反应，我国尚未出台如美国《石油污染法案》一样专门的溢油法律，而是主要依照1999年修订的《中华人民共和国海洋环境保护法》。该法对不同类型的海上溢油管理进行了规定，但却没有明确国家级别的溢油响应机制；并且涉及的溢油管理机构和监督机构存在职能交叉，在实践中难以操作。具体来看，我国海上溢油污染处置的相关法律多集中在船舶溢油以及石油勘探开发溢油两方面，对于陆源溢油污染以及来源不明的溢油污染规定较少。

**2. 监管部门多头管理，管理协调成本高**

在美国、加拿大等国家的溢油应急处置机制中，发生海上重大溢油事故时，在当事人无法自行处理的情况下，无论是哪种类型的溢油污染，当事人都只需上报一个应急中心，由应急中心马上派人评估、处置。这种方式给予当事人方便，当事人无需考虑溢油的原因，只需统一上报应急中心，提高了应急效率。在我国现有的海上溢油应急处理体制下，根据相关法律规定，不同来源的溢油污染由不同部门负责。这种通过污染源分类的责任划分的确有利于理顺关系，落实工作，但是在实际操作中存在很大的缺陷。当海上发生溢油时，当事人不能及时上报，而是首先查找溢油原因，再对口上报；如果报错，当主管部门之间的协调力度不够时，极有可能遭到拒不受理。这种多头管理的体制在执行中费时费力，并且耽误控制污染，无形中提高了管理协调成本。目前我国正筹划建设重大海上溢油应急处置机构，统一各部分的力量，建立中国海上溢油应急中心，这是非常有必要的。不过，这种做法不应只包含重大海上溢油，而应包括所有海上溢油。

**3. 应急体系尚不完整，基地建设制约条件多**

首先，国家级海上溢油应急处理机制缺失。目前中国还没有建立完善的国家溢油应急指挥中心，防止溢油污染损害应急反应的协调指挥工作基本上依托交通部海上搜救中心和各省、市的海上搜救中心。海上溢油事故的应急与治理涉及的部门众多，但由于各级政府以及相关部门在海上溢油应急反应中的职责和法律关系不明确，往往出现应急指挥不畅、协作不力等情况。

其次，政府清污力量薄弱。以石油公司为例，我国三大石油公司都非常重视自身清污能力的建设，已经逐步拥有了自己的清污力量。相关政府主管部门的清污力量却十分薄弱，也没有完全引入社会专业清污力量的加入。因此，在出现海上溢油时，污染清理多依靠这些公司的清污力量。当出现大规模的溢油污染时，不能满足清污需求。

最后，海上溢油应急基地建设受限制。目前，相关涉海企业在溢油应急基地建设方面并没有得到政府的大力支持与投入，建设热情势必受到影响，清污能力不能满足大型溢油应急反应的需要；相关涉海单位溢油应急基地建设规划多从自身角度出发，缺乏国家的统一协调，这势必造成各自为政、重复投资、重复建设的状态，不仅没有有效提高国家溢油应急能力，反而造成一定的浪费。

**4. 应急力量比较分散，国际义务无法承担**

由于没有建立国家统一的海上溢油应急处置机制，我国海上溢油应急力量较为分散。一是应急力量分散在各个行政主管部门。我国海洋法规定了不同来源的海上溢油污染由不同的主管部门负责。在每个部门主管的各级单位中形成了一定的应急力量，但互不统属，不能形成合力。二是应急力量分散在各个涉海单位。尽管涉海单位重视建立溢油应急力量，但各自为政，同样不能形成合力。由于应急力量分散，我国承担国际溢油处置义务的能力不足，国际合作机制也不多。

**5. 资金投入不充足，应急设施不完备**

我国海上溢油应急能力建设的资金投入不足，一方面是财政投入不足；另一方面是我国并没有建立诸如美国的"海上溢油污染基金"，溢油资金来源不广泛。目前，我国已掌握包括物理法、化学法和生物法在内的海上溢油常规治理手段；沿海可动用的应急能力包括围油栏280千米，收油机253台，各类溢油回收和围油栏布放船300艘，吸油毡502吨，消油剂589吨。[①] 尽管我国基本具备了在港区和近岸水域内控制和处理中、小型船舶溢油事故的应急能力，但是由于资金投入不充足、基础薄弱。与发达国家相比：我国的溢油应急设施不完备；应急专业队伍在数量、人员素质和技术设备等方面都有相当大的差距，远远不能满足我国溢油应急反应的需求。

**6. 应急机制不规范，政企关系不明确**

目前，在我国海上溢油应急处置机制中，虽然从国家到各级地方政府部门

---

① 王祖刚、董华：《美国墨西哥湾溢油事故应急响应、治理措施及其启示》[J]，《国际石油经济》2010年第8期，第1~4页。

都制定了相应的溢油应急计划，但各个部门、行业、作业者在海上应急事务上联系松散，作业程序自成体系，各海洋行政部门关系尚未理顺，无法实施有效监管，依赖作业者自我约束现象比较普遍。专业的应急力量并没有成为应急处置机制中的骨干力量，严重影响应急效果。

## 三 加强和完善我国海上溢油应急处置管理的政策建议

### （一）国家立法层面

第一，加强立法工作，从法律上确立国家海上溢油应急处置制度。面对新的海洋经济发展形势，迫切需要形成适合我国当前海情的海洋生态保护的法律制度。一些现有的海上溢油法律已经通行多年，已经明显滞后。我国可以借鉴美国《石油污染法案》：建立一部涉及国家各级政府在溢油应急反应方面的职能；完善国家溢油清污基金制度；编制国家应急计划，形成国家、区域和地方三级应急指挥体系等诸多方面为一体的海上溢油应急反应的法律，从立法上来解决根本问题。特别是近年来我国近海频繁发生溢油事故，建立新的法律更加具有现实意义。

第二，建立完善的海上溢油赔偿制度。国家应尽快启动建立海洋生态损害补偿、赔偿制度的立法程序，对海洋生态损害补偿索赔的责任主体、赔偿范围及标准、程序以及补偿赔偿金的使用管理等进行明确界定，为海洋生态保护政策提供经济调控手段，为海洋生态保护提供可持续的财政机制。

### （二）体制机制层面

第一，加强顶层设计，统一国家海上溢油应急管理体制，改变部门之间各自为政的局面。目前，我国尚未真正成立国家级别的海上溢油反应中心，各溢油污染负责部门又互不统属，相互之间协调性很差。对此，我国应加强顶层设计，尽早成立国家级海上溢油处置委员会。一是将更多相关部门纳入其中，改变各部门之间各自为政的局面；二是提高级别，便于及时开展工作，提高应急效率；三是方便及时上报溢油情况。我国已经启动海上重大溢油应急处置部际联系会议制度，筹备建立中国海上溢油应急中心，处理海上重大溢油事故，这可视为我国国家级海上溢油处置委员会的雏形。

第二，明确政府与企业之间的职能边界，政府主导，企业参与。国家应根据沿海不同区域存在的溢油风险，统筹协调、突出重点、合理布局、加快建设，增强海上溢油应急处置功能，以满足重点海域环境治理工作的需要。各沿海省市需要开拓思路，主动承担起应急力量建设职责，与国家投资建设项目相配合，按照"政府主导、社会参与、市场化运作"的模式，鼓励社会力量投资建设应急设备库和应急队伍，逐步在各个海域及港口建立起完善的专兼职清污力量。在具体管理和操作上，借鉴国内外的应急网络和运行经验的基础上，进行市场化运作，与石油公司、港口、油库等企业合作建立溢油应急响应基地，由专业人员对基地进行专业化的运作与管理。

第三，理顺中央政府与地方政府的职能划分。在国家海上溢油处置委员会的基础上，健全从中央到地方的多体系、多层次、多样灵活的应急组织机构，形成"纵向贯通，横向覆盖"的应对突发公共事件的强有力的组织体系。真正形成以"统一领导、综合协调、分类管理、分级负责、属地管理"为主的溢油应急管理体制。

第四，建立国家海岸警备队。目前我国海上执法维权力量，除海军外，还有九股力量，分别是："海警部队"隶属于公安部边防管理局；"海事"隶属于交通运输部；"海救"隶属于交通部港监局；"渔监"、"渔政"隶属于农业部渔政渔港监督局；"海监"隶属于国家海洋局；"海关缉私"隶属于海关总署缉私局；"边防派出所"和沿海县乡政府；还包括"搜救中心"和打捞部门。海上执法和搜救力量分别隶属于多个部门和各级政府，存在职责重复、职责分散、设备重复购置以及人员队伍重复建设等诸多问题，对海洋环境的保护非常不利。在这种环境下，我国非常有必要组建国家海岸警备队，一是整合现有资源，统一管理我国海域，在维护我国海洋权利的同时，有效对海洋污染进行执法，提高执法效率。二是与国际接轨，树立我国海上大国形象。

## （三）政策支持层面

第一，通过税前列支或者税收返还等优惠政策，发挥企业积极性。为了应对海上溢油，相关涉海企业也纷纷形成了自身的海上溢油应急机制。然而，随着我国海上石油生产和石油进口不断增加，这些企业同样面临着严峻的海上溢油防治形势。在国家法律尚不完善和国家溢油应急指挥体系未建立之前，这些企业需要进一步完善自身的海上溢油应急反应机制，加强溢油治理技术的演练，并在最大范围内与相关部门建立联防和互济机制，以联合应对未来可能发生的溢油事故。虽然这些企业的溢油应急设施在不断进步，但仍然不能满足中国全海域的溢油应急要求。国家在促进专业化应急队伍建设的同时，有必要通过税前列支和税收返还等优惠政策，促进这些企业更加完善其溢油应急能力。

第二，加强规划，建设海上溢油分级响应基地、充实科技装备。国家通过财政支持，加强对溢油应急体系建设的投入，促进海上溢油分级响应基地、科技装备、清污队伍等方面的建设。但是，由于溢油应急力量建设工作需要大量的资金投入，单靠国家投资建设远远不足，因此需要各沿海省市开拓思路，主动作为，拓展投资途径，加大社会资源整合力度，积极扶持，全面提升各沿海区域溢油应急反应能力。同时，为解决应急技术相对落后问题，国家应以各相应基地为依托，在海上溢油应急科研工作方面给予必要的投入。同时将通过政策扶持等方式，积极鼓励国内清污设备生产厂家开展有关方面科研研究，逐步缩短与国际先进水平的差距。

第三，建立溢油清污基金，出台相关配套措施，确保基金投入的合理和持续，确保污染损害得到合理赔偿。建立完善的油污损害赔偿机制，是污染事故应急行动顺利进行和使遭受污染损害方权益得到合理赔偿的重要保障。美国政府建立了 10 亿美元的溢油清污基金，其各州政府也通过立法建立了 1 亿美元油污基金的制度。通过法律规定，美国政府通过五个方面保障了油污基金的来源，并由专门的部门进行管理。油污基金的建立可以迅速将溢油的污染损害控制在一定的范围，采取措施进行清除，并对污染损害程度进行评估，追究肇事者的赔偿责任，从而促进了美国溢油处理能力的提高。我国早在 2003 年就开始船舶油污损害赔偿基金的筹备工作，但一直没有太大进展，主要原因是基金的来源没有得到充分落实。2012 年，为推动中国船舶油污损害赔偿基金的建立和正常运作，受交通运输部委托，上海海事局牵头组织基金筹备工作组具体负责这方面工作，由上述基金筹备工作组承担船舶油污损害赔偿基金配套文件的编写，预计最快当年 7 月 1 日出台。

### （四）企业责任层面

第一，加强队伍建设，组建专业的海上溢油应急处置队伍。随着我国越来越多的企业进行涉海活动，这些企业的海上溢油防治形势非常严峻。一些企业已经逐步建立了较为完善的海上溢油处置机制，配备了相应的队伍和装备，成为我国海上溢油应急处置的重要力量。中国海洋石油总公司下属的中海石油环保服务有限公司是我国唯一由企业独自建立、根据国际标准和国际惯例、以企业化模式运作的专业溢油应急队伍。该公司2003年成立，目前已经在沿海建立了龙口、绥中、塘沽、惠州、珠海、深圳、涠洲岛七个溢油应急响应基地，而且2005年底还与韩国国家溢油应急响应公司（KMPRC）签订了应急资源共享协议。该公司引进了会员制的运作模式，已经发展成为目前国内最大的溢油应急响应专业公司，在国际合作中也取得了良好的声誉。相关涉海企业可以借鉴中海石油环保服务有限公司的模式，建立自身专业的海上溢油应急处置队伍，有效应对海上溢油事故，履行自身社会责任。

第二，按照国家法律法规规定，保证海洋环保投入和溢油应急投入。相关涉海企业都存在海上漏油风险，也是造成海上漏油事故的主要原因。在我国海上漏油应急处置机制尚不完善的情况下，这些企业应加大海洋环境保护投入以及溢油应急投入，加强自身海上漏油应急处置机制的建设，形成一定的海上溢油处置能力。这不但是维护海洋环境保护的需要，也是企业自身加强安全生产的需要。同时，相关企业应当主动与国家相关部门、相关企业建立合作机制，加强协作，促进区域溢油应急能力的提高。

### （五）国际合作层面

2008年9月2日，我国政府联合韩国海洋警察厅，在青岛团岛附近水域进行了"2008中国（山东）海上搜救及西北太平洋行动计划中韩海上溢油应急联合演习"。这是我国首次开展海上溢油应急处置的国际合作。通过此次演习，我国提高了海上搜救中心应对海上突发事件的协调、指挥和应急反应水平，为探索建立国际溢油应急力量参与国内溢油应急行动的机制积累了经验。

为共同应对海域溢油污染事故，在联合国环境规划署、国际海事组织的倡导和支持下，我国与日本、俄罗斯和韩国早在 1994 年 9 月就通过了西北太平洋行动计划（英文简称 NOWPAP）。2004 年 11 月，我国与日本、俄罗斯和韩国又签署了《西北太平洋地区海洋污染防备与反应区域合作谅解备忘录》及《西北太平洋行动计划区域溢油应急计划》，建立起在溢油应急领域的合作和互相援助的行动机制，统一协调和组织跨国的海上溢油应急反应行动。这些机制都是我国针对海上溢油应急处置开展国际合作的新探索，有助于增强我国地区综合影响力。在今后应当继续深入开展：一是将合作演习扩展到有可能造成海上溢油事故的各个方面；二是扩大溢油合作国家，在我国各个海域均建立起这种有效的国际合作机制。

## 四 有关海上溢油相关资料

### （一）我国海上溢油污染的主要来源

导致海上溢油污染的原因主要有四方面，分别是船舶溢油污染事故、陆源工业污染事故、海上石油勘探开发生产过程中的事故以及来源不明的溢油污染。

**1. 船舶溢油污染事故**

我国已经成为航运大国，沿海船舶运输频繁，油类及其他污染危害性货物海上运输量巨大，船舶溢油污染是我国海上漏油的主要来源。以石油为例，我国 2011 年进口原油超过 2.5 亿吨，90% 依靠海上船舶运输，海上潜在污染风险加大。同时，船舶航行与作业过程中污染事故时有发生，我国沿海平均每 4 天就会发生一起船舶漏油事故，次数频繁。船舶溢油污染会对海洋环境造成严重危害，直接影响到人民生命财产安全和社会稳定，防范油污风险已成为我们必须面对的课题。

**2. 陆源溢油污染**

我国沿海密集分布着大量石油化工设施，譬如炼油厂、储油罐、输油管等，这些设施操作不善导致泄漏，极有可能殃及附近海域。陆源溢油污染最典型的案例便是大连溢油事件①。我国陆源溢油爆发次数较少，其并非我国海上

---

① 大连溢油事件是在 2010 年 7 月 16 日发生于辽宁省大连市大连新港港区内的一起爆炸事故。爆炸因油轮工作人员在卸油时操作不当所致，导致一条输油管爆炸引发原油泄漏。

溢油污染的主要来源。

### 3. 海上石油勘探开发生产过程溢油污染

自上世纪 50 年代后期起，我国已经开始在领海海域进行石油调查和勘探开发工作，近年来海上油气田在我国石油勘探开发中的地位日益重要。海洋石油勘探开发速度迅猛，产能不断扩大，一方面促进了海洋经济的发展，另一方面增加了海洋溢油风险。"十一五"期间，我国海洋石油勘探开发溢油污染事故共 41 起，其中渤海 19 起，南海 22 起[①]。海上石油开采井喷、运输和储放设备的损坏及海上石油作业的任意环节都会造成溢油。我国尚未出现海上油井井喷事故，但在其他生产环节中已经出现过油气泄漏。虽然海洋石油勘探开发溢油在整个溢油事故中的比例并不大，但近年来呈快速增长的趋势；同时由于海上情况复杂，一旦发生溢油污染，消除其危害及影响的成本巨大，风险极高，因此不容忽视。

### 4. 来源不明的溢油污染

除了上述三种溢油污染外，还有一些溢油污染由于找不到来源，被统称为来源不明的溢油污染。例如：2004 年 12 月海南发生来源不明的油污染，污染了 70 公里岸线；2006 年春，渤海海域发生大面积来源不明的油污染等。

## （二）近几年国内外发生的溢油事故

以下是从 1989 年至 2011 年国内外重大海上溢油事故的统计

**表 1　国内外主要海上溢油事故一览**

| 国内 | 类型 | 国外 | 类型 |
|---|---|---|---|
| 2008 年 1 月，厦门港海沧港区 9 号泊位码头输油管线爆裂，大约有 1 吨的船用燃料油污染海面 | 海上石油勘探开发生产过程溢油污染 | 1989 年 3 月 24 日，埃克森公司瓦尔迪兹号油轮搁浅并泄出 26.7 万桶原油，油污严重污染了阿拉斯加威廉王子海峡 | 船舶溢油污染事故 |
| 2008 年 8 月 16 日，广西北海市涠洲岛发现溢油，环岛近岸均发现相当数量油污 | 来源不明的油污染 | 1999 年 12 月，"埃里卡"号油轮在法国西北部海域因遭遇风暴而断裂沉没，2 万多吨重油泻入海中 | 船舶溢油污染事故 |

---

① 新华网，http://news.xinhuanet.com/2011-10/10/c_122139117.htm。

续表

| 国内 | 类型 | 国外 | 类型 |
|------|------|------|------|
| 2008 年 8 月,一艘巴拿马籍油轮在北港停泊由于操作不当导致 300 千克重油泄漏 | 船舶溢油污染事故 | 2002 年 11 月 19 日,载有 7.7 万吨燃油的"威望号"在西班牙海域沉没,泄漏近 2 万吨石油 | 船舶溢油污染事故 |
| 2009 年 9 月 15 日,台风造成巴拿马籍集装箱船在珠海高栏岛长咀附近海域搁浅,造成燃油泄漏入海。 | 船舶溢油污染事故 | 2007 年 12 月 7 日,一艘驳船与韩国"河北精神"号油轮在黄海海面相撞,漏出大约 10000 吨原油,是韩国的最严重的漏油事件 | 船舶溢油污染事故 |
| 2010 年 5 月 21 日,香港水域附近发现面积达 17 平方公里的油污。 | 来源不明的油污染 | 2010 年 4 月 20 日,美国墨西哥湾发生了震惊世界的钻井平台爆炸和溢油事故 | 海上石油勘探开发生产过程溢油污染 |
| 2010 年 7 月 16 日,大连新港附近输油管道发生爆炸引起大火,逾万吨石油泄漏,造成超过 50 平方公里的海域受到污染。 | 陆源溢油污染 | 2011 年 8 月,壳牌公司运营的一处位于北海海域的油田发生漏油事故,估计受油污影响的海域面积最大时长约 31 公里,宽约 4.3 公里,漏油总量超过 200 吨 | 海上石油勘探开发生产过程溢油污染 |
| 2011 年 6 月 3 日,渤海湾蓬莱 19－3 油田发生漏油事故,漏油量约为 1500 桶。 | 海上石油勘探开发生产过程溢油污染 | 2011 年 11 月,雪弗龙公司在巴西的某海上油田发生漏油事件,泄露 2400～3000 桶石油,是巴西历史上最严重的海上原油泄漏 | 海上石油勘探开发生产过程溢油污染 |
| 2011 年 12 月 19 日,南海海底天然气管线由于外部挖沙船的挖掘导致损伤,造成天然气泄漏事故。 | 海上石油勘探开发生产过程溢油污染 | 2011 年 12 月 20 日,壳牌公司位于尼东南部海域的邦加深海油田在向一艘油轮输送原油时发生泄漏事故,漏油量约为 4 万桶 | 船舶溢油污染事故 |

资料来源:调研组整理。

## (三)国际海上溢油应急处置管理的模式和特点

### 1. 美国模式

1989 年,瓦尔迪兹号油轮搁浅严重污染阿拉斯加海域,而美国政府在事故处理时的无力，遭到了民众的强烈指责。这促使美国政府在1990年8月颁布《石油污染法案》，建立海上溢油应急反应机制。经过多年完善，美国海上溢油应急反应机制逐渐趋于完善：一是全国各重要海区都配备了应急反应队伍和设备；二是联邦政府和州政府都拥有油污损害基金，建立了应急反应机制；三是政府部门和各相关单位的组织协调工作明显加强。正是因为应急资源充足，使得2010年美国墨西哥湾漏油的环境损失没有与溢油量成比例增加，两次漏油事件对比如表2所示。

表 2　美国两次漏油事件对比

| 类别 | "瓦尔迪兹"号溢油事故 | 墨西哥湾溢油事故 |
|---|---|---|
| 漏油量 | 26 万桶 | 超过 500 万桶 |
| 污染海岸线 | 1900 千米 | 900 千米 |
| 死亡动物 | | |
| 海鸟 | 10 万只～30 万只 | 约 28 万只 |
| 海獭 | 4000 头 | 1000 头 |

美国海上溢油应急机制主要有以下特点：

（1）建立了国家溢油应急反应指挥中心。这个中心由联邦环保总署、内政部、交通部、农业部、商务部、防卫部、司法部、卫生部、核能管理委员会、行政总署、能源部等16个政府部门组成。负责制订全国海上溢油防治工作的规划；指挥、协调各州政府，地方应急反应系统的互相配合和支援工作；规划和安排全国性的应急反应策略。是美国海上溢油应急指挥的大脑。

（2）相关的州政府和地区也分别建立了溢油应急反应系统。州政府应急反应系统的主要职责是侧重于行政区域内溢油防治工作规划和协调有关部门的应急配合和支援工作。地区应急反应系统的职责比较具体：一是做溢油防治规划的实质工作；二是在溢油应急处理中指挥快速反应、及时高效的清污行动。

（3）海岸警备队具有至高的组织、协调和决定权。由联邦政府指定一名海岸警备队官员负责现场的最后决策，这位官员可以协调各相关部门，有权指挥港口所有船舶乃至海军船舶。在地区应急反应系统由海岸警备队、州政府官员、船东代表组成的三人指挥小组中，海岸警备队官员的最后表决权占51%，这个溢油应急指挥机制，保证了联合应急指挥行动中的反应迅速、步调一致和政令畅通。

（4）实行行政区域和片区结合的责任制管理。根据美国的地理特征，联邦政府在美国的东部、西部和中部海岸设立了三个片区应急反应指挥中心，它与联邦政府的指挥中心、州政府应急反应系统、地区应急反应系统结合形成了行政区域与片区结合的责任制管理，从而也形成了国家的溢油应急反应体系，为美国海上溢油应急反应和清污工作的开展起到了切实的保障作用。

（5）实施溢油清污基金制度，为应急反应清污工作提供了保证。美国政府建立了10亿美元的溢油清污基金，并且向肇事者实行溢油污染责任追究的规定；各州政府也通过立法建立了1亿美元油污基金的制度。联邦政府10亿美元油污基金主要来源于以下五个方面：①从国内及进口的原油每桶征收25美分油污基金；②油污基金的银行利息；③油污损害肇事者的赔偿；④油污损害肇事者的罚金；⑤从其他基金紧急调用的款项。油污基金由国家防污基金中心管理。

（6）政府指挥、专业公司执行，市场化机制运行良好。国家主管机关制订入市准则，面向所有社会群体开放，通过市场化、商业化的运作，吸引最好的清污公司加入。美国还建立溢油清除协会会员制度，保证溢油清洁公司机构正常运转和快速的反应。

**2. 加拿大模式**

加拿大已经建立了一套完善有效的溢油防备与反应机制，主要有以下几方面的特点：

（1）分来源负责海洋溢油污染处置

加拿大运输部、海岸警卫队和环保部是溢油反应系统的主要领导机构。运输部是溢油反应体制的主管机关，负责领导加拿大对溢油应急的相关立法和溢油应急机制总框架及方针的制定和修改。海岸警卫队通过协调国内溢油管理与防备工作，负责领导船舶污染事故的应急反应工作；管理国家级应急反应队伍，以现场指挥官的身份负责处理北纬60°以南加拿大海区所有船舶溢油事故及不明原因的溢油事故。加拿大环保部以区域级环境应急队伍角色参与溢油反应体制，主要负责防止陆源溢油。

（2）建立国家、地方溢油反应体系

加拿大溢油应急组织包括国家级溢油应急组织和地区级应急反应组织。国家级溢油应急计划负责处理北纬60°以南加拿大海区发生的船舶溢油事故和不明原因的溢油事故。在国家级溢油应急计划中，指挥机构为加拿大海岸警卫队，应急队伍为国家级溢油应急反应队伍，专家组为国家级海运顾问理事会。地区级应急反应计划负责有序完成地区层次的溢油应急反应行动，地区级应急反应组织的领导机构为海岸警卫队，应急队伍为企业溢油应急反应队伍，专家组为地区级海运顾问理事会。

（3）专业企业参与清污，市场化运作较好

加拿大企业应急反应队伍共有4支，负责各指定范围内的溢油反应工作。企业应急反应队伍必须是依法成立的法人组织，并通过加拿大运输部认证，必须提交能体现各自反应等级的应急反应计划，而且必须满足国家标准中对溢油反应时间的要求，比如按相应标准，溢油量在150吨以下为1级溢油应急，应急反应的最大时限要求反应队伍在6小时内必须抵达现场并铺设好清污设备。若溢油量增加，对应急反应的要求也会有所变化。企业应急反应队伍也被要求对自己的应急反应计划进行阐述和解释说明，如对员工或志愿者提供培训、应急物资的清单、对敏感区（比如鸟类保护区）的保护措施等。

（4）合理的基金制度

通过《加拿大航运债务条例》，加拿大建立了"SOPF"[①]，执行"谁污染、谁赔偿"原则。《加拿大航运法》界定了潜在污染者的概念，要求有潜在污染可能的业主提供油污防备基金，为溢油防备工作和合理的应急反应提供资金支持。

### 3. 英国模式

英国海上溢油应急反应主要由英国海上污染控制中心负责，它隶属英国运输部海岸保卫厅，履行国际海事组织对于溢油反应方面的公约。该中心具有航空遥感监视能力、评估溢油量和溢油飘移的计算机系统，以及空中或船上喷洒溢油分散剂的能力和拥有回收或转移海上或岸上溢油的设备。英国海上污染控制中心主要承担在大的溢油事故中的海上反应和岸线清除的协调工作，在协调岸线油污清除工作方面对各地政府相关部门进行技术指导。

---

① SOPF是新的船舶油污基金的英文缩写。1969年责任公约与1971年基金公约构筑了船舶油污损害的民事赔偿法律制度。

海上污染控制中心和地方政府在由运输部的海岸保卫处（在全国设立 21 个救助协调中心）、海上安全厅、渔业部门、环境部门、国防部和气象局以及大自然保护组织、各大石油公司、英国溢油控制协会组成的支持系统的支持下开展应急反应工作。海上溢油事故一旦发生，较小的事故可以由海岸保卫处的救助协调中心来组织处理，更大的事故由海上污染控制中心和地方政府来协调各相关部门来展开行动。

支持系统的相关部门按各自职责向海上污染控制中心提供支持，与其他国家略有不同的是国防部在有偿情况下对海上污染控制中心提供相关知识、设备及人员的援助。各大石油公司与海上污染控制中心签署志愿协议，以便海上污染控制中心在发生大的溢油事故时能得到这些公司的支持。此外，英国大不列颠溢油控制协会是英国溢油应急反应的一个重要支持组织，它是一个代表各公司利益的商业协会，为所有英国和海外的工业和海运污染提供设备和服务，拥有的红色报警体系，能 24 小时快速为各成员公司提供各种应急反应设备和器材。

### 4. 韩国模式

韩国海上溢油应急较为特殊，主要是由政府支持一个公司——韩国海洋污染响应公司（Korea Marine Pollution Response Corp）来完成的。国家给予收费政策，所有韩国公司每进口 1 吨原油就要向该公司缴纳 1 美元的油污基金，与此同时，韩国还给予该公司税收政策、主要设备等方面的支持，而该公司完全按照市场化运作。目前该公司运作良好，其主要业务包括溢油响应服务、港口清理服务、拖船和浮吊作业服务、污油水存储处理服务。该公司总部设在汉城，在全国的 27 个港口设有 11 个分公司，担负港口、码头、船舶污染、海洋污染清理任务，拥有 55 艘溢油响应船、127 套撇油器、52 公里的围油栏、员工 700 多人。

在韩国出现溢油事故时，如果当时事主明确而且该溢油事故没有超出事主的控制能力时，就由事主委托专业公司自行处理，清污费用由事主买单。当出现无主溢油时，政府立即指挥专业公司进行处理，清污费用由政府买单，如果最终追查到事主，则由政府出面追缴清污费用。

### 5. 日本模式

日本溢油应急力量主要由海上保安厅和海上防灾中心组成。

海上保安厅。主要负责在海域进行监视、监督工作。针对大面积溢油，海上保安厅拥有自己的溢油清除和围控设备以及消防船，并且保证这些设备随时可用。海上保安厅为了保障对海上溢油事故的有效反应，还建立沿海环境基础数据，并且通过互联网向油污防治机构提供相关信息。为了处理海上溢油事故，海上保安厅还预测溢油漂移的方向，帮助围控和清除海上溢油。此外，海上保安厅还派出巡逻船和飞机监控海上污染，特别加强对航行密集区域监控行动。

日本海上防灾中心。1976年根据日本防治海上污染和自然灾害相关法律，建立了日本海上防灾中心，它也是日本民间海上防灾的核心机构，它接受海上保安厅的指示，在发生溢油应急事故时，采取措施清除溢油。它下属四个委员会——溢油清除、船舶消防、器材和训练委员会。该中心拥有海上防灾用的船只、器材。同时，还开展海上防灾训练，推动有关海上防灾的国际协作，进行海上防灾工作的调查、研究等。

海上溢油事故发生时，日本海上防灾中心负责清除海上溢油和其他有毒液体物质，日本海上防灾中心和国内159家灾难防治机构签订了合同，建立了全国的防治体系。如果发生大面积的溢油事故后，肇事者无力采取措施时，日本海上防灾中心可以根据海上保安厅的指令采取行动来清除溢油，肇事者承担相应清污费用。也可以应肇事船舶所有人的委托，日本海上防灾中心采取措施消除海上溢油。

# Lessons from and Reflections on Conocophillips Oil Spill

## —A Research Report on Strengthening and Improving China's Offshore Oil Spill Emergeney Management

*Research Group of First Class of Third thirty-second Stage of Central Party School*

**Abstract**：In recent years, there were considerable impacts on marine environment and coastal residents caused by continuous incidents of oil spills in China. Therefore, marine ecological and environmental protection in China are facing grim situations and it is quite essential and urgent to strengthen and improve China's offshore oil spill emergency response capacity. Compared with other typical countries, emergency response capabilities in China, specifically in China's ocean oil spill, are comparatively but obviously insufficient. In accordance with the actual situation in China, this paper aimed to provide valuable suggestions in terms of national legislation, institutional mechanisms, policy support, corporate responsibility and international cooperation for improvements.

Key Words: Oil Spill Emergency Response; Regulation; Graded Response; Legislation

# B.7
# 广百集团危机管理案例分析

梁开岩　邱　枫　吴湘钰*

**摘　要：**

　　本文内容涉及广百集团的危机管理及运行体系、发生在广百集团经营管理中的危机案例及处理程序与结果，对广百集团的危机管理经验进行了总结，也指出了其在危机管理中应注意的问题及改进措施。

**关键词：**

　　广百集团　危机管理　案例分析

## 一　广百集团概况

　　商贸流通行业处于商品流通的最终环节，其销售产品与提供服务的优劣直接关系到消费者的切身利益。然而，流通企业普遍轻资产运营的模式也可能引发由于外部资金和财务的问题而间接影响到自身价值链下游的小合作伙伴及消费者的危机。选择保全自身利益退出还是选择主动承担并非由自身过错导致的危机，考验着企业整体的危机应对能力，更检验着企业对合作商及消费者的责任心。商品质量和安全的问题，固然是人们评价流通企业最具体的标准，更进一步来看，流通企业是否承担并积极维护与自身利益相关的小合作商的权益，以及是否主动承担起非自身过错却又导致了利益相关方权益受损的责任，才是进一步判断企业品牌价值的依据。在流通企业面临的风险中，往往会发生由合作方的财务状况恶化危及到小业主及相关利益者权益受损的情形，进而导致流

---

　*　作者为中国社会科学院研究生院 MBA 研究生。

通企业难以继续经营、品牌形象牵连受损。此类危机管理的过程，不仅检验了企业快速应对危机的执行力，更是对企业的风险防控、资金实力、运营接管能力、社会责任等各个方面协同运作综合实力的深层次考验。

作为全国大型零售百强企业，广州百货企业集团有限公司（简称：广百集团）能在如此激烈竞争的商业服务业实现跨越式发展，与其建立了完善的内在管理体制，以及高效的执行力紧密相关，同时也体现了企业高度的危机管理意识。从广百集团近年来发展的经验来看，要确保这样的大集团企业运作自如，不仅需要在经销商选择、商品采购、储运、质量检验、消费者服务等环节都严格把控每一环节，同时也必须建立各类风险防范、危机预防、危机应对及公关关系等多方面的应急管理体系。只有做好运营发展与风险防范相结合，危机管理与社会责任相结合，才能打造有生命力的企业，以及值得消费者信赖的品牌。

广州百货企业集团有限公司成立于 1996 年，是广东省重点发展的国有大型商业集团，总部设在广州市。集团业务为"3+1"模式，即三大主业：百货零售、展贸批发、现代物流，一项辅助业务为商业地产。广百集团经营规模位于中国商业企业百强第 26 位，广东省商业企业第 3 位。

集团旗下的多个知名商业品牌享誉华南，二级控、参股企业达 17 家。其中第一大板块是主营百货零售业的上市公司广百股份，属于广东省商品流通龙头企业，连续多年获"中国连锁百强""中国零售企业百强"称号。目前公司拥有广百百货和新大新百货两大著名品牌，门店达 30 家，经营面积超 60 万平方米。集团第二大板块展贸批发业中：占地 580 亩的广州国际商品展贸城项目，一期"广州光谷"定位为 LED 光电国际采购平台，为省市重点项目；正在运营的具有 50 多年悠久历史的广交会流花展馆，将打造为服装国际采购平台；第二板块中还运营广州眼镜城、星之光电器城、星之光文体市场等多个大型专业市场；汽车、家电、化工原料等品牌代理业务在全国也占有一定市场份额。集团第三板块为全资拥有的已有 50 余年历史并首家通过 ISO 9000 国际国内质量双认证的国家 AAAA 级物流企业广州市商业储运公司。

集团坚持"大踏步快速健康发展"的战略思想和"下功夫做强、科学地做大、立足于做长"的发展方针，积极进取、勇于开拓。经营规模从 2005 年的 99.3 亿元增至 2011 年的 200 多亿元，净利润年均递增 30%，净资产翻了三番；百货经营面积由 15 万平方米增至 60 万平方米，在华南地区乃至全国商贸行业影响力凸显。集团的"十二五"战略规划目标是，到 2015 年经营规模将达到 500 亿！

集团创造了具有自身特色的"五色文化"，即：以责任为核心，体现竭尽全力精神的红色文化，体现科学创新精神的紫色文化，体现讲真话、讲实话精神的蓝色文化，体现人才希望精神的绿色文化，体现尊重理解关爱精神的橙色文化。在处理合作关系中，提出了"感恩、尊重、诚信、双赢、长远"的十字文化。同时，建立和实施社会责任战略，将企业、人、社会共同发展作为根本大计，创建以"责任"为核心的"五色"企业文化，构筑起"广百人"共同的价值观，打造推动企业大踏步、快速、健康发展的核心竞争力。将履行社会责任视为企业生存之根本、健康之基石、发展之力量，开行业之先河，创造性地构建了广百的社会责任模式和社会责任战略，提高了广百品牌的社会影响力。

集团获得广东省委、省政府授予的"广东省文明单位"荣誉称号，成为广州市国资企业中唯一获此殊荣的单位。同时，获得了"2009 年度中国企业文化卓越表现企业""2009 年珠三角改革发展领军企业改革创新奖""2010 年中国社会责任杰出企业"等系列荣誉称号。

## 二 广百集团危机管理体系及运行

广百集团在广东地区，区域优势十分明显。然而，在多年发展过程中，也不可避免地遇到了一些危机事件，如消费者投诉和资金运作的问题。由于企业具有危机管理的战略眼光，制定了行之有效的危机管理体系，从而将危机事件消灭在萌芽状态，避免了这些事件对企业发展产生的不良影响。下文将对广百集团危机管理体系的相关情况分别从六个方面进行阐述。

### （一）广百集团对危机管理的认识

企业的危机都是由特定的事件引起的，这些事件是企业各种危机的诱因，我们称之为企业危机事件。它是指潜在危及或已经危及企业经营发展及安全稳定，对企业造成损失或负面影响的一切事件。危机事件发生后，如果不能进行及时妥善的处理，就会给企业带来一定的负面影响或者经济效益上的损失，更有甚者，可能会招致企业的品牌或者产品信誉大受影响。因此，对于企业可能面临的潜在或者已经发生的危机事件应该进行科学合理、及时有效的管理，以防止事态的扩大化，保证企业的持续稳健发展；更高的标准是，将"坏事变成好事"，利用危机事件的处理提升企业品牌的美誉度。然而，要很好地进行企业危机管理，还需要建立一整套完善的企业危机管理制度和运行体系。

广百集团致力于"下功夫做强、科学地做大、立足于做长"的发展方针，按照"以人为本、主动担责、快速高效、合理合法、顾全大局"的原则，最大限度地防范和减少危机事件对企业造成的不利影响，实现企业可持续健康发展。为了能够更好地对企业危机事件进行判断和处理，广百集团制定了详尽的危机管理原则、评估准则及分类标准。

**1. 广百集团危机管理的原则**

广百集团在进行危机管理时制定了以下六个方面的原则：

（1）高度重视，高层掌控，不能掉以轻心，麻痹大意；

（2）及时反应，即时处理，不能拖拖拉拉，贻误战机；

（3）顾全大局，高瞻远瞩，不能斤斤计较，因小失大；

（4）以人为本，合理合法，不能漠视生命，无视法律；

（5）依据事实，客观公正，不能阻挠采访，忽视传媒；

（6）亡羊补牢，整顿提高，不能伤好忘痛，一犯再犯。

以上六项原则分别反映了广百集团对危机事件要从心里引起足够的重视，及时对出现的危机进行处理，从企业整体的利益出发，重视危机事件中当事人的权益保护，客观公正地面对和处理危机事件，从已经发生的危机事件中吸取教训。这六个方面的原则表明了广百集团是一个富有人文关怀、勇于承担责任、能够顾全大局的企业，对可能会发生的各种危机事件已经有了一定的思想准备。

**2. 广百集团对危机的评估**

为防范和减少危机事件对企业的影响，应评估潜在危机或已经发生的危机事件对企业的影响程度，准确判断形势并快速做出应对措施。

广百集团对企业危机评估包括以下九个方面：

（1）潜在危机爆发的可能性及危害程度；

（2）危机事件所处的发展阶段；

（3）企业人员伤亡情况；

（4）企业财产损失情况；

（5）对企业经营的影响度；

（6）对企业形象和品牌的影响度；

（7）对企业内部稳定的影响度；

（8）社会、媒体、上级对该事件的关注度；

（9）危机事件的法律支持和道德界线；

当每一次面临潜在危机，或者已经正在发生的危机时，企业都要对所发生的事件是否构成危机事件，以及处于何种程度的危机事件进行较为准确的界定和评估。这种评估包括危机事件本身的发展过程，危机可能会对企业财产、人员方面造成的显性和隐形损失，以及外界对该事件的关注情况。

**3. 广百集团对危机事件的分类**

广百集团将发生的危机事件分为普通危机事件和高级危机事件两个类别。

普通危机事件是指危机事件尚未引发人员伤亡或财产损失，未对企业经营管理和商誉造成较大影响，未引起社会、媒体的关注，事件在企业可控范围内。企业危机处理小组应立即进行处理，事后形成书面报告报集团公司企业文化与品牌传播部。

高级危机事件是指危机事件引发企业人员伤亡或财产损失，或对企业经营管理和商誉造成严重影响，或已引起社会、媒体的广泛关注，事件已超出企业可控范围。企业应立即启动危机工作预案，全力对事件进行处理，并应立即向集团公司企业文化与品牌传播部报告，以便协调处理。

广百集团对这两类事件的处理是有所区别的，具体如表1所示：

**表1 不同级别危机事件处理过程**

| 事件性质 | 各企业(单位)危机处理小组 | 企业文化与品牌传播部办理 |
|---|---|---|
| 普通级危机事件 | 自行立即进行处理，书面报告企业文化与品牌传播部 | 查阅书面报告 |
| 高危级危机事件 | 立即启动危机工作预案，上报企业文化与品牌传播部 | 协调开展处理 |

## （二）广百集团危机管理体系简述

广百集团的危机管理体系采取自下而上和自上而下相结合的组织架构（如图1所示）。

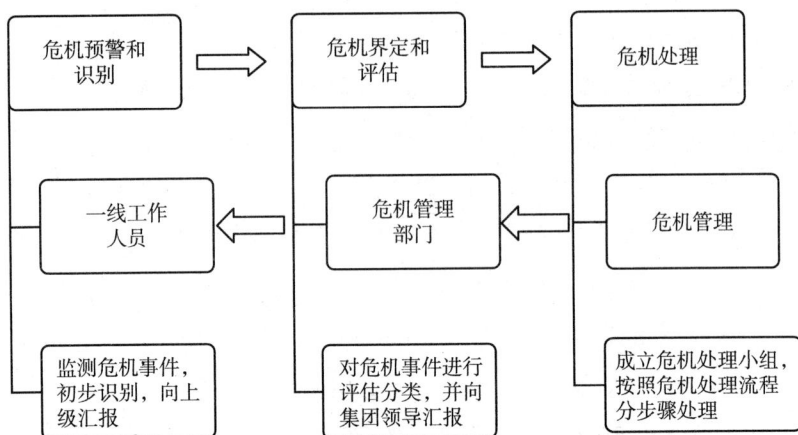

**图1 广百集团危机管理体系**

危机的识别、界定，以及汇报过程是自下而上进行的。当潜在危机事件发生后，一线工作人员根据自身的工作经验并参考公司危机制度，判断所面临的事件能否构成危机事件，如果经判断后认为有可能构成一定的危机事件，就要向所属部门（或者门店）领导及时汇报危机事件的现场情况，并对事件所涉及的原始物品和资料做好保存。当所属部门（或者门店）领导接到下级报告时，要及时安排专门人员对危机的潜在影响进行评估，并能判断出该事件是属于普通危机事件还是高危级危机事件。在此基础上，如果属于普通危机事件，分公司可以自行进行处理。如果属于高危级危机事件，则必须在第一时间向集团公司汇报。

集团及二级公司危机管理部门分为四个部门，即：维稳办公室，为总牵头部门和高级危机处理部门；文化与品牌传播部，为危机处理中对新闻媒体公关部门和品牌维护部门；风险管控部，为项目运作中的经营和财务风险预警、管理部门；运营客服部，为一般顾客和合作方投诉处理的普通危机处理部门。各部门分别履行职责，又紧密协调。当危机出现时，危机管理部门会第一时间做出反应，在董事长等高层领导的指示和授权下，成立危机处理小组。危机处理小组是危机事件处理的临时总指挥部，一般由集团公司高层担任危机处理小组组长。

危机的处理过程则是自上而下进行的。危机处理小组根据公司既有的危机处理流程制定具体危机事件的详细工作流程，并进行人员和时间安排，将需要执行的工作任务逐层向下分解和落实。集团相关部门要做好外部舆论和媒体公关的事宜，防止事态的恶化，消除外界的不良舆论压力。分公司及直属部门要制定事件的具体解决方案，并及时与当事人沟通，协商解决问题。一线相关工作人员要配合直属上级领导安抚顾客情绪，尽快使危机事件得到很好的处理。

## （三）广百集团危机处理流程

在危机事件发生后，广百集团会立即启动危机事件的应对流程。主要按照以下"四步走"的过程来执行危机处理流程，这四个步骤分别是评估危机事件的影响、制定危机处理计划、妥善处理事件以及事件后的总结。

### 1. 及时评估危机事件的影响

危机事件发生后，企业领导应立即听取关于危机事件的报告，汇报力求准确、全面、详尽、客观。企业领导必须在最短的时间内，按照危机评估要点，对危机事件的发展趋势，可能带来的影响和后果，企业能够和可以采取的应对措施，危机事件的处理方针、人员、资源保障等重大事项作出初步评估和决策。同时，立即将有关的情况和工作预案上报集团，必要时，集团将及时上报市、区政府及有关部门，畅通信息渠道，便于协调处理。

### 2. 组建危机处理小组，制订处理计划方案

企业领导对危机事件作初步的评估和决策之后，应立即成立危机处理小组。一般情况下，危机处理小组由企业主要负责人担任小组负责人，小组的其他成员，至少应包括：公司法律顾问、职能部门领导及有关工作人员。企业危机处理小组立即根据现有的资料和情报，制订危机处理的具体计划和工作方案。计划必须体现出危机处理目标、程序、组织、人员及分工、后勤保障和行动时间表以及各个阶段要实现的目标。

### 3. 以人为本、依法依规、实施计划、妥善处理危机事件

企业危机处理小组认真落实具体计划和工作方案，在处理危机事件中，要

始终体现以人为本、依法依规，要基于最大限度的人道主义精神以及员工、合作伙伴的利益。同时，要在坚持总体原则的基础上，及时结合事件的变化不断调整工作的战略和战术，始终保持事件在企业掌控之下，始终保证事件的解决朝着有利于企业的方向发展。

**4. 评估效果，总结经验教训**

危机事件解决后，企业应及时进行总结，对事件发生的主观、客观因素及处理效果进行检视，特别要重点检视会引发危机事件的相关问题，从而发现企业经营管理中存在的不足，并有针对地进行改进和提高，避免企业再犯同样的错误。

## （四）广百集团危机公关制度

当企业的危机事件发生后，广百集团坚持积极主动处理公共关系，充分利用各类资源，快速高效地解决危机。一是善于利用外部资源。危机事件发生后，企业立即与事件可能涉及的公安、司法、综治、工商、法律等部门主动进行沟通，广泛争取外部支持。二是抓好内部稳定。积极协调企业内部各职能部门的正常运作，做好员工的思想稳定工作，确保企业运作正常。三是实施有效的媒体公关，充分利用企业新闻媒体资源，最大限度避免和减少危机事件和社会舆论对企业造成的不利影响（见表2）。

表2　危机事件在不同阶段时的处理过程

| 危机事件的发展程度 | 各企业（单位）危机处理小组的职责 |
| --- | --- |
| 尚未曝光时 | 当危机尚处于早期阶段时,应该避免事件的进一步曝光,严格监控事件影响 |
| 已公开并造成了广泛影响时 | 做好准备,统一对外口径,确立新闻发言部门或发言人,立即召开新闻发布会 |

如果事件尚未在媒体曝光，要全力避免新闻曝光，严格监控事件的新闻影响。如果事件已在媒体公开并已造成广泛影响，则企业应立即召开新闻发布会或发布信息，在报纸、电视、网络等媒介上进行说明和宣传，刊登有利于企业形象的宣传报道，说明事实，该承担的责任主动承担，该道歉的诚恳道歉，降

低负面影响。

广百集团应对新闻媒体总的工作原则是：沟通协调、必要澄清、掌握节奏。就是说企业应在最短时间内做好对外新闻发布的准备，包括统一对外新闻口径，确定对外发布新闻发言部门或发言人，等。

除此之外，由于危机本身会随着时间的推移在各种因素作用下不断发生变化，因此从危机预警开始，危机处理职能部门，将根据不断更新的危机管理报告信息，实时评估形势的严重性和恶化的风险，提出分析和应对方案，防止普通危机事件演变为高级危机事件。

### （五）广百集团危机管理问责制度

广百集团建立健全企业危机处理的工作问责制度。对违反下列行为之一的企业工作人员，酌情给予经济扣罚、行政警告、解除劳动合同，直至追究法律责任：

（1）未及时向上级报告危机事件信息，造成事件延误处理的；

（2）未按规定制定或启动危机事件应急预案，导致事件危害扩大的；

（3）组织开展应急救援工作不及时，或工作不力；或不服从上级对危机处理的决定和命令，导致事件危害扩大的；

（4）擅自发布有关企业危机事件处置工作情况和事态发展的信息，或者报道虚假情况，造成负面影响的。

广百集团建立了较为明确的危机管理责任制度，这有助于公司将危机管理的任务具体分配到每一个员工，从而提高对危机的有效预警，并在危机发生时及早进行处理，也便于在危机发生后找到事情的根源。

### （六）广百集团的危机管理文化

对一个企业来讲，在发展的过程中，总是会不断面临各种风险，也有可能出现一定的企业危机。风险泛指一切企业可能面临的不确定性，它是一个中性词，既包括那些可能为企业带来超额利润的创新活动，也包括会给企业带来重大损失的不良事件，我们一般所说的风险指的是后者。在这种状况下，企业的风险是企业危机的基础和前提条件。当企业的风险事件没有得到很好监控和处理时，就有可能发展成为严重的危机事件。

广百集团制定了较为完善的《风险管理办法》，开始建立和实施全面风险组织管理体系。广百集团的公司风险管理主要以内部控制为核心，并涵盖经营活动中的重点业务环节：主要包括投资风险、资金运营风险、财务报告风险，以及法律风险。集团对各种风险管理的流程主要包括风险分析、风险控制和风险实施评估。公司风险管控部负责日常检查监督工作，对风险管理的落实情况进行定期和不定期的检查，发现内控制度是否存在缺陷和实施中是否存在问题，并及时予以改进，确保风险管理的有效实施，落实相关责任和激励机制。

在处理公司风险和危机的过程中，广百集团形成了自己特有的风险和危机管理文化：

①以五色文化为基础，将风险和危机管理融入企业文化建设全过程。大力培育和塑造良好的风险和危机管理文化，强化责任意识，树立正确的风险和危机管理理念；增强员工风险和危机管理意识，将风险和危机管理意识转化为员工的共同认识和自觉行动，促进企业建立系统、规范、高效的内部控制及风险和危机管理机制。

②集团公司应在内部各个层面营造内控及风险和危机管理文化氛围。高级管理人员应在风险和危机管理文化中起表率作用，防止盲目扩张、片面追求业绩、忽视风险等行为的发生。

集团公司应建立重要管理及业务流程、风险控制点的管理人员和业务操作人员岗前风险和危机管理培训制度，加强风险和危机管理理念、知识、流程、管控为核心内容的培训，培养风险和危机管理人才，培育风险和危机管理文化。

# 三 广百集团危机管理案例

## （一）案例一：广百集团 A 项目总承包方对农民工欠薪事件引起的工程建设危机

A 项目是广百集团业态延伸的一个重要项目，受到了领导层的高度重视。广百集团与某资质良好的公司建立了合作关系，并引入另一家建筑公司负责项目的承包建设。两家合作公司初期都表现出了良好的诚意，赢得了广百的认可，使得项目迅速开展。然而，在项目建设的后期却出现了问题，最终导致了危机事件的爆发。

自2012年以来，在项目施工的过程中，出现了几次农民工讨薪和上访事件，影响到了该项目的顺利进展。事件爆发以来，立刻引起了广百集团的关注，集团领导非常重视这起由施工单位农民工讨薪引发的事件，组织项目的合作方详细了解事件缘由。经过深入了解得知，广百集团已经按照合同的约定及时将资金划拨到位，该合作公司也声称已将大部分工程款支付给了承包商。然而，负责建筑的合作公司将工程再次转包给分包商，分包商在收到工程款后，并没有优先给农民工支付工资，这就导致了欠薪事件的发生。合作公司以及建筑公司当时资金紧张，无力向分包商支付更多的资金。而广百集团如再垫付资金，又不符合财务管理规定，也存在财务风险。

广百集团领导非常重视农民工权益的保护，也很注重项目的维稳工作。考虑到欠薪数额巨大，合作公司和建筑公司资金确实紧张，广百集团及时与A项目所在地政府进行沟通与协调，最终决定独自承担由资金短缺导致的这一危机事件。为了出资合规和防范风险，广百集团以购买合作方股权的方式出资，增资近5000万元支付所欠的农民工工资，并约定一年内合作方可按原价赎回股权。最终，A项目施工过程中的欠薪事件顺利解决，该项目也得以顺利推进，保证了投资人和业主等多方合作伙伴的权益。

在危机处理过程中，广百集团不仅第一时间组织相关人员处理危机事件，同时高度重视与有关部门和政府的沟通、合作，以及与新闻媒体的公共关系，及时派出人员与广州市主要媒体进行接触，讲明情况、提出希望，避免出现不客观报道或负面报道。

该危机事件的成功解决，展现了广百集团强烈的社会责任感以及危机管理能力，同时体现了广百集团深厚的危机管理文化，可靠的危机处理执行力。具体而言，在该案例中有以下四个方面的经验值得总结。

**1. 企业出现危机应该第一时间处理**

本案例验证了广百集团危机处理中表现出的快速反应能力。正是由于高度的社会责任感和对农民工的同情心，使他们在自身利益和社会责任的博弈中选择了社会责任，从而在第一时间化解了危机。危机发生后，广百集团高度重视，立即同合作方、承包方、地方政府等各相关方进行了多次沟通协商，详细了解事件的起因、发展和可能产生的后果。得知合作方已向施工分包方支付了大部分工程款，但分包方收款后并未支付农民工工资，反而以合作方支付工程款不足为由，将矛盾转向投资方。同时，获得了要在春节前解决欠薪问题至少需要数千余万元资金的信息。面对合作方资金紧张，且无力在短期内调集巨款解决欠薪问题和即将出现的危险局面后，广百集团迅速上报了《广百集团关于积极解决 A 项目欠薪问题，做好维稳工作的报告》，主动推进政府协调会，并按照《关于 A 项目维稳工作的会议纪要》，采取切实有效的措施控制事态蔓延。由于在第一时间针对危机做出了合理的回应，且措施得当，避免了农民工继续讨薪，从而大大化解了危机。

**2. 企业应该坚持正确的危机处理原则**

在广百集团的正确领导下，A 项目公司在处理该危机事件的过程中，坚持了以下两个方面的正确原则，从而为化解危机奠定了良好的基础。一是统筹兼顾原则：通过全面细致查找风险源，制定科学合理的防范措施，通过准确判断，快速把握危机核心，做到早化解、早结束，不仅把负面效应减至最小，而且使危机转化为有利于企业发展的机遇；事后及时总结危机处理的经验教训，在实战中提高企业的危机应对水平。二是积极主动原则：危机发生时快速整合资源、积极主动及时处理，避免危机产生的影响持续扩大；危机处理过程中合理控制危机影响的范围，坚持低调处理，查明危机实情后果断行动，以最快速度解决了主要矛盾，控制了危机的继续蔓延。

**3. 企业应该建立完善的危机管理工作机构，以及规范的危机处理流程**

A 项目公司作为广百集团的子公司，在危机事件发生后，立即建立了危机管理工作领导小组，主要负责危机管理的统筹、指挥和协调工作，同时也建立了危机管理工作的日常运作机构——危机管理工作办公室。还从四个方面划分了危机，一是工程建设引发的危机、二是场馆运营产生的危机、三是新闻媒体负面报道的危机、四是其他因素引发的危机事件。在危机处理程序上，从现场报告流程、现场处理流程、事后处理流程等细节入手，编制了危机处理应急预案，确保了危机处理的正常有序推进。同时实行危机处理问责制度，对危机管理过程中反应迅速、表现出色、在捍卫品牌过程中作出重大贡献的部门和个人进行表彰，对在危机管理过程中处理失当、给企业品牌造成损失的部门与个人进行处罚。

**4. 国有企业应该具备强烈的社会责任意识**

在危机处理过程中，尽管广百集团作为大股东已经按合同约定足额支付了投资款，但是广百集团从维护社会稳定的大局出发，决定再出资数千万元，解决欠薪问题，代替欠薪方的偿付责任。为了既解决欠薪问题，又防止出资风险，广百领导层制定了有效的增资方案。广百利用此次增资，调整了与合作方的股权投资比例，将持股比例进一步提升到控股地位。同时，由地方政府和广百方共同监督合作方的资金运用，以保证用于解决欠薪问题的处理方案能够落地。这样既化解了危机，又确保了 A 项目建设工程稳步推进。

在本案例中，广百集团在自身没有违约责任的前提下，依旧首先从农民工的切身利益出发考虑问题，主动为农民工补发欠薪的做法，充分体现了人道主义精神和国有企业的行为品德。用真诚的同情，真实的行为，有效的行动保护了农民工的合法权益，在政府和市民心目中树立了良好的企业形象。

## （二）案例二：F 项目合作方资金违约引起的项目接管事件

### 1. 事件概述

2010 年 2 月，广百集团签约了有着几十年历史的知名商业地产项目。签约完成后，由广百集团牵头以其全资子公司名义与两家民企合作，着力打造以 F 商业地产项目改造升级为主体的公司。项目合作初期，一切都显得生机盎然。然而，2012 年 3 月，F 商业项目工程建设却处于半停工状态，虽然广百集团项目负责人多次催促合作方尽快缴纳承诺的项目建设资金，但合作方的资金却迟迟未能足额到位，如果此状况持续，将直接导致 F 商业项目无法按期开业。

F 商业项目开业时间早在项目开发初期就与进驻展馆的小业主签订了开业合同，并履约预收了一定的租金。如果因为合作方拖欠资金导致项目未能按期完成建设，那么开业时间将必然滞延，如果该事件一旦发生，不仅直接影响小业主的经营收益，同时也会对广百集团的名誉和长期盈利造成重大不利影响。

2012 年 4 月，在制定了详细的危机应对措施后，广百集团郑重承诺 F 商业项目如期开业，同时全面接管 F 商业项目的后续推进工作。2012 年 5 月，F 商业项目一期顺利开业，平息了小业主群体的危机和恐慌。

**2. 事件主体分析**

本次危机事件是由于广百 F 项目合作股东乙、丙方违反合同，项目建设资金不到位造成的。在这场危机演化过程中，主要涉及的利益相关主体包括广百集团，乙、丙方股东以及进驻展馆的小业主三方当事人。其中三方当事人在危机中的处境分别如下：

（1）广百集团（甲方）

广百集团作为该项目的主要合作方之一，主要负责项目建成后的日常经营和管理。由于乙方和丙方违反了合同，没有按时支付建设款项，从而导致了项目停滞。这将直接损害广百集团的利益。一方面，项目如果不能按时完工，按期开业，广百集团就会遭受一定的租金损失；另一方面，对于那些已经提前支付租金的小业主来说，如果不能按时开业，他们就会要求退租或者赔偿其经济损失，甚至可能造成小业主的聚众滋事，从而给广百集团带来重大的声誉影响。

（2）乙、丙方股东

由于项目工程量加大，乙、丙方资金出现困难。按合同约定，其资金不到位超过规定的时限，将面临被甲方终止合作合同的风险。而一旦终止合同，乙、丙方以及其内部更多的小股东将面临巨大的经济损失，也会造成更多的社会不稳定问题。

（3）小业主

对于那些提前交纳了租金的小业主，他们最关心的是自己的店铺能否按时开业，能否尽快盈利。所以，他们并不充分了解乙、丙方股东所扮演的角色，也就是说，尽管该项目停滞并不是由于广百集团造成的，但是当项目没有按时完工时，小业主们仍然会追究广百集团的责任。

**3. 广百集团应对危机的主要处理方案**

在 F 商业项目危机处理的过程中，广百集团高层非常重视该项目的危机处理方案，对此做出了周密的工作和人员安排，使得这次难度较大的危机处理方案得以顺利实施。具体做法是：通过协商，督促合作方尽力出资，不足部分集团垫资；同时，将该项目的收益权质押给广百集团。在项目的继续推进中，广百集团也由危机爆发前的监管协调角色转变为危机爆发后的全面主导项目建设和管理的角色。其中，危机处理工作主要是按照以下流程和步骤进行的。

①自签订项目推进的补充合同之日起，广百集团直接掌控F项目的领导班子和团队，全面接管F项目工程、招商、财务、运营、物管、安监等业务。

接管工作的第一步是对F公司的人员进行合理的重新安排。为保证F公司中层管理团队和员工的平稳过渡，集团派出部分管理人员，同时基本保留原公司部门设置和人员岗位不变。但在冲击开业的关键时期，需要加强关键突破口的人力配置，并与集团支援人员形成统一集体，在公司领导班子统一指挥下，快速落实各项决策。

②围绕开业筹集全部所需资金，统筹各项资源，全力推进开业。推动F项目首期开业需要数千万元的资金，而进一步推动该项目整体开业则还需要再投入几亿元资金。这些资金的来源主要从以下三种渠道获得：一是由集团借款给项目公司，而以项目公司的股权作为还款抵押；二是以项目公司的名义向银行进行贷款；三是合作方筹措部分资金。所有筹集到的专用资金均需首先投入到项目中，保证项目按时开业。同时，制定针对该项目公司的还款计划和违约的处罚办法，使得广百集团前期投入的资金得以保值。

③拟聘请资产评估公司、会计师事务所，对乙、丙方前期投入进行资产评估审计，确定投入金额，逐步清还。在乙、丙方积极配合广百接管工作的前提下，与乙、丙双方研究完善下一步的合作模式。

# 四　广百集团危机管理经验分享

## （一）总体评价

在市场经济条件下，大到国家，小到企业，都难免遭遇危机。企业作为现代社会组织不可或缺的细胞单位，抵御危机能力的强弱，决定着企业能否实现长期永续经营。

广百集团认为，企业在不同的发展阶段，所面临的危机不尽相同。危机管理不是一个单独的行为，而是一个系统工程。所谓的危机管理，主要包括危机防范管理、危机应急处理以及危机后总结等工作。在纵向上看，包括项目立项、投资、合作方选择、运营管理等；从横向上看，又涉及合作方协作、合作方违约、商户管理、媒体及政府部门介入等。而纵横关系的协调，都需要企业从战略角度强化危机管理意识，并在实际运行中统筹安排，做好防范工作。

广百集团作为中国百强商业企业，在面临工人讨薪事件、合作方资金承诺违约引起场馆运营危机时，快速启动危机管理程序，建立统一指挥、分级负责、反应快捷的应急管理体系，积极履行国有企业肩负的政治责任和社会责任，最大程度地遏制了事态的扩展，具备了较高的抵御风险能力和危机管理能力。下面，将从五个方面来评价广百集团的危机管理经验。

**1. 实施企业危机战略**

广百集团将危机管理上升到战略管理高度，把危机管理融入日常经营活动之中。其危机管理体系紧密结合企业自身实际，在分析预测各类危机事件和企业可能面临的风险的基础上，制定了危机应急预案体系，并使之与分公司、控股公司的预案衔接，保证了危机爆发时各相关组织的一致联动协调，达到了危机源单位在应对危机时有章可循、有法可依，体现出企业高层管理人员超前的危机防控意识。

**2. 完善的危机管理组织**

广百集团建立了全方位的危机管理组织体系。首先是建立危机预警机制，包括危机预测和风险分析评估体系。该体系能够保证各分公司、控股公司在商贸经营活动中对可能存在的危机和风险进行预测和辨识，对各种人为因素可能引发的危机进行评估和分析，以制定突发危机处理预案，落实危机处理责任。其次是建立高效的危机处理机构。在面对民工讨薪这类突发危机事件时，广百集团能够迅速组建、统一领导、上下联动、协调指挥的应急工作运转协调机制。由于实行统一领导机制，危机管理工作始终在集团掌控之中，做到信息传递准确及时，内外部沟通协调顺畅，防控措施得当有力。

**3. 有序的处理流程**

一是建立首问责任制。首问责任人第一时间向所属部门领导汇报，部门领导第一时间向危机处理部门（企业文化与品牌传播部或维稳办公室）汇报，危机处理部门第一时间向领导小组汇报。二是启动应急状态。危机处理小组相关成员须立即赶赴现场，到达现场后，从三个方面开展工作：控制事态，制定现场应急方案，并进行上报和组织实施，且在第一时间向领导小组报告现场情况；教育引导，了解上访闹事人员提出的主要问题，并进行对话，做好解释疏导工作；协调联络，通知上访闹事人员所属单位负责人、相关合作方负责维稳工作的人员赴现场进行协调工作，必要时通知属地政府相关职能部门介入协调。这样保证了危机处理早起步、早行动、早落实，最大限度地减少了突发事件造成的损失。集团公司及系统各单位之间还通过多种现代通讯设备传递信息，坚持 24 小时人员值守制度，保证了危机期间信息畅通。

同时，集团公司另设形象安全事件应急机制，有效控制事件的发展和蔓延，避免进入失控状态，积极协助新闻媒体了解事实真相，引导新闻媒体客观报道，最大程度消除事件在社会舆论方面带来的负面影响。

**4. 良好的资源保障**

广百集团有着良好的危机处理资源保障。集团总部及所分公司、控股公司制定了应对各类危机的物力、财力保障体系，各部门协调到位，保证应急救援和各项处置措施的顺利实施。一是保障事发单位拥有充足的物质资源，如交通、通信与信息等，保障了危机处理的运转状况良好。二是保持事发单位救援资金充足。各单位将危机处置计划纳入年度财务预算，集团公司也会提供必要的资金支持。三是保证危机应对人员充裕。集团总部和分公司两级均成立危机管理领导小组，明确危机管理机构和第一责任人，为危机防控提供重要的人力资源保障。集团公司日常的危机教育和危机文化的培育，也增强危机应对信心，提高应急处置能力，同时与政府、媒体、公众建立了互动机制，塑造了良好的国有企业形象。

**5. 特色的组织文化**

广百集团以"五色"文化为基础，将风险管理融入企业文化建设全过程。大力培育和塑造良好的风险管理文化，树立正确的风险管理理念，营造体现人文关怀的危机救援理念，增强员工风险管理意识。将风险管理意识转化为员工的共同认识和自觉行动，促进企业建立系统、规范、高效的内部控制及风险管理机制，切实增强危机管理工作的积极性和主动性，积极履行国企的政治责任和社会责任。集团公司还在内部各个层面营造内控及风险管理文化氛围，高级管理人员在风险管理文化中起表率作用，防止盲目扩张、片面追求业绩、忽视风险等行为的发生。同时倡导危机服务理念、奉献精神，深入开展危机管理学习活动，赋予员工开放的学习交流方式，激发员工的向心力和凝聚力，使企业获得应对危机的宝贵经验，在危机中成长。集团公司建立了重要管理及业务流程、风险控制点的管理人员和业务操作人员岗前风险管理培训制度，加强风险管理理念、知识、流程、管控核心内容的培训，培养风险管理人才，培育风险管理文化。危机管理的组织文化能够帮助广百在不确定的动态环境下不断更新认知方式，从而帮助企业不断增强危机应对能力。

从以上五个方面可以看出，广百集团在整个危机管理过程中，能够认真贯彻党中央、国务院和国资委有关国有企业危机管理的要求，不断探索总结危机管理方法，完善预防处理危机管理制度，以实际行动，最大限度地治理危机，维护了国有资产安全和企业稳定，促进了企业的和谐发展。

## （二）改进措施

广百集团在危机治理方面已经处于同行业中比较领先的位置，然而与国际一流的商贸百货企业相比还存在一些差距。随着市场竞争的加剧，要求企业时刻保持良好的危机预防意识和危机管控能力。为了进一步提高危机管理能力，广百集团将在以下方面改进和提高。

一是要建立科学合理的风险防控及危机管理指标体系，使集团危机管理走向量化分析和流程化操作的轨道。要从竞争环境影响能力、管理运营能力、经济效益能力、发展能力、风险识别与防控能力和社会贡献能力等方面建立评价防控企业危机的分类指标体系，引入企业危机指数作为企业预警的量化参考指标，构建现代化企业的危机管理系统，确保企业危机评价预警机制的合理性和完善性。

二是要进一步完善企业的危机管理运作机制。通过优化企业内部治理结构，强化风险识别与危机监管职能。一方面要强化各分公司、控股公司的风险识别能力，从提升人力资本的角度出发，着力打造具备高素质的风险防控小组，从源头减少危机事件的爆发；同时在危机处理过程中，组织具备高度执行力的危机管理小组全方位监督，并发挥好沟通、协调的中枢作用。另一方面强化对危机处理过程中财务、审计状况的监督，保证资金运用合理；监督与危机管理相关的激励制度的落实，保证正向奖励、负向问责的惩罚制度执行到位。

（三）结束语

在这个公开化、透明化的信息社会，危机的预测和管控要求企业经营者必须具有强烈的危机管理意识和快速反应能力。在商品经济和竞争性时代，公众和社会对知名企业的监督力量是空前的，危机的爆发、传播、扩散也是空前的，企业将面临比以往更加巨大的公开化、透明化挑战。这就要求企业领导者更加注重提高危机战略管理意识，更加注重社会责任意识，更加注重健全科学量化的危机管理机制，更加注重提高处理和驾驭危机事件的能力。而在应对可能发生的危机时，国有企业只要以积极履行社会责任为前提，并注重社会利益、公众利益与企业利益的有机协调，就一定会遇险不惊、化危为机。

# A Case Study of Grandbuy Group Crisis Management

*Liang kaiyan   Qiu Feng   Wu Xiangyu*

Abstract：This paper is mainly about the Grandbuy Group's crisis management and operation system, specifically in its business crisis management, its solution process and results. By summarizing the experience and gains in the crisis of Grandbuy Group, the paper also offered improving ideas and countermeasures in crisis management.

Key Words：Grandbuy Group；Crisis Management；Case Study

# 突发事故与危机管理

Emergencies and Public Administration

## B.8

# 国家公共服务部门危机
# 应急处理措施初探

——以故宫博物院"十重门"事件为视角

刘 强[*]

**摘 要:**

故宫博物院作为全国最令人瞩目的国家级博物馆,却于 2011 年在短短的三个月时间里被指控发生了大大小小十起责任事故,深陷信任危机之中。仔细分析,除了如官僚作风、管理松弛和利益驱动等深层原因外,反应不及时、态度不诚实、责任追究不到位、网络延伸功能强大、故宫方对于媒体监督力度和民众知情意识加强的认识不够深入更是笔者所总结的导致此类事件发生的重要而直接的原因。因此,笔者认为,作为公共服务部

[*] 刘强,中国社会科学院研究生院近代史系博士研究生,中国社会科学院研究生院文物与博物馆硕士教育中心主任助理。

门，要从健全预案、健全"问责制"、坦诚面对、改善外宣等措施着手，进一步提升危机处理能力。

关键词：

　　故宫"十重门"　　公信力　　媒体　　危机处理

　　故宫博物院建立于 1925 年 10 月 10 日，是在明朝、清朝两代皇宫的基础上建立起来的国家级综合性博物馆，也是中国最大的古代文化艺术博物馆。故宫博物院不仅展陈着明清时代遗留下来的皇家宫殿和精美珍宝，而且通过国家调拨、向社会征集和接受私人捐赠等方式获得了丰富的文物藏品，形成古书画、古器物、宫廷文物、书籍档案等领域，蔚成系列、总数超过 180 万件的珍贵馆藏。[①] 在国人看来，故宫博物院是中华民族的骄傲所在，也是全人类的珍贵文化遗产。"正因为故宫在公众心目中极为崇高、神圣的地位，公众不能容忍这块瑰宝受到任何伤害，故宫工作的任何问题始终会处于公众的高度聚焦中。"[②]

　　然而，正是在这么一个特殊的地方，却出人意料地发生了一系列令国人震惊和惋惜的负面事件。2011 年 5 月初到 8 月中旬，从香港两依藏博物馆展品在故宫展出被盗（"失窃门"），到端门外西朝房展览逃税（"逃税门"），短短 3 个多月，故宫经历了大大小小的"十重门"，被媒体揶揄为"事故之宫"[③]。在此期间，媒体、民众热议"十重门"，质疑、责问之声此起彼伏。面对前所未有的拷问与信任危机，身陷"十重门"风波的故宫高层管理人员被推上了舆论的风口浪尖，身负着为公众释疑和博取信任的重任。然而，在开始时，他们的反应和解释并不能让人满意和信服，致使故宫全院上下承受了巨大的压力。

---

① 故宫官网，《故宫博物院总说》，2012 年 8 月 16 日，http：//www. dpm. org. cn/shtml/115/@/9036. html_ 21。

② 《人民日报》2011 年 8 月 20 日，新华社撰稿。

③ 《故宫咋成了'事故之宫'，回应难以令人释疑》，龙虎网，2011 年 8 月 11 日，http：//news. longhoo. net/2011 – 08/11/content_ 6689465. htm。

# 一 "十重门"系列事件的回放及各方的反应

## （一）"失窃门"事件①

2011 年 5 月 10 日，有网友爆料称，5 月 8 日凌晨零点左右，故宫保卫处一巡逻人员发现一可疑人员。由于该人身上有红色印记，疑是故宫红墙剐蹭所致，巡逻人员命令其原地蹲下后，立即打电话联系、上报，但可疑人员随后逃跑。当日早 8 点，工作人员发现，在故宫内东路南边斋宫后面的诚肃殿后墙有一个大洞。据悉，该处是香港知名私人博物馆——两依藏博物馆与故宫合作举办的《交融——两依藏珍选粹展》举办场所。5 月 11 日上午 10 时 30 分，故宫博物院与香港两依藏博物馆共同召开媒体通气会，通报有关《交融——两依藏珍选粹展》展品失窃信息。经清点，已丢失展品分别是：金嵌钻石手袋、金錾花嵌钻石化妆盒、金嵌珐琅斜纹化妆盒、金嵌宝石化妆盒、金嵌钻石化妆盒、金嵌珐琅花饰化妆盒（后在故宫院内寻回二件失物）。2011 年 5 月 11 日晚 11 点，北京警方宣布，故宫失窃案的犯罪嫌疑人石柏魁在丰台一网吧落网。故宫保卫处号称"京城第一保卫处"，人数超过 240 人，下设警卫队、技术科、防火科等 8 个科室。故宫每天闭馆后，还有至少 1600 个防盗报警器、3700 个烟感探测器和 400 个摄像头在运行。总而言之，拥有技防、人防、物防和犬防四道安全防线。为什么如此严密的保护都未能阻止"凿墙盗宝"事件的发生？媒体记者虽然多次询问，故宫方面却表示："一旦有详细消息会予以公布，现在无法回答提问。"

事后，故宫博物院新闻发言人冯乃恩就香港两依藏博物馆失窃的物品向社会表示公开道歉，并且向香港两依藏博物馆表示道歉。他指出故宫博物院具有不可推卸的责任，并表示要继续提高安保水平。他说，从保卫处得知香港的文物失窃之后，就立刻上报了国家文物局和文化部，现在故宫和香港方面也达成

---

① 《故宫发生失窃案，安保曾被称"京城第一保卫处"》，新华网，2011 年 5 月 11 日，http：// news. xinhuanet. com/society/2011 -05/11/c_ 121401004_ 3. htm。

了一致的意见。

香港两依藏博物馆馆长王夏虹出席了发布会，听到这个消息时非常震惊。她的第一个反应是想要把目前故宫的所有展品马上运回香港，但是在沉浸五六分钟之后，她决定继续把他们的展品在故宫完成展览，并且添加一些新的更好的展品。

北京文物局相关负责人和浙江大学文物及博物馆系主任严建强在谈及故宫失窃案时表示，文博单位安全管理的难点并不在于不可移动的古建保护，而在于馆内可移动文物的安全。目前博物馆安保技术已无懈可击，但最大的漏洞在于人员的意识和责任心。

## （二）"错字门"事件①

2011 年 5 月 13 日下午，故宫博物院副院长纪天斌等相关负责人来到北京市公安局赠送锦旗，对市公安局迅速破获故宫博物院展品被盗案表示感谢。然而，一面写有"撼祖国强盛，卫京都泰安"的锦旗却招来了不亚于针对故宫安保水平的质疑：堂堂故宫，难道也写错别字，而且还是意思截然相反的错别字？面对质疑，故宫相关负责人当晚表示，"'撼'字没错，显得厚重。跟'撼山易，撼解放军难'中'撼'字使用是一样的。"先是将"捍"字错写成"撼"字，然后又为此辩护，故宫的反应无疑增加了该事件的戏剧性，引起了社会各界人士广泛的诘责，也令舆论更加不满。由此，故宫再度陷入争议漩涡。

中国艺术研究院研究员张晓风听完记者关于故宫方面解释的叙述后脱口而出："意思满拧啊！"张晓风说，"在语言文字的问题上，很难说谁是真正的权威，只有字典才是权威。无论是公众还是故宫方面，如果要对此作出解释，只能以字典为准，其他的解释都是无力的。"《现代汉语词典（修订版）》主编、中国社会科学院语言研究所研究员韩敬体老先生得知故宫锦旗事件后，同样颇为诧异。他说，"撼"与"捍"实际上是两个"写对了容易，写错了难"的字，这样的常用字，既非古字，也非生僻字，甚至连小学生都不应该犯错。出这种问题，只能说故宫博物院平时太不认真了，太不重视文字工作。可是，故宫本来就是个研

---

① 《故宫回应赠警方锦旗被指错字，称"撼"字显厚重》，新华网，2011 年 5 月 14 日，http：//news. xinhuanet. com/politics/2011－05/14/c_ 121416015. htm。

究古代文物和古文字的地方，竟然……他认为，从这个事情上可以看出，无论硬件有多强，思想方面不注意，出事故真是难免的。著名学者和企业家李开复指出，"解释《康熙字典》被盗了更好。如此强撼（悍）的撼（汉）语，撼（汗）！"著名文史专家赵所生指出，"错别字没水平，死不认错的解释更没水平！"

网络微博也对此事作了热议。网名为"榕树下的故乡"说，"故宫，你悍然用此锦旗送平安北京的捍卫者，令人汗颜，真是撼故宫易，撼没文化难，撼知错就改更难！！"

各方压力下，故宫博物院于5月16号上午9时40分，在故宫官网微博发出声明："由于我们工作的疏漏，在5月13日向北京市公安局赠送的锦旗上出现错字，谨向公众致歉"。表示此次锦旗是由安保部门负责联系制作并直接带到赠送现场，并未经院里检查。很显然，故宫有关负责人在错字后仍强词夺理，推卸责任，使故宫博物院声誉继续受损。

## （三）"会所门"[①]

2011年5月11日和5月12日，央视名嘴芮成钢（此人先前因发博文将星巴克"请出"故宫）接连发表微博称"故宫的建福宫已被北京故宫宫廷文化发展有限公司和管理方改造成了一个全球顶级富豪们独享的私人会所，现有500席会籍面向全球限量发售，前两天一外籍导游也骄傲地告诉我，他刚为一位美国亿万富翁全家单独安排在故宫不对外的宫殿里晚宴。"芮成钢指出，"丢几件展品不可怕，可怕的是丢掉更宝贵的东西"。2011年5月14日，一位名叫"不要脸爱面子"的网友曝料，故宫建福宫被曝已成高级会所，成为某些单位敛财的渠道，他还透露，建福宫会所的入会费为100万元。为增加可信度，该网友声称自己便是建福宫高级会所发展的潜在会员之一，并将印有"紫禁城建福宫"标徽的协议书在网上公开。很快，这一消息得到曾受邀参加建福宫会所开幕式的知情人的支持，此人表示建福宫会所要向全球限量发行500席会籍，他自己也收到一份《入会协议书》。据了解，建福宫由故宫下属

---

① "故宫建福宫被曝已成高级会所，可敛财5亿元"，新华网，2011年5月16日，http：//news. xinhuanet. com/society/2011－05/16/c_ 121418533. htm。

的北京故宫宫廷文化公司运行，故宫占有该公司60%的股份。

获悉此事后，相关记者想继续了解更多情况，却联系不上故宫新闻发言人，故宫官网也未对此有任何回应。无论故宫如何保持沉默，在众多网民心中，故宫具有重大连带责任已是不争的事实。故宫发言人冯乃恩事后表示，故宫目前最大的挑战，是作为一个文物保护单位，还要接待巨大的参观人流。加之未来故宫有计划地扩大开放面积，又会带来新的压力。协调这一矛盾，离不开巨大的人力、物力投入。一位不愿具名的国家博物馆内部人士也告诉财新《新世纪》记者，博物馆的运营费用很高昂，国家的财政拨款一般只能满足基本运营保障，甚至还存在缺口。如果能通过适当的商业运营获得资金，减轻国家负担实现自我循环，是一件有利于博物馆发展的好事情。

然而《法制日报》却发文表示：传闻真伪姑且不论，由此引发的一个问题却不能不引起人们深思：类似故宫这样以公共利益为宗旨的社会公益机构，是否可以从事追求商业利益的经济运作，即公益机构的经济行为是否存在着法律上的边界？事实上，社会上这种试图将文化遗产等进行包装和运作，利用其文化底蕴和公益价值实现商业变现的巨大冲动由来已久。联想到近年来突然蔓延于全国的"申遗热""历史名人故居保卫战"等等事件，以及紧随其后的对文化遗产、自然遗产商品化的运作和争夺，也许故宫所发生的豪华会所传闻就不那么令人惊讶了。尽管在人人言商的时代，要求社会公益机构独善其身似乎有些苛刻，但公益机构独特的社会功能、承载的社会责任，使其应该与追求营利的商业行为之间存在一条不能逾越的红线和法律的边界。

（四）"瓷器门"[①]

7月30日晚，网友"龙灿"发布微博，称由于故宫器物部手续不全，导致7月4日故宫一级文物宋代哥窑青釉葵瓣口盘被工作人员不慎摔碎，但是故宫却一直秘而不宣。"龙灿"表示，消息来源于他的老师、一位业内专家。微博被迅速转载，很快被转发过万，不少网友表示惋惜，"极其珍稀的宋代哥窑

---

① 《瓷器门进行时》，北京文网，2011年8月2日，http://beijingww.qianlong.com/1470/2011/08/02/Zt291@145633.htm；《瓷器门，不是瞒报是迟报》，新华网，2011年8月2日，http://news.xinhuanet.com/photo/2011-08/01/c_121751017_2.htm。

再减一员，默哀"。故宫在瓷器破损后 26 天都秘而不宣，将"沉默是金"奉为信条。久拖不报，违背了文物管理法规里的明文规定：文物破损或遗失等，2 小时内就应上报。在确定调查报告后又不及时据实公开，直到微博曝光、众人围观，似乎是无奈之下，故宫博物院的解释才姗姗来迟。由此，故宫管理人员难以摆脱"瞒报以逃避责任"的嫌疑。有网友对故宫的文物保护措施提出质疑，并指出故宫未及时通报事件，有瞒报嫌疑。

据"龙灿"称，当时故宫器物部将这件哥窑瓷器出库，打算送到科研处，利用新引进的设备进行成分分析，以便研究。但器物部一名工作人员在出库过程中将瓷器摔碎。"龙灿"表示，不了解现实中故宫管理细节，但摔碎价值连城的哥窑瓷器已说明出库程序存在严重问题。至于微博中提到的封口一说，他表示，出了这么大的事情，故宫器物部和科研部工作人员都应该知情，但"向社会隐瞒是不对的"。当晚，记者向故宫博物院有关负责人求证此事，得到的答复是"已经看到这条微博，是否属实正在抓紧进行了解，一旦情况查明会尽快向社会公布"。事后，故宫博物院才证实了文物损坏一事。据介绍，7 月 4 日，古陶瓷检测研究实验室对宋代哥窑青釉葵瓣口盘进行无损分析时，科研人员操作失误，样品台上升距离过大，致使文物发生挤压损坏。故宫博物院文保科技部主任苗建民称，检测仪器中有一个很大的样品台，把器物放在样品台进行检测时，需要将样品抬升到一定高度进行调焦。由于操作的科研人员输入数值出现问题，导致仪器内的样品台上升距离过大，使瓷器受到挤压被损坏。

事件的一再发生让越来越多的媒体坐不住了。财经网发文表示：管理一家如此庞大的博物馆绝非易事，公众对偶尔出现的管理漏洞乃至轻微事故也可以理解。然而，漏洞一个接一个出现，恐怕就不能用"偶然"一词来掩饰，用下级单位没有很好地执行规章制度来搪塞了。故宫方面应当将这些问题视做系统性问题，做总体性反思。

加强内部管理的具体举措固然必不可少，但接二连三出现的管理失误折射出的深层次问题，需下重药才有望祛除。作为一家事业单位，故宫具有这一旧有体制的所有弊端，"官本位"、效率低下、封闭运行、财务混乱。故宫是对公众、对历史负责，还是只对首长负责？恰如媒体在报道中提出，需要厘清公共文化资产的保护和经营之间、公共性与商业化之间的适当边界，在二者之间找到一条平衡之道。

### （五）"屏风门"

8月9日，有媒体报道称，故宫内部知情人透露，继"瓷器门"后，故宫又发生清宫旧藏木制屏风浸水事件。清宫旧藏木制屏风被水浸泡一事，故宫博物院曾做出解释，称媒体报道不实，所谓的文物被水泡坏，其实是在进行正常的修复和除尘。后此事再起波澜，最先披露此事的财新网刊发报道，称故宫博物院对于此事的解释内外有别。他们对外称是"修复除尘"，对内则称是"水管破裂"导致喷出的水洇湿屏风。

在事件过程中，有故宫退休专家向记者表示，故宫应该实事求是地面对公众和媒体，在瓷器损坏事件发生后，应该向公众说明，并对责任人进行处理。但是，老专家也表现出了应有的理智和清醒：在故宫处于舆论漩涡之中时，内部人士也不能趁乱公报私仇，比如借"清宫旧藏木制屏风浸水"这样的事件散布谣言，向相关领导施加压力，而媒体也应慎重报道网络传言。

### （六）"瞒报门"

8月2日晚，网友"龙灿"再次在博客中发帖大曝猛料，称故宫近年发生4起文物人为损坏事件，导致多件珍贵文物被损毁或被遗弃，其中不乏国家一级、二级文物。事发后，故宫秘而不宣，未将有关情况上报主管部门。后来，故宫博物院副院长陈丽华在接受媒体记者采访时对此未予正面回应，只称"所有事情该处理的都处理了"。

### （七）"封口门"

2011年8月，财新网刊发题为《10万元封口费悬案》的记者手记。在文中，详细披露了"封口费丑闻"的发生过程：按规定，故宫门票款须全部直接上缴财政部，财政部对故宫方面有严格的监控。但就有导游有本事直接带领游客进故宫，绕过买票环节，也就是逃票。"当然钱还是要付的，只不过游客的钱不是去了财政部，而是私下勾兑，由导游和故宫的警卫人员直接结算，双方分成。"有多少门票款这样流失，已经很难查实。也许是因为屡试不爽太过顺利，这种成规模的逃票竟发展到毫无遮掩的程度。偏偏不走运，被人看在眼里，并将整个过程拍下来立此存照。抓到如此难得的把柄，此人狮子大开口，向故宫要求 20 万元的封口费。故宫方面不但不报警，还认真派出一个处长去谈判，把价格压到 10 万元。最终由领导做主，正式从财务部门支款付给勒索者。

### （八）"拍卖门"

一则名为《故宫珍贵文物疑遗失！》的网帖，令身处"多事之秋"的故宫博物院因被指私自拍卖馆藏珍贵文物"创收"而再遭质疑。该网帖引用著名文物鉴定家裴光辉的日记指出，故宫博物院曾于 1997 年拍得并收藏了五件一度流失海外的北宋珍贵书札，但该批书札于 2005 年再次"现身"文物拍卖市场，并以超过 1997 年购入价 3 倍的价格，被拍出易主。

"故宫有何权利将当年动用公帑购藏的国有文物拍卖？"成为该网帖质疑的焦点。

中国青年报记者针对此事向故宫博物院求证。故宫方回应中国青年报表示："故宫从来没收藏过网帖中所称的五件北宋书札。"5 月 16 日，一位名为"湘江渔隐"的网友发帖称，故宫博物院于 2005 年，曾涉嫌将其珍贵的馆藏文物——五件北宋名人书札交拍卖行炒卖创收。其质疑的主要依据，是裴光辉先生的《格古日记》。中国青年报记者登录裴光辉个人主页后发现，2005 年 9 月 18 日，确有一篇名为《故宫拍卖馆藏文物?》的日记。作者在日记中写道："有件藏在心里数月的事，实在是不吐不快，但说出来必定令人吃惊：北京故宫博物院，是否将馆藏珍贵文物拿出来拍卖？"

### （九）"古籍门"

一名自称"故宫职工"的人举报，称故宫图书馆善本书库部分图书丢失。举报信称，"2009 年故宫图书馆善本书库发现文物账上的图书，库房里却没有，经过反复查找仍然没有找到，后上报主管图书馆的陈丽华副院长，陈丽华不让追查。现在此事仍然被隐瞒，国家的文物就这样莫名其妙找不到了并且没有任何人承担责任"。举报者表示,希望媒体帮助披露此事,引起相关部门重视,立即查找,"否则时间越长,珍贵的图书就越不容易找到"。在这封落款为 8 月 13 日的信中,举报者没有说明这些古籍善本图书的数量和名字。

（十）"逃税门"

同样是一则微博将公众视线再次引向故宫,而引发问题的是故宫端门外的展览。近日,国家外汇管理局资本司原副司长、国家行政学院决策咨询部副主任陈炳才发表微博称,故宫内存在多处非法经营,并以故宫端门的展览为例,称这些展览不仅没有什么内容,而且展览票都没有税务章。陈炳才认为,这是纯粹向游客敛财,比高速公路收费更简单,不需要什么投入,并质疑:"监管部门在干什么?"

由于目前故宫售票口设在午门,因此对于普通游客而言,端门是他们进入故宫游览的必经之地。从端门往北至午门的这段路路侧,有展厅十余家,这些展览的门票多为 5 元或 10 元。门票是一张白底的纸,上面印有展览主题和票价,但票面没有任何公章,也没有主管单位的落款。故宫新闻发言人冯乃恩表示,目前端门外类似杨贵妃展、中国历代皇后展及武则天展等展览,都不是故宫办的,且端门一带展厅的工作人员,也不是故宫的。据有关人士介绍,端门地区过去确实不属于故宫,一直属于国家博物馆。冯乃恩说,故宫正在办理接手端门地区的管理手续,全部完成接收后,端门一带将改造成售票、咨询、疏导等观众服务区。就此事,国家博物馆做出了一份官方回复,称经文化部批准,原中国国家博物馆（简称"国博"）负责管理的端门地区已于 2011 年 4 月底正式与故宫博物院签署移交协议,目前已完成全部移交工作。同时,国博表示,在中国国家博物馆负责端门地区管理时,已与各经营承包单位签署协议,明确规定各承包单位在端门地区的各种经营活动必须按照国家有关法律法规自行完成税务申报工作。

针对"失窃门""会所门""哥窑门""瞒报门"及"屏风门"等事件,新华社从深层次剖析了其中原因:

面对信息化的新形势,故宫管理者的思维似乎还停留在"紫禁城"年代。最明显的事实,就是把故宫这座公共文化殿堂发生的失误,乃至严重错误,权当"宫内"之事处理，能掩则掩、能藏则藏、能拖则拖。这两个月间所发生的一切，莫不如此。

譬如，记者日前追问其"失窃门"处理责任人的根据及具体条文，故宫表示"此为内部管理规定"予以回绝，意思是按自家"家规"处理，不可与外人道。社会一直关切"5·8失窃案"处理结果如何，从故宫博物院有关领导最新受访中得知，似乎已经作出了处理，只是没公之于众。难道这是故宫的"自家事"，不可告诉外人？其实，故宫管理者应该非常明确，当故宫不再是皇家禁地时，故宫管理者的使命和职责，就是为人民管理好这一文化圣殿，为人类守护这一"世界文化遗产"的安全。正因如此：故宫的一草一木，吸引着人们的关注；故宫的一得一失，牵动着人们的心弦；故宫的一言一行，折射着一个民族文化的高度；故宫的一举一动，更被赋予国家形象的意义，这也是一代代有识之士守护故宫，今日民众追问故宫的深层原因。

故宫博物院成立80多年来，历经磨难与沧桑，正因其走出了紫禁城、走出了深幽、走出了封闭、走向了民众、走向了世界，也走向了新的辉煌。故宫的管理者，唯有正视历史的启示，方能破解新时期管理上的困局让故宫真正成为人民的故宫。浩浩故宫，只有以国家、民族、人类的高度面对眼前这份厚重的文化遗产，才能生就并永久驻留敬畏之心；将隐患、失误消弭于无形，才能重塑形象与声誉，才能重新赢得人们的信任与尊重。

然而，尽管意外频频，批评和质疑声音如潮水般汹涌而来，故宫管理者的反应却显得颇为迟钝，应对措施也不尽如人意，无形之中加深了该事件的负面影响，也让故宫的良好形象持续受损。[①] 直到8月19日下午，时任故宫博物院院长郑欣淼接受新华网记者专访，正式回应早已闹得沸沸扬扬的"十重门"事件，才使事件告一段落，使故宫不再成为人们热议的话题和批评的焦点而逐渐退出人们的视野。"冰冻三尺，非一日之寒"，"十重门"事件虽然告一段落，但其背后折射出来的故宫博物院存在机制问题和管理漏洞才真正是令社会有识之士深刻反思的问题。

---

① 正因为故宫在公众心目中极为崇高、神圣的地位。公众不能容忍这块瑰宝受到任何伤害，故宫工作的任何问题始终会处于公众的高度聚焦中。

## 二 "十重门"事件的原因分析

在众多针对"十重门"事件的批评与反思中可以看到，公众的视线已经超越事故本身，而瞄准了事故背后的制度隐患。大多数批评的声音认为官僚作风、管理松弛和利益驱动是"十重门"事件的症结所在。事实上，关于这些深层次原因的阐述，从媒体到郑欣淼院长均有不同程度的表达。

笔者认为，官僚作风、管理松弛和逐利思想从更大范围讲是时代通病，脉虽好把，病却难治。本文无意再就此"锦上添花"，而打算从应急管理这个技术角度对"十重门"事件加以分析。很明显，反应迟钝、处处被动的故宫管理层没有重视应急管理制度的建立和完善工作，故而在问题频发时不知如何应对，次次"中枪"，导致故宫的信誉严重受损。

笔者认为导致"十重门"系列事件发生的直接原因主要有如下几点：

1. 反应不及时。一般来说，突发事件发生时，责任部门要尽快做出反应，把握处理的最佳时间。而故宫的反应却过于迟缓，事件在曝光后，故宫没有当即回应，而是选择回避。从"十重门"事件发生到最后故宫博物院时任院长郑欣淼公开回应，这中间的时间跨度是三个多月。长时期的等待让公众心理从当初的迫切慢慢冷却为不满和失望，且有理由怀疑故宫最后的澄清是经过慎重考虑后编制的谎言，是文过饰非和推卸责任的行为，那些言论自然是不可信的。然而，在这些事故发生的紧要关头，故宫的相关责任人的表现却不尽如人意，或者回避问题、或者含糊其辞、或者索性保持沉默，伤害了社会公众对故宫的感情，同时也将自己置于一个尴尬的被动地位，一再错失弥补和挽回的良机。

在故宫"十重门"事故先后发生的三个多月时间中，不难看出，故宫方面对待公众知情权的方式消极滞后，这也使得事发后舆论呈现"一边倒"的批评声音。在已经实现的信息公开过程中，故宫的一系列事故确实暴露出一些需要解决的问题：比如存在重形式轻内容的现象；公开内容不全面、程序不规范；原则方面公开多、具体内容公开少；不能妥善处理信息公开与保守秘密的关系。总的说来，在信息公开方面的服务体系建设不够完善、公开办理的行政审批和服务事项不能满足群众需求。

2. 态度不诚实，语焉不详。业内人士表示，从目前发生的一系列事件来看，故宫博物院对于所有事故的处理，都遵循"隐瞒—被曝光—曝光后试图大事化小"的路径。① 这种"添堵"做法使得在面对众多的质疑时，故宫给出的回应多半含混不清、语焉不详。即使到现在，有人认为很多问题也没有完全弄清楚。比如"拍卖门"事件中，故宫究竟有没有竞买过"北宋名人书札"？之后又到底是否存在"私拍"之嫌？虽然故宫坚决否认，但两次交易的"中间人"瀚海公司以保密为由拒绝透露拍卖信息，反倒让事实变得更加模糊。在"屏风门"事件中，同样是故宫的机构给出的却是两个截然不同的解释，他们对外称是"修复除尘"，对内则称是"水管破裂"导致喷出的水打湿屏风。而当媒体继续追问为何内外有别时，故宫却没有回应。

3. 责任追究不到位，部门之间相互袒护。

4. 网络延伸功能强大，尤其是微博的功能在这一系列事件中显得非常突出。

5. 故宫博物院对于媒体监督力度和民众知情意识加强的认识不够深入。郑欣淼院长坦诚地指出，"也正因为故宫在公众心目中特殊的崇高文化地位，公众强烈要求知情权和监督权，我们过去对此的认识和理解是远远不足的，总以为自己专业内的事，向社会说不清楚。""长期以来，我们处于一种相对封闭的工作状态，对媒体主要是单向地发布工作消息，缺乏与社会及时、充分地互动与沟通，也缺乏向大众更清晰明了地介绍自身业务体系的观念和能力。"

有两个问题值得注意：一是"十重门"事件中的多起事件，如"拍卖门""封口门""古籍门"等发生于 2011 年 5 月 8 日"失窃门"事件之前，却为何爆料在"失窃门"乃至"会所门""错字门"事件发生之后？二是"屏风门""瓷器门""拍卖门""封口门""逃税门""古籍门"等本应只有故宫一小部分人才有可能知道的事件为什么能够在互联网上被广泛传播？笔者认为（包括郑欣淼院长也指出过）应该主要出于这个原因：一些故宫职工出于对本院先前一些事情处理过程或结果的不满，甚至对于某些院领导的不满，由于不便

---

① 《故宫"屏风被泡"受损事件，解释内外有别》，新华网，2011 年 8 月 12 日，http：//news. xinhuanet. com/edu/2011 -08/12/c_ 121848769. htm。

或不愿甚至不敢向领导或上级部门反映，因此只好趁着故宫出事并被媒体广泛报道且引起公愤后，陆续向媒体提供材料，以达到给故宫领导层增加压力、促使其痛下决心革故鼎新，对于一些相关工作加以重视的目的。防民之口甚于防川，既然出了事情，不可能堵住老百姓的嘴不让老百姓说话。但是，问题在于出了事故以后，如果不愿意让外界了解或评判太多，那最起码应该迅速地让内部职工了解事情的真相和处理结果。这样做一则可以树立正气，让故宫工作人员体会到正气存在于故宫，故宫的管理权和监督权属于大家，而不只是一些领导；二则可以减少谣言传播的机会，有利于维护故宫的形象。

## 三　故宫博物院努力解释事情和解决问题的基本情况

在事件发生之初，故宫博物院对有些情况也做了解释，但很显然太低估了媒体的嗅觉和民众的反应，反倒是越描越黑。在几经准备之后，2011 年 8 月 19 日，故宫博物院时任院长郑欣淼接受了新华网记者的采访，对事情原委和处理措施作了比较系统、深入的阐述。"十重门"事件之后，在沉重的事实和惨痛的教训面前，为了能够使故宫摆脱困境重新振作，作为时任故宫掌门的郑欣淼院长应该没有太多理由和意愿继续撒谎。因此谈话内容应该是较为坦诚和真实的。

郑院长认为，"失窃和瓷盘损坏是重大责任事故，集中反映了我们管理工作的漏洞和失职。公众因而对故宫的文物管理产生质疑，故宫内部也存在对过去一些文物损伤事件处理结果不满意的态度，于是接连出现四件关于文物损伤、屏风泡水、古籍丢失等内容的爆料，也许还会有新的质疑。公众同时也对故宫可能利用公器牟利存在质疑，包括建福宫会所、买卖宋人书札、私分门票款、端门经商等。而锦旗错别字和宋人书札购买情况记载有误，则反映了我们工作作风和制度的问题。"

"十重门"内的真相究竟如何？郑院长讲"爆料虽然情况不一，有的与事实有出入，有的还没有查实，但都指出我们的管理确实存在很多问题和漏洞"，虽然没有明说其中到底公众说对了几件，但有好几件都是事实。

关于"失窃门（斋宫展品被盗案）"，郑院长解释道："这个案件暴露出我院闭馆清场、报警设施设置、重大作案预判及相关措施等关键环节出了问题。

这给了我们极为沉痛的重大教训，我和院领导班子都做了深刻检查，对分管院领导和各级相关责任人追究责任，按规定分别做出行政警告、记过、记大过和开除、留院察看的处分，以此教育、警示本人和全体干部职工。"

关于"错字门""会所门"，郑院长指出，"出现锦旗错字，故宫声誉受到严重损害，事情发生在具体部门和承办人，根源还在院领导。在错别字出现和当事人回应已经成为媒体热点，演变为突发公共事件后，如果立即公开诚恳承认错误，会有助于社会的谅解。由于纠错不够及时果断，又强调责任在下属，引起社会各界广泛批评，我们深感自责。""所谓建福宫办会所的事情，故宫方面已进行了调查并向社会作出澄清。故宫博物院领导班子从未有过在故宫开办任何会所的动议，一直将在火灾废墟上复建的建福宫花园主要用于举办新闻发布会、小型展览、公益文化活动和接待国家重要贵宾。鉴于合作方北京故宫宫廷文化发展有限公司严重违反双方协议，我院已经责成其停业整顿，终止并将修改协议书。由于我院对合作的公司平时监管不严，对其违反协议私下酝酿会员制的行为没有及时察觉，特别是在已成网络和媒体热点的情况下没有在第一时间查明情况解释清楚，以致质疑扩大发酵，并与展品盗窃案、锦旗错别字事件相互叠加，造成非常被动的局面。"

郑欣淼院长亲口承认，"哥窑瓷器受损"事件的教训之一就是事后没有在第一时间向上级部门报告，对此故宫领导层负有不容推卸的责任。

郑欣淼说："'龙灿（网名）'微博爆料故宫曾经有过四起文物损伤一直没有披露，我这里分别说明。"

一是关于"扔废弃木箱时将10多件佛像一并扔掉，由外单位送回"的情况。2006年6月9日，宫廷部两名职工在处理北五所寿药房库内存放的装运文物的木箱时，由于漏检，造成存于木箱最底层苯板下的黑漆描金小石编磬一组16片（未定级）连同箱子一起被集中至院内古建修缮中心。当时在岗的我院修缮中心职工孙会生发现后，对文物进行了妥善保护，并及时通知了有关部门马上取回。经过彻底核查，确认无其他物品遗漏，16片石编磬也均未出现任何新的伤况。根据《故宫博物院藏品管理规定》，对主要责任人给予了处罚。

二是关于"2006年前后明代一级品法器人为损坏"的情况。经查，我院祭法器类文物无一级品。扩大调查范围，2004年5月27日和9月6日，宫廷部两名职工在整理核对文物时，分别造成清代黄釉盖登（未定级）的盖部和绿地粉彩八宝之"鱼"（未定级）底座的损伤。这两起事故均是由于当事人违反文物操作规程导致的。博物院根据有关规定对当事人给予了处罚。

三是关于"2008年佛堂旧址二级品佛像损坏"的情况，经查，我院多年来未发生过原状佛堂内文物损伤事故。

四是关于"任万平主任的胳肢窝没夹住那件沉重的历史，碎了"的情况。2009年，宫廷部搬运一对晚清时期的玻璃花插（未定级），后发现其中1件花插的1根玻璃枝权断开。院研究认定，宫廷部工作没有违反操作规范，但预案不够细致，考虑不够周密，被责成作出检查说明交院备案。

关于紫檀嵌玉挂屏被水泡损坏，郑欣森解释道："2011年6月15日，宫廷部工作人员将紫檀嵌玉花鸟图挂屏一件（未定级）送文保科技部综合工艺科漆器镶嵌室除尘修复。该器物本身存在伤况。7月25日早晨，工作人员发现，自来水管接口处有一小的裂缝致使挂屏上覆盖的棉垫被部分散落的水珠打湿，并渗透到挂屏上。相关专家到现场查看了这件文物，一致认为该件挂屏未因遇水而出现新的损伤，同时建议仔细检查松动的嵌件，对因胶粘剂老化出现的嵌件松动现象进行加固处理。"

关于故宫是否真的给过10万元封口费掩盖私分门票款，郑欣森的解释是这样的："2009年7月中旬，我院纪检监察办公室接到举报信，反映故宫午门工作人员与社会上不法导游勾结，利用工作之便私放旅行团进入故宫参观游览，从中牟取非法利益，并且声称有影像资料作为证据，可以协助故宫将此人抓获，但要求故宫给予举报奖励15万元，否则不提供证据。我院为了尽快查清问题，不给国家造成更大的经济损失，经反复协商，应允如证据属实可对举报人予以奖励8万元。经保卫处、北京市公安局天安门分局驻故宫派出所联合行动，2009年8月11日上午在举报人的配合下，在故宫午门东门洞中间检票口截获一使用过期票进入故宫的130余人的旅行团，抓捕了相关当事人并起获赃款7660元人民币。由于举报人提供证据信息属实，并配合我院和公安部门抓捕成功，参照我院的查补逃票奖励规定，从该项资金中付给举报人举报奖励费。"

对于故宫在拍卖会上购买五通宋人书札又卖出牟利的说法，郑欣森肯定了先前故宫所做的解释，并继续解释道："1997年，北京翰海拍卖有限公司春季拍卖会上拍五通宋人书札。当时，著名书画鉴定家徐邦达先生曾致函上级主管部门建议收购，经履行论证程序后，我院遂与拍卖公司接洽，当时媒体对此有所报道。动用这一数额的经费征购文物必须向上级部门申请，由于未获批复，此项收购未实现。我院 2005 年出版的《故宫博物院八十年》一书和官网"院史编年"栏目有此项收购的记载，现查明，这是由于我院当年整理院史大事记查阅公文档案时，误以当时上报申请经费文件为依据，没有核对所申请经费并未批复和未能购买的最终结果所造成的。"

关于故宫图书馆丢失古籍一事，郑欣淼讲："故宫在过去长达 7 年的清理古籍过程中，要求发现的疑点都必须记录在案。到 2009 年的阶段性统计，约20 万册书籍中，还有 100 多册不能完全对上账（其中有普通古籍，也有一般线装书和印刷品）。由于涉及 1950 年以来延续半个多世纪的历史遗留问题，情况比较复杂，当时决定作为阶段性存疑记录在案，继续清查，至今仍未停止，尚不能做出丢失的结论。但是一旦清查清楚确认丢失和责任人，将依法依规处理。"

应记者要求，郑欣淼院长也提出了故宫要与时俱进，将制定长效整改措施和提高应急反应能力并重，把找漏洞和制定整改措施结合进行，及时增加或调整规章制度，加强全体员工责任感的培养和责任制、问责制的落实。

可以说，作为长期担任省部级干部的学者型官员、故宫博物院的"一把手"，郑欣淼院长的这次解释是比较客观的。

## 四　对新时期公共部门处理突发事件的启示

"十重门"事件引发的信任危机绝对不是偶然爆发的，它是很多问题综合作用的必然结果。不找出这些问题，就不能对症下药，避免二次犯错。笔者认为，如果把"十重门"事件的性质进行一般化分析，则体现了公共服务部门如何提高应急情况处理能力的问题。

### （一）应急管理体系的基本含义

应急管理指的是针对突发性公共事件所实施的一系列旨在降低危害的管理

行为，应急管理体系则是指与之相关的复杂的工作系统，是经过实践证明行之有效的制度和方法理论化和系统化的有机整合，一般来讲，应急管理体系都包含"一案三制"，即应急预案、应急管理体制、运行机制和法制，其中应急预案是构建应急管理系统的核心，也是有效应对突发事件的基础和重要环节。随着我国社会经济的快速发展，来自传统领域和非传统领域的各类突发公共事件危害日益突出，已成为威胁国家安全和人民财产生命安全的重要隐患，针对突发事件的应急管理系统的建立有利于预防和减少突发事件的发生，减轻突发事件的社会危害，对于保障公共安全，建设社会主义和谐社会具有十分重要的现实意义。统计表明：有效的应急系统可将事故损失降低到无应急系统的 6%①。

正因为如此，自新中国成立以来，我国应急管理体制应对的危机范围逐渐扩大，其覆盖面从以自然灾害为主逐渐扩大到覆盖自然灾害、事故灾难、公共卫生和社会安全四个方面②。应对危机的方式从被动的"撞击—反应"式危机处置逐渐演变为从前期预防到后期评估的危机全过程管理。2003 年对抗非典疫情的经验将政府对应急管理体系重要性的认识提高到一个新的水平，以此为契机，我国政府启动以"一案三制"为核心的应急管理体系的建设工程。在各级政府和各个部门的共同努力下，迄今为止，已经建立了一套包括《国家总体应急预案》《国务院部门应急预案》《国家专项应急预案》《地方应急预案》等在内的从中央到地方、从部门到单位、涵盖面较广的国家突发事件应急管理体系③，基本上实现了"横向到边，纵向到底"④ 的总体目标。

国家和各级政府出台的大量有关法律和规定为应急管理制度建立了规范性原则，在参照这些原则的前提下，国有企事业单位也相应地建立了各自的应急管理制度。然而，《中华人民共和国突发事件应对法》中规定的四类突发事件将监控重点放在了以客观伤害为主、破坏性易于测量的事故上，对于如"十

---

① 覃燕红：《突发事件应急预案有效性评价》，《科技管理研究》2010 年第 24 期。

② 《中华人民共和国突发事件应对法》，中央政府网站，http://www.gov.cn/ziliao/flfg/2007 – 08/30/content_ 732593. htm。

③ 《国家突发公共事件预案体系》，中国行政管理西部新闻网，2011 年 1 月 27 日，http://www.zgxzglxb.com/news_ info. asp? news_ id = 258。

④ 张海波：《中国应急预案体系的运行机理、绩效约束与管理优化》，《中国应急管理》2011 年 6 月。

重门"这种性质较为特殊的事件却没有明确规定。这也是故宫面对"十重门"时无法启动应急预案而一筹莫展的原因之一。

### （二）应急管理的特征

#### 1. 预防性

预防是应急管理的第一大特征，坚持预防与应急并重是应急管理的首要方针。大量的事故处理经验证明，良好的预防措施能够极大地提高应急处理的效率，降低应急处理的成本。所以，应急管理的首要环节在于及早监控可能发生的事故，有效防止危机爆发或者为可能爆发的危机做好各种准备。

#### 2. 不确定性

尽管应急部门对可能要发生的危机事件作了相应的准备，但是却难以准确预测突发事件发生的时间、地点、强度和规模。这些偶然性因素又决定应急预案的功能有限性，它不可能将所有复杂情况都考虑到位，而只能提供指导性的处理模式。具体的工作则需要责任人根据复杂的现实状况适时加以调整，以便最大限度发挥应急管理的作用。

#### 3. 紧急性

突发事件一旦发生，天然处于紧急状态，而且可供有效处理的时间极其有限。相关部门必须在第一时间内快速作出反应，遏制事态的继续恶化，争取在最短时间内尽最大可能降低事故的危害。

#### 4. 综合性

综合性是指应急管理牵涉范围广泛，单独依靠哪一个部门无法完成应急管理工作。复杂的应急管理程序要求成立一个综合协调机构，加强协调各部门之间的合作，有效整合各方资源，并统一指挥对突发事件的处理工作。

应急管理工作包括监测预防、紧急处置、善后恢复、事后评估四个阶段。首先，在事故爆发前要保持危机意识，做好预防工作，防患于未然。其次，在事故爆发后要即刻启动应急预案，进入非常态的紧急处理阶段，集中力量化解危机。再次，事故爆发后，虽然事态得到遏制，但是破坏已不可避免，此时要及时采取各种措施恢复事故造成的损失，同时还要启动问责制，追究事故有关人员的责任。最后，对前面三个阶段的整个工作进行效果评估，及时查找问题，总结经验，吸取教训，优化应急管理体系，进一步改善应急管理工作。

### （三）"十重门"事件的特殊性分析

"十重门"事件不是一般的突发事件，该事件既不同于《国家突发公共事件预案体系》第三条规定的四类突发事件①，也不同于李经中划分的四类危机事件②，具有其不可混淆的特殊性。该事件的详细过程无需赘述，为了不将"十重门"事件与其中的具体事件混为一谈，这里将"十重门"事件当作一个整体来分析，以便对事件的性质加以分析和定位。

经众多知情人士的爆料，从"失窃门"到"逃税门"，故宫在短时间内经历了大大小小的"十重门"，可谓"一波未平，一波又起"。这一系列突然发生的质疑与拷问，着实让故宫措手不及，以前没有处理这种事件的经验，加之考虑到社会影响，迟迟没有给公众一个满意的答复，试图低调处理的故宫没能摆脱危机。恰恰相反，社会公众不仅对"十重门"事件紧追不放，要求故宫给一个交代，而且对故宫高压之下的交代抱有极大的不信任。失去了社会的信任，此时故宫的解释无论是真是假，已经不重要了。故宫正面临着严重的、前所未有的信任危机。这个危机若不能有效解决，直接影响是阻碍我国文物事业的发展，更大的损失则在于伤害了附加在爱护国家文物中的爱国热情。可以预见，在较长的一段时期内，故宫管理机构从社会中寻求支持与理解的努力有可能得不到热情的回应。这种无形却危害性极大的危机正是"十重门"事件的特殊性所在。

"十重门"是特殊的突发事件。首先，该事件具有一般突发事件的典型特征：其一是事出突然，出乎意料；其二是事件影响广泛且难以用常规手段处理。其次，它又不同于一般类型的突发事件。其一，不确定性更强，预测难度更大，建立应急预案的难度也更大。危机会何时到来，会以何种形式出现，公众的需求偏好是什么，这些问题都是未知数。在信息极其有限的情况下，更多部门选择抱着侥幸心理而不是去想出了问题该如何应对。其二，影响范围更为

---

① 即上文谈到的自然灾害、事故灾难、公共卫生和社会安全四类事件。

② 李经中：《政府危机管理》，中国城市出版社，2003年8月第1版，第50~56页。该书中的四类危机事件分别为：战争危机、恐怖危机、骚乱危机、灾害危机。

广泛。与特定灾难性事故有特定的受灾区域不同，"十重门"事件是通过网络传播的，网络的无限延伸功能会把这种影响延伸到网络覆盖的任何角落，包括国内社会和国外社会。其三，消除影响、重建声誉的时间更长。一般的突发事件，在事故得到有效处理后，消除影响、恢复秩序的速度较快。"十重门"事件则不然，失去信任后的故宫想要重建声誉，需要投入更多的精力和持之以恒的努力才能有机会平复公众的情绪。常识表明，信任一旦失去，就很难弥补，博取失而复得的信任是一个缓慢而又艰辛的过程。

## （四）对策建议

公共部门需要深刻反思自身的管理理念和履行职能的方式当中存在的严重缺陷。如果公共部门真心诚意致力于解决问题，就不应该忽略和回避事件的各类原因，要多管齐下，达到"标本兼治"的效果。

虽然信任危机是一种比较特殊的突发事件，应急管理的难度较大，但这并不代表此类事件不能科学预防和合理处理。通过总结"十重门"事件的经验和教训，在面对可能爆发的信任危机时，可以从以下几个方面着手建立种种预防和处理措施。

**1. 健全预案，反应迅速，及时调查清楚事情原委，建立针对性的应急管理预案，杜绝类似的危机再次出现，做到有章可循**

应急预案是突发事件发生之前对事件的预报、预测及提供预先处理操作的重要机制。编制应急预案，对于应急决策的科学、高效，对于应急指挥的权威、规范具有重要意义。《孙子兵法》中曰："夫未战而庙算胜者，得算多也；未战而庙算不胜者，得算少也。多算胜少算，而况于无算乎！"说的就是这个道理。在危机爆发时，只要了解危机的基本情况，按照确定的、有条不紊的程序进行处置，增强应急指挥的规范性，这就大大缩短了危机决策的时间，减少"事到临头、自乱阵脚"的盲目性，为合理解决危机奠定了基础。

建立应急管理预案的重要步骤之一在于建立综合协调部门。应急处置是一个庞大的系统工程，要依靠各部门的统一协调和通力合作。坚持综合协调的原则，才能确保依照应急预案构建起组织机构完备、指挥协调高效、纵向垂直协调管理、横向相互沟通交流、全面覆盖的应急组织体系，并确保与相关预案的协调统一。① 建立专门的由各个职能部门相互协调、共同合作的危机管理核心机构，明确相关组织人员的角色和责任，才能在危机爆发时真正发挥应急管理体系的最大作用。

**2. 健全"问责制"，责权清晰、赏罚明确、及时处理、及时汇报，不搞自罚三杯**

2011 年 7 月 4 日，宋代哥窑瓷器受损被曝光之后，故宫方面对待公众关注的态度较之前有所进步，不但迅速查清了事故原因，也很快给出了处理结果。故宫博物院官方及时发布消息称，根据有关规定，故宫博物院对损毁事件的直接责任人给予行政记大过处分，对负有领导责任的该部门主要负责人给予行政警告处分。

这样的做法看似可以蒙混过关但"自罚三杯"的内部处理，又激起了新的舆论波澜。一件国家一级文物受到严重损坏，在以守护文物为主要职责的故宫博物院理应算作重大责任事故，而给予相关责任人的处罚确是典型的"自查自纠"。这样的后续处理方式使得故宫不仅没有挽回信任，反而加深了公众的担忧。

据媒体披露，该事件的处理方法所依据的是故宫方面制定的一个内部"不便公开"的《藏品管理规定》，这再次印证了公众对故宫管理神秘化的担忧。在对此事件的处理上，我们可以看出故宫面向社会监督的宫门依然并未敞开。公众认为"故宫文物都是国有的，故宫博物院不过是代全体国民行使看管之权"，但故宫处理事故的惯用方法是"关起门来处理"，于是二者产生了难以化解的矛盾。

化解矛盾的积极方法便是实现信息透明，实施行政问责。2003 年"非典"时期的"问责风暴"标志着我国的行政问责制的确立。自实施以来，它作为一种制度保障，体现了责任政府"权责相符"的原则，是责任政府的具体表现形式，其实质在于对公共权力进行监督及对过失权力进行责任追究，最终目的在于保证政府系统的正常运行，并以此遏制权力腐败，进而保障公众权益不受损失或损失最小化。从特大自然灾害、安全生产事故，到食品安全事件、政府财政花费，一系列官员辞职、引咎辞职、责令辞职、免职，显示出我国政府

---

① 禹竹蕊：《论应急预案的动态综合评估》，《人民论坛》2011 年第 14 期，总第 327 期。

加强力度推行行政问责制的决心。问责制度也逐渐进步：问责范围不断扩大、问责方式从"权利问责"向"制度问责"转变，公民参与和社会舆论的推动作用日益凸显。无疑，"问责制"的广泛采用对我国公民社会的发展及政治文明的进步都起到了重要的推动作用。

行政问责制为官员正确行使公共权力提供了制度保证，是我国政府管理的创新举措。政府行使公共权力与其承担的巨大责任之间存在现实矛盾，一方面政府要保证做到对国家与公共事务的正确决策、组织、管理和控制，一方面它又要受到来自社会和公众等对其权力所进行的严格监督。

启动问责机制，领导层要带头说真话，勇于承担责任，勇于管人。出了事情领导不能说假话或者瞒着不报，不能把责任推给下属，也不能因怕得罪人或无原则地保护下属而做老好人。针对某些对下级部门的负面信息，一旦调查属实，要及时排查问题，追究相关人员的责任。

事实证明，事故问责能够真正牵动各级责任人员的神经，起到提高防范意识、增强事后处理效率的作用。故宫应当拿出改革魄力严格问责制度，才能使因"关门"问责而产生的民众不信任情绪逐渐消散。

### 3. 坦诚面对，信息透明，用真话取信于民

创造和维持与公众之间开放与诚实的沟通是维持信任的基本前提，这种沟通应该是双向的，公共部门和公众双方都应该享有向对方提供意见的机会。公共部门应该根据公众接受信息的途径和偏好而设立相应机制，从而促进危机沟通以公众喜欢的方式开展。公众的意见应该优先被考虑，并用于危机决策和应急计划的制订。"不能保证政府不做错事，但是要保证政府诚实。"无论是在危急时刻还是在正常状态下，都要跟踪舆论信息，发布社会需要的信息。危机事件发生后，相关部门要尽快和尽量透明地向社会公开信息，争取社会各界的最大信任①，遮遮掩掩或进行冷处理即使能够让社会各界慢慢淡忘事件本身，付出的代价也是很大的，最主要的就是错过了恢复社会信任的最重要时机。

2011 年 8 月 3 日，中共中央办公厅、国务院办公厅印发《关于深化政务公开加强政务服务的意见》（下称《意见》），提出要抓好重大突发事件和群众

---

① 周光凡：《公共危机管理典型案例 2009》，人民出版社，2010 年 3 月第 1 版，第 198 页。

关注热点问题的公开，客观公布事件进展、政府举措、公众防范措施和调查处理结果。《意见》第 7 条要求，深入实施政府信息公开条例。抓好重大突发事件和群众关注热点问题的公开，客观公布事件进展、政府举措、公众防范措施和调查处理结果，及时回应社会关切，正确引导社会舆论。《突发事件应对法》第 53 条明确规定：履行统一领导职责或者组织处置突发事件的人民政府，应当按照有关规定统一、准确、及时发布有关突发事件事态发展和应急处置工作的信息。第 54 条规定：任何单位和个人，不得编造、传播有关突发事件事态发展或者应急处置工作的虚假信息。

因此，笔者建议在信息公开方面：故宫应注重制度建设，使馆务公开成为工作的一种常态；加强舆论监督，让本馆信息暴露在"阳光"之下。事实上，故宫博物院也深刻地认识到这一点。郑欣淼院长指出："对文物发生问题如何及时严格按照规章制度处理、上报、公布，对于涉及的经营活动如何进一步加强监管，特别是保证公开透明，都是我们整改的重要任务。如果不能做到这些，今后还会有更多的问题出现……我们要继续学习和消化公众的意见和批评，组织干部职工更加深入地反思和检讨。下一步，我们将不断向公众汇报整改的阶段性情况，主动接受社会各界的监督。"2012 年，故宫新任院长单霁翔也表示将创造良好条件，主动增强故宫工作的透明度和公开性。他认为"社会的监督是保障故宫博物院的事业健康发展的外部条件"，并承诺采用更多具体措施来保障信息畅通。

**4. 加强外宣，接近媒体，合理利用和发挥媒体和网络媒介的作用，建立制度化的沟通机制，增加媒体和公众了解故宫的渠道和机会，提高公共部门的形象和公信力**

在现代社会，媒体由于能够接触最广大的公众，不可否认地成为一种重要的社会力量。它介于公共部门与公众之间，是二者沟通的最佳媒介。媒体是危机管理中不可或缺的力量。通过媒体客观的报道，让公众了解事件真相，可以有效避免臆想猜测造成的社会混乱。同时，媒体开展的舆论监督是一种有效的危机防范，媒体通过对公共部门解决危机的态度和举措的报道，让公众看到公共部门积极努力的作为，塑造公共部门实事求是、认真负责的良好形象，有助于争取社会的理解、配合和支持。

因此，事件之后郑欣淼院长指出，"今后在加强信息公开和引进监督方面，我们将建立常态的和媒体与公众沟通交流机制，更主动地披露和开放日常管理的运行机制和工作程序，充分报告工作和措施的进展、结果和尚存在的问题，及时答复媒体和公众的疑问。"单霁翔院长也表示，"我们会创造良好的条件，主动增强故宫工作的透明性、公开性，让社会更多地了解故宫，多一份了解，就多一份理解。"单院长承诺，故宫会积极加强与媒体、公众的良性互动，虚心听取媒体和公众对故宫博物院工作的意见和建议，虚心接受批评，尊重民意、汇聚民智，将其作为故宫改进工作、强化服务、提升水平的重要动力。[1] 这是一个良好的信号，意味着故宫博物院将努力改变传统的封闭式管理模式，更加注重开放性和透明性。

总之，"十重门"事件既暴露了故宫的管理危机，也为故宫改革的推进创造了有利契机。故宫管理者作为人民公共财产的保管者应当勇于改革，坚守责任，使故宫更有尊严，并成为文化遗产保护和博物馆建设的典范。然而，任重而道远，"十重门"事件对故宫管理机构的负面影响非一朝一夕所能消除，承诺意味着更多的责任，对新任掌门来说，改革虽然势在必行，却阻力重重，等待故宫领导班子的将是更多的考验以及社会公众所寄予的破旧立新的厚望。

## 参考文献

廖翊、黄小希：《打开故宫十重门——故宫博物院院长郑欣淼访谈录》，网易，2011年8月20日转自《人民日报》。

赵立波：《论中国的事业单位及其改革》，《中共中央党校学报》2007年第5期。

郑欣淼：《故宫的价值与地位》，《人民日报（海外版）》2008年11月28日，第15版。

孙克勤：《中国的世界遗产存在的问题与对策》，《可持续发展》2011年第6期。

张康之：《寻找公共行政的伦理视角》，中国人民大学出版社，2002。

周亚越：《行政问责制研究》，中国检察出版社，2006。

王千华、王军：《事业单位的理事会制度创新》，《开放导报》2007年第5期。

---

[1] 《故宫八项措施重铸公信力　为公众监督创造条件》，《中国青年报》2012年2月15日，http：//news. xinhuanet. com/fortune/2012 - 02/15/c_ 122703785. htm？ prolongation =1。

# An Investigation of National Public Service Sector's Crisis Emergency Management Measures

—Through the Lense of the "Ten Critical Events" in the Palace Museum

*Liu Qiang*

**Abstract:** The Palace Museum, one of the most remarkable national museums in China, has been involved in deep crisis by ten large or small critical events within three months in 2011. And it is unveiled by this paper via systematic investigation and analysis that retarded response, dishonest attitude, inadequate accountability, influential and spreading network and, superficial awareness of the media supervision, and the curiosity of the public are all the important and direct causes of these events besides the deeper reasons of bureaucracy, loose management and profit-driven. Therefore, the author believes that the Palace Museum as a public service sector should implement sound plans, improve the accountability system, publicity and other measures to proceed further enhancement in crisis management with a straight and rational attitude.

**Key Words:** "Ten Critical Events" in the Palace Museum; Credibility; Media; Crisis Management

# B.9
# 湄公河劫船案件的国际危机管理评析

卢光盛　罗雪锋*

**摘　要：**

　　"10·5"湄公河惨案发生至今已近一年。在此期间，中方积极推动有关国家进行密切合作，在案件侦破缉拿凶手和建立安全合作机制上，都取得了比较显著的成绩。全面分析此次危机管理的过程，总结经验和教训，对于处于迅速崛起历史时期、海外经济活动越来越活跃、海外利益和公民人身安全的保障问题越来越突出的当今中国，具有积极意义。本文首先介绍危机的形成、发展及其管理过程，并进而分析相关部门危机管理的成效与不足。文章认为，此次湄公河劫船事件的危机管理总体上是成功的，但还有一些经验教训需要总结，同时危机管理的工作还要继续下去。

**关键词：**

　　湄公河案件　危机管理　非传统安全合作　国际公共产品

　　2011年10月5日，在湄公河金三角水域，发生了震惊中外的商船被劫事件，来自"华平号"和"玉兴8号"的13名中国船员不幸遇害。惨案的发生，凸显出湄公河航道及周边地区面临着严峻而复杂的安全形势，对次区域内各国开展更加广泛深入的合作制造了障碍，并给中国与有关国家的双边关系蒙上了阴影，在一定程度上形成了地区内的国际关系危机。由于案件涉及湄公河次区域内的老挝、缅甸、泰国等国，并造成十余名中国公民遇害身亡，国内国际舆论广泛关注中国政府对该案的调查和处理。国际舆论关注中国政府如何协

---

　　* 卢光盛，博士，云南大学东南亚研究所所长，教授，博士生导师；罗雪锋，云南大学大湄公河次区域研究中心。

调同另外三国的关系以应对此次危机、在案件处理过程中能否尊重三国领土主权等，并对中国是否借机在该地区扩张力量存有疑虑和猜测。[①] 国内各界普遍希望并期待中国政府认真彻查该案，给死者家属及社会各界一个交代，并对真凶依法严惩，以维护我海外公民的安全和利益。涉及我国公民切身利益，案件对中国政府是否能以实际行动践行"以人为本"的执政理念和"外交为民"的政策方针形成考验；若中方有关部门对此事处理不当，则案件将有可能进一步演变为政府执政的公信力危机，从而使危机从国际层面延伸至国内层面。因此，从国际、国内两个角度出发，中方都必须重视案件的妥善处理，有效化解危机和风险。案件发生后近一年来，中方积极主动地采取各项措施：一方面开展了卓有成效的国际协调，有力地推动了中老缅泰四国在维护航道安全方面的合作；另一方面在案件调查、缉拿凶手方面也取得了重大进展。在应对此次重大跨国刑事案件危机的过程中，中方的表现可圈可点，为今后维护海外公民权益积累了宝贵经验，同时也不可避免地存在某些疏漏，本文将对此进行全面的分析与总结。

## 一 湄公河案件经过

2011年10月9日，中国外交部证实，10月5日上午，中国籍货船"华平号"和缅甸籍货船"玉兴8号"在湄公河金三角水域遭遇袭击。经多方核实，"华平号"上有6名中国船员，5人遇难，1人失踪；"玉兴8号"上有7名中国船员，6人遇难，1人失踪。[②] 据《曼谷邮报》报道，遗体极为惨烈。泰国警方称多名受害者双眼被蒙，双手从背后反铐。

---

[①] 2011年11月9日，美国《华尔街日报》对"湄公河武装护航"进行了评论报道，称"邻国担忧中国借机扩大在东南亚的军事存在"。报道认为，与中国当前在非洲海岸等国际水域对其商船提供的保护不同，湄公计划意味着中国的武装力量将会存在于邻国的领土上，这有可能为中国在东南亚打开一个新的"战略前沿"。同月10日，美国《纽约时报》在报道中援引澳大利亚新南威尔士大学一位东南亚问题专家的话说，尽管另外三个国家理解中国想保护其船只安全的意愿，但对中国要派出一支"超大规模"的力量，他们仍然可能反对。参见卢光盛《湄公河恢复通航问题之我见》，《世界知识》2011年总第1570期，第22页。

[②] 《外交部妥善处理两艘货船在湄公河水域遇袭事件》，外交部网站，http://www.fmprc. gov.cn/chn/gxh/cgb/lsxw/t865754.htm。

据媒体报道，事发当时与两艘被劫商船一起的还有"华鑫6号"船只，由于其位置靠后，所幸未被非法武装拦截。被劫船只在胁迫下向泰国方向驶去，在距泰国清盛港十余公里的泰老河段，遭到泰国方面阻击，双方发生交火。事发当天14点左右，"玉兴8号"船舶业务员从泰国警方了解到：两艘货船停靠在金三角吊车码头，13名船员全部失踪；两艘船上还搜出逾九十万颗毒品麻黄素。

对于当天发生的交火，泰国《曼谷邮报》6日报道称，泰国军方5日接到毒品走私入境线索，在当天下午发现事发船只，并与船上5名武装分子交火，1名被击毙，其余逃离。被击毙武装分子不是中国籍。

10月11日，来自中国外交部消息，据驻清迈总领馆报告，当天下午第12具遇难者遗体被找到。[①] 10月23日，来自中国公安部消息，最后一名失踪者"玉兴8号"船长杨德毅的遗体被找到。至此，13名中国船员全部遇难。13名遇难中国船员分别是："华平号"，黄勇（三等船长，1971年生）、蔡芳华（三等轮机员，1959年生）、杨应东（水手，1982年生）、李燕（炊事员，1983年生）、王建军（三等驾驶员，1975年生）、邱家海（三等轮机长，1953年生）；"玉兴8号"，杨德毅（三等船长，1974年生）、王贵超（三等轮机长，1965年生）、文代洪（三等驾驶员，1979年生）、何熙行（1966年生）、曾保成（1974年生）、杨植炜（1993年生，杨德毅之子）、陈国英（1969年生）。

惨案的发生以及13名中国船员遇难，震惊了国内外舆论界。[②] 案件情节之恶劣，作案手段之残忍，惊世骇俗。关于事件真相的调查和如何惩治真凶，以及湄公河航道严峻的安全形势如何改善，成为各方舆论关注的焦点。后据媒体报道，此次案件发生前，已经发生过多次游客和船员在该水域遭遇抢劫的袭击事件。据云南当地船主统计，有70%的货船曾遭遇劫持。2011年4月，武

---

① 《第12具遇难中国船员遗体被找到》，外交部网站，http：//www.fmprc.gov.cn/chn/pds/wjdt/lsdt/t866287.htm。

② 《法制日报》：《2011年国际十大案件　中国船员湄公河遇害居首》，http：//asean.yunnan.cn/html/2011－12/29/content_1977462.htm#11643－tsina－689484－19048－3df2cbac0f63d5517395f0413f449065。

装分子劫持三艘货船并要求赎金；2011 年 8 月 22 日，17 名游客乘船途经金三角水域时遭到不明武装人员拦截，财物被洗劫一空。[①] 但由于都没有造成人员伤亡的严重后果，且金三角地区复杂的安全形势历来已久，未能引起舆论和有关方面的重视，从而为此次严重袭击事件埋下了隐患。

## 二 案发后中方进行的协调和处理

### 1. 危机初期的紧急响应

事件发生后，云南省随即启动突发事件一级响应机制。2011 年 10 月 10 日，由外事、公安、交通、民政等部门组成的云南省工作组抵达事发地泰国清盛县，全力配合我驻外使领馆查找失踪者、安抚家属，妥善处理善后工作。同日，出于安全考虑，云南省暂停了湄公河航道货运。而在之前的 8 月，因游客遭遇抢劫，湄公河航道客运已暂停。这意味湄公河航运全面暂停。

10 月 13 日早上，29 名遇难者家属从景洪启程前往泰国清盛县处理善后工作。14 日，在中方护航巡逻艇的接应下，滞留在湄公河泰国段清盛附近的 28 艘中方船只和 164 名中国船员，开始通过湄公河陆续返回中国。[②] 至 10 月 23 日，滞留泰国的所有中国船只和船员平安回国。至 11 月 7 日，遇袭身亡的 13 名船员遗体已有 11 具火化。

10 月 13 日，外交部副部长宋涛召见泰国驻华临时代办王逸生和老挝驻华大使宋迪本库、缅甸驻华大使吴丁乌，就"10·5"案件提出紧急交涉：要求三国尽快查明事件真相，依法缉拿并严惩肇事凶犯；为滞留在泰国清盛港的中国船舶船员回国提供协助和保护；采取切实有效措施，杜绝类似恶性事件再次发生。中方将与有关各方共同研究加强湄公河航道安全的办法，希望各方积极支持配合，共同维护这一重要国际航道的安全。[③]

---

① 《资料显示澜沧江 – 湄公河常发生持枪抢劫商船事件》，新浪网，http：//news. sina. com. cn/c/2011 – 10 – 10/040923276232. shtml。

② 《中方护航巡逻艇接应滞留船只回国》，人民网，http：//world. people. com. cn/GB/1029/42354/15903675. html。

③ 《外交部副部长宋涛就我船员在湄公河遇袭身亡事向泰国、缅甸、老挝三国驻华使节提出紧急交涉》，外交部网站，http：//www. fmprc. gov. cn/chn/gxh/mtb/bldhd/t866969. htm。

10月15日下午，由外交部、公安部、交通运输部组成的中国政府联合工作组抵达泰国清莱府。当晚，中国公安部刑侦专家与泰方一同连夜开始对遇难者进行尸检。16日上午，双方开始对遇袭船只进行首次共同现场勘查。

10月23日晚，由中国公安部副部长张新枫率领的中国公安高级代表团一行8人抵达曼谷。次日，代表团先后与泰国警察总监飘潘、泰国副总理差林就处理"10·5"事件举行了会谈。25日下午，代表团赶赴泰国清莱府，听取了泰国警方负责人就"10·5"案件调查工作的情况介绍。26日上午，代表团前往清盛码头，向遇难中国船员表示哀悼，并在泰方专案组有关负责人的陪同下登上两艘事发船只，实地察看了案发现场和有关物证。

**2. 推动湄公河四国联合执法安全机制成立与实施**

湄公河案件凸显出该航道面临严峻的安全形势，四国采取联合行动维护航道安全被提上议事日程。2011年10月31日，中国、老挝、缅甸、泰国在北京举行四国湄公河流域执法安全合作会议。中国国务委员、公安部部长孟建柱、老挝副总理兼国防部长当斋、缅甸内政部部长哥哥和泰国副总理哥威率团出席会议。与会各国一致通过《湄公河流域执法安全合作会议纪要》，并发表《关于湄公河流域执法安全合作的联合声明》。决定：加大联合办案力度，尽快彻底查清"10·5"案件案情，缉拿惩办凶手；建立中老缅泰湄公河流域执法安全合作机制，建立情报交流、联合巡逻执法、联合整治治安突出问题、联合打击跨国犯罪、共同应对突发事件合作机制；尽快开展联合巡逻执法，为恢复湄公河航运创造安全条件，争取在12月第四次大湄公河次区域经济合作领导人会议召开之前恢复湄公河通航；等等。

11月25日、26日，中老缅泰湄公河联合巡逻执法部长级会议在北京举行。会议发表了《中老缅泰湄公河联合巡逻执法部长级会议联合声明》：决定自2011年12月中旬开始，在湄公河流域开展联合执法；成立中、老、缅、泰湄公河联合巡逻执法指挥部，在中方设立指挥部，在老挝、缅甸、泰国分设联络点；并于12月15日前在中国关累港举行联合巡逻执法首航仪式，确保于同月19日在缅甸首都内比都开幕的第四次大湄公河次区域经济合作峰会召开前恢复通航。

12月9日，云南公安边防总队水上支队在云南西双版纳成立，将作为中国公安边防部门第一支承担国际河流联合巡逻执法的队伍,与老挝、缅甸、泰国执法部门共同开展湄公河联合巡逻执法。同日,中、老、缅、泰湄公河联合巡逻执法指挥部在云南关累港揭牌成立。10日,联合巡逻执法首航开始,以护航10艘商船为标志,湄公河航道货运开始逐渐恢复。

2012年1月3日,14名游客从云南景洪港起航驶往泰国清盛,停航4个月的湄公河航道客运开始恢复。至此,湄公河航运全面恢复。

然而,就在恢复客运后的次日凌晨,在缅甸万崩码头附近,不明武装分子向1艘缅甸巡逻船和4艘中国货船发射了两枚火箭弹,中国货船幸未被击中。而仅十天后的1月14日晚,一艘从泰国清盛返回云南关累港途中的中国商船,在临近"10·5"案件事发水域遭遇来自老挝方一侧的不明连续枪击。所幸两次事件均未造成人员伤亡。

2012年1月15日,四国开展第二次湄公河航道联合巡逻执法行动。

2012年3月2~4日,四国联合指挥部召开首次工作会议,商定了定期召开"联指例会"、进一步畅通指挥联络、加强"联指"工作力量等健全联合指挥工作措施。3月12日,老挝执法船抵达中国关累港,两国警方以湄公河上可能发生被非法武装组织袭击,船只搁浅、触礁、碰撞等航行安全为作业想定,采取理论讲解与模拟实战、作业想定与随机指令相结合的方式,重点对应急预案启动、组织指挥流程、协同配合处置等内容在中国关累港附近水域开展了为期10天的联合演练,两国3艘执法船艇和106名官兵参加了演练。

3月25~28日,四国开展第三次湄公河联合巡逻执法行动。其间,26日,泰国警方巡逻艇及执法人员在金木棉码头与中、老、缅方会合,四国指挥官在中方指挥船会晤。中方驻关累前指指挥长、公安部边防局副局长周书奎,副指挥长、云南省公安边防总队总队长王洪光通过视频会议系统与前方四国指挥长就下步联合巡逻执法行动进行磋商。在26日的会晤中,老、缅、泰三国还共同提出,逐步将打击湄公河流域贩枪贩毒、跨境非法武装活动、拐卖妇女儿童犯罪等纳入联合巡逻执法内容,以务实态度推动湄公河联合巡逻执法合作。

2012年8月6日,四国展开第四次湄公河联合巡逻执法行动。

湄公河案件的发生使湄公河航运受到严重影响。根据中国澜沧江海事局的统计数据表明,2012年1月澜沧江—湄公河国际航运货运量达1.92万吨,与

2011 年同期的货运量相当①。但据最新统计数据，2012 年上半年景洪港外贸货物吞吐量同比下降 66.4%，国际航线旅客吞吐量同比下降 98.5%，这表明湄公河航运仍未恢复正常②。

**3. 案件调查与缉拿、审讯凶手**

与此同时，对案件真相的调查和追捕缉拿凶手的进程同步展开。

2011 年 10 月 10 日，泰国《曼谷邮报》报道称，经初步调查，泰国警方认为此次劫杀案的凶手是来自缅甸佤邦的诺坎（Nor Kham，后译为"糯康"）贩毒集团。针对泰国媒体"事件是缅甸少数民族武装佤邦联合军所为"的指控，缅甸佤邦政府同日发表公开声明，强调事件与佤邦联合军无关，并愿意接受中方调查。中国外交部发言人当天表示，泰警方已根据中方要求对两艘船现场取证，对事件展开调查。

10 月 28 日，案件调查有了初步进展。当天下午，中国公安部副部长张新枫和泰国警察总监飘潘举行联合新闻发布会，宣布杀害中国船员的 9 名嫌疑人已经到案。飘潘表示，嫌犯是隶属于泰国第三军区"帕莽"军营的士兵。他说，这 9 名士兵是泰国军队中的败类，杀害中国船员是他们的个人行为，与军队无关。目前，他们被拘押于清莱，警方正加紧调查。至于外界关注的 9 名士兵是否与贩毒团伙有关，泰国警方正在侦查。泰国警方相信，如果涉及贩毒，其背后很可能是当地有权势的人物，而非政府公职人员，更重要的是把隐藏在背后的贩毒集团头目抓到。

10 月 29 日，国务院总理温家宝同泰国总理英拉通电话，要求泰方加紧审理此案，依法严惩凶手。但据泰国《曼谷邮报》29 日报道，9 名涉案泰军士兵否认杀人。报道称，这 9 名军人正是事发当日登上两艘遇袭船只执行缉毒任务并宣称查获 92 万粒毒品和一具疑似毒贩尸体的行动分队。在承认登船之后，警方只对他们进行了初步的审讯，之后 9 人便回到军营。《曼谷邮报》30 日报道，泰国主管安全事务的副总理差林说，泰方对中方 13 名遇难船员的背景调

---

① 《澜沧江—湄公河国际航运恢复至正常水平》，新华网，http://news.xinhuanet.com/fortune/2012-02/12/c_111515321.htm。

② 《澜沧江—湄公河航运仍未恢复正常　国际客运量降九成》，云南网，http://yn.yunnan.cn/html/2012-07/30/content_2329394.htm。

查表明，他们与毒品犯罪无关。

2012 年 4 月 25 日，经过长达半年的详细调查和中、老警方联合紧密追捕，制造湄公河案件的重大犯罪嫌疑人糯康（Nor Kham）和另外 7 名嫌疑犯，在老挝警方实施的一次突击行动中被逮捕。被捕地点位于老挝波乔省敦蓬县，波乔省与泰国清莱府中间隔着湄公河，而清莱府境内的湄公河正是中国船员被枪杀的地点。

5 月 10 日上午，老方向中方移交犯罪嫌疑人糯康的仪式在老挝万象机场进行。移交仪式上，中国公安部禁毒局局长、湄公河案件专案组组长刘跃进，和老挝公安部警察总局副总局长兼禁毒局局长坎朋，分别代表中、老警方签署移交备忘录和两国警方关于加强合作、继续追捕糯康团伙成员的备忘录。移交仪式后，糯康被押赴北京。同日下午，中国警方在首都国际机场对糯康宣布了逮捕决定。同日晚间，糯康再被押送至云南"10·5"专案组的工作基地，接受后续调查和审讯。

据媒体报道，在六个月办案过程中，中方专案组与老、缅、泰三国执法部门联合作战，先后抓获了伞康、依莱等一批糯康武装贩毒集团及"10·5"案件主犯，掌握了大量该集团制造湄公河惨案的证据。据刘跃进介绍，经中、老、缅、泰四国警方联合工作，现有证据证明，长期盘踞湄公河流域"金三角"地区的武装贩毒集团首犯糯康及其骨干成员与泰国个别不法军人勾结策划、分工实施了"10·5"案件。①

2012 年 7 月 2 日，泰国警方表示，通过在泰北、缅甸、老挝和中国进行调查，询问 109 名案发前后的目击者，警方已获得明确证据，证实 9 名泰国军人涉嫌杀害中国船员。泰国警方当天对 9 人发出逮捕令，这些人面临两项指控：参与杀人、藏匿尸体。泰国警方同时证实，中国商船没有夹运毒品，船上毒品是"一伙黑衣人"栽赃。泰国警察副总监班西里·巴帕瓦表示，现在推进案情发展的关键人物是为 9 名涉案泰国军人和糯康的手下牵线搭桥的中间人。该中间人名叫沃兰，目前下落不明，泰国警方已对其发出逮捕令。②

---

① 《金三角特大武装贩毒集团首犯糯康被依法移交中国警方》，新华网，http：//news. xinhuanet. com/legal/2012 - 05/10/c_ 111924430. htm。

② 《湄公河惨案续：泰国向 9 名涉案军人发逮捕令》，人民网，http：//society. people. com. cn/n/2012/0703/c223276 - 18430363. html。

2012 年 7 月 8 日，中国国务委员、公安部部长孟建柱抵达老挝，正式展开访问行程。孟建柱先后同老挝人民革命党总书记、国家主席朱马里以及老挝公安部部长班通举行会谈，表示希望双方继续大力推进湄公河执法安全合作，推动四国尽快签署《湄公河流域执法安全合作协议》，适时启动整治治安突出问题联合工作组，共同将审讯、审理糯康的后续工作做好，并继续清剿糯康集团残余势力。

7 月 11 日，孟建柱在泰国进行访问，并分别同泰国总理英拉、副总理差林会见。孟建柱表示，中方愿将有关证据移交泰方，也愿协调有关国家为泰方调查取证提供便利，泰方也可到中方调查取证。希望通过双方的共同努力，此案能尽快得到公正审理。差林表示，泰方高度重视"10·5"案件，将与有关各方合作，加快侦审进程，并公正审理此案，绝不偏袒和包庇任何人，愿继续推进湄公河流域执法安全合作，维护本流域的安全稳定。① 同日，孟建柱在同泰国陆军司令巴育会见时，巴育表示，泰方对其少数军人涉案造成中国公民遇害"表示痛心"，将依法从速、公正审理涉案人员，接受审判结果，给泰中两国人民满意的交代。② 这是自"10·5"案件发生以来，泰国军方高层的第一次明确表态。

7 月 17 日，应中国公安部邀请，由老挝公安部警察总局局长西沙瓦担任组长的老挝公安部工作组，专程来华提审"金三角"地区特大武装贩毒集团及"10·5"案件主犯糯康等犯罪嫌疑人③。

7 月 19 日，公安部派出专案组赴泰国，与泰国相关部门就"10·5"案件进行进一步会商，并交换相关证据。公安部禁毒局局长、"10·5"专案组组长刘跃进表示，专案组将继续留守泰国，与泰方办案人员深入交换案情，并完善证据链条，涉及此案件的糯康集团最终将在中国接受庭审。9 名泰国军人及其他泰国籍犯罪嫌疑人将会在泰国的民事法庭接受庭审。④

---

① 《孟建柱会见泰国副总理差林》，公安部网站，http：//www.mps.gov.cn/n16/n1237/n1342/n803680/3323493.html。

② 《泰国总理英拉会见国务委员孟建柱》，公安部网站，http：//www.mps.gov.cn/n16/n894593/n895609/3323381.html。

③ 《老挝应邀派员来华提审"10·5"案件主犯糯康》，新华网，http：//news.xinhuanet.com/photo/2012-07/19/c_123436661.htm。

④ 《湄公河案糯康集团与9名泰军人勾结实施证据确凿》，中新网，http：//www.chinanews.com/gn/2012/07-24/4053025.shtml。

7月27日，专案组在内比都拜会缅甸内政部副部长觉山敏和缅甸国防军总司令部军情部部长觉瑞，双方就进一步推进"10·5"案件工作沟通交流案情，磋商交换意见，研究落实措施。会谈中，双方相互通报了各自掌握的相关案情和证据材料，深入探讨了两国军警联合工作组的工作方式、重点，就下一步联合工作组工作做了安排。①

## 三 案件危机管理评述

### 1. 对目前案件危机管理的评价

纵观截至2012年8月中方对案件的处理过程，可以发现，中方较为妥善地应对了整个案件带来的危机与风险，对于本文开头提到的国际、国内两个层面的危机做到了有效的应对与防范。

首先，中方迅速启动响应机制，较快地启动、主导了四国联合巡逻执法，推动建立湄公河执法安全合作机制，及时化解了重大跨国刑事案件对地区合作和国际关系形成的冲击。大湄公河次区域是我国最早参与的国际合作，是我国实施睦邻外交的重点区域，也是云南省对外开放和实施"走出去"战略的重点区域，近年来次区域内的经贸合作发展迅速。案件的发生无疑对这一局面形成了冲击。案件发生后，各界对于案件真相和凶手的种种猜测，以及有关各方的声明和相互指责②，牵涉到地区内各国诸多势力，也使得地区国际关系面临未知风险。中方的行动及时化解了这些冲击。就案件发生后维护次区域合作大局而言，中方的举措具有以下五个方面的积极意义：第一，这体现了中国政府迅速应对复杂安全形势的积极态度，以及切实改善湄公河航运安全、保障国民生命财产安全的决心；第二，在12月大湄公河次区域峰会召开前推动建立起执法安全合作机制，有利于维护整个次区域合作的大局，为下一个十年各领域合作的展开营造良好氛围；第三，四国开展联合巡逻执法，展示了共同维护航

---

① 《中国"10·5"案件工作组赴缅与缅警方军方负责人会谈》，新华网，http：//news. xinhuanet. com/world/2012 – 07/27/c_ 112555598. htm。

② 比如，案件发生后泰国媒体指控案件是缅甸佤邦方面所为，舆论对泰国军方和泰国政府的关系、对是否存在幕后黑手的猜测，等等。

道安全和地区局势稳定的决心，对区内非法武装势力形成威慑，并有助于排除外界不良干扰；第四，实现了中、老、缅、泰四国联合打击跨国犯罪模式的突破，开启了四国在湄公河流域实施全面安全合作的进程，为进一步拓宽安全合作领域打下了基础；第五，为我国今后在其他地区开展类似国际安全合作提供了先例，为今后在境外维护我国公民利益提供借鉴和经验。

其次，积极推进案件侦破和对犯罪嫌疑人的抓捕和审讯，适时公布案件侦查进展，实现对中国公民利益的维护，较好防范和化解了政府公共危机的风险。案件发生后，出于安全考虑，湄公河航道全面暂停了客货航运。虽然从整个云南省对外贸易角度看，湄公河航道的经济作用并非不可替代，但停航直接给依靠航运为生的上千船员及其家庭的生计带来冲击。而即使在开启护航后实施的通航，仍遭遇了两次非法武装的袭击。限于湄公河航道特有的地理地形条件，在技术层面和成本收益方面，护航行动面临瓶颈，并不能根本保障安全。由此可见，凶手一日不归案，则通航一日得不到安全保障。因此，尽快查明案情、缉拿凶手，将湄公河航道面临的突出不安全因素化解，营造较为安全的通航环境显得尤为重要。另一方面，13 名遇难船员直接关涉到 12 个家庭，遇难者亲属十分关心凶手何时伏法，以慰亲人亡灵。作为我国公民在海外遭遇侵害的典型案例，媒体和舆论十分关注中国政府对案件的处理，以及将会对今后我国公民在海外的人身财产安全保障产生何种示范效果。中方积极推进案件侦破，促进与相关国家的执法合作，以引渡移交犯罪嫌疑人、交换证据、共同审讯等实际行动，对遇难者家属和舆论关切做出了最好的回应，从而赢得了社会的认同，避免了政府陷入公信力危机。正如 2012 年 7 月 12 日孟建柱在视察"10·5"案件事发现场时所表示的那样，中国公民在海外的安全不容侵害，中国政府不仅要为遇害船员申冤、严惩涉案凶犯，还要为所有公民提供更有力的海外安全保障。

**2. 危机管理过程中的经验**

中方在整个案件处理过程中，表现可圈可点，有很多经验值得总结以备今后处理类似突发情况借鉴。

首先，响应迅速，中央与地方、相关部门间配合密切。在澳大利亚学者罗伯特·希斯提出的危机管理模型中，在对危机的处置与救援的阶段，时间性原则、效率性原则和协同性原则非常重要。① 从我驻泰国使领馆迅速派出工作组赴事发地了解情况、处理善后事宜，到云南省方面组建联合工作组赶赴事发地协助处理相关事宜，以及鉴于严峻安全形势及时暂停湄公河航运，派出国内警力赴泰护送我滞留船只和人员回国，再到外交部、公安部等部门迅速开展相关国际协调行动，都显示出当前我国政府，从中央到地方，已经形成一套比较成熟的突发事件响应机制，并且运作良好。在经历过我在非洲人员遭遇地方反政府武装绑架、利比亚危机中我大规模撤侨等涉及我海外公民人身安全的突发事件后，我国政府在处理这类事件时已经可以较为迅速地及时做出反应。毫无疑问，当危机发生时，迅速、立即地做出反应，且积极有效地相互配合，无论是对于危机处理本身，还是在防范后续的和未知的风险上，都具有十分积极的意义。

其次，中方高层高度重视，并持续表达高度关注，敦促相关国家加快案件侦破进程。由于案件事发地处国外，且同时涉及其他三国，外交高层的协调是十分必要的。因此，从案件发生后初期，外交部副部长宋涛同三国驻华使节紧急交涉、国务院总理温家宝同泰国总理英拉通电话、中国公安部副部长张新枫率领中国公安高级代表团直接奔赴泰国开展相关调查活动，以及案件侦查过程中云南省省长李纪恒在 2012 年 3 月底同泰国总理英拉会面，到糯康被捕归案后中国国务委员、公安部部长孟建柱赴老、缅、泰三国展开轮访等，中国高层领导人在不同时期、不同场合都适时表达了中方的关切，敦促有关国家加紧案情调查，尽早抓获凶手归案，加紧后续审讯、审理等工作。中方在整个过程中持续施加政治影响力和动员力，有利于排除或减少若干负面因素对案件侦查带来的阻力，保证了案件侦破过程中从上至下强大的决策力和意志力，从而极大地推进了案件侦查和危机处理的进程。

第三，面对群情汹涌的国内外舆论环境，中方有关部门总体上做到"有理、有节、有度"，赢得相关国家支持和配合。案件的发生无疑使中国在该地区开展以经贸为基础的次区域合作构成巨大挑战，同时还使得中国政府在调查案情、缉拿凶手上面临国内巨大的压力。在这种背景下，中方仍坚持多边主义

---

① 〔澳〕罗伯特·希斯：《危机管理》，王成、宋炳辉、金瑛译，中信出版社，2001，第 32 页。

和友好立场，同有关各方展开协商与合作，并未单纯置自身利益于至上。中国通过北京四国部长会议建立起联合巡逻执法机制，在巡逻护航开展后又适时召开联指会议，在糯康被移交给中方后又邀请老挝警方来华审讯，同泰国方面交换证据，诸如此类各项措施，都体现了中方坚持多边主义立场和合作的诚意。中国高层也和有关国家高层保持沟通和互访，相互表达各自关切、尊重对方。在抓捕糯康的过程中，中方并未直接派出警力在境外实施抓捕，而是通过与老、缅密切协商和合作，通过将糯康赶出缅甸境内、在老挝境内由老挝警方抓获归案，充分尊重了老、缅的领土主权。关于中方将糯康引渡至中国进行审讯和起诉引发国际法层面的争议，尽管糯康是缅甸公民，且本案案发现场在老挝和泰国境内，但案件直接造成中国公民伤亡，且历来糯康对中国公民造成的伤害最大。根据国际法中的保护性管辖原则（Protective Jurisdiction），国家为保护本国安全和利益，包括本国国民的生命、财产和利益，对于外国人在本国领域之外实施的犯罪行为可以进行管辖，因此，中方此举是有国际法法理依据的。总的来说，中方以自身的诚意和实际行动赢得了其他三国的支持和积极配合，是中方能够妥善进行危机管理的重要保证，同时也对国际舆论关于中国将要借机扩张军力的猜测做出了否定性回应。

最后，中方在危机处理过程中注重人本关怀。案件使13名中国公民蒙难，12个中国家庭因此遭遇晴天霹雳的灾祸。对12个家庭如何关怀和善后，直接考验中国政府能否以实际行动践行"以人为本"的执政理念。案件发生后中方及时出动警力护送滞留人员归国，组织遇难者家属赴事发现场吊唁亲人，公布了遇难者名单及其在船上所任职务等信息，体现了政府对遇难公民及其家属的人道主义关怀。当然，在此次危机过后，中国政府还应当继续做好对13名遇难者家属的抚恤工作，履行一个负责任的、有人性光辉的政府的职责。

**3. 危机管理过程中的不足**

当然，在整个危机管理的过程中，除了有利经验之外，中方也不可避免地存在一些疏漏和不足。

首先，对危机的预警十分欠缺，对于前期事件和征兆的警惕和重视不够。危机管理，重在预防。将危机消除在萌生阶段，较之危机发生后进行事后补救，显然才是危机管理的最佳选择，也是危机管理的最高境界。而在每一个危机发生之前，都会有许多征兆出现。如前文所述，在此次湄公河案件发生前，已经屡次发生游客和商船在金三角水域遭遇抢劫或勒索的事件，并且就在案件发生前两个月的 2011 年 8 月，因为游客遇袭而全面暂停了湄公河航道的客运。遗憾的是，种种前期征兆并未引起有关方面足够的重视，以便及时采取有效措施对航道货运进行管理，以及提高信息管理和情报警戒，在发生紧急情况时能够实时做出反应，避免或者减缓灾祸造成的损失。由此酿成了两个月后的惨剧。另外，对于事后调查并抓获的主要犯罪嫌疑人糯康及其武装贩毒集团，其在该区域并非没有犯罪前科和先例，中方和有关国家的警方和安全部门应当说对其有相当了解和备案，但是在对其实施犯罪活动的追踪和警戒上做得不够，以致在其又一次实施勒索行为、对中国船员怒下杀手时而毫无准备，并在案件发生初期对于案情和凶手一时间没有头绪。中国相关安全部门可以效仿美国中央情报局（CIA），对一些可能危及我国国家安全和国民人身财产安全的国际犯罪组织及其重要头目，建立专门存档并及时追踪，以便在危机爆发前提前消除危机因素，或在危机来临时可以迅速锁定目标，有针对性地进行相应的危机管理，提高后续危机管理的质量，降低损失。

其次，在危机发生后初期，有关部门在危机管理上的意识不到位，延误了最佳响应和救援时间。综合媒体报道，"10·5"案件在国内最初被披露出来、为外界所知，是 2011 年 10 月 7 日晚网友"北纬21度1973"在国内知名网络论坛"天涯社区"上所发的网帖①。后经证实，网友"北纬21度1973"即被劫船只"玉兴8号"的船东郭志强。事实上，在事件发生后第一时间的 5 日晚间，云南外事办公室即得到案发的通报，但却并未对外公布和及时启动相关应急措施。事后云南外事办新闻处解释说，是由于不能确认被劫持者是否遇难，以及事发当地是复杂、敏感区域，而直到 7 日、8 日两日陆续发现遇难者遗体，才意识到事件的严重性。② 可以说，正是由于有关部门在本次事件前，

---

① 《金三角地区发生惊天血案，十多名中国船员惨遭屠杀》，天涯社区网，http：//bbs. city. tianya. cn/tianyacity/Content/290/1/40359. shtml。

② 参见央视新闻报道《云南外事办解释湄公河惨案事发未及时通报原因》，人民网，http：//yn. people. com. cn/GB/video/yunnan/15861807. html。

对于湄公河航道上发生各种袭击事件的长期麻痹、见怪不怪，以及由此导致的长期不作为，才使得在本次惨案发生时积极应对的意识严重不到位，从而延误了最佳的危机响应和救援时间。而这种延误，在对涉事船员的救助和后来的遗体打捞上便体现出来。设若此次案件中13名船员并未遇难或尚有幸存者，有关方面这种因为管理意识上的不到位导致的反应上的迟滞，将会延误对幸存船员的最佳救援时间（一般自然灾害的最佳救援时间是72小时，而这种人为犯罪背景下的救援更加迫切），从而带来本可以避免的二次损害。

最后，复航启动后，中方在风险防范上存在一些疏漏。在危机管理的处置与救援阶段，除了时间性原则、效率性原则和协同性原则以外，科学性原则也十分重要。在凶手尚未伏法的情况下，做出恢复通航决定的同时，中方应提高警惕，完善相关防范措施，尽量降低安全风险。诚然，不可否认尽快复航（特别是在2011年12月大湄公河次区域国家领导人会议召开前）具有其积极的政治意义，但正如前面所分析的那样，限于湄公河地理条件和成本效益问题，间或实施的巡逻护航对于复航后船只人员的安全保障效果有限，反而一定程度上将船员置于凶手实施报复的危险之下。这在复航后遭遇的两次不明武装袭击得到了验证。虽然有惊无险，这些袭击没有造成更多的伤亡和损失，但假如发生较大事故的话，前期的相关工作就会面临着巨大的风险。而在当前糯康及其犯罪集团遭到重创的背景下，一方面要加紧对其残余势力的追剿，另一方面也要做好防范措施，应对其团伙其他成员的报复或其他犯罪势力的骚扰。

## 四　危机管理的后续展望

现在看来，对湄公河劫船事件的危机管理在总体上是比较成功的，对我国提升今后国际危机管理水平有借鉴意义。但显然，由于湄公河流域和金三角地区始终危机四伏，围绕本次案件展开的工作尚未终结，危机管理工作还将继续下去。

短期而言，做好充足准备，应对其他可能的风险很有必要。除了非法武装袭击的风险，航运过程中可能会出现其他问题。比如在首次护航开展后，便发生了有货船搁浅的案例。此外，在航行过程中，恶劣天气、突发疾病等也会对船员人身安全和航道通畅造成威胁。因此，在警务部门保障治安的同时，还应该纳入水事、救援、医疗、气象等部门，以应对可能的突发情况。

长远而言，可将安全合作由河流向岸上扩展，由治安向综合治理深入，并向提供区域性国际公共产品的方向发展。湄公河航道安全问题的根源在岸上，要切实消除安全隐患，保障航道安全，安全合作必须从水运护航延伸至岸上的打击犯罪及其综合治理。在实现联合巡逻执法之后，拓展和深化多方位的四国安全合作，由水上扩展到陆上关键区域，将安全和警务合作拓展至其他领域，共同打击武器走私、贩卖人口、非法移民等违法犯罪行为，并由预防和打击犯罪延伸至区域综合治理和安全合作。加强各国非传统安全领域务实合作，落实《中国与东盟关于非传统安全领域合作联合宣言》。在此过程中，中方可以向有关国家提供相应援助，以共同维护航道和流域的治安秩序，消除危机产生的源头。从推进次区域合作和地区一体化进程的角度考虑，中方可以非传统安全合作为切入点和突破口，向次区域内各国提供区域性国际安全公共产品，并进而向其他领域扩展，以实现次区域各国的有利整合。同时，通过提供国际安全公共产品，反过来又可巩固和促进非传统安全领域的各项具体合作，从而维护地区长远的安全和稳定。

# Comments on the International Crisis Management in Mekong River Massacre

*Lu Guangsheng   Luo Xuefeng*

**Abstract：** It has been taken for almost one year and half to the final judgment and punishment to its perpetrators since the occurrence of the Mekong robbery and murder. Chinese government has promoted an active and tight cooperation with participant countries, and achieved remarkable results in investigating, arresting and interrogating the perpetrators with a built-up mechanism of international security cooperation. It is undoubtedly meaningful to modern China to analyze the whole management procedure of this international crisis, especially under such circumstances of the rapid rising and confronted with safeguarding problems led by active overseas economic involvements of citizens. This paper introduced the formation, development and management of a crisis, and offered deep analysis of the effect and deficiency of the crisis management. It held the argument that the crisis management is successful on the whole in Mekong robbery and murder, while Chinese government should continually accumulate experience and be more sophisticated and skillful in its management.

Key Words: Mekong Robbery and Murder; Crisis Management; Non-Traditional Security Cooperation; International Public Goods

# B.10
# 出口食品安全危机事件及其应对

李少骞*

**摘 要：**

出口食品从农田到餐桌生产是个复杂的过程，出口食品安全危机的产生受国内外多方面因素的影响，出口食品安全危机具有人为炒作、影响范围广、扩散效应显著、歧视性、易被政治化、处置过程复杂和消除时间长等特性，近几年来我国发生了输欧盟禽肉、输韩国泡菜和出口日本青刀豆含敌敌畏事件等多起出口食品安全危机事件，我国政府与主管部门在出口食品安全危机事件应对中既积极主动又灵活运用国际规则，探索走出了一条成功之路。

**关键词：**

出口食品 安全危机 应对

## 一 引言

中国加入世贸组织以来，出口食品连年增长，据中国海关统计，2011年，我国出口食品已达601.3亿美元，在遭遇金融危机的严峻形势下，仍比2010年增长23%。这既体现出中国食品在国际市场上的竞争优势，也说明我国出口食品安全管理已被进口国家或地区的广大消费者与官方机构所认可。但在经济全球化与贸易自由化的进程中，由于国内农业生产和食品加工企业技术、管理等仍然比较落后，企业诚信意识与社会责任感还严重不足，进口国家和地区不断高筑技术性贸易壁垒，实施贸易保护，我国出口食品因

* 李少骞，山东出入境检验检疫局食品监管处副调研员，农学博士。

安全项目不合格被国外通报的问题还时有发生，甚至发生过严重的食品安全危机事件。在党中央、国务院的正确领导下，国家质检总局组织其设在各地的出入境检验检疫机构：对内不断加强出口食品安全管理制度建设，提高食品安全管理水平；对外加强交涉，建立完善双边交流与磋商合作机制，并与有关部门及各级地方政府加强协调配合，形成合力，从强化预防入手，建立完善以风险分析为基础的出口食品安全危机管理体系，把风险和危机消灭在萌芽状态。此举攻克了进口国家或地区在食品安全上设置的技术性贸易壁垒，打破了贸易保护主义的封锁，在出口食品安全突发事件的应对中取得满意结果，提升了中国食品的国际地位，促进了对外出口，在出口食品安全危机管理中探索出一条成功的道路。

## 二 出口食品安全危机事件的特性

近十年来，我国出口食品被进口国家或地区通报过农兽药残留、微生物、生物毒素、重金属、添加剂、非食用添加物质以及化学物污染物等不合格问题，发生过出口欧盟的动物源性食品因氯霉素问题被封关、出口韩国泡菜寄生虫卵风波和烟台北海青刀豆引起日本食用者中毒等事件，爆发过严重的食品安全危机。由于食品生产是个复杂的过程，食品安全问题可能源自整个食物链，也可能源自农田、加工、仓储、运输、销售以及消费等某一个环节或者某几个环节，但从根本上说，食品安全是社会和经济发展的产物。综合分析出口食品安全问题发生的根源主要有三个方面：一是国内农业生产环境的严重污染和人为过量使用或违禁使用农业化学投入品；二是食品生产加工过程执行标准不严格与质量安全管理技术落后；三是生产经营者诚信意识差与社会责任感不强。出口食品从其发生的个别食品安全问题变成严重的食品安全危机事件，其原因不仅在于出口食品存在质量安全问题，更在于进口国家或地区在政治、经济层面的人为推波助澜甚至蓄意为之。对于出口食品安全危机发生后的应对等后续处置过程也有其复杂性和特殊性。因此，出口食品安全危机不同于国内食品安全危机，表现出以下特性：

一是人为主观炒作。出口食品在国外发生问题后，国外官方往往在未经调查核实的情况下就对外公布信息，引起媒体炒作和消费者的恐慌。如天洋毒饺子事件发生后，日本媒体在未得到最后调查结果和官方证实的情况下，就对饺子事件纷纷炒作，并把饺子中毒事件描述为"中国毒饺子"，作为食品安全问题对待，西方国家也纷纷转载。在日本国内民众中产生了一种"中国农产品恐惧症"。由于日本媒体在报道中使用了"中国制造"的字样，使得饺子之外的中国食品、农产品也受到牵连。事件发生后，日本共同社开展了一项全国民意调查，75.9%的受访者回答"今后将不买中国农产品"，一时对中国食品、农产品的不信任感覆盖了整个日本列岛。日本媒体过度并带有明显诱导性的大规模报道，极大地破坏了中国农产品的形象，给中国农产品出口带来了巨大的障碍。

二是受影响产品范围广，直接挑战中国农业结构调整战略。从水产品、禽肉等动物源性食品，到茶叶、花生、蔬菜等植物食品和加工产品，几乎所有具有比较优势的劳动密集型产品，均遭受到进口国家或地区技术性贸易壁垒的限制，由此严重影响中国发挥比较优势、对农业结构进行战略性调整的部署，增加了农民增收的困难。

三是扩散效应显著。2001年初，韩国单方面宣布从中国进口的鸭肉中发现禽流感，日本政府仅据韩国这一片面情况，宣布暂停进口中国禽肉产品，此后，其他国家纷纷采取类似措施，限制中国禽肉出口。直到2001年8月7日，日本政府才正式宣布恢复从中国进口禽肉及其制品，而中国出口企业因此已经遭受巨大损失。[①] 2008年，国内发生"三聚氰胺"事件后，先后有50多个国家采取限制措施。美国食品药品管理局（FDA）先是敦促美国消费者，避免购买来自中国大陆的婴儿奶粉，下令停售所有中国产奶粉。继而在2008年11月12日决定对中国出口的所有乳制品、乳源配料和含乳食品等三大类产品实施口岸自动扣留措施，一天后又发布警告，要求中国食品在进入美国境内前须通过检测，以证明不含三聚氰胺。欧盟方面加强检验中国产的含乳食品，禁止从中国进口含有任何牛奶成分的婴幼儿食品。此外，包括日本、越南、坦桑尼

---

① 程国强：《中国农产品出口面对的技术性贸易壁垒》，国务院发展研究中心信息网，2003年4月30日。

亚等多个亚非国家和地区开始全面或部分禁止中国乳制品进口。仅从日本来看：2008年对日出口食品65.3亿美元，同比下降11.5%；日本在我国食品出口中的份额也从1996年的41%下降到20%。除乳制品外，很多食品出口数量锐减，像花生、烤鳗、紫菜等商品出口量均下降一半以上，鸡肉制品、魔芋及鱿鱼等商品出口降幅也在20%以上，导致大量对日出口企业陷入困境。

四是具有歧视性。一些国家采取的措施往往高出国际标准，有的以设备能检出的最低限为准，有的专门针对中国产品。如日本在农药兽药残留方面曾对中国肉鸡产品实施歧视，检测克球粉时，要求中国产品达到0.01ppm，而对美国等其他国家的产品只要求达到世界卫生组织0.05ppm的标准，造成中国产品通报率上升。同样，日本在制定肯定列表制度的暂定标准时认可了美国、加拿大、欧盟、澳大利亚和新西兰等的标准，严重限制了中国食品的对日出口。

五是容易被政治化。随着中国食品农产品出口量的持续增长和竞争力的提升，引发某些国家"莫名的担忧"。发达国家的农民由于受到农产品贸易政策变化的影响较为直接，容易为了维护共同利益而团结起来并形成一股强大的政治力量，所以在其政治体制中占有重要地位。西方国家政治选举制度按区域划分的做法进一步给了农民较大的政治权利；因此政治家为了当选，就不得不照顾选民，特别是农民的利益和要求。2000年和2005年分别发生中韩大蒜与泡菜风波；2007年美国媒体炒作"中国食品威胁论"，欧盟贸易专员曼德尔森（Peter Mandelson）于2007年11月26日在北京出席国际食品安全高层论坛时表示，"虽然中国有些官员称其出口食品99%是安全的，但欧洲每天从中国进口价值5亿欧元的产品，所以即便是1%的产品有问题也是不可接受的"。他还指出，在发生了一系列产品安全丑闻后，中国的声誉正面临危机，必须采取更有力的措施来解决这个问题。

六是处置过程复杂。2008年初发生的河北天洋毒饺子事件被证明是一起严重的个人投毒事件，事件发生后中国政府高度重视，本着对两国消费者高度负责的态度，从全国抽调侦查、检验等各方面专家，成立了专案组。中国警方投入大量警力走访排查，克服了作案时间与案发时间相隔久、现场客观物证少等困难，开展了大量艰苦细致的侦破工作。经过连续两年坚持不懈的努力，于2010年3月查明此次中毒事件是一起投毒案件。

七是影响消除时间长，经济损失严重。有些发达国家对我出口食品存在的安全问题经常找借口先实施暂时禁令，使中国企业失去市场，经中国艰苦努力后才同意开放市场，但不久又设法寻找新的理由，重新关闭市场。如中国过去对欧盟出口肉鸡产品较多，但自 1996 年 8 月 1 日起，欧盟以中国鸡肉生产不符合其卫生检疫标准为由，禁止中国冻鸡肉进入欧盟市场，致使中国每年损失 1 亿多美元。直到 2001 年 5 月 25 日欧盟才对上海和山东等地区的 14 家企业开关，并要求每批出栏的鸡不少于 15 万只，不得并群等，并要求对出口禽肉进行新城疫检测。由于欧盟只认可北京和上海两家检测实验室，这两家实验室即使满负荷运转也难以完成检测任务，而且检测费用较高（每次约 3000 美元），检测周期需要 30 天，导致企业高科技与产业化生产成本大幅度增加。[1] 2001 年 11 月，欧盟又派考察团对中国禽流感问题进行考察，2002 年初，中国肉鸡被列入其动物性源食品进口禁令清单，市场又被重新关闭，直到 2008 年才正式恢复对欧盟出口。

## 三　出口食品安全危机典型案例及其应对

### （一）出口欧盟禽肉等动物源性食品安全事件

#### 1. 事件回放

2002 年 1 月 31 日，欧盟以屡次从我出口水产品中检出氯霉素为由，宣布全面禁止我国动物源产品进口，造成我国水产及其制品、畜产品、禽产品和蜂蜜等 10 多亿美元的农产品无法进入欧盟市场。2004 年 1 月，针对中国部分地区暴发高致病性禽流感疫情，欧盟继续全面禁止进口中国生产的禽肉产品。2006 年 1 月 1 日，欧盟又启用新的食品安全法规，新法规提高了食品市场的准入标准，特别是对肉食，不仅要求终端产品符合标准，在整个生产过程中的每一个环节也要符合标准。这对我国禽产品的生产和加工提出了更加严格的要

---

[1]　程国强：《中国农产品出口面对的技术性贸易壁垒》，国务院发展研究中心信息网，2003 年 4 月 30 日。

求。① 欧盟利用技术壁垒逐步收紧对我国禽肉制品的进口，是我国禽肉出口历史上的一次严重危机。

**2. 应对措施**

养禽业是我国畜牧业发展最早、产业化、规模化程度最高的产业，欧盟封关后，日本、中国香港和马来西亚是我国禽肉出口的主要市场。从出口产品结构、效益和食品安全管理的长远来看，这种市场结构不利于中国禽产品贸易的长远发展，需要尽快恢复，既能减少单一市场的风险，而且也对我国家禽产品贸易带来深远影响。原因在于：一是欧盟为高价位市场，禽肉出口效益高；二是欧盟进口鸡胸肉，与日本等亚洲市场喜好鸡腿肉形成互补，有利于优化出口产品结构；三是中国禽肉制品符合欧盟市场的高标准，对开拓其他市场带来示范；四是熟制禽肉价高且易于规避疫病风险，能引导国内禽肉生产企业调整出口产品结构。② 为促使欧盟尽快恢复对我禽产品的进口，2002 年欧盟对中国"封关"后，中国政府高度重视，针对残留监控、动物防疫等问题采取了以下有效措施：

（1）建立健全质量安全监管体系。国家质检总局会同农业部门制订了《中国动物及动物源食品残留监控计划》，并按照计划的要求，每年年初发布新一年度动物及动物源性食品残留物质监控抽样计划，并向欧盟提供上一年度中国动物及动物源性食品残留物质监控的报告。收集并翻译了欧盟相关的法律法规及进口禽肉产品的卫生要求，指导生产加工企业严格按照欧盟的要求生产加工。出口生产加工企业积极行动，加强标准化养殖，实行了"统一供苗、统一饲料、统一用药、统一防疫、统一屠宰"的"五统一"封闭式饲养管理和全程监控，采取有效措施控制药物残留问题的发生，建立起从鸡苗到餐桌的全程化质量保证体系。同时，建立健全了质量追溯体系，通过数字追溯标志，记录了产品身份证、生产日期、产地缩写、屠宰加工厂注册号码和养殖场的注册号码等信息，实现从餐桌到鸡苗的全过程质量追溯。建立健全了兽药监管体系，对药品采购到使用进行层层把关，每一栋鸡舍每一次用药都在驻场兽医的

---

① 《我国禽肉产品"破壁"返欧》，《山西农业·畜牧兽医》2008 年 10 期。
② 《中国熟制禽肉制品重返欧盟市场》，中国食品产业网，2008 年 9 月 24 日。

监管下严格按照兽医处方来执行，确保用药绝对安全。一整套严格有效的措施使药物残留和疫病疫情完全处于受控状态。

作为禽肉出口量占全国50%以上的山东省，在山东省委省政府的领导下，不断加强对动物疫病的防控，将无规定动物疫病示范区建设纳入《山东省国民经济与社会发展"十一五"规划》，加快了无规定动物疫病示范区建设和富禽生产技术地方标准建设。山东出入境检验检疫局积极发挥作用，率先在全省出口肉类企业中启动了与国际接轨的出口肉类官方兽医体系，对保证禽肉产品质量安全起了关键的作用，即使是在2004年、2005年全国大范围暴发高致病性禽流感疫情时，山东省也无重大动物疫病发生。同时，各禽肉产品生产加工企业建立了完善的质量控制体系，严格按照国际标准进行生产加工，确保了出口产品的质量，这一结果得到了欧盟专家的充分肯定。

（2）成功迎接欧盟检查，中国禽肉产品质量安全控制体系得到了欧盟认可。禽肉产品是否符合欧盟的标准与要求，是否能够顺利进入欧盟市场，不是仅凭说明或报告，欧盟要派专家进行实地检查或考察，而且这种检查或考察非常严格、全面、细致、认真。历次检查时，欧盟派来的专家经验丰富、检查能力非常强，不仅要审核文件记录，抽取饲养日志，核对检验结果，而且还要到饲养场、加工厂以及检测实验室等进行实地检查。一边检查一边向在场工作人员提出这样或那样的问题，每一个环节和细节都不会轻易放过，存在的问题也很难逃过检查人员的眼睛，稍有疏忽，发现不符合要求的问题，就会成为欧盟继续封关的理由。自2004年开始，欧盟连续4年对中国山东、上海、吉林等地的禽肉产品生产加工企业进行了多次的检查，并以山东作为检查重点，每次都对山东省出口禽肉产品的药物残留监控体系、养殖环节的禽流感防控体系、熟制禽肉生产加工过程的卫生控制体系进行检查。[①] 经过连续四年的实地检查，结果证明中国已经按照欧盟要求建立起了有效的、符合欧盟标准要求的禽肉产品质量安全控制体系。2007年欧盟在同意恢复中国禽肉产品出口的决议中表示："欧盟驻中国的有关机构进行了多次检查，结果表明中国主管部门，特别是山东省政府已经建立起有效的制度和监管体系，能够按照欧盟设定的标

---

① 李凯年、逯德山：《中国禽肉产品重返欧盟市场的意义与前瞻》，《世界农业》2009年第3期。

准确保禽肉制品的安全"。

（3）国家质检总局加强与欧盟的交涉工作。在长达六年多的禽肉恢复对欧出口的历程中，国家质检总局一直把恢复禽肉对欧盟出口作为中欧食品安全事务磋商与谈判的重要议题，及时向欧盟通报中国禽类产品质量安全控制体系的改进情况，对恢复出口提出要求，并把欧盟提出的要求及时通报和落实，促进了中欧双方的理解和沟通，提高了欧盟对我禽肉恢复出口工作的重视，加快了恢复出口的进程。

## （二）出口韩国泡菜寄生虫卵事件

### 1. 事件回放

随着我国对韩国食品、农产品贸易量的增长，因食品、农产品检验检疫问题而引起的贸易摩擦也不断增加。2005 年 7 月以来，韩国食品医药厅先检我国出口啤酒中甲醛是否超标，再检我国出口水产品的孔雀石绿，又检我国出口泡菜中的寄生虫卵，并通过媒体公布检验结果和处理措施。实际上韩国自己的产品也存在这些问题。2005 年 10 月 21 日，韩国驻华使馆向中方通报从我国产泡菜中检出寄生虫卵的情况后，中方要求先不要向媒体公布，待中方查清问题后通过磋商解决，避免因媒体炒作，给双方贸易造成不必要的损失。但韩方仍是在当日公布了从中国输韩泡菜检出寄生虫卵的消息，并对我相关产品采取强制性召回、销毁、加强入境检验等措施。我出口泡菜质量安全问题顿时成为中韩双方、国际社会与媒体关注的热点问题，在媒体的炒作下，中国泡菜被视为毒物，严重损害了我国食品安全形象。

### 2. 应对措施

输韩泡菜事件发生后，国家质检总局高度重视，组织相关直属检验检疫机构采取如下措施：

（1）对内加强管理，提高泡菜质量。一是采取了紧急措施，暂停被韩方通报的、存在问题的输韩泡菜生产企业泡菜出口报检。二是对输韩泡菜生产企业进行一次全面检查，对发现存在问题的企业暂停出口报检。三是提高了准入门槛，对出口泡菜生产加工企业由卫生登记改为卫生注册管理，淘汰一批管理水平落后的企业。四是通过加强对原料种植过程中的施肥、用药管理、生产加工过程中关键环节和最终产品的检验，保障出口泡菜的质量安全。

（2）对外加强交涉，力争协商解决。国家质检总局要求韩方提供泡菜中寄生虫卵的标准依据、检测方法和检测报告等相关资料，并要求韩方按照WTO/SPS的相关原则，采取科学的态度，妥善处理我输韩泡菜的质量安全问题。但韩方对中方的交涉回应不积极，只提供一些不能说明问题的简单资料。10月26日，国家质检总局领导会见了韩方代表，表达了中方对中国输韩泡菜问题的关注，希望双方通过沟通和协商解决问题。并指出，中方也多次从韩国食品中检查出质量安全问题，但从维护中韩友好大局出发，均作了妥善处理。韩方也表示要从双方友好大局出发，妥善处理食品安全问题。但遗憾的是，会谈后韩国食品药品厅再次通过媒体公布了我国泡菜被检出寄生虫卵的消息。

（3）采取反制措施，促使韩方合作。10月29日，山东检验检疫局从韩国生产的泡菜等食品中检出寄生虫卵。10月31日下午，为维护我国消费者健康安全，并促使韩方回到合作轨道上来，质检总局依据原《食品卫生法》和《商检法》的有关规定发布了公告，公布对韩国泡菜等食品的检测结果和处理措施。反制措施取得了很好的效果：11月2日韩国外交通商部长官表示理解中方为保护消费者健康安全而采取的措施；11月3日韩食品医药品安全厅被迫公布韩国产泡菜中也存在寄生虫卵的问题；11月4日下午韩方驻华使馆代表主动表示韩方愿意就有关食品安全问题与中方加强合作，通过沟通和协商解决出现的问题。由此，双方加强质检领域的合作，启动了中、韩质检领域磋商与合作机制。进一步加强与韩方的交流与合作，建立了中、韩质检磋商合作机制，促使中国输韩泡菜问题通过友好协商妥善解决。

2007年8月，在中国国家质检总局的努力下，韩方同意将携带卫生证书的中国泡菜的抽查检验比例从百分之百降低到百分之二十；2008年1月7日，按照双方达成的共识，韩国再次降低对中国输韩泡菜的入境抽查比例，恢复到百分之十的常规抽查比例。至此，历时两年多的中韩泡菜事件最终得到圆满解决。

据统计，2007年中国泡菜对韩出口20.2万吨，货值达1亿多美元，均没有出现携带寄生虫卵问题。

在"泡菜风波"的处置中，中国的应对措施是按照WTO框架原则，在相同领域采取相应措施，从韩国进口的农产品中进行卫生检验检疫，并查出寄生虫卵，且同样进行限制性进口。中国这一次所采取的相对温和的应对措施，充分体现了中方对维护双边正常经贸关系的诚意。

### （三）出口日本青刀豆含敌敌畏事件

**1. 事件回放**

2008 年 10 月 12 日，据日本媒体报道，日本一女性消费者在食用烟台北海公司生产的冷冻青刀豆后感到不适，经日方检测，其食用的青刀豆中最高含有 6900 毫克/千克的敌敌畏成分，是标准值的 3.45 万倍，引起日本国内及我国方面的高度关注。10 月 15 日，日本厚生劳动省发出通知停止办理北海公司任何食品的进口手续。

**2. 应对措施**

（1）迅速启动应急处置预案。2008 年 10 月 15 日，得知情况后，在国家质检总局的领导下立即启动食品安全应急预案，由质检总局和山东检验检疫局分别负责在第一时间向国务院与山东省政府汇报情况。在山东省政府的领导下：迅速成立由省政府分管省长为组长、省政府副秘书长、山东检验检疫局局长、省外经贸厅厅长、省公安厅副厅长任副组长，省外办、外宣办、海关、农业厅等领导同志任成员的领导小组，责成烟台市和莱阳市政府也成立相应机构配合处置工作；第一时间派出检查组赶赴烟台北海企业现场，对企业的生产质量控制体系、产品原料及其生产过程卫生质量控制情况进行检查，对留样进行封存，并由公安人员和检验检疫人员进行现场拍照、录像、取样和送检；在第一时间公布检查结果，暂停企业出口，并对迎接日方代表团来华检查等工作进行了全面部署。

（2）及时公布检查情况，妥善应对媒体。2008 年 10 月 16 日下午，按照国家质检总局和山东省政府领导小组的要求，在检验检疫和其他有关部门的配合下，莱阳市政府和企业召开了记者见面会，政府负责人表示当地政府已成立专门调查领导小组，全力协助相关部门调查输日青刀豆意外事件。公司有关负责人声明，北海食品有限公司成立于 1990 年，系台日合资企业，现投资比例分配为台方 80%，日方 20%，主要经营冷冻蔬菜等加工，产品 85% 出口到日本市场。这一批号产品的原料在种植时，没有使用过这次被检出的有机磷农药，工厂和基地也从来没有购买和使用过这类农药。据烟台出入境检验检疫局介绍，检验检疫部门 15 日下午对企业在日本出现意外情况的同批次产品留样按法定程序进行了检测，结果未发现有机磷农药残留。同时，这次使日本消费者感到不适的这一批号产品从原料到出口先后经过了检验检疫部门、出口商、进口商、日本厚生省的农残检测，均未检出问题。

同一天，外交部对输日青刀豆问题作了积极回应，一是外交部对日本消费者表示慰问，外交部发言人秦刚 16 日说，中方对食用中国出口青刀豆食品身体感到不适的一名日本消费者表示诚挚慰问，希望她身体早日康复。秦刚说，得知情况后，我们立即向日本驻华使馆了解情况，质检部门立即派人到位于山东烟台的这家生产企业开展调查，当地政府也成立了专门的调查工作领导小组，目前调查工作正在进行。秦刚说，我们已经把初步调查情况向日方进行了通报，也应日方要求安排日本驻华使馆有关官员于 16 日赶赴山东烟台了解有关情况。根据日方有关部门向中方提供的情况，日方有关机构仅是在这位消费者提供的一袋产品中发现有敌敌畏残留，在同批次同样产品中，也没有发现同样的农药残留。秦刚指出，他也注意到，日方有关部门、警方和媒体近日都普遍认为，该产品在生产过程中被污染的可能性比较小，这可能不是一起食品安全事故，更有可能是人为投毒，日本警方已经立案进行侦查。秦刚表示，在对待此类事件上，中国政府愿意和日方保持密切沟通与合作，早日查明事情真相。①

（3）积极接待日方代表考察企业。应日方要求，2008 年 10 月 16 日下午派其驻华使馆经济处参赞山本恭司、食品官一等秘书永山裕幸、三等秘书岛美奈子一行三人抵达莱阳，就输日青刀豆中毒事件与莱阳市政府、山东检验检疫局以及企业有关人员进行了会谈。10 月 17 日上午，山本恭司一行对北海公司加工车间、冷库、厂区、化学药品存放处、农药库、实验室进行了现场考察和拍照，调阅收集了企业生产、管理和质量控制的部分记录和资料。

在与日方代表团会谈中：莱阳市副市长向日本驻华使馆山本恭司经济参赞

---

① 《中方对食用青刀豆身体不适日消费者表慰问》，新华网北京 10 月 16 日电。

简要介绍了情况发生后莱阳市政府采取的措施；企业就产品的种植、加工和储运等管理情况作了详细介绍。日方代表团就产品生产、运输、企业防护计划内容向企业作了询问，企业根据实际情况作了回答。山东检验检疫局与日方共同回顾了两国官方在食品安全方面长期以来建立的良好合作关系，重申了检验检疫部门在此次意外情况发生后已按照程序对企业的质量管理体系及产品留样进行了核查和复检，且均没有发现问题。同时，表示将继续配合政府和有关部门做好相关工作，提供技术支持，并希望双方能相互理解、相互配合，迅速查清真相，妥善解决问题。山本恭司参赞对此表示理解，并表达了同样的愿望。

10月17日中午，山东省政府应急处置领导小组主要成员赶赴烟台北海公司会见了正在实地考察的日本客人：向日方通报了问题发生后山东省各级政府高度重视，各部门迅速行动并展开调查，采取了一系列积极的措施；通过初步调查该企业同批次产品留样及其他库存产品，没有发现药物残留，认同日本媒体所报道的"此事人为因素可能性较大"的观点；表示只要双方本着客观公正、认真负责的态度，相信事情一定会得到圆满解决。中方认为山本恭司一行对北海公司的实地考察将有助于双方建立共同协商机制，促进调查工作的进展，并表示山东省各级政府和有关部门将从中日友好大局出发，本着对消费者负责、对生产企业负责的态度，全力配合调查。

会谈中，山本恭司参赞表达了对山东方面的感谢，并一再表示，此次派员来不是针对意外情况进行调查，而是希望与中方互通信息、通力合作，并对如何应对媒体尤其是日本媒体的报道提出了"应吸取饺子事件的教训，在事实真相尚未明确之前，不宜对媒体发表判断性意见"的建设性建议。

考察结束后，双方进行了简短的总结，日方对中方的积极配合表示感谢。山本恭司参赞表示：日方在短短的时间内，与山东省政府、山东检验检疫局、烟台市政府的领导见了面；与莱阳市政府、烟台检验检疫局以及北海公司的代表进行了会谈；实地考察了企业的车间、仓库等设施，提出的问题和索要的资料企业都在当天进行了回答和提供。他个人对北海公司的印象是积极的，并希望企业在当前极其困难的情况下能够坚持住，这次考察的结论不便于向媒体表达，待将有关资料带回去研究后再判定。他还希望在此事的解决方面，双方今后能继续加强沟通与合作，在提供调查资料和信息方面继续能得到中方企业和有关部门的帮助。

考察工作结束后，山本恭司参赞向日本政府和使馆进行了报告，并会见了在北海公司外守候的部分日本媒体记者，就其与中方会谈和对北海公司实地考察的实际内容作了简短的介绍并回答了记者的提问。

（4）积极加强对外交涉。2008 年 10 月 15 日，日本发生"青刀豆中毒事件"后，日本官方立即终止了该公司对日出口业务，虽然经我国政府和公安等部门的全力调查，早已排除在中国国内发生投毒的可能，且得到日方认同，但日方却借口未能抓到嫌犯，一直不给北海公司解禁。此举不仅给北海公司造成巨大经济损失，而且也为日方随意设置技术性贸易壁垒找到新的借口，其负面影响相当严重。为促使日方尽快解除禁令，消除影响，国家质检总局在中日食品安全事务磋商中均把北海青刀豆解禁问题列入对日谈判的重要议题，并提出严正交涉，最终迫使日方于 2011 年 8 月解除了对北海公司产品的进口禁令。"青刀豆中毒事件"得以圆满解决，北海公司产品得以重新进入日本市场。

## 四　危机管理工作展望

从我国出口食品安全危机事件发生的情况分析，这些危机事件涉及的产品主要为水产品、肉类、蔬菜等出口数量大、市场竞争力强、劳动密集型、对我国国民经济发展影响大的产品；从事件发生的性质看，有些发达国家为保护其相对弱势的农业产业，不断利用其相对健全的法律法规、标准体系和技术性贸易壁垒的隐蔽性特点，对我国出口食品质量安全问题进行借题发挥，无端指责我国食品的安全管理能力。纵观历次危机事件的发生、影响的蔓延，既包含着出口食品质量安全问题的累积效应，也有国外官方机构在双方未经沟通协商或未经查实的情况下对外公布信息，引起媒体的炒作和消费者的恐慌，从而对我国出口食品采取严格限制措施。给我国出口食品企业、行业带来严重经济损失甚至失去国际市场，并且还常常把解禁和危机事件的解决变成外交上的谈判筹码，甚至通过媒体炒作，引起国际社会对我国政府的信任危机。因此，我们要对国内外发生的食品安全事件及其应对工作认真进行分析和总结，加强出口食品安全风险管理与危机管理机制建设，从食品安全问题的蛛丝马迹中探查出问题发生原因与发展动向，做到早发现、早通报、早研判、早处置，有效预防风险的发生并尽快消除个别危机事件带来的负面影响。综合分析以往出口食品安全问题及其引发的食品安全事件，就构建完善出口食品安全危机管理机制提出以下展望。

### （一）健全责任落实机制，有效落实法律法规要求

出口食品的生产经营要经过种植、养殖、生产、加工、包装、贮藏、运输、销售、消费等多个环节，按照《食品安全法》及其实施条例等有关法律法规要求：地方政府对辖区内食品安全负总责，要把食品安全工作纳入地方政府工作的重要日程；生产加工企业是食品质量安全的责任主体，对生产加工的食品安全负主要责任；政府主管部门按照食品链条分工承担监管责任。当前，要有效避免出口食品安全危机事件的发生，就要按照食品生产经营和质量安全管理需求建立健全责任落实机制，基于法律对食品生产经营者赋予的法律责任，在食品生产的行业内部形成行业的自我规制，提高诚信与守法意识；对于企业的违法违规性行为要从严打击，对于故意违法违规造成出口食品国外通报并引起媒体炒作的坚决取缔其出口资格。同样，监管部门也要建立责任落实机制，加强信息交流与资源共享，形成执法合力，共同打击违法违规行为，对于监管缺失等违法违规行为要依法追究责任，提高执法工作的有效性。

### （二）加强风险信息管理，从危机预防转向风险预防

出口食品安全风险信息既能反映出口食品安全管理现状与风险状态，也能反映进口国家与地区的政策法规动态。通过风险分析可以看出，在出口食品质量安全风险和出口食品质量安全危机之间存在着必然的因果关系，对于突然爆发的食品安全突发事件，容易引起社会关注，并引发食品安全危机事件。对于规模小的不明显的食品安全突发事件往往不易为人们所察觉，因此食品质量安全风险积累的程度越低，食品质量安全突发事件发生的可能性就越小，对社会造成的后果就越轻，而且此时实行食品质量安全风险管理，可以将食品质量安全危机化解在萌芽状态，收到"润物细无声"的效果。如果不能够有效实施食品质量安全风险管理，往往就会出现食品质量安全突发事件频发的状况，常常是"按下葫芦浮起瓢"，出现政府和部门疲于应付，很是被动，从而使得食

品质量安全危机逐步升级，不能从源头上解决问题。食品质量安全管理是与食品质量安全风险相伴而生的，当食品质量安全风险积累到一定程度的时候，就会爆发食品质量安全危机。[①] 因此，各级政府和部门要高度重视出口食品安全风险信息的收集、研判、预警和应对工作，把风险消灭在萌芽状态，通过风险预防有效避免危机事件的发生。

### （三）加强国外法规标准跟踪研究，有效跟进管理要求

近几年来，日本、欧盟、美国、加拿大与韩国等主要进口国家或地区对进口肉类、水产、菠菜、果汁、罐头等产品实行市场准入与有计划地进行重点监控机制，随着日本"肯定列表制度"、欧盟新法规和美国现代化法案的相继实施，不断提高了进口食品安全卫生项目的标准要求。从近几年我国出口食品遭遇的国外技术性贸易壁垒来看，因企业不能及时了解外对食品安全的新要求遭遇的损失占有相当大的比重。如：自从 2011 年美国实施现代化法案以来，我国出口美国食品被通报、退运和销毁的数量大幅度增加，给企业带来严重经济损失。因此，各级监管部门和出口食品生产加工经营企业要加强国外法规标准的跟踪研究，有效跟进进口国家与地区的管理要求，主动更新和落实管理要求，加大宣传与培训，切实保障出口食品安全质量符合进口国家或地区要求。

### （四）加强进口食品监测和风险评估，制定反制措施

WTO/SPS 与 WTO/TBT 规则的实施，对于每个国家来说都是一把双刃剑。发达国家利用其相对健全的法律法规和比较严格的标准体系，为保护其相对弱势的农业与食品加工业而采取相对隐蔽的技术性贸易壁垒，实施贸易保护，对发展中国家的食品出口形成严重障碍。我们要借鉴发达国家的经验，积极开展进口食品安全风险评估与风险监测工作，掌握科学证据，必要时要敢于"亮剑"，采取反制措施，赢得主动。2005 年 10 月，我国在对韩国泡菜事件的应对中就进行了成功运用，取得显著成效，迫使韩方主动回到合作轨道上来。

---

① 陈锡进：《中国政府食品质量安全管理的分析框架及其治理体系》，《南京师大学报》2011 年第 1 期。

### （五）充分利用国际舞台和媒介作用，通过宣传化危为机

我国出口食品安全危机管理工作起步较晚，要借鉴发达国家处置危机的经验，在危机应对工作中要把握主动权，变被动为主动、化危为机、借机造势。如国家质检总局和商务部等部门联合加大对出口食品农产品质量安全区域化管理示范区建设的国际宣传力度。2009 年以来，由山东省政府组织省商务厅和山东检验检疫局分别在日本、美国、英国、中国香港等开展出口农产品质量安全示范区建设宣传活动，就日本而言，与会的日本官方以及企业代表均积极评价我国出口农产品质量安全示范区建设工作。日本食粮新闻在以"中国正不断完善食品质量安全管理——山东省率先督促企业获得 HACCP、GAP 认证"为标题的专题报道中作出这样的评价："山东开展的示范区建设工作是为了使出口食品农产品的质量安全符合国际标准，对农药等化学物质实施综合性管理的一种管理模式。山东管理模式已逐渐辐射中国，并已开始影响中国国内流通的食品农产品，中国食品农产品的质量安全状况将得到全面提升"。2010 年 11月，来自 26 个国家的 32 位驻华使节对山东省出口食品农产品情况进行了为期半个月的全面考察，对山东出口食品农产品质量安全监管体系给予了高度评价。另外，2011 年 6 月 30 日，在瑞士日内瓦召开的第 51 次 WTO/SPS 例会上，中国代表团就目前实施的出口农产品质量安全区域化管理示范区管理体系进行了详细介绍，欧盟、世界动物卫生组织和世界银行等国际组织对此均给予了高度评价。[①] 通过这种宣传推介活动，逐步提升国际社会对我国食品安全管理体系的认可程度。在未来的工作中，既要加强对外宣传工作，也要加强对发达国家技术性贸易措施的分析研究，对于不科学或依据不充分的技术性贸易壁垒，要联合遭遇相似的国家或地区，充分利用 WTO/SPS 与 WTO/TBT 平台及时提出异议，促使设立国家或地区撤销其不合理要求。

### （六）加强对外交涉，建立外交磋商与沟通机制

对外交涉是中外双方直接沟通、传递信息、增进了解、理解和解决问题的

---

① 杨博、马文生：《驻华使节高度评价山东出口食品农产品监管模式——对中国食品质量安全更有信心》，《中国国门时报》2010 年 12 月 8 日。

重要平台，在我国出口食品遭遇的不平等待遇、贸易保护、技术性贸易壁垒、食品安全问题的媒体炒作、食品安全突发事件或危机事件的解决中，发挥着重要作用，直接显示了中国政府的影响力与国际地位。为切实解决出口食品质量安全问题在未经查实或沟通解决思路的情况下擅自单方对媒体公开引发公众恐慌等事件的发生，最近几年，国家质检总局已加强了与日本、韩国、欧盟等国家与地区针对食品安全问题的磋商与合作机制，并发挥了积极作用。由于食品安全危机事件的发生具有很强的政治倾向性，其发生又具有突发性特点，因此，我国政府主管部门仍然需要继续开展深入探索，建立完善更加有效的对外交涉和对外交流与磋商沟通机制，牢牢掌握主动权，切实保障食品对外贸易的健康发展。

# Export Food Safety Crisis and Countermeasures

*Li Shaoqian*

**Abstract**：It is a complicated procedure, from farmland to table production, to export food. And security crisis in food export, going with features of on-purpose speculation, wide range influence, significant diffusion, easily convertible discrimination and politicization, complicated disposal process and long-term elimination, is always effected by multiple domestic and international factors. China, however, explored a successful path in recent years through great efforts by both the government and the competent authorities, which was eventually found through the proactive and flexible use of international rules in responding and solving export food safety crises such as the poultry exports to the EU, the kimchi exports to South Korea and the dichlorvos-poisoned green beans exports to Japan.

**Key Words**：Food Export; Security Crisis; Response

# B.11

# 我国远洋石油运输危机管理研究

远洋石油运输危机管理课题组[*]

**摘 要:**

新千年以来,我国经济社会的快速发展带动石油需求迅速增加,推动我国成为仅次于美国的全球第二大石油消费国和原油进口国。面对石油对外依存度不断提高的现实压力和日益复杂的地缘政治环境,如何确保石油运输通道安全成为迫在眉睫的课题。当前国际地缘政治动荡局势加剧,伊朗核问题、朝鲜半岛局势、叙利亚国内动荡局势等多起地缘政治事件频发;此外,南北苏丹冲突不断,尼日利亚、利比亚等国局部地区仍有零星冲突发生,印度洋海域海盗活动仍然活跃,我国南海地区国际争端不断等复杂的地缘政治局势增强了我国远洋运输的风险,而近年来国际远洋石油运输中油轮溢油、碰撞等突发事件时有发生,也使我国的石油供应和石油安全面临严峻挑战。因此,切实做好我国远洋石油运输危机管理研究,并建立与之相配套的预警机制和管理应急体制尤为重要。本报告在阐述我国远洋石油运输的发展现状和趋势的基础上,详细分析了我国远洋石油运输所面临的风险与挑战,尝试建立完善的油轮运输危险管理体系和指标评价体系,并基于以上提出相关政策建议。

**关键词:**

石油 油轮 远洋运输 危机管理 突发事件 预警机制 评价体系

新千年以来,我国经济社会的快速发展带动石油需求迅速增加,面对石油

---

* 课题组负责人:戴照明,经济学博士,在某大型国企工作多年;课题组成员:徐宁、宋磊、于萌、王佩、王乐林;执笔人:王佩,王乐林。

对外依存度不断提高的现实压力和日益复杂的地缘政治环境，如何确保石油运输通道安全成为迫在眉睫的课题。

2011年，我国进口原油总量为2.54亿吨，仅次于美国居世界第二位，其中90%以上的原油进口通过海运完成；与此同时，国际地缘政治动荡局势加剧，伊朗核问题愈演愈烈并导致美伊军事对峙加剧，伊朗频频威胁封锁霍尔木兹海峡，加之叙利亚国内动荡态势升级、伊拉克油田及管线屡遭反政府武装袭击等事件，加剧了中东地区的紧张局势；此外，南北苏丹冲突不断，尼日利亚、利比亚等国局部地区仍有零星冲突发生；印度洋海域海盗活动仍然活跃，我国南海地区国际争端不断等复杂的地缘政治局势增大了我国远洋运输的风险。而近年来国际远洋石油运输中油轮溢油、碰撞等突发事件时有发生，也使我国的石油供应和石油安全面临严峻挑战。因此，切实做好我国远洋石油运输危机管理研究，并建立与之相配套的预警机制和管理应急体制尤为重要。

本报告在阐述我国远洋石油运输的发展现状和趋势的基础上，详细分析了我国远洋石油运输所面临的风险与挑战，尝试建立完善的油轮运输危险管理体系和指标评价体系，并基于以上提出相关政策建议。

# 一　全球石油运输现状与特点

## （一）全球石油运输现状

### 1. 世界石油贸易推动远洋运输快速发展

世界石油贸易是世界石油产业发展的重要组成部分，石油生产地和消费地分布不均衡的状态促进了石油贸易的发展。近年来，随着世界原油贸易格局发生新的变化，西非、俄罗斯及中亚里海地区国家原油生产量和出口量不断增加，在世界原油贸易中的地位也日益提高。同时，亚太地区，尤其是中国和印度等国经济的快速发展拉动石油需求日益增长，极大地促进了其原油贸易量的增长，在世界原油贸易中的地位不断提高，全球石油运输因此呈现出新的特点和发展趋势。世界石油海上运输的东向运输量日益增加，东向航线在世界原油海上运输中的地位愈显重要。

英国石油公司（BP）2011 年全球石油（含原油和油品）贸易量为 5458 万桶/日，占当年世界石油消费量的 60% 以上。世界石油贸易运输方式主要以海运和管道运输为主，铁运、车运和内陆航运为辅。其中，区域内贸易以管道运输为主，跨区贸易以海运为主。全球石油海运贸易量（包括管输至港口出口量）约占 92%，管道贸易量约占 7%，铁路等其他运输方式占 1%，主要是俄罗斯与其邻国之间的跨境铁路贸易，目前这部分已多被管线取代。

**2. 远洋运输新特点**

远洋运输市场作为世界石油贸易的衍生市场，在过去 20 年中伴随着世界石油市场的发展变迁，也经历了巨大的变化。主要特点如下：

（1）当前油轮市场运力总体供过于求。新千年以来，油轮运输市场吸引了巨额的投资涌入，直接导致了目前运力供应明显过剩。预计未来运输市场将长时间在低位徘徊，船东面临入不敷出濒临破产的困境，这也加剧了租家对油轮安全运营的担忧。

（2）海运市场远距离运输大型化。随着世界石油产业逐步由西向东转移，部分产油国出口对象也逐渐发生变化，如巴西、委内瑞拉等地区的资源贸易开发向能源消费需求巨大的远东地区倾斜，海运市场也随之变化，为了降低运输成本，使原油到岸价格更具竞争力，许多资源通过大型油轮运输至远东地区。

（3）国际社会更加重视油轮的运输安全。随着溢油事件多发，国际社会更加重视油轮的运输安全。目前除部分单壳船用作海上浮舱外，单壳油轮已经完全退出市场。

（4）国际油轮市场是大租家、大船东之间博弈的市场，又是运作规范的市场。目前国际油轮市场的大租家主要是国际上较大的石油公司和贸易公司：部分石油公司控制装运码头，有些还拥有自己的船队；而由于运力过剩，许多大中型船东为了控制市场，自发联合起来，成立了超大型船东联合体，控制了市场上多数的运力。大租家、大船东之间的较量未来将更加激烈。

**（二）当前主要的远洋运输航线**

随着石油贸易的发展，逐步形成了连接石油输出地和石油输入地的固定远洋运输航线，目前全球主要的远洋运输航线有中东航线、前苏联航线、非洲航线和拉美航线（如图 1 所示）。

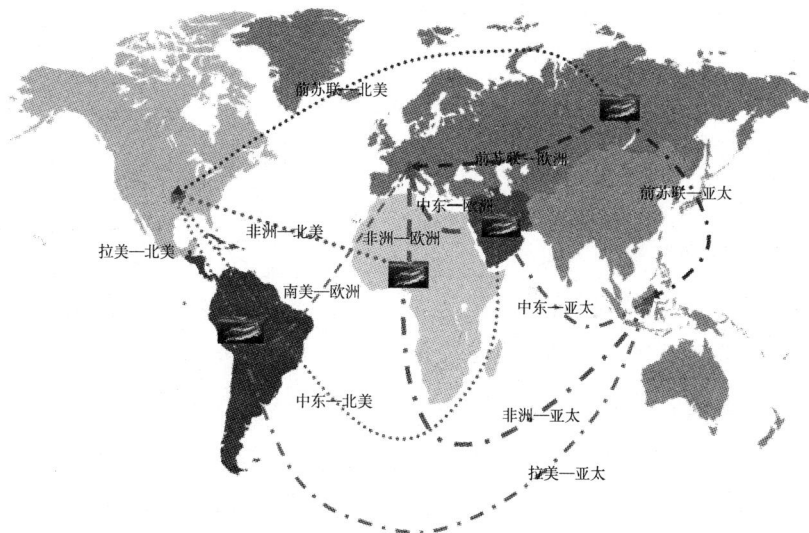

**图 1　全球远洋运输航线示意图**

资料来源：课题组根据相关资料整理。

### 1. 中东波斯湾至西欧、北美及远东

长期以来，中东作为世界上石油储量最丰富的地区以及最重要的石油出口地区，其出口到其他地区的原油几乎都是通过海运方式实现，并形成了由中东波斯湾东向出口和西向出口的重要航线：其中东向出口主要是出口到苏伊士运河以东国家和地区，包括日本、中国、韩国、印度等国，出口航线为波斯湾—龙目海峡—望加锡海峡（马六甲海峡、新加坡海峡）—日本、中国和韩国；西向出口主要是出口到苏伊士运河以西国家和地区，包括美国、西欧和非洲等地，主要的出口航线有两条：波斯湾—苏伊士运河—地中海—西欧和北美；波斯湾—好望角—西欧、北美。

据 BP 统计，2011 年中东石油（含原油和油品）出口量为 1975 万桶/日，基本为海运，占世界石油贸易的 36.2%：其中，东向石油出口量为 1452 万桶/日，占中东石油出口量的 74%；西向石油出口量为 523 万桶/日，其中，出口到美国的为 192 万桶/日，占中东石油出口量的 10%，出口到欧洲的为 254 万桶/日，占中东石油出口量的 13%。

### 2. 前苏联至欧洲、远东和北美

欧洲大陆既是世界上重要的产油地区，也是重要的石油消费地区，这一地区原油贸易也呈现出更多的区域内贸易特点。在运输方式上，形成管道运输和油轮运输并存的局面。俄罗斯和中亚里海地区国家原油出口主要通过管道运输和油轮运输两种方式。

2011 年前苏联国家原油和油品出口量约为 869 万桶/日，其中，向欧洲出口 604 万桶/日，占其出口总量的 69.5%，这其中 2/3 通过海运。此外，俄罗斯还通过铁路和海运方式向我国出口原油，2011 年分别为 18 万桶/日和 10 万桶/日。2011 年东西伯利亚—太平洋管道（ESPO）正式运行后，俄罗斯出口中国的原油采取管道运输和海洋运输相结合的方式。目前 ESPO 管线运输能力为 1500 万吨/年，二期（2013 年）项目扩能后有望达到 3000 万吨/年。

### 3. 非洲至北美、西北欧和远东

西、北非（非洲）是世界上第三大原油出口地区，主要出口到北美、西欧和亚太。西、北非的原油跨区出口均通过油轮运输方式，但由于受地理位置、运输通道和地缘政治等因素影响，西非原油和北非原油出口运输呈现出不同的特点，其中西非原油主要用 VLCC[①] 出口到美国和远东地区，并形成了两条重要航线：

（1）西非—美湾的跨大西洋航线。

（2）西非—好望角—龙目海峡—望加锡海峡（马六甲海峡、新加坡海峡）—远东。

从贸易量看，据 BP 统计，2011 年西非原油和油品海运出口量为 466 万桶/日：其中出口到美国 137 万桶/日，占西非石油出口量的 29.4%；出口到亚太地区 177 万桶/日，占西非石油出口量的 38.0%；出口到欧洲约 116 万桶/日，占西非石油出口量的 24.9%。

利比亚和阿尔及利亚是北非重要的产油国，由于两国地处地中海沿岸，其

---

① 巨型油船的英文简称（Very large crude carrier）

原油出口到地中海沿岸的西欧国家更有优势，加之长期以来利比亚和美国断绝外交关系和贸易往来，其原油基本出口到西欧，阿尔及利亚部分原油出口到北美，形成了两条主要航线：

（1）北非—西欧。

（2）北非—直布罗陀海峡—北美。

从贸易量看，据BP统计，2011年北非原油和油品出口量为193万桶/日，绝大部分通过油轮运输方式出口。其中，出口到欧洲为100万桶/日，占该地区石油出口量的51.8%；由于同处地中海沿岸，北非出口到欧洲的原油大多采用中型油轮（苏伊士级）来运输；北非向北美出口石油38万桶/日，约占其石油出口量的19.7%，可以采用大型油轮运输，但目前基本采用中型油轮运输。此外，由于运输瓶颈和经济性的限制，北非向远东地区出口少量原油，用中型油轮运输，形成北非—苏伊士运河—红海—龙目海峡—望加锡海峡（马六甲海峡、新加坡海峡）—远东航线，2011年北非向远东出口石油31万桶/日，占其石油出口量的16.1%。

**4. 拉美至北美、远东和西欧**

拉美地区石油资源丰富，尤其近年来探明的非常规石油资源丰富，如委内瑞拉的超重油、巴西的深海石油资源等，使其成为世界石油供应潜力增长较大的地区，由于该地区石油消费总量不大，因此可供贸易的资源较为充足。拉美地区目前主要的出口对象是北美，另有小部分出口至亚洲和欧洲。

2011年拉美石油出口量为376万桶/日：其中出口到北美229万桶/日，占拉美石油出口量的60.9%（其中美国225万桶/日，占总出口量份额为59.8%），航线为拉美—加勒比海/巴拿马海峡—北美；亚太111万桶/日，占拉美石油出口量的29.5%，航线为拉美—巴拿马运河—西太平洋—亚洲；欧洲35万桶/日，占拉美石油出口量的9.3%，航线为拉美—大西洋—直布罗陀海峡—欧洲。

## （三）全球油轮运力现状

油轮运输是世界海上运输的重要组成部分，60年代油轮运输的总吨位占世界海上运输总吨位的比重约50%，近两年这一比例为45%左右。油轮

运输工具可按照船型、装载货物、船体构造、压载方式、有无加温设施等进行分类:

**1. 按油轮船型（载重吨）分类**

这种分类方法也是最常见的分类，主要的类别有:

（1）巨型油轮（Ultra Large Crude Carrier，ULCC），载重吨位在32万吨以上的油轮。

（2）超级油轮或超大型油轮（Very Large Crude Carrier，VLCC），载重吨位在20万吨～32万吨的油轮。

（3）苏伊士型油轮（SUEZMAX），载重吨位在12万吨～20万吨的油轮。

（4）阿芙拉型油轮（AFRAMAX），载重吨位在8万吨～12万吨的油轮。

（5）巴拿马型油轮（PANAMAX），载重吨位在6万吨～8万吨的油轮。

（6）小型油轮（Medium Range Vessel，MR SIZE）：载重吨位在6万吨以下的油轮;

（7）轻便型油轮（Handy）：载重吨位在4万吨～6万吨级的油轮。

按照这一分类方法，我们对当前全球油轮运力现状进行了汇总（如表1所示），截至2011年年底，全球油轮总数为8216条，其中超级油轮626条，苏伊士型油轮495条，阿芙拉型油轮945条，巴拿马型油轮440条，小型油轮1984条，轻便型油轮3726条。

表1　全球油轮运力现状

| 年度 | 船型 | VLCC | SUEZMAX | AFRAMAX | PANAMAX | MR | HANDY | 合计 |
|---|---|---|---|---|---|---|---|---|
| 2010年 | 船数（条） | 548 | 418 | 862 | 409 | 1733 | 3678 | 7648 |
| 2月 | 载重（吨） | 164.3 | 64 | 90.4 | 29.2 | 74.3 | 35.8 | 458.0 |
| 2010 | 船数（条） | 533 | 431 | 892 | 398 | 1856 | 3639 | 7749 |
| 年底 | 载重（吨） | 162.7 | 66.2 | 94.3 | 28.8 | 80.7 | 35.2 | 467.9 |
| 2011 | 船数（条） | 626 | 495 | 945 | 440 | 1984 | 3726 | 8216 |
| 年底 | 载重（吨） | 191.7 | 76.2 | 100.1 | 31.9 | 86.5 | 36.4 | 522.8 |
| 2012 | 船数（条） | 648 | 507 | 946 | 441 | 2000 | 3746 | 8288 |
| 年底 | 载重（吨） | 198.7 | 78.2 | 100.2 | 32 | 87.3 | 36.8 | 533.2 |
| 2013 | 船数（条） | 649 | 513 | 952 | 440 | 1997 | 3735 | 8286 |
| 年底 | 载重（吨） | 199 | 79.6 | 100.4 | 32 | 87.2 | 36.7 | 534.9 |

数据来源：课题组根据相关材料整理，其中2012年、2013年为估计值。

**2. 按装载货物分类**

（1）"黑油"油轮（Dirty Tanker），是指装载原油、燃料油等"黑油"的油轮。

（2）"白油"油轮（Clean Tanker），或称"清洁油"油轮，是指装载汽油、石脑油等"白油""清洁油"的油轮。

（3）矿石、原油两用船（OBO Ore，Bulk & Oil），是指具有装载矿石、原油两种用途的油轮。

**3. 按船体构造分类**

（1）单壳、单底油轮（Single – Hull，Single – Bottom Tanker）。国际海事组织（IMO）海上环境保护委员会（MEPC）对单壳、单底油轮的使用制定了"73/78 防污公约"，规定于 1993 年 7 月 6 日以后签订合同或者无建造合同，于 1994 年 1 月 6 日以后安放龙骨，而且于 1996 年 7 月 6 日以后交船的载重吨在 5000 吨以上的油轮，强制要求双壳、双底。根据 2005 年 4 月 5 日通过的"73/78 防污公约"修正案，目前单壳油轮正在加速淘汰中。

（2）双壳、双底油轮（Double – Hull，Double – Bottom Tanker）。双壳双底油轮的安全性远好于单壳单底油轮，出于安全和环保的目的，目前世界上大多数油轮为双壳、双底油轮。

（3）过渡型油轮。在单壳、单底向双壳、双底的转变过渡过程中，出现以下两种油轮。双壳、单底油轮（Double – Hull、Single – Bottom Tanker）；双底、单壳油轮（Double – Bottom、Single – Hull Tanker）。

**4. 按压载方式分类**

（1）无专用压载水舱油轮（CBT，Clean Ballast Tank）。这种油轮使用货油舱作为压载水舱，主要集中在 1980 年前建造的油轮。

（2）有专用压载水舱油轮（SBT，Segregated Ballast Tank）。设置专门的船舱作为压载水舱；双壳油轮的压载水舱设置在双层船壳之间的夹层。

**5. 按加温设施分类**

（1）无加温设施：针对一般的 VLCC 及 ULCC。

（2）有加温设施：针对 VLCC 以下，尤其是运输重质高黏度原油。

### （四）远洋运输保险分类

和陆上运输或航空运输等其他运输方式相比，远洋石油运输有着路途远、运输时间长、海上风险多变等其他远洋运输共有的特点，同时远洋石油运输还具有船货金额巨大、溢油风险成本较高、社会面影响广泛等特征。因此，完善的海上保险是降低远洋石油运输风险、保障海上石油运输安全、减少石油运输损失的必要保证。在船舶实际运营中，保险与货物成本和运费一起构成国际贸易价格三要素，也成为船舶能进入市场营运，为租家、买卖双方、装卸港口接受的必备条件之一。

**1. 以船舶为标的的保险**

以船舶为标的涉及的保险主要有船壳险、船舶战争险以及船舶保赔保险。

船壳险是以船壳及设备为保险标的，承保船舶在航行或停泊期间因遭受自然灾害或意外事故所造成的损失的保险。船壳险一般按船壳投保价值为基量，辅以年度船壳险费率，从而计收每年为一艘标的船投保所需保费。

战争险是以船舶为保险标的，承保船舶在营运中因战争以及与战争有关因素造成的船舶损失，其属于附加险，一般在投保船壳险以后才允许投保，在实际投保中往往与船壳险同属于一家保险商名下。战争险同样是以船壳投保价值为基量，辅以年度战争险费率从而计收每年为一艘标的船投保所需保费。

船舶保赔保险是以船东的责任为保险标的，承保船东在经营与船舶有关的业务中应承担的，却不属于船壳险所承保范围的对第三者的责任所遭受的某些损失的保险。保赔保险一般在船东互保协会下投保，其具有附属性、互助性、无赔偿限额（油污损害责任除外）、非盈利性。保赔保险一般按船舶总吨位为基量，辅以年度每吨/美元计收每年为一艘船所属船东责任投保所需保费。

**2. 以货物为标的的保险**

以所载货物为标的保险则分为平安险、水渍险和一切险。

平安险，不负责单独海损，只对共同海损、货物全损和推定全损进行救济。其包括自然灾害造成的全损、意外事故造成的全损或部分损失、落海损失、施救费用、避难港损失和费用、共同海损牺牲、分摊或救助费用、货方根据运输合同偿还船方的损失。

水渍险，包括平安险的赔付责任，同时还负责平安险不赔偿的部分损失，即对自然灾害造成的部分损失进行救济。

一切险，包括平安险和水渍险的赔付责任，同时还负责运输途中由于外来原因所致的全部损失和部分损失。

## 二　我国远洋石油运输发展现状及面临风险

过去二十年，我国经济的持续快速发展拉动石油消费水平不断提高，但国内石油产量增长缓慢，为了满足日益增长的石油需求，我国原油进口量不断提高。1993 年我国成为石油净进口国；1996 年我国成为原油净进口国，此后，原油净进口量由 1993 年的 1564 万吨，猛升到 2011 年的 2.51 亿吨。目前，我国原油对外依存度超过 55%，石油消费和石油进口仅次于美国居世界第二，石油贸易规模的不断扩大极大地推动了远洋石油运输业的快速发展。

### （一）我国原油运输方式和进口路径

#### 1. 我国原油运输方式

我国的石油进口运输通道以海运为主，管道运输和铁路运输为辅。2006 年管道未开通之前，我国石油运输方式以海运和铁路为主，铁路主要运输邻国俄罗斯和蒙古的原油，其他国家则以海运为主。2006 年管线开通以后，铁路运输逐渐被取代。据我国海关统计（如图 2 所示），2005 年我国原油进口量为 1.27 亿吨，其中 93% 的原油运输通过海运完成，7% 的原油运输通过铁路实现；2011 年，我国原油进口量为 2.51 亿吨，其中 90% 的原油运输通过海运完成，9.8% 的原油运输为管道运输，仅有 0.2% 的原油运输经铁路，主要是蒙古原油。

2006 年 7 月，中哈管线正式运行，这是中国历史上第一条跨国长输管道，设计年输油能力为 2000 万吨/年，初步运行阶段管输量为 1000 万吨/年，主要将原油由哈萨克斯坦运抵我国新疆阿拉善山口；2011 年 1 月，中俄管线（ESPO 管线）正式运行，主要将俄罗斯原油出口到亚太市场，一期输油能力为 1500 万吨/年，目前已投产，二期输油能力将提高至 3000 万吨/年，预计于 2013 年实现。此外，正在规划中的中缅管线预计 2013 年投产，设计输送能力为 2200 万吨/年，主要将缅甸原油运输至我国云南。在当前规划下，未

铁路
7%

海运
93%

2005年

管道
9.8%

铁路
0.2%

海运
90.0%

2011年

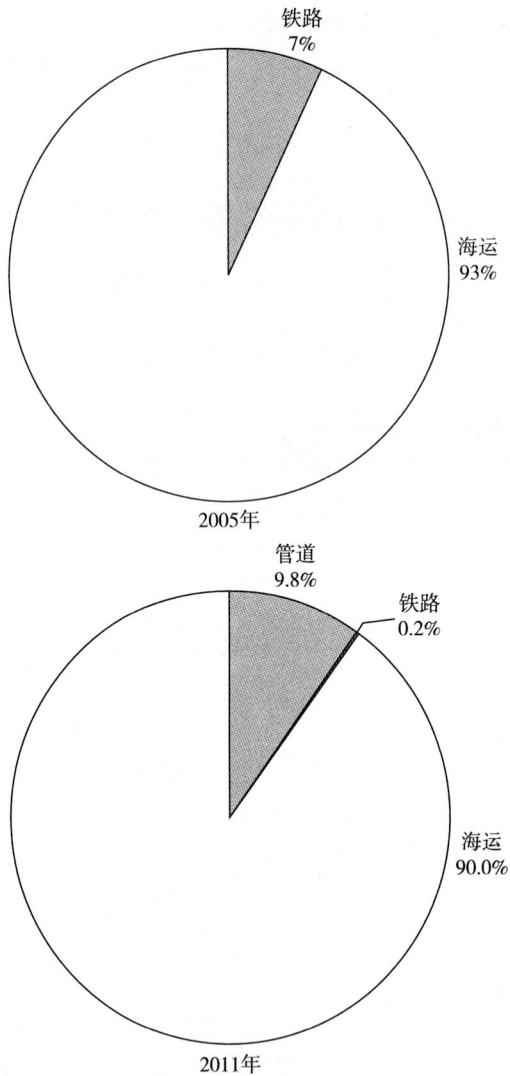

**图2 我国原油进口运输通道变化**

资料来源：我国海关统计。

来我国将形成中哈、中俄、中缅三大输油管道（如图3所示），规划输油能力合计为7200万吨/年。

**2. 我国海洋运输路径**

从原油进口来源情况来看（如图4所示），目前，我国每年从全球近40个产

**图3　我国石油运输路径图**

油国进口原油，其中超过一半来自中东地区。此外，来自非洲、前苏联地区以及拉美等地的比例正在上升，形成了多元化的进口格局。目前主要的运输通道为：

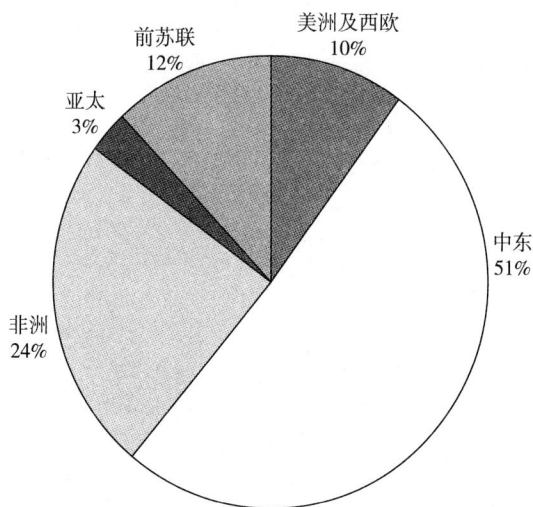

前苏联 12%
美洲及西欧 10%
亚太 3%
中东 51%
非洲 24%

**图4　2011年我国原油进口来源**

数据来源：我国海关统计。

（1）中东航道。

中东地区是我国最重要的原油进口来源地区，2011 年我国从中东地区进口的原油数量为 1.31 亿吨，超过总进口量的 50%，主要进口国家为：沙特、伊朗、阿曼、也门、阿联酋、科威特、伊拉克等国，其中 2011 年我国从沙特进口原油超过 5000 万吨，占总进口量的份额接近 20%，沙特也连续几年成为我国最大的原油进口来源国。中东地区主要航道为：波斯湾—霍尔木兹海峡—马六甲海峡—台湾海峡—中国，主要采用 VLCC 运输，运输时间为 20 天左右。值得注意的是，由于中东动荡的地区局势和我国实施进口来源"多元化"战略，我国从中东地区进口原油的份额总体呈下降趋势，从 2000 年的 53.6% 下降到 2010 年的 47.2%，但近两年有所回升。

（2）非洲航道。

非洲原油品质不同于中东原油，多数为轻中质低硫原油，近年来该地区石油投资开发力度加大，成为全球第三大原油出口地。出于进口多元化战略的目的，以及国内炼油厂青睐于该地区较轻的原油品质，近年来我国从非洲地区进口原油的数量不断提高。2011 年我国从非洲进口原油 6040 万吨，占总进口量的 23.7%，成为仅次于中东的第二大进口来源地，主要进口国家包括安哥拉、苏丹、刚果、利比亚、阿尔及利亚等国，其中 2011 年我国从安哥拉进口原油 3130 万吨，占总进口量的份额高达 12.3%，成为仅次于沙特的第二大进口来源国。目前我国从非洲进口的原油主要采用 VLCC 运输，从西非运输到中国需要 30 天左右，路线为西非—好望角—印度洋—SUNDA/LAMBOK 海峡—台湾海峡—中国大陆；从北非运输到中国需要 40 天左右，主要用中型油轮运输，路线为北非—地中海—直布罗陀海峡—好望角—印度洋—马六甲海峡—台湾海峡—中国。

（3）前苏联航道。

随着 ESPO 管线的开通，俄罗斯对中国的原油出口量快速提高，成为我国原油进口来源的新增长点，是我国仅次于中东、非洲的第三大进口来源地。据海关统计，2011 年，我国从前苏联地区进口原油数量为 3120 万吨，占总进口量的份额高达 12.2%，其中从俄罗斯进口原油 1980 万吨，占总进口量的7.8%，是我国第四大原油进口来源国。除了管道油之外，还有部分原油主要是乌拉尔油经海运进入中国，航线为黑海—土耳其海峡/博斯普鲁斯海峡—地中海—苏伊士运河—红海—马六甲海峡—中国大陆。

（4）亚太航道。

近年来，由于亚太地区原油增产有限，过去的主要原油出口国（如印尼原油产量呈下降趋势）已成为原油净进口国。因此我国从亚太地区进口的原油数量和份额均呈持续下降态势，进口量由 2000 年的 1055 万吨降至 2011 年的 865 万吨，所占份额由 2000 年的 15.1% 下降到 2011 年的 3.4%。目前主要进口国家为澳大利亚、印尼、越南、马来西亚、泰国、文莱等国，运输航线为马六甲海峡—台湾海峡—中国，主要采用小型油轮运输，如 AFRAMAX、PANAMAX 及 MR 船型等，运输时间约 7 天。

（5）拉美航道。

拉美地区是近年来全球石油生产和出口增长潜力较大的区域之一，也是全球非常规原油资源的主要来源地区。2000 年以后我国从该地区的原油进口从无到有，进口量快速提高。2011 年我国从拉美地区进口原油增至 2325 万吨，占总进口量的份额为 9.2%，包括委内瑞拉、巴西、厄瓜多尔、哥伦比亚、墨西哥、阿根廷等国。该地区主要航线为南美—好望角—巽它海峡（或马六甲海峡）—中国，采用 VLCC 运输，运输至中国的时间较长，大约需要 45 天。

## （二）我国远洋石油运输面临的风险和挑战

近年来我国远洋石油运输面临的安全形势日益复杂，安全风险逐渐增多。除了广为认识的"马六甲海峡困局"，更大的风险还有来自拥有世界石油贸易"阀门"之称的霍尔木兹海峡以及不断升级的海洋争端和海盗威胁等。石油运输通道的安全不再局限于某一海峡或局部海域的安全，而是整个海洋安全。

### 1. 地缘政治动荡局势加剧

近年来全球经济社会发展的不平衡性日益突出，各类经济、政治、历史、民族、宗教等多方面冲突不断激化，导致全球地缘政治动荡局势加剧。近年来悬而未决的伊朗核问题、"阿拉伯之春"带来的中东北非局势动荡问题、由于石油利益分配不均造成的南北苏丹对峙问题以及动荡的伊拉克局势令全球石油远洋运输面临着多重挑战和威胁。

（1）伊朗核问题使霍尔木兹海峡面临严重威胁。

霍尔木兹海峡位于伊朗和阿拉伯半岛之间，连接波斯湾和阿曼湾，东西长约150千米，南北宽6400～9700米。目前，原油通过量为1700万桶/日，占世界原油贸易的40%以上。霍尔木兹海峡作为中东原油的出海口，具有十分重要的战略地位，石油出口地包括欧洲、北美、东南亚和大洋洲。由于我国进口的绝大多数原油来自中东，而中东至我国的运输通道都要经过霍尔木兹海峡，随着伊朗与西方国家核问题升级，霍尔木兹海峡成为我国运输通道安全面临的最大挑战。

2011年12月份以来，伊朗核问题再度成为国际地缘政治问题的焦点。美欧等西方国家在推翻利比亚卡扎菲政权和从伊拉克撤军后，重新将矛头指向伊朗，并不断在国际政治、经济、外交和军事等方面向伊朗施加越来越大的压力，欧盟已于7月1日起正式停止进口伊朗油，使伊朗的石油生产和出口面临巨大压力。对此，伊朗方面做出强硬姿态，频频在波斯湾进行军演，并威胁将要封锁霍尔木兹海峡。美国与伊朗的军事冲突不断升级，市场担忧霍尔木兹海峡关闭将使世界石油供应安全受到重大威胁，推动当年以来国际油价快速上扬。尽管伊朗事实上封锁这一海峡的可能性并不大，但中长期仍面临着一定的安全威胁。从实际情况看，目前可替代霍尔木兹海峡的石油运输管线有两条：一条是从沙特东部Abqaiq油田到延布出海口的国内管线，另一条是从阿联酋西部哈卜善油田（生产Murban原油）到东部富察伊拉港口的阿布扎比输油管线（于2012年6月份开通），两条管线的有效输送能力仅为320万桶/日，相对于霍尔木兹海峡1700万桶/日的通行量来说，无疑是杯水车薪。

（2）"马六甲瓶颈"日益突出。

马六甲海峡地处马来西亚、新加坡和印度尼西亚之间，海峡的东南出口处位于新加坡，西宽东窄，多岛礁、浅滩，海峡全长约1080千米，西北部最宽达370公里，东南部最窄处只有37公里，主航道宽2800～3700米，水深25～113米。马六甲海峡作为沟通太平洋和印度洋、连接亚非欧的咽喉要道，是世界上最繁忙的海峡之一，每年有超过8万艘船只通过该海峡。该海峡的原油通过量为1170万桶/日，对我国而言，目前有接近70%的进口石油经马六甲海峡运输，其战略意义不言而喻，"马六甲瓶颈"也得到了社会各界的广泛关注。

长期以来，马六甲海峡由沿岸的印度尼西亚、马来西亚和新加坡三国共同管理。三国曾在 1971 年签订关于马六甲海峡的公约，尽管如此，不少国家仍旧觊觎着马六甲海峡，再加上沿岸三国自身国力和安保能力有限，使得其他一些国家或多或少的涉足于马六甲海峡的日常事物之中。美国对马六甲海峡一直十分重视，近几年来，美国把亚太地区作为全球战略的重中之重，加强了在亚太地区的军事部署，并多次以沿岸三国军事力量不足、无法有效打击犯罪活动等名义，准备向马六甲海峡沿岸部署军队。此外，日本 90% 以上的石油进口要经由马六甲海峡，它因此被称为日本的"海上生命线"，近年来，日本常常以打击海盗为由频频向马六甲海峡派遣海上巡逻力量。此外，印度也对马六甲海峡虎视眈眈，目前，印度在位于马六甲海峡西部入口处的安达曼尼科巴群岛修建了海军基地，并部署重兵扼守海峡西口，此外，印度还积极和沿岸三国搞好关系，并频繁进行军事演习。这些国家的涉足使得这一区域的地缘政治局势更加趋于复杂化。

（3）埃及局势动荡使苏伊士运河存在受阻风险。

苏伊士运河位于埃及境内，是连接欧洲、亚洲、非洲的重要交通要道，沟通红海与地中海，将大西洋、地中海与印度洋联结起来，是全球海运的重要命脉之一，运河全长 175 千米，河面平均宽度为 135 米，深度为 18.9 米。据统计，通过苏伊士运河的石油运输量为 140 万桶/日，其中：南向运输量大约为 40 万桶/日，80% 为成品油，其余 20% 为原油；北向运输量大约为 100 万桶/日，60% 为原油，其余 40% 为成品油。对于我国而言，我国从北非地区进口的原油以及从俄罗斯进口的原油（乌拉尔油）都要经过苏伊士运河，约占我国原油进口量的 10% 左右。

2011 年 1 月份，埃及首都开罗、亚历山大等大城市爆发群众示威，在经过近半个月的示威游行后，前总统穆巴拉克宣布辞去职务，并将权力移交给军方。埃及不仅牵动阿拉伯世界，对中东乃至全球战略形势亦有影响。苏伊士运河连接全球两大经济区域——欧洲与亚太，也是波斯湾石油通向欧美的"捷径"，埃及政局动荡令市场担忧苏伊士运河能否继续畅通，不仅引发国际能源、金融与大宗商品市场的异常波动，而且也为"后金融危机时期"世界经济稳定复苏增添新的不确定性，同样使我国的石油安全面临挑战。

（4）中东、北非地缘政治局势动荡使石油供应和石油运输面临中断风险。

2010 年底开始的"阿拉伯之春"运动，对地缘政治局势和国际石油市场产生了重要影响。2011 年 3 月份以来，埃及、土耳其、利比亚、阿尔及利亚、巴林、也门等北非和中东国家的政治局势先后陷入动荡，尤其是 3 月份利比亚爆发内战，造成该国 160 万桶/日的原油产量几乎全部中断，对世界石油的安全稳定供应造成严重影响。2010 年，我国从利比亚进口原油 737 万吨，同比增长 16.2%，占我国原油进口份额的 3.1%。3 月份利比亚原油供应中断以来，我国从利比亚进口原油的运输通道也被切断，由于利比亚原油为轻质低硫原油，短期内难以寻找替代油种，对我国的石油供应形成一定影响。2011 年 8 月份，反对派夺取政权以来，该国产量逐步恢复，目前已接近战前水平。此外，2011 年 3 月爆发冲突以来，叙利亚局势持续紧张，叙国内多地武装冲突不断，美、欧对叙进行制裁，阿盟不断施压，巴沙尔政权出现严重危机。但时至今日，叙利亚动荡局势仍未结束，石油产量和出口都受到不同程度的影响。

2011 年 7 月 1 日，南苏丹独立，但由于双方关于石油边界和管输费的争端迟迟未得到解决，边界冲突和石油利益纠纷不断，导致南苏丹于 2012 年 1 月底暂停了 35 万桶/日的石油生产，对我国的石油供应和原油资源优化构成直接影响。中国是苏丹第一大石油出口国，2011 年我国从苏丹进口 26 万桶/日，占苏丹原油出口的三分之二，占我国原油进口的 5.1%。2012 年 8 月初，在联合国安理会的督促下，南北苏丹就石油转输费达成初步一致，朝着问题解决迈出了积极一步。近期双方就边境问题再次举行高层对话，预计将取得突破性进展，从而为南苏丹恢复石油生产铺平道路。

此外，2003 年以来，尼日利亚产油区地方武装频频袭击石油生产设施和愈演愈烈的盗油事件，造成该地区石油生产不稳定；伊拉克北部库尔德地区与中央政府的矛盾由来已久，使得该地区石油生产中断事件时有发生，从而对全球石油安全稳定供应构成潜在威胁。

**2. 海盗活动日益猖獗**

近两年，索马里海盗劫持货轮事件频繁发生，由此引发的"印度洋困局"成为石油运输安全新的重要威胁。一般来说，当前海盗有五大活动区域，分别是西非海岸、索马里半岛附近水域、红海和亚丁湾附近、孟加拉湾沿岸和整个东南亚水域，基本上集中在从非洲通往亚洲的航线上。也即是说，海盗活动区域正是我国石油远洋运输的主要水域。据国际海事局统计，2011 年全球共发生海盗袭击事件 439 起，略低于 2010 年的 445 起，但仍处于海盗频繁和高发时期，对我国远洋石油安全构成了严重威胁。

（1）索马里海盗。

由于国内政局失控、战乱灾祸连年以及利益诱惑巨大，索马里海盗活动日益频繁，越来越多的油轮在亚丁湾、印度洋等海域遭到劫持，引起了国际社会的广泛关注（如表 2 所示）。索马里海盗活动往往精心设计、快速高效、装备精良、组织产业化，得手机率较高，近年来活动越发猖獗，成为印度洋海域的严重威胁。

表2　近几年索马里海盗活动情况

单位：%

| 年份/类别 | 劫持事件（起） | 劫持人员（人） | 劫持船只（艘） |
|---|---|---|---|
| 2011 年 | 237 | 802 | 45 |
| 2010 年 | 219 | 1181 | 49 |
| 2009 年 | 217 | 1050 | 47 |

数据来源：根据相关媒体报道整理。

据悉，每年从索马里附近海域经过的各国船只将近 5 万艘，除了无法下手的各国军舰外，多数都是大大小小的货轮。因此，打击当地猖獗的海盗势力，确保国际航运业的安全，成为各方不可回避的艰巨任务。为了维护我国海外的战略利益，同时也为了积极地参与到打击海盗的国际合作中去，我国海军首批护航舰艇编队于 2008 年 12 月 26 日从三亚起航，赴亚丁湾、索马里海域执行护航任务。2009 年 1 月 29 日，中国海军首批护航舰艇编队第一次解救遇袭商船。截至 2012 年 8 月，中国已派出了十二批海军护航编队前往亚丁湾海域执行护航任务，期间共执行了四百余批中外商船护航任务，并多次成功解救遇袭商船。

（2）马六甲海盗。

马六甲海峡及其附近海域的海盗活动高发期为 20 世纪末和 21 世纪初，据分析，其主要原因为 1997 年的东南亚金融危机，不少人为了钱财而被迫成为了海盗。随着目前周边国家逐渐加强对马六甲海峡的管理，一整套应对马六甲海盗活动的机制得以建立，该海域的海盗活动一直维持在一种相对较少的状态。据统计，2008～2010 三年间，每年发生于此的海盗案件都只有 2 件，

2011 年则没有发生，整体而言，该地区海盗的威胁远低于索马里海盗。

**3. 运输溢油事故频发**

随着海洋勘探和运输规模的逐渐扩大，海上钻井、采油、船舶运输等活动日益频繁，海上溢油事件日益增多。据统计，1980～2000 年间，全球溢油事故超过 4000 起，21 世纪以后，船舶溢油事故有增无减，不仅使船东和买方蒙受巨大的经济损失，同时对生态环境造成了难以估量的破坏。BP 墨西哥湾漏油事件和我国蓬莱油田漏油事件是典型的油田作业引发的漏油，1989 年超级油轮"埃克森·瓦尔迪兹"号的泄漏则是美国历史上最严重的油轮漏油事故，同样也是世界上最严重的漏油事故之一，当年累计有 3.4 万吨原油流入阿拉斯加的威廉王子湾，并造成了灾难性的生态后果，约 2080 公里海岸线因该漏油事故而受到污染，埃克森美孚为此支付了高达 34 亿美金的油污清理和赔偿费用。海上船舶溢油事故多发的主要原因是：

（1）运输航道水深过浅，或暗礁较多。

"埃克森·瓦尔迪兹"号漏油事故的主要原因就是油轮撞上暗礁，尽管它是众所周知的暗礁。目前我国运输的航道上，值得注意的是马六甲海峡，其东南部最窄处仅 37 公里，并且布满小岛和暗礁。

（2）恶劣天气。

2002 年 11 月 13 日，装载有 7.7 万吨燃料油的"威望"号油轮在海上遭遇了 8 级大风和 6 米高的大浪，最终触礁搁浅。尽管现在有了较为先进的天气预报系统，但是海面气候往往变化多端，大风大浪使船舶触礁的风险较高。

（3）船舶老龄化。

船舶老龄化是海上运输事故的重要诱因之一，由于使用时间较长，加之年久失修，船体结构可能会存在问题，船体强度不足以抵御大风大浪，从而发生事故。而船舶老龄化的原因主要是船东因经营成本提高、造价上涨等，无力更新现有船舶。

（4）船员工作失误。

包括很多方面，如船员操作不慎、船舶检修不足、突发事件应对失误等等，而产生这些失误的原因也是多种多样的，如业务能力欠缺、因劳累而松懈、故意玩忽职守等等。

（5）管理疏漏。

部分船舶公司为了追求更大的经济利益，放宽了船舶的运输标准，更有一些船舶公司或出港国本身就没有足够的检验和监督机构，从而使一些不符合远洋运输条件的船舶得以浑水摸鱼，也因此而发生更多的事故。

# 三　远洋运输危机管理研究

针对国际远洋石油运输中地缘政治动荡、油轮溢油、碰撞、遭海盗袭击等公共事件频发的现状，为确保远洋运输安全，进一步保证石油运输安全，应由一国政府牵头，以军事力量为后盾、以完善的战略石油储备为支撑、以主要石油公司和油轮运输公司为主体，构建多元化的石油供应体系和石油运输通道。远洋运输危机管理真正落实到微观层面，则更多以油轮运输企业（船东）的责任落实为主，货主（石油公司）主要承担的是重大突发事件的信息传导、保险报案以及石油资源的替代方案。以下章节将侧重从油轮运输企业的视角出发，探讨如何切实加强危机管理，建立预防和处置突发公共事件的应急体系，从而保证日常运输安全、保证资源到港、确保石油安全稳定供应。对于油轮运输企业的管理部门来说，树立全新的突发公共事件应急管理观念，建立健全科学、完善、高效的公共突发事件应急管理机制及各项法律保障措施，是建设企业危机管理能力的关键，也将是降低危机损害的重要举措。

## （一）建立科学、完善、高效的突发事件管理机制

### 1. 明确危机的定义

对于油轮运输企业而言，危机是指一种船舶发生紧急情况遭受严重损失或面临严重损失威胁的突发事件。危机管理则是指企业为应对各种危机情境所进行的规划决策、动态调整的过程，其目的是规范船舶发生紧急情况时公司的应急反应，加快反应速度、提高决策能力、强化执行力度、从而减少或避免损失；其适用范围是公司船舶发生紧急情况时；其责任是快速建立公司应急反应小组，船舶管理部与分公司建立应急指挥小组，负责船上紧急情况的岸上指挥。应急指挥小组接受公司应急反应小组的领导，需要时，进行现场指挥和调查。

**2. 对突发事件进行分级，明确紧急情况的标志和级别**

预警级别根据已经发生或将要发生的各类事故、事件或险情的紧急程度、危害程度和影响范围等确定（如表3所示）。预警级别可定为5级，依次为特别严重（1级）、较重（2级）、一般（3级）、小事故（4级）和轻微事故（5级）。

表3 远洋油轮运输突发事件分级

| 预警级别 | 级别描述 | 事故、事件或险情描述 |
|---|---|---|
| 1级 | 严重 | • 发生重大船舶碰撞；<br>• 船舶发生重大搁浅或触礁事故，事态尚未得到有效控制；<br>• 发生污染重大事故，造成对环境的重大危害；<br>• 遭遇台风、寒潮、浪损、地震海啸等自然灾害，人员、船舶等处于严重危急状况时的情况；<br>• 船舶发生重大火灾/爆炸事故；<br>• 造成3人及以上死亡、失踪重大事故和重大社会影响；<br>• 船舶遭受武装劫匪、海盗袭击，人员和船舶受到严重威胁等事件；<br>• 一次性食物中毒造成3人及以上死亡事故；<br>• 造成重大社会影响的群体事件；<br>• 其他达到重大等级的事故、事件。 |
| 2级 | 较重 | • 发生较严重船舶碰撞；<br>• 船舶发生较严重搁浅或触礁事故；<br>• 发生污染大事故，造成较大社会影响；<br>• 遭遇台风、寒潮、浪损、地震海啸等自然灾害，人员、船舶等处于较大危险状况时的情况；<br>• 船舶发生较大火灾/爆炸事故；<br>• 造成1~2人死亡、失踪事故和较大社会影响；<br>• 一次性食物中毒造成1~2人死亡事故，或一次性食物中毒人数超过20人，需送岸处理并且不能继续回船工作；<br>• 造成较大社会影响的群体事件；<br>• 关键设备或系统发生需要岸基支持的重大机损事故；<br>• 其他达到较大等级的事故、事件或重大险情。 |
| 3级 | 一般 | • 发生船舶一般碰撞事故；<br>• 船舶发生搁浅或触礁事故；<br>• 发生一般污染事故；<br>• 遭遇风灾、浪损、地震海啸等自然灾害，人员、船舶等处于一般危急状况时的情况；<br>• 船舶发生一般火灾事故；<br>• 造成人员重伤事故和一般社会影响；<br>• 一次性食物中毒人数10~20人（仅需船上处理即可）或发生需送岸处理后并且不能继续回船工作的食物中毒；<br>• 船舶遭受武装劫匪、海盗威胁；<br>• 造成一般社会影响的群体事件；<br>• 关键设备或系统发生需要岸基支持的大的机损事故；<br>• 其他达到一般等级的事故、事件或较大险情。 |

续表

| 预警级别 | 级别描述 | 事故、事件或险情描述 |
|---|---|---|
| 4 级 | 小事故 | • 发生船舶一般等级以下碰撞事故；<br>• 船舶发生轻微搁浅事故；<br>• 发生一般等级以下污染事故；<br>• 遭遇地震海啸等自然灾害，人员、船舶等处于较小危急状况时的情况；<br>• 船舶发生一般等级以下火灾事故；<br>• 造成人员轻伤事故和较小社会影响；<br>• 一次性食物轻微中毒人数 5～10 人（仅需船上处理即可）或发生送岸处理后可以继续回船工作的食物中毒；<br>• 关键设备或系统发生需要岸基支持的一般机损事故；<br>• 其他一般等级以下的事故、事件或险情。 |
| 5 级 | 轻微 | • 发生轻微擦碰事故；<br>• 船舶发生轻微搁浅事故；<br>• 遭遇风灾、浪损等自然灾害，人员、船舶等处于较小危急状况时的情况；<br>• 造成人员轻微伤事故（仅需船上紧急治疗即可）；<br>• 关键设备或系统发生需要岸基支持的一般机损事故；<br>• 船舶疑似遭受武装劫匪、海盗袭击；<br>• 一次性食物轻微中毒人数 5 人以下（仅需船上处理即可）；<br>• 较小的群体事件可能造成轻微的社会影响；<br>• 其他轻微事故、事件或险情。 |

### 3. 建立高效的分级响应机制，对突发事件进行多级管理

公司应急反应遵循分级响应原则（如图 5 所示）。船舶管理部总经理报告公司分管船舶管理的副总经理和公司分管安全的副总经理，并与分管船舶管理的副总经理按下列原则判定响应级别以及是否进入公司应急反应程序：

（1）已发生紧急情况，不会继续发展而导致对人员、船舶、货物和海洋环境造成威胁，而且船舶有足够能力处理已发生的紧急情况，不必进入公司应急反应程序，由船舶管理部指导船舶自行解决；

（2）当事故、事件或险情在第 5 级预警级别时，由船舶管理部或分公司应急指挥小组直接采取响应行动。对于分管船，由分公司应急指挥小组处理，船舶管理部跟踪；对于直管船，由船舶管理部应急指挥小组处理，若事故发生在华南地区，可委托分公司应急指挥小组处理，分公司应急指挥小组及时向船舶管理部应急指挥小组报告处理情况；

（3）当事故、事件或险情达到第 4 级及以上预警级别，则由公司应急反

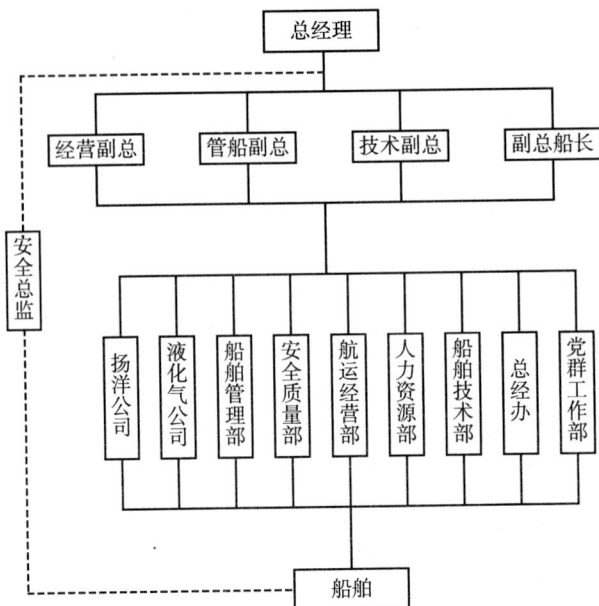

图5 远洋油轮运输突发事件分级响应机制

应小组采取响应行动。

（4）当事故、事件达到1级预警级别时，要作为危机来处理。

**4. 对紧急情况进行标志，制定高效简洁的船岸应急程序**

在船舶的营运过程中出现紧急情况是不可避免的，关键是在出现紧急情况时船岸能立即采取相应措施，及时做出有效反应，避免或减少损失。

（1）预警报告

船长应通过有效的通信方式立即向公司航运经营部、操作部报告，同时，船长应立即向所在港口主管机关报告。公司安全质量部接到船舶发生事故、重大险情或者被滞留的报告时应当尽快向船籍港所在地的交通部直属海事管理机构报告。公司任何部门和人员接到海事搜救中心、海岸电台或船舶转发来的船舶遇险信息应立即通知航运经营部。

（2）预警分级响应

航运经营部、操作部接到船长和其他方报告的紧急情况后，应立即通知船舶管理部海务副总经理。船舶管理部海务副总经理在接到紧急情况报告后，应对船舶紧急情况进行判断，若是I级紧急情况，应立即报告指定人员和船舶管理部总经理。如果船长认为情况紧急或属于I级紧急情况，可以直接向指定人员报告。

（3）建立应急指挥中心

针对不同级别的突发事件，建立相对应的应急指挥中心：

Ⅰ级紧急情况，由公司总经理启动公司应急反应队；

Ⅱ级紧急情况，由船舶管理部按船岸应急反应计划的要求进行处理；

Ⅲ级紧急情况，由船舶管理部跟踪船舶紧急情况的处理，提供必要的岸基地支持。

其中，在危机级别处理中，指定人员接到I级紧急情况报告后，应立即报告公司总经理，公司总经理启动公司应急救援指挥部（见图6）。应急反应队成员应立即赶到应急反应指挥中心，在公司总经理未到达之前，由总船长（指定人员）担任临时总指挥，指导、协助船舶抢险，所有应急反应队成员按《船岸应急反应计划》职责分工展开危机救援行动。船舶管理部海务副总经理将应急反应情况填入"岸基地应急反应记录"，所有相关通知和信息予以保存，并通报应急反应队的相关部门。船上船长应通过有效的通讯方式向岸基报告的同时，按《船舶应急反应部署表》和《溢油应急反应行动表》立即组织

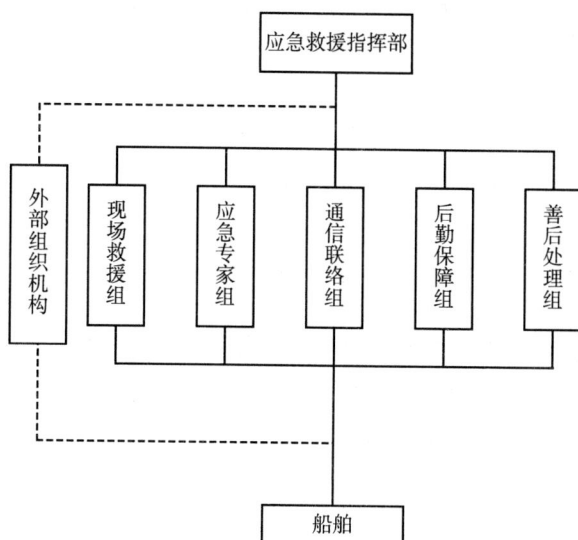

图6 远洋油轮运输突发事件应急救援机制

船舶做出有效的反应，避免或减少损失。

**5. 配备合格的危机管理人员，安排相应的训练和演习**

船长和高级船员及相关人员应熟悉以上风险，能根据其种类判断其发生的可能原因、性质及可能产生的后果，为控制事态的发展应采取的行动和措施，以及请求第三方援助的步骤。

为了能在事故发生时采取有效的行动，船长和高级船员及相关人员应掌握船型和结构特性、所运货物的性质、人员保护及污染物的处理及设备使用等知识。

船长和相关人员应保证熟悉应急程序中的有关职责，熟悉在应急反应中所需的知识和技能。使每个有关人员预先了解自己在应急计划中的责任和权限，一旦出现紧急情况时应向谁报告；制订正规的应急训练和演习计划，按规定定期进行训练与演习。

**6. 规范重大信息发布流程，对相关人员进行培训**

公司成立媒体应对小组，成员包括公司总经理、指定人员、总经办主任、船舶管理部总经理和安全质量部总经理等相关人员。总经办主任作为媒体应对的第一负责人，指定人员作为媒体应对的替代人员。公司媒体应对小组成员的联系方法应及时更新并公布。公司媒体应对小组向媒体和公众发布信息的形式主要包括：举行信息发布会、公司网站发布、邀请新闻媒体参加有关会议，以及向媒体发表谈话和接受记者采访等。

## （二）熟悉相关法律，在法律指引下进行危机管理

**1. 油污管理国际公约**

（1）联合国公约。

联合国颁发了《联合国海洋法公约》，我国于1995年5月加入，1996年7月7日对我国生效。其中规定："各国有保护和保全海洋环境的义务"；"受影响区域的各国，应按照其能力，与各主管国际组织尽可能进行合作，以消除污染的影响并防止或尽量减少污染。为此目的，各国应共同制订和促进各种应急计划，以应付海洋环境的污染事故"；"各国应在适当情况下分别或联合地采取一切符合本公约的必要措施，防止、减少和控制任何来源的海

洋环境污染"等。

（2）国际海事组织公约（IMO 公约）。

①《1990 年国际油污防备、响应和合作公约》（OPRC 公约）IMO 于 1990 年 11 月 30 日在伦敦通过了《1990 年国际油污防备、响应和合作公约》（OPRC 公约）。经国务院批准，我国于 1998 年 3 月 30 日加入 OPRC 公约，公约于同年 6 月 30 日对我国生效。国务院在批文中明确指出："由交通运输部会同有关部门组织实施该公约"。

OPRC 公约做出了如下规定：

第 1 条：各当事国承诺，按本公约及其附件的规定，各自地或联合地对油污事故采取一切适当地防备或反应措施。

第 5 条：收到油污报告时的行动：当事国主管机关收到报告时，尽快做出评估：油污事故的性质、范围和可能后果，以便准备相应的措施和及时通知其利益受到或可能影响的国家。严重的事故联系地区组织做出安排和采取措施情况通知国际海事组织。

第 6 条：国家和区域性防备和应急系统：公约要求建立一个能对油污事故进行有效的应急反应的国家系统，包括一个最起码的国家应急计划，负责管理油污的防备和反应行动，报告和协调应急支援：包括应急反应设备、人员训练、应急演习和为国际合作进行油污反应的安排和提供必要资源的能力。这对发生油污后迅速减少损失有很明显的效果。

第 7 条：油污反应工作的国家合作：即国家合作和相互支持，各缔约国统一在收到当事国提出需要国际组合和支持以处理油污事故时，各缔约国将做到：尽力为此提供各种能力资源，提出请求的国家必须偿还提供援助的当事国支持行动的费用。

②《经 1978 年议定书修订的〈1973 年国际纺止船舶造成污染公约〉》（简称 MARPOL73/78）。MARPOL73/78 于 1983 年 10 月 2 日生效。该公约包括六个附则：附则Ⅰ——防止船舶油污规则、附则Ⅱ——控制散装有毒液体物质污染、附则Ⅲ——防止包装有害物质污染、附则Ⅳ——防止船舶生活污水污染、附则Ⅴ——防止船舶垃圾污染、附则Ⅵ——防止船舶造成大气污染。公约要求当事国有义务禁绝违反公约的行为，并对违反者采取行动，确保惩戒措施

"应足够严厉，以打击违法行为"。

**2. 海盗防范国际公约**

（1）联合国公约。

《联合国海洋法公约》第 101 条和 102 条对海盗行为进行了定义。第 101 条规定："下列行为中的任何行为构成海盗行为：（a）私人船舶或私人飞机的船员、机组成员或乘客为私人目的，对下列对象所从事的任何非法的暴力或扣留行为，或任何掠夺行为；（b）在公海上对另一船舶或飞机，或对另一船舶或飞机上的人或财物；（c）在任何国家管辖范围以外的地方对船舶、飞机、人或财物；（d）明知船舶或飞机成为海盗船舶或飞机的事实，而自愿参加其活动的任何行为；（e）教唆或故意便利（a）或（b）项所述行为的任何行为。"

第 102 条规定："军舰、政府船舶或政府飞机由于其船员或机组成员发生叛变并控制该船舶或飞机而从事第 101 条所规定的海盗行为，视同私人船舶或飞机所从事的行为。"

根据《联合国海洋法公约》第 105 条及第 110 条的规定在公海上或在任何国家管辖范围以外的任何其他地方，各国均可对涉嫌海盗船行使登临、检查、扣押的权利。

（2）IMO（国际海事组织）公约。

IMO 于 2009 年 12 月 2 日对武装抢劫行为做出了最新修订。IMO 第 A. 1025（26）号决议规定，武装抢劫行为是指任何下列行为：（a）在一国的内水、群岛国的群岛水域和领海内，为私人目的，对船舶、船上的人或财物所从事的不同于海盗行为的任何非法的暴力或扣留行为，或任何掠夺行为，或上述行为的威胁；（b）教唆或故意便利上述行为的任何行为。

（3）SOLAS（海上生命安全 Safety Of Life At Sea）公约。

SOLAS 公约 XI－2 章规定缔约国政府有权力和责任对航运公司、船舶采取的预防和应对海上保安事件的措施进行监督和提供便利。

在制定危机管理机制时充分考虑诸如以上的国际法公约，将使得公司以及下属船员个人行为受到法律保护，同时也使得与之相关的海损以及船舶保险在法律项下寻求保险人的赔偿。

# 四 我国远洋石油运输危机管理评价体系

本节在前三节的基础上，结合国际标准，尝试从船舶经营人的角度，建立我国远洋石油运输危机管理评价体系，进一步明确远洋运输危机管理机制和各类响应机制。

## （一）危机管理评价体系综述

石油公司国际海事论坛组织（OCIMF）在实行共同船舶检查方面已经起到了先驱的作用，主要是通过推广船舶检查报告交流系统（SIRE）来实现的，该系统促成了一个统一的高标准的共同检查。OCIMF成员可以共享该检查结果从而减少对船舶检查的次数。国际安全管理规则（ISM）要求船舶经营人实施安全管理体系以达到零事故营运，这促成了公司在追求安全与环保卓越进行营运管理。然而，只满足规则最低要求的经营人与实行ISM规则高标准的船舶经营人之间有着明显的区别，这种差异可能导致租船人需要对单个船舶经营人的管理标准进行评估。因此引入管理指标评价体系，对照关键绩效指标（KPI）评估安全管理体系，并提供最佳做法指南，是对危机管理一种更深入的研究和探讨。

为了保证评价体系的有效性，管理体系评估需要的不仅仅是程序。公司领导层需要确定公司的经营目标和愿景及完成既定目标的具体方法。经营人同时要提供足够的资源以保证船舶是由训练有素的适任人员管理、配员和操作及维护。评价体系的运转则遵循计划、实施、测量和改进四个阶段。

### 1. 制订计划

有效的战略需要明确的方针、目的、过程、岗位和职责。危机管理评价体系对这些问题提供了指导，鼓励公司在关注安全和环境保护的氛围下开展业务，在相关过程和目标上给船舶经营人一个明确的指导，这将有助于其有计划地达到该目标。

### 2. 实施计划

公司提出明确的目标，根据测量结果，下达计划，确定实施优先顺序和目标，以达到改进的目的。着眼于利益最大化的领域以及可实现的改进制定目标。船舶经营人对识别出的各个过程与自身的技术、操作需求和资源相比较，制订出有优先级别的、由员工评审并经管理层认可的计划。如果措施实施过程中无相应资源时，要向高级主管报告。

**3. 测量绩效**

对取得的结果进行检查、评估和反馈。安全和环保卓越需要对过程和结果进行检查、评估和反馈以达到稳定的提高。持续改进循环的本部分指出了程序上的符合性，以及实施和改进过程中所付出的努力。

**4. 改进体系**

危机管理评价体系旨在用持续改进的工具和技术帮助船舶经营人。持续改进的本阶段有助员工把行动与公司的目标相结合，以提高绩效。需要强调的是，应关注于长期改进而非权宜之计。持续改进循环的本部分要求行动与过程目标协调一致，并保证改进计划得到定期评审和更新。着眼于利益最大化的领域以及可实现的改进，制定目标。

## （二）拟定的危机管理中六个要素

### 1. 管理、领导作用和责任

主要目标是组织内部各级，指明方向并明确各自职责和责任。有效的质量管理体系需要最高管理层的承诺，明确规定其管辖范围内所有人员的职责和责任（如表4所示）。组织内的各级人员应理解安全和环保卓越概念，并通过领导作用和文件化管理体系的使用得到强化提升。船舶经营人应该建立并保持文件化的质量管理体系，完成既定的船队管理方针和目标。同时，所有管理人员都应该对为其制定的目标和指标负责。

表4　远洋油轮运输危机管理指标体系——质量管理体系关键绩效指标与实施准则

| 阶段 | 关键绩效指标 | 实施准则 |
|---|---|---|
| 1 | 在文件中明确管理承诺，包括使命、愿景声明、方针和程序 | 使命和远景声明包括高标准、长期目标及公司愿景，如零事故和零污染。公司通过持续改进达到此目标 |
| | 高级管理层对实施安全管理体系的承诺做出表率 | 高级管理层通过开展管理评审、复查不合格汇总及根据审核计划评估审核过程以展示其管理承诺。公司保存管理层参与这些活动程度的记录 |

| 阶段 | 关键绩效指标 | 实施准则 |
|---|---|---|
| 2 | 船岸各管理团队应充分理解并支持安全和环保卓越理念 | 公司确定安全和环保卓越理念的含义,建立沟通渠道,鼓励信息共享,并在船队中推广最佳做法。公司记录经验教训并在整个船队中发布。如必要,管理层跟踪合理化建议确保已做出必要的变更 |
| | 公司所有员工能够描述安全和环保卓越的实践含义 | 所有员工理解公司安全管理的理念,通过领导作用和合理的管理实践得到促进。管理层通过如访船、非正式会议和讨论等活动考查促进员工对该理念的理解 |
| | 管理上力争在公司各层面提高安全与环保的绩效 | 通过船岸沟通渠道和相关程序,获得最佳做法,吸取险情教训 |
| 3 | 岸基管理层制定公司标准,开展评估以验证执行情况 | 典型的测量指标(KPI)包括但不限于:污染事故、已纠正审核发现、险情报告和已标志的最佳做法的数量 |
| | 管理层应明确制定达到安全和环保卓越目标所必需的步骤 | 明确规定主要步骤并在管理体系内文件化,每个步骤都应规定确定的时限和目标 |
| | 船岸管理团队提升安全和环保卓越的理念 | 领导在公司各个层面具有明显的示范作用,要建立安全与环保卓越的理念,维持长期的改进目标,需要强有力的、高效的和以身作则的领导 |
| 4 | 至少每季度在船岸管理会议上讨论安全与环保目标的进展情况 | 至少每季度在船、岸管理会议上讨论安全和环保的进展情况。如果进展未达到计划,应采取纠正措施使指标与目标协调一致 |
| | 根据KPI对安全与环境绩效指标进行监控 | 公司在其业务目标中设定正式的绩效指标,员工至少每季度依据KPI监控其状况,并向高级管理层报告发现 |
| | 所有船岸人员展示对安全与环保卓越的承诺 | 管理和监督人员身体力行,指明方向,展示安全与环保卓越的承诺。通过公司建立的激励机制,达到正面强化效果 |

## 2. 变更管理

主要目标是建立程序,以便对操作、程序、船舶设备和人员的变更进行评估和管理,确保不降低安全和环境标准(如表5所示)。船舶经营人使用的变更管理系统应包括:确保变更的支持性文件中包括变更原因;确定批准变更所需级别(最低资格);提供变更对安全和环境潜在影响的正确理解;确保所有变更符合法律法规、行业标准和原始设备设计规范的要求;确保有船岸人员交接和熟悉的适当程序;包括开展工作前签发工作许可证的规定或对设备进行任何改变的规定;确保识别变更的潜在后果和必要的缓解措施,并将结果告之受变更影响的人员和场所;确保在规定时间内未实施的变更在其完成前重新进行评估并执行;识别因设备或程序变更带来的任何培训需求;确保在任何变更或修改后,及时更新相应的图纸、程序和其他技术文件;确保变更后的评估和反馈。

**表5 远洋油轮运输危机管理指标体系——变更管理关键绩效指标与实施准则**

| 阶段 | 关键绩效指标 | 实施准则 |
|---|---|---|
| 1 | 船舶经营人有文件化的变更管理程序 | 即使是很小的变更,如果没有进行适当处理,也会影响安全。安装新设备或新零件、使用不同材料或仅仅是设备新的设定值(超过正常操作限值)等均能引起变更。临时布置,例如在过程/在用的系统中软管连接,也要进行系统的评审 |
| | 变更管理程序明确规定批准变更所需级别 | 当识别出新的风险,需要由更高管理层批准降低风险的适当措施时,根据授权等级评估变更是非常重要的。如可能,根据涉及风险的级别,针对不同类型的变更,对所需的适当的批准等级提供指导 |
| 2 | 公司运用相关手段,如风险评估,评价预计变更的影响 | 程序应包括对所有常规和非常规工作进行风险评估的要求 |
| | 管理体系应该识别并记录因设备或程序变更带来的培训需求 | 变更管理程序通常识别相关的培训需求,所有相关人员在规定的时间内接受所需培训,并详细记录 |
| | 保存变更管理记录用于审核 | 永久变更和批准的评审程序应有记录,纳入文件控制体系,以保持重要的可控文件最新 |
| | 船舶经营人有文件化的船岸人员交接程序 | 交接的范围和程度根据不同岗位职责确定 |
| | 船舶经营人有文件化的船岸人员熟悉程序 | 人员熟悉的内容和程度根据不同岗位职责确定 |
| 3 | 体系确保在任何变更或修改后,及时更新相应的图纸、程序和其他技术文件 | 新建船舶或新增船舶,应保持包括船舶任何结构或技术变更、设备状况,以及从最初设计起的变更的历史记录。使用文件控制系统记录初始及变更信息 |
| | 程序中包括船舶主管和船员对新增所拥有/所管理船舶熟悉的相关规定 | 公司有程序确保船舶主管和船员有对投入营运的新增船舶熟悉的时间要求。有完成该程序应采取的关键步骤的检查表,包括如设备熟悉和培训等 |
| 4 | 有文件化的所有变更影响的年度评审,以确保达到目标 | 公司评审变更管理文件以确认所有变更按计划进行。任何改进都应正式记录,如果发现任何问题,公司应有程序以确保采取合适的措施并且予以了解决。该项活动可以在公司安全管理体系年度评审中进行 |
| | 当公司组织结构发生重大变更时,变更管理程序应对组织结构和管理体系因变更所受的影响进行详细的评审 | 当组织结构发生变更(报告关系、职位取消、机构重组的变更等)时,负责监督或管理职能发生变更的人员应重新明确各自职责 |

### 3. 事故调查和分析

主要目标是使用有效的调查、报告和跟踪方法,从重大的险情和事故中吸取经验教训,防止再次发生(如表6所示)。安全管理的基本理念之一是所有事故都是可以预防的。因此，如果发生事故，重要的是确保进行彻底的事故调查，并采取防止再次发生的相应措施。船舶经营人应建立和保持程序，以便连续地报告、调查、分析和记录安全和环境事故及违规情况。该程序应包含报告重大险情的规定。该程序应：提供及时的事故调查；明确负责事故报告、授权批准和进行调查以及制定随后纠正措施的人员；包含符合 OCIMF 海事伤害报告指南的所有事故分类的指导；对负责事故调查的人员提供事故调查培训；确保识别导致事故的根本原因和因素，并采取必要步骤，减少再次发生的风险；包括决定采取必要措施以减少相关事故风险的规定；确保保持事故调查结果并定期分析以决定管理体系、标准、程序或做法等需要改进的地方；指定确定是否需要向行业团体（如船级社或设备制造商）通报的程序，避免类似事故在其他船舶发生；确保整个船队能够共同分享从事故或险情调查中得到教训，以促进安全和环境绩效的改进。

**表6　远洋油轮运输危机管理指标体系——事故处理关键绩效指标与实施准则**

| 阶段 | 关键绩效指标 | 实施准则 |
|---|---|---|
| 1 | 船舶经营人有确保所有事件、事故和险情得到迅速报告和调查的程序 | 调查过程包括事故调查和纠正措施执行和封闭的时间表。岸基管理层应复查该时间表直到所有问题得到解决。公司参考相关出版物协助事故调查 |
| | 船舶经营人有程序确保与安全有关的紧急信息能迅速在船队中通报 | |
| | 报告程序确保识别任何违规情况 | 在确定根本原因时，调查报告应包括所违反的公司和法律要求的情况。岸基负责人员评估所有事故报告，确定应通知主管机关 |
| 2 | 船舶经营人有程序确定事故的报告、调查和采取后续措施的职责 | 事故报告在安全管理体系中有专门章节，包括任何可能强制要求的任何报告。公司程序提供指导和明确的报告格式 |
| | 被指定领导事故调查的人员不得与该事故有关联 | 船舶经营人应有充足可用的资源和协助事故调查人员，可以包括独立的协议方 |
| | 船舶经营人运用调查结论来减少任何事故再发生或相关事故的风险 | |
| 3 | 事故调查程序确保能够明确识别导致事件或事故发生的根本原因和因素 | 为了确保精确分析，公司安全文化应鼓励对事实进行详细报告，特别是险情和事故的报告 |

| 阶段 | 关键绩效指标 | 实施准则 |
|---|---|---|
| | 事故分析程序确保在整个船队中分享从事故或险情中得到的教训 | 公司在发给所有船舶的安全通告或通函以及在管理级船员座谈会上，通报所有事故和险情。定期(至少每年)将安全绩效统计通告船队。利用吸取的教训来促进安全和环境绩效的改进 |
| 4 | 如可能，船舶经营人有与行业团体分享教训的程序 | 行业团体包括船级社、专业协会、行业协会和设备生产商 |
| | 船舶经营人有程序在可能的情况下与石油公司检查部门分享教训 | 船舶经营人主动向石油公司检查部门报告事故和后续调查情况 |

### 4. 安全管理

主要目标是制定船岸安全管理方面的预防性措施（如表7所示），包括危害的识别（包括暴露在对健康有危害的物质中）和预防、缓减措施的实施，具体又可细分为岸基监控和船上监控两个部分，其中岸基监控包括：船舶经营人应建立并维护岸基管理程序以便开展正式的风险评估，用来识别潜在危害、暴露及管理操作风险，包括与健康和卫生有关的风险；定期评审和更新风险评估的有效性和在船队中的应用情况；定期到船检查以监控安全标准在船队中的执行情况，并根据检查结果向高级管理层提出建议；开展预防性的安全活动（例如鼓励报告险情）。

船上监控包括：危害、暴露识别和风险评估；对危害、暴露识别技巧和风险评估工具的运用进行适当的培训；在计划的间隔内实施安全检查并记录检查结果；重大安全或船员不能纠正的缺陷应立即向岸基管理层报告；确认符合规定的安全程序。

表7　远洋油轮运输危机管理指标体系——安全管理关键绩效指标与实施准则

| 阶段 | 关键绩效指标 | 实施准则 |
|---|---|---|
| 1 | 岸基管理层安排定期访船来监控船队的安全标准和培训。正式访船记录应保留在办公室 | 主管或岸基管理人员至少每年访船一次以便建立和保持船岸沟通 |
| | 访船后，应向高级管理层提出改进建议 | 访船期间，利用一切机会在船队中大力宣传安全文化 |

| 阶段 | 关键绩效指标 | 实施准则 |
|---|---|---|
| | 在岸基管理层访船时,召开全体船员参加的正式安全会议 | 有程序确保任何会议反馈用于改进公司的安全程序 |
| | 船舶经营人有文件化的工作许可制度 | 工作许可制度用于控制与危害工作(如进入封闭场所和热工作业)有关的风险。该制度要求公司管理层对高风险活动进行审批,如在已识别的危险区域进行热工作业 |
| 2 | 船舶经营人的程序包括文件化的风险评估过程来系统地识别潜在的危害和管理整个船队的操作风险 | 在该计划下,岸基管理层确保有程序要求对非常规修理(因设备故障或因潜在导致故障的隐患)的任何危险或其他潜在危险操作进行风险评估,还应包括健康和卫生方面的风险识别 |
| | 所有有效/现有的风险评估记录应保存在相关场所 | 所有风险评估和正式的会议记录经合适的公司代表(具有足够航海技术知识和经历去正确评价、并能对船舶人员提出建议的人员)评审并归档 |
| | 风险评估程序也包括对新的或非常规工作开展评估的规定 | |
| | 在风险评估程序中识别确保安全完成工作的预防措施和替代方法并在风险评估过程中记录下来 | 记录在风险评估中所有已识别的潜在危险或其他不适当操作,并用于改进安全管理体系的操作程序 |
| | 为封闭在风险评估中识别出的预防性措施设定可实现的目标 | 应努力尽快地实施已识别的预防性措施。岸基管理层保留活动记录,调查任何的延误并及时封闭。在工作开始之前,识别所有降低风险的措施并执行 |
| 3 | 岸基管理层定期评审风险评估的有效性并确保整个船队采用共同的风险评估方法 | 定期对风险评估进行评审,风险评估计划应被有足够航海技术知识和经验的人评审,必要时进行修改。在每次评审后,如需要,重新发布部分或全部相关文件 |
| | 风险评估过程应包含限制任何非计划事件影响的响应因素 | 公司制订应急计划以利于安全管理,恢复应急局势 |
| | 高级管理层发起并支持预防性安全活动 | 活动促进加强公司的安全文化。例如,引入险情报告程序,来帮助减少操作风险 |
| | 适任的公司代表对整个船队中所有船舶进行访船来确认安全标准,并且确保安全培训计划得到有效执行 | 公司代表(具有足够航海技术知识和经历的代表对船舶人员做出适当地评价和建议)应尽可能一年至少随船一个短航次,并应就任何必要的安全改进和改正措施向公司提出评价和建议 |

| 阶段 | 关键绩效指标 | 实施准则 |
|---|---|---|
| 4 | 公司管理层审核和比较所有船舶的风险评估以核查标准是否一致 | 公司为风险评估共同部分确定最佳做法并在整个船队中共享。公司保留所有船舶和岸基进行过的风险评估数据 |
| | 公司定期（至少每季度）发布安全通报或出版物 | 利用安全通报（或出版物）向所有人员通报发生的事件/事故，还应包括对所有损失工作时间的事故和可能会导致严重伤害事件的分析以及为避免重复发生所需要的/已采取的预防措施。该安全通报还包括安全建议和从行业出版物中引用的事故分析，鼓励船舶人员积极向公司出版物投稿 |

### 5. 应急准备和应急计划

主要目标是建立紧急情况准备体系并定期测试以保持对事故做出有效处理的能力，尽力避免事故的同时，要有处理任何突发事故所产生后果的措施（如表8所示）。船舶经营人应建立船岸应急计划以及定期进行演练的规定，以便船岸能在任何时候有效地对涉及船舶的危险、事故和紧急情况做出反应。该计划应明确：

（1）应急反应演习和演练的详细时间表。

（2）演习、演练结果以及从演习和演练中获得经验教训的记录方法。

（3）如何贯彻从演习和演练中获取的经验教训。

（4）根据船队的规模和培训要求确定演习和演练的频次。

（5）同时对部分特定人员还应进行应对媒体的培训以及相应的安保管理。

（6）管理层应接受发生事故后应对媒体的培训。

（7）管理层也应向船长提供在发生事故时应对媒体的指导。

（8）船舶经营人应建立和保持减少保安事件影响的程序，应包括港内和海上保安。

**表8　远洋油轮运输危机管理指标体系——应急体系关键绩效指标与实施细则**

| 阶段 | 关键绩效指标 | 实施准则 |
|---|---|---|
| 1 | 公司有详细的船岸应急计划，覆盖所有可能发生的假定紧急情况 | 相关负责人应定期评审船上油污应急计划（如 SMPEP SOPEP）和与船员协商后制订的其他适当的污染应急计划 |

| 阶段 | 关键绩效指标 | 实施准则 |
|---|---|---|
| 1 | 应急程序包含快速地向应急反应小组通报的有效报告程序和通讯联络方法 | 考虑节假日和工作出差安排,该系统应确保24小时畅通 |
| | 船岸应急计划应明确规定岗位、职责和保持记录的程序 | 识别的岗位应包含通讯和后勤人员 |
| 2 | 公司提供足够的紧急响应设施 | 如可能,包括配有诸如传真、电话、计算机网络终端、写字白板、卫星电视或有线电视和录像等设施的专用响应室 |
| | 每人按应急反应岗位接受培训 | 如可能,指定和授权的高级人员应接受应对媒体的培训,确保媒体发布信息准确可控 |
| | 更新应急响应计划时,应纳入演练和事故中得到的经验教训 | 公司应记录吸取的经验教训、后续的改进、纠正措施和解决方案。在某些地区,当地主管机关可能接管应急响应,制订应急反应计划并规定相应的训练要求 |
| 3 | 确定并培训应急反应小组中关键岗位的替代人员 | 协调应急响应的人员应有公司应急反应小组成员、详细联系方式和关键岗位替代人员的清单 |
| | 计划的演习和演练应包括替代人员 | 公司保存参加应急演习和演练人员的记录 |
| 4 | 公司做了必要的安排以便在紧急情况下使用外部资源 | 用于救助、拖带、媒体顾问、船级社技术部门、船旗国和当地主管机关的详细联系信息应随时可用 |
| | 利用外部的或额外的资源,提供更逼真的演习和演练 | 这些资源包括使用训练模拟器和聘请外部顾问 |

## 6. 测量、分析与改进

主要目标是建立和实施适当的测量和反馈程序,关注并推动持续改进,船舶经营人应进行内审以验证船岸人员持续地遵循管理体系。应要求所有相关部门对各方面关键指标进行审核,审核后应采取措施验证和记录依据审核结果建议的纠正措施的有效性和实施情况。同时,高层管理者或安全管理直接责任人应每年复查质量管理体系,验证其适用性或改进其有效性。管理复查应根据下列情况进行改进:来自事故报告的反馈;内审和正反两方面趋势的监控;检查结果的分析,包括对各方检查结果的分析;纠正措施和预防措施的状况;采取的跟踪措施及对以前复查结果的封闭情况;任何其他影响质量管理体系的变更,包括法律和规则的变更。

船舶管理者应建立关键性绩效指标（KPI）测量其质量管理体系在满足组织目标和法定要求方面的有效性。经营人应使用关键性绩效指标（KPI）识别需要关注的方面以确定质量管理体系绩效的持续改进。所有跟踪计划应包含对所有改进措施职责的明确分配。

# 五　对我国远洋运输安全的思考

作为能源战略通道的重要组成部分，我国石油运输通道的安全关乎国家的经济安全和核心利益。针对我国石油运输通道存在的问题，提出如下思考及建议：

一是构建多元化的石油供应体系和石油运输通道。要实现运输方式的多元化，首先要寻求进口来源的多元化，逐步摆脱目前我国石油进口高度依赖中东地区的格局，探索新的贸易合作伙伴和资源来源地；除了目前建设中的中缅管道之外，积极寻找潜在的其他可替代的运输通道，逐步实现运输方式的多元化，有效地降低海运风险。

二是提高运输载体安全。近年来，我国的石油公司和本国的海运公司积极开展合作，取得了良好效果，目前中国船东承运本国进口石油的份额达到60%左右，国轮船队在中东地区航线上所占的份额达到80%。在继续推进国轮船队建设的基础上，积极组建我国进口原油运输船队，从而提高运营效率，进一步保障运输安全。此外，监管部门应从多个环节全面加强对油轮的管理，提高营运油轮的船舶性能。

三是规划运输通道的经济性。我国的主要石油消费市场集中在东南沿海一带，以中缅管线为例，运输管道由中东经南亚进入云南后，距离终端消费市场仍有很长的距离，铺设管道的经济性仍需考虑；此外，由于陆路管道跨越多个国家，除了相对复杂的地质条件障碍外，运输通道难免受到别国的控制和干预。

四是加强军事力量建设。保证运输通道的安全实质上是保证海洋安全，强大的军事力量是保障石油运输安全的坚实后盾。因此，进一步加强我国海军、空军现代化建设，实行重要航线军事护航和军事救援等多样化的军事任务，积极开展海外军事合作，增强对重要海峡和重要地区的军事影响力和干预能力，是实现我国石油运输安全的重要保障。

# Study of Crisis Management in China's Ocean Transportation of Oil

*Research Group of Ocean Oil Transportation Crisis Management*

**Abstract**: China's rapid economic and social development drives the rapidly increasing oil demand, which promoted the country the second largest oil consumer and importer after the United States since the new millennium. Because of the pressures of being incrementally dependent on oil import and increasingly complex geopolitical environment, the question of how to ensure the petroleum transport channel security has become an imminent task. Currently, the world is suffering from many unrestful intensified international geopolitical events, including Iranian nuclear issue, situations on the Korean Peninsula, and frequent unrest in Syria. In addition, the North and South Sudan conflict, and Nigeria, Libya and other countries in some areas still endure sporadic clashes occurrence. Besides, Indian Ocean piracy is still violently active in South China Sea, and international disputes and other complex geopolitical situations constantly enhance the risk of ocean transportation as still. Oil spills, collisions and other emergencies in international ocean-going oil transportation in recent years led severe challenges to oil supply and oil security to China. Therefore, researches and studies on crisis management in China's petroleum ocean transport are particularly important. And the corresponding establishment of warning mechanism and emergency management system is equally crucial. This paper, thus, elaborates the risks and challenges faced by China's ocean-going oil transportation on the basis of a detailed analysis of the status and trends of the development of China's offshore oil transport. The paper also tried to improve and perfect the dangerous management system for tanker transport and the present index evaluation system, and raised proper policy recommendations in accordance with the above-mentioned events and issues.

**Key Words**: Oil; Oil Tanker; Ocean Shipping; Crisis Management; Emergency; Warning Mechanism; Evaluation System

# B.12
# 我国民间借贷危机应急管理

王佳阳*

**摘　要：**

民间借贷作为一项传统的借贷方式在我国已经存在多年，但是受多种因素影响，其发展并不规范。2011年，我国浙江、江苏、福建等省市接连发生民间借贷信用危机，出现债务人出逃、中小企业倒闭等事件，对经济发展和社会稳定造成较大冲击。对此，我国从中央到地方均采取各种措施进行应对，危机得到一定程度的遏制。这次危机暴露出我国在金融体制改革、中小企业发展等方面的众多问题，通过对危机发生原因的反思，本文在最后提出治理民间借贷危机的相关建议。

**关键词：**

民间借贷　高利贷　危机管理　温州

民间借贷作为一种传统的借贷方式在我国城乡之间已经存在很长时间，在合理配置民间资金、促进民营经济发展、弥补银行信贷不足等方面发挥了重要作用。随着我国市场经济的发展，民间借贷总量不断加大，但是由于各种因素的影响，我国的民间借贷发展并不规范，借贷人违规操作，借贷行为脱离政府监管，民间借贷活跃的局部地区频频引发高利贷、非法集资案件。有个别地区由于参与民间借贷的人数众多，资金量巨大，一旦遇到宏观经济政策的变化与外部的金融危机，借贷人的资金链断裂，债务人"跑路"、自杀现象时有发生，有的甚至酿成了全国影响的群体性事件。在2011年，我国浙江、江苏、福建、河南、山东、内蒙古、陕西等省市就接连发生民间借贷信用危机，出现债务人出

---

* 王佳阳，中国社会科学院研究生院硕士研究生。

逃、中小企业倒闭等事件，对当地经济发展和社会稳定造成较大冲击。对此，我国从中央到地方均采取了紧急措施，全力应对与解决因民间借贷引发的危机。

# 一　民间借贷概述

## （一）民间借贷的概念及作用

民间借贷是相对于正规金融借贷而言，泛指在国家依法批准设立的金融机构以外的自然人、法人及其他组织等经济主体之间的资金借贷活动。民间借贷是社会经济发展到一定阶段、企业和个人财富逐步积累、产业资本向金融资本转化、正规金融尚不能百分之百满足社会需求等多种因素综合作用的结果，带有一定的必然性①。它既是一种直接融资渠道，也是民间资本的一种投资渠道，是民间金融的一种形式。根据《最高人民法院关于人民法院审理借贷案件的若干意见》规定，民间借贷的利率可以适当高于银行的利率，各地人民法院可根据本地区的实际情况具体掌握，但最高不得超过银行同类贷款利率的4倍。超出此限度的，超出部分的利息不予保护。

与正规金融机构融资相比，民间融资有其自身特点和优势。从资金配置角度看，民间融资使闲置、游离资金得以重新分配到最需要的地方，在银行和信用社力所不及的领域和范围内起到拾遗补缺、优势互补的作用；而且民间融资手续简便、操作灵活、方便快捷的优点更适合小企业、个体工商户、居民之间的资金调剂，与银行信贷相比，是一种更为有效的融资方式，更能反映社会资金的供求关系。② 从民营经济发展角度看，在金融体系不健全、金融市场机制未充分发挥作用、经济生活中存在过多金融管制措施的地区，中小民营企业与大企业相比，在正规金融市场融资支持方面通常处于弱势地位，难以获得正规金融机构的间接融资或资本市场的直接融资，此时手续简便、操作灵活的民间融资成为中小民营企业寻求自身发展的首要选择。因此，民间借贷在我国具有

---

① 《中国人民银行有关负责人：如何看待当前民间借贷》，http：//news. xinhuanet. com/2011 – 11/10/c_ 111158752. htm，2012 年 7 月 28 日访问。

② 赵云中：《关于鄂尔多斯民间借贷问题的调查与思考》，载《华北金融》2008 年第 9 期。

深厚的经济基础和广泛的社会基础,一直以来均作为中小民营企业和农村经济主体解决资金周转问题的重要手段而存在。

与此同时,民间借贷对经济金融的运行还存在一定的负面作用。第一,民间融资对制定和执行货币信贷政策产生较大的抵消作用。一方面,民间融资使得部分社会资金需求由显性转为隐性,不能准确反映社会资金供求状况,货币管理监管部分依据的市场信息不全面,其所作的宏观决策必然不够准确;另一方面,由于民间融资行为不受货币信贷政策的约束,加之其与正规金融之间存在的互补关系,货币政策在微观层面的作用因缺乏载体而显得软弱无力,特别是当前国家实施宏观调控政策背景下,不利于发挥经济调控和产业导向的职能作用,客观上削弱了宏观调控的政策效应。第二,民间融资对储蓄存款市场干扰严重,给商业银行经营造成一定影响。一方面是与正规金融机构争夺资金来源和市场份额,分流了金融机构的存款;另一方面,民间借贷中所存在的"高利率"使经济行为中蕴含高风险因素,助长了投机和非正常投资现象,加大了企业的生产经营成本,挤压了企业的利润空间,严重的会扰乱正常的经济金融秩序和国家税收,造成地方金融生态恶化。第三,民间融资加重了维护稳定的压力。民间融资由于其自发性和不规范性,经营活动和收益游离于国家监督管理之外,因而很容易引发债务纠纷,也极易形成非法集资,增加社会不稳定因素。[①] 基于以上几点,民间借贷在我国并未获得法律法规的正面支持和引导,依旧处于"半地下"状态。

### (二)我国民间借贷的发展现状

我国的民间借贷随着经济发展经历了两个发展阶段:一是处于初级阶段的无组织的民间借贷,其交易特点是一次性和分散化;二是处于高级阶段的有组织的民间借贷,其交易特点是连续性、集中性和专业化。其中,前者主要是指传统意义上的私人之间的普通借贷,后者则主要是指以各种形式的民间借贷公司为中介的民间借贷。目前我国的民间借贷发展已经进入高级阶段。

在民间借贷发展的第一阶段,即传统意义上的私人借贷,自然人、法人与其

---

① 赵云中:《关于鄂尔多斯民间借贷问题的调查与思考》,载《华北金融》2008 年第 9 期。

他组织之间发生的民间借贷行为，普遍存在于具有亲缘、地缘、业缘关系的亲戚朋友、同乡、同事、邻居等关系密切的熟人之间，是一种建立在信用基础上的互帮互助、互惠互利、以救急为目的借贷行为，是基于亲情或友情而发生的无息或低息的生活性借贷或生产性借贷。这种类型的民间借贷依赖于熟人之间的"共同体内部信任"来控制风险，一般情况下违约率较低，纠纷解决方式也主要以协商为主。

随着经济的发展以及市场的成熟，民间资本规模扩大，一方面具有民间融资实力和融资意愿的资金供求者越来越多，另一方面中小企业及其他主体对资金的需求也在持续上涨，此时传统私人借贷的信息不足、地域范围小等局限性不断凸显，借款人和放款人之间的直接交易渐渐不能满足融资需求。在利益驱动下，为借贷双方牵线搭桥以获取利差的民间借贷中介（组织或个人）应运而生，其中包括小额贷款公司、典当行、投资公司、担保公司、租赁公司、投资咨询公司、私募股权投资基金以及网络借贷平台等。由于专业化的民间借贷中介的介入，借贷双方一般持有中介公司参照金融机构的格式合同制作的借款合同，合同内容全面、用语规范，借贷人、借款时间、利率、期限、违约责任等一应俱全，还增加了保证人、抵押物等防范风险的条款，民间借贷方式更加趋于市场化、公开化和规范化。①

然而由于缺乏监管与引导，我国民间借贷在其内生化发展的同时也出现了众多混乱状况。从资金来源看，民间借贷资金已从传统的私营企业主和普通家庭闲散资金扩大到自然人、企业法人、上市公司、商业银行、公益基金、风险投资基金等。其中，自然人放贷主体的资金来源更加广泛复杂，在高利贷高发地区，参与放贷的自然人为获取高额利息不惜将房屋拆迁款、养老金用于放贷，甚至采用借款放贷。从放贷形式看，各种形式的社会融资中介、专业放贷人和中介人在其中扮演着重要角色，尤其是近年来，包括小额贷款公司、典当行、投资公司、担保公司、租赁公司、投资咨询公司、私募股权投资基金以及网络借贷平台等社会融资中介层出不穷，虽然名称各有不同，但实质上都在直接或间接、公开或隐蔽地参与民间借贷，有的担保公司甚至发展成为吸纳公众存款、发放高利贷的"地下钱庄"。从资金流向看，民营中小企业是最主要的

---

① 夏秀渊：《以小额贷款公司引导民间借贷的思考》，载《浙江金融》2011 年第 5 期。

借款者，为支撑资金流转和获取高额利润，大量借贷资金流向了房地产、煤炭等高利润行业以及投机性领域，真正流向实业经营的资金比例大大下降，同时，也有部分借贷资金被用于赌博、放贷及个人消费领域。

在融资过程中，企业互保的情况又为民间借贷链条增加了互保企业一环。例如，如果有一家中小企业有资金需求，包括银行在内的融资方都会要求中小企业之间互相担保，也就是两个企业之间，你担保我的贷款，我担保你的贷款。或者是连环保，比如地下钱庄要给一共八家企业提供贷款，则这些企业则按照 A 担保 B，B 担保 C，等等依次顺延，这样一旦某个企业发生问题，则可以通过其他企业老板收回投资①。由此，我国民间借贷链条上已经缠系了包括底层自然人放贷主体、放贷企业、银行、社会融资中介、专业放贷人、借贷企业、互保企业等一系列主体，整个链条环环相扣，彼此共荣共生。此时，这个链条已经隐含着极大风险，一旦某一环节发生断裂，借贷风险将会迅速扩散，对社会稳定产生重大影响。

## 二 2011 年我国部分地区的民间借贷危机

### （一）民间借贷危机引发的"跑路潮"

自 2011 年 4 月开始，我国民营企业中小企业主的"跑路潮"事件不断被报道出来。此轮"跑路潮"中的中小企业均因涉及高利贷而导致资金链断裂、无法及时还贷而面临巨大压力，继而选择自杀或逃跑；与此同时，缠系在借贷链条上的担保公司及民众开始出现恐慌，民间借贷挤兑浪潮出现，金融诚信危机四伏。

浙江省作为民营中小企业经济发展最快、活力最强的地区之一，是此次"跑路潮"的重灾区，其中又以温州市最为突出。2011 年 4 月初，位于温州市龙湾区的江南皮革有限公司董事长黄鹤传因赌博欠下巨额赌资逃往国外，掀起了"跑路潮"的开端；4 月，波特曼咖啡店老板严勤为出逃，因公司经营不善向民

---

① 《温州老板无法偿还高利贷潜逃　多家银行牵涉其中》，http://money.163.com/11/0422/22/729EN0SF00253B0H.html，2012 年 7 月 29 日访问。

间借入高息资金,最终导致资金链断裂;三旗集团老板陈福财出逃,源于公司资金链出现困境,企业互保出现问题;6月初,温州铁通电器合金实业有限公司股东之一范某出逃,传因涉及千万元民间借贷;6月中旬,浙江天石电子公司老板叶建乐出逃,传因欠下7000万元巨额债务无法偿还;7月,恒茂鞋业老板虞正林出逃,原因和所涉资金不详;7月底,巨邦鞋业有限公司董事长王和霞出逃,传其参股担保公司出问题,涉资金1亿元;8月24日,锦潮电器有限公司董事长戴列竣出逃,传其参与经营的担保公司出了问题;8月29日,耐当劳鞋材有限公司董事长戴志雄出逃,传因欠下巨额债务;8月31日,部落之神鞋业公司董事长吴伟华出逃,原因和所涉资金不详;8月31日,唐鹰服饰董事长胡绪儿携妻儿出逃,胡绪儿曾向多家商业银行贷款,债务总额达2亿元左右。进入9月份,温州市中小企业主跑路进入高峰期,一个月期间共有近20位老板出逃,其中9月21日温州眼镜大王、信泰集团董事长胡福林因企业资金断裂而"出走"美国20天的事件成为温州老板"跑路"的标志性事件。温州市银监局的汇报材料中指出,根据有关部门统计,截至2012年2月末,温州市涉及出走的企业共有234家[①]。

与此同时,受温州影响,"跑路效应"在全国扩散,各地因民间借贷引发的纠纷不断出现。2011年9月24日,鄂尔多斯市地产老板王福金自杀,之后其所属的中富公司书面承认,公司现金不足,短期内无法解决;福建安溪村委主任许火从因高利贷欠下3亿多元巨额本息出逃;河南安阳多名借贷老板"跑路",40多家企业涉非法集资;湖南、天津、安徽、四川等地房地产开发商因资金链断裂而导致在建楼盘停工,开发商不知所踪;浙江南浔半个月内出现三起地板企业老总"跑路"事件。此外,江苏泗洪、福建厦门、内蒙古包头、山东青岛等地的高利贷案件也被媒体纷纷报道,民间借贷风险不断蔓延。

## (二)民间借贷涉诉情况统计

近几年来,随着民间借贷案件数量的增长,各地人民法院对其民间借贷纠纷案件均有所调查研究。

---

① 陈周锡:《温州"跑路潮"继续,两月再出走60家》,《第一财经日报》2012年4月11日,第A05版。

根据温州市中级人民法院课题组《关于温州市民间借贷涉诉情况的调查与思考》，温州市两级法院自 2006 年至 2011 年六年每年受理的一审民间借贷纠纷案件数分别为 2785 件、2896 件、5109 件、6610 件、8232 件、12052 件，结案数分别为 2815 件、2775 件、4772 件、6319 件、7985 件、10371 件，收案标的额从 3.2714 亿元增加到 113.434 亿元，结案标的额从 3.9498 亿元增加到 53.8689 亿元。数据显示：2006～2007 年收、结案数相对平稳，但收案标的额已经开始大幅上升，并且从 2008 年开始四项数据均开始大幅度上升，收案标的额、结案标的额的上升幅度远大于收、结案数量的增长幅度，2008 年、2009 年分别比上年增长 261.43%、232.25%；2010 年、2011 年两年虽然结案标的额增加的绝对数仍然巨大，但增长势头已大大趋缓，增幅已开始大幅下滑。2011 年是温州民间借贷纠纷高发的一年，特别是下半年以来，情况十分突出。自 2011 年 3 月份起，民间借贷纠纷收案数和结案数，以及收、结案标的额继续上升，其中 3 月、8 月、9 月、11 月四个月份增长较为迅猛，12 月结案标的额为 8.3241 亿元，超过 2006 年、2007 年、2008 年三年每年年度结案标的额总值[①]。

根据广东省深圳市罗湖区人民法院课题组统计：自 2007 年开始，罗湖区法院受理的民间借贷案件数量快速增长，2010 年收案数量为 407 件，是 2007 年收案数量的 2 倍以上；2011 年 1～6 月，罗湖区法院共受理民间借贷纠纷案件 238 件，较 2010 年同比上升 13%。与此同时，此类案件的标的额也大幅上升，标的额为几十万的已经成为常态，几百万甚至上千万元的也屡见不鲜。以 2011 年 1～6 月为例，罗湖区法院受理的民间借贷纠纷案件里标的额超过 400 万元的案件已达 15 宗，其中标的额最高的达到 4380 万元。[②]

根据福建省晋江市人民法院课题组统计，该院 2008 年共受理民间借贷纠纷案件 683 件，比 2007 年上升 19.4%，2009 年 1～6 月受理民间借贷纠纷案件 437 件，同比上升 11.5%，诉讼标的额同比上升 34.8%。[③]

---

① 温州市中级人民法院课题组：《关于温州市民间借贷涉诉情况的调查与思考》。
② 广东省深圳市罗湖区人民法院课题组：《民间借贷纠纷审理实务研究——罗湖区民间借贷纠纷案件的调查报告》，载《人民司法》2011 年第 23 期。
③ 福建省晋江市人民法院课题组：《积极应对，谨防民间借贷二次危机——关于国际金融危机影响下晋江市民间借贷的调查报告》，载《福建法学》2009 年第 3 期。

### （三）民间借贷典型案例

**1. "吴英"案**

吴英为原浙江本色控股集团有限公司法定代表人。2003年至2005年期间，吴英在浙江省东阳市相继开办美容店、理发休闲屋等，在此期间，其以合伙或投资等为名，向徐玉兰、俞亚素、唐雅琴、夏瑶琴、竺航飞、赵国夫等人高息集资，负债1400余万元；2006年4月，吴英利用集资款注册成立本色控股集团有限公司，同年7月至10月间，又分别注册成立本色汽车美容店、东阳开发区布兰奇洗衣店、本色广告公司、本色酒店管理公司等多家子公司。据统计，2005年5月至2007年2月间，吴英以投资、借款、资金周转等名义，先后以高息（多为每万元每天40~50元，最高年利率超过180%）从林卫平、杨卫凌、杨志昂、杨卫江、蒋辛幸、周忠红、叶义生、龚益峰、任义勇、毛夏娣、龚卫平共11人处集资7.7亿多元，用于偿还集资款本金、支付高额利息、购买房产、汽车及个人挥霍等，至案发尚有3.8亿多元无法归还。

2007年2月7日，吴英因涉嫌非法吸收公众存款罪被东阳市公安局刑事拘留，同年3月16日被逮捕；2009年1月4日，浙江省金华市人民检察院以集资诈骗罪起诉吴英；2009年10月29日，金华市中级人民法院对吴英案作出一审判决，以集资诈骗罪判处吴英死刑，剥夺政治权利终身，并处没收其个人全部财产；2010年1月，吴英不服一审判决，提起上诉；2012年1月18日下午，浙江省高级人民法院对吴英集资诈骗一案进行二审判决，裁定驳回吴英的上诉，维持对吴英的死刑判决。一审二审期间，吴英代理律师始终以普通民间借贷为名为吴英做无罪辩护；二审死刑维持判决作出后，吴英案引发公众强烈关注，有关民间借贷的法律保障与处置原则再次引起讨论。2012年4月20日，最高人民法院未核准吴英死刑，该案发回浙江高院重审；2012年5月21日下午，浙江省高级人民法院经重新审理后，对吴英集资诈骗案作出终审判决，以集资诈骗罪判处吴英死刑，缓期两年执行，剥夺政治权利终身，并处没收其个人全部财产。

**2. 温州立人集团民间借贷崩盘案**

温州立人教育集团以1998年8月创办泰顺县育才高级中学为起点，于

2003 年 9 月经工商部门批准成立，注册资金 3.2 亿元，是一个经营范围涵盖教育类投资与建设、房地产开发、矿业投资的综合性产业集团，法人代表为董顺生。由于办学连年亏损，立人集团寻求到外地开拓房产、矿业以填补教育之亏，在开发这些产业时大肆借贷，集资地域分布在温州地区的泰顺、瑞安、文成、平阳及周边福建省寿宁等 5 个县、市，同时"扩张"到上海、内蒙古鄂尔多斯、江苏盱眙县等 36 个项目的所在地。集资对象涉及普通百姓、机关干部、学校教师、司法人员、企事业单位工作人员等，几近触及泰顺的千家万户，甚至包括一些困难群体。

2011 年 10 月 31 日，立人集团召开"借款人代表大会"，董事会宣布：于 2011 年 11 月 1 日起停止支付所融资金和利息、进行资产重组，温州泰顺全城哗然。事发后，泰顺县政府成立了由政法和金融等系统组成的调查组，分赴全国各地对泰顺县实际资产等情况进行摸底调查；2011 年底，温州一家会计师事务所也正式介入立人集团资产清算；2011 年 11 月，立人集团提出债务重组方案；2012 年 2 月 3 日下午，因涉民间借贷纠纷，温州立人集团民间借贷案也正式进入司法程序，包括温州立人教育集团有限公司董事长董顺生在内，共有 6 位董事被采取刑事强制措施；同一天，泰顺县人民政府就此案发出公告："为确保社会稳定和保护广大债权人的合法权益，依法有序开展处置工作，温州立人教育集团有限公司资产由政府依法全面掌控，任何单位和个人不得以任何方式转移、隐匿、处置资产；对所有债权人的债权依法进行登记、核查、确认、处置；对债权人的合法权益依法予以保护；对破坏社会稳定、扰乱社会秩序、干扰司法机关办案和影响政府机关正常办公秩序的行为依法予以打击，构成犯罪的，追究刑事责任"。2012 年 4 月 17 日，浙江泰顺县政府在温州立人集团债权人代表会议上通报立人负债额共计 59.587 亿元，其中民间融资账面负债共计 50.7520 亿元，银行贷款欠账等三项 8.8350 亿元，政府也首次公布债权人人数逾七千人。

立人集团民间借贷历时长、金额巨大、涉及人员多、案情复杂，案件爆发后温州泰顺县一时陷入"恐慌"，甚至给当地经济发展带来较严重影响。如定性为非法集资成立，这起事件将成为全国范围内涉案金额最大的非法集资案。

### 3. 内蒙古包头市惠龙集团非法吸收公众存款案

2011 年 4 月 13 日，包头市土默特右旗新型工业园区福禾豆业有限责任公司院内发生一起汽车被烧毁案件，车内发现一具被烧毁的遗体，经公安机关 DNA 鉴定，死者为金利斌，系包头市惠龙商贸有限责任公司、内蒙古福禾豆业有限责任公司法定代表人，其在包头拥有多家企业（独资或参股），且以惠龙商贸有限责任公司名义吸收公众资金，涉及人员众多，引起各方普遍关注。经调查审计发现，对于初期少量融资增加的财务成本，惠龙公司还能勉强承担，但后期，为打造复合型企业形象，给上市制造虚假条件，惠龙公司以更大规模非法融资，大量吸收公众存款，陷入恶性循环。惠龙公司长期负债经营，加之金利斌本人为打造成功企业家的形象，购买高档轿车，四处赞助捐款，"充门面"型的挥霍消费使企业资金链最终断裂，金利斌走投无路的情况下畏罪自焚。

2011 年 12 月，包头市九原区人民法院开庭审理这一案件，九原区人民检察院指控，被告单位包头市惠龙公司违反金融管理法规，从 2004 年至案发，采用融资券、借款合同的形式，以高利回报为诱惑，公开采用口口相传的宣传方式，以惠龙公司的名义向 1925 人或单位募集，吸收社会公众资金 22.24 亿元。至案发，仅返还本金 8.87 多亿元，导致 7.7 亿元没有归还，严重扰乱了金融秩序，被告单位惠龙公司的行为触犯了《中华人民共和国刑法》第 176条、第 30 条、第 31 条的规定，构成非法吸收公众存款罪。2012 年 1 月 17 日，包头市九原区人民法院对此案作出一审判决，被告单位包头市惠龙商贸有限责任公司犯非法吸收公众存款罪、判处罚金人民币 50 万元，此外多名被告人被判处非法吸收公众存款罪，并获得相应刑罚。

## （四）2011 年民间借贷危机的特点

### 1. 爆发时间集中，区域化特征明显

近年来随着我国经济社会的发展，作为正规金融补充的民间借贷行为越来越多，与此同时，民间借贷纠纷也屡见不鲜，但始终呈现的是分散化、零星化的特点。而此次民间借贷危机受多种因素的影响，于 2011 年在全国范围内集中爆发，并在 9 月份进入高潮。从温州中小企业主"跑路潮"到鄂尔多斯等地高利贷崩盘引发的挤兑浪潮，如此集中且在全国范围内爆发的民间借贷危机

应当说还属首次。

通过对各地民间借贷危机的考察可以看出，此次民间借贷危机虽然在发生时间上较为集中，但是受民间借贷行为"熟人社会"特征的影响，各地的民间借贷危机影响范围基本还在本区域内，并且在发生原因和复苏能力上也各有不同。以鄂尔多斯和温州为例，两地的民间借贷危机都只是对本地居民、企业和经济发展产生影响，危机还未波及其他区域，同时由于二者的经济模式、产业类型不同，它们在复苏能力上也不相同：鄂尔多斯以能源产业为主，其发展过程中所需的现金流可以得到保证，因此其抵御资金断裂的能力较强；而温州以小制造业为主，利润不高，加上对欧美等国外市场的依赖，难以抵抗高额的高利贷成本，因此二者在面对民间借贷危机时结局大不一样。

**2. 借贷规模空前，涉案金额巨大**

中国国际金融有限公司（China International Capital Corporation Limited，简称 CICC）研究部发布的《中国民间借贷分析》报告指出，中国的民间借贷余额 2011 年中期估计达到 3.8 万亿元，相当于银行总贷款的 7%。巴克莱资本新兴亚洲市场首席经济学家黄益平估计，我国民间借贷总额为人民币 4 万亿元（合 6270 亿美元），相当于银行信贷总额的 8% 左右。[①] 根据中央银行温州支行 2011 年 7 月公布的《温州民间借贷市场报告》，截至 2011 年 6 月底，温州民间借贷规模已达到银行信贷总额的 20%，即 1100 亿元左右，比一年前的 800 亿元有较大增长。鄂尔多斯民间借贷规模，与温州相比有过之而无不及，据高和投资联合住建部政策研究中心发布的《鄂尔多斯民间资本投资趋势报告》估算，鄂尔多斯汇集在民间金融系统的资金量至少在 2000 亿元以上，当地民间金融系统规模已远远超过当地银行存款存量规模。

从各地法院民间借贷纠纷案件情况看，案件标的额急剧上升，涉案金额巨大。据温州市中级人民法院课题组统计：该市两级法院平均结案标的额从 2006 年的平均每件 14.03 万元增长到 2010 年的平均每件 43.54 万元，2011 年更是达到了 51.94 万元；案件平均收案标的额从 2008 年的 20.07 万元增长到

---

① 刘兴成：《让民间借贷有法可依》，载《法人》2011 年第 11 期。

2011 年的 94.12 万元，三年间增长了 4.69 倍。另外，据温州鹿城法院反映，该院民间借贷纠纷案件标的额涨幅明显，大标的额案件数量大大增加：2011 年 1 月到 9 月，收案标的额在 500 万元以上 1000 万元以下的案件有 81 件，同比上升了 145%；收案标的额在 1000 万元以上 1500 万元以下的案件有 32 件，同比上升了 113%；收案标的额在 1500 万元以上 3000 万元以下的案件有 12 件，同比上升了 50%。[①] 同时，从各地爆出的高利贷崩盘大案来看，涉案高利贷债务从几亿到几十亿均有涉及，涉案金额巨大。

**3. 全民参与，涉及面广**

受高利贷暴利驱动，在民间借贷危机高发地区，放贷主体涵盖社会各个阶层，包括商人、工人、农民、教师，甚至公检法、金融系统职工等。《温州民间借贷市场报告》称，温州 89% 的家庭和个人以及接近 60% 的企业都参与了民间借贷。与传统利用血缘、地缘、人缘、业缘来开展交易的民间借贷相比，目前在民间借贷行为活跃的地区，民间借贷可以说已经突破其所依赖的"共同体内部信任"边界，借贷链条越来越长，最上层放贷者已难以看到资金的最终流向，拴缚在同一借贷链条上的主体越来越多，一旦出现资金链断裂情况，一方面受影响人群广泛，另一方面挤兑恐慌也极易蔓延。

此次民间借贷演化为危机的一个重要原因是银行系统的变相参与产生金融隐患，影响正规金融安全。从已有案例来看，银行系统参与民间借贷主要有两种途径：一种是部分放贷人为获取利差收入，从正规金融机构获取较低利率的借贷资金后，再以较高利率借出去，由于银行并不了解贷款被转贷情况，而第三方大多是不符合银行贷款条件的企业或个人，因而形成风险敞口；另一种参与途径是银行工作人员及其亲属或直接充当高利贷掮客或与他人联合，利用银行系统资金放贷取利，使正规金融系统卷入借贷风险。无论从江苏启东的信用社员工因充当高利贷掮客，在资金链断裂后离职、逃跑甚至跳楼事件，还是福建厦门高利贷崩盘，银行高管涉嫌卷入放贷的事件，都可以看到银行工作人员的身影。而据央行估计，温州民

---

① 温州市中级人民法院课题组：《关于温州市民间借贷涉诉情况的调查与思考》，2011 年。

间借贷资金中有10%来自银行信贷资金，这种金融传导的风险使得此次危机影响更加深远。

### 4. 高利贷现象普遍，成为危机爆发源头

民间借贷由于其自发性和隐匿性一直存有高利贷风险，在此次危机中，高利贷现象尤为突出，最终造成借贷人资金链断裂，借贷危机爆发。在温州与鄂尔多斯，月息3分即年利率36%是中间数，据报道温州最高年利率已达180%，鄂尔多斯的最高利息达月息1角7即年利率204%[①]；在"宝马乡"江苏泗洪县石集乡，月息从2分、3分到1角较为普遍，最高月息已达3角[②]；此外在安阳非法集资案、鄂尔多斯王福金案等民间借贷案件中无一不出现高利贷现象。一方面作为借贷人的中小企业实业经济无法支撑高额利息最终资金链断裂，导致大批中小企业主"跑路"；另一方面作为放贷人的民众由于投入资金无法收回，最后导致血本无归。高利贷导致严重的企业危机和社会危机，成为此次危机的重要源头之一。

### 5. 民营中小企业受影响大，部分企业卷入担保怪圈

此次民间借贷危机的突出表现就是遍及全国的民营中小企业主，因资金链断裂而跑路，中小企业融资难问题再次引起关注。据全国工商联调查，规模以下的小企业90%没有与金融机构发生任何借贷关系。微小企业95%没有与金融机构发生任何借贷关系。中小企业融资只能依靠民间借贷市场获得，并以借贷资金维持企业脆弱的资金链，而在外部环境发生变化的情况下，中小企业难以应对，成为民间借贷危机中第一批倒下的群体。

在涉企民间借贷中，企业之间互联互保情况较为普遍，而一旦某个企业陷入债务危机，容易引发连环诉讼，产生"多米诺骨牌效应"，出现爆发性诉讼和恐慌性保全，担保企业也被卷入巨额担保链纷争，并有可能导致自身资金链断裂。此次借贷危机中，除了"跑路"的民营企业外，为这些企业进行担保的其他企业也深受其害，成为债权人的挤兑对象。

---

① 刘兴成：《让民间借贷有法可依》，载《法人》2011年第11期。
② 《江苏泗洪县"宝马乡"豪车云集 高利贷几近疯狂》，http://business.sohu.com/20110710/n312952904.shtml，2012年7月1日访问。

# 三 政府的应急处理措施

## （一）温州应对民间借贷危机

面对温州愈演愈烈的民间借贷危机，国务院总理温家宝于 10 月 3 日和 4 日前往温州视察，陪同前往的包括央行、银监会、发改委和财政部的领导。考察期间温家宝总理强调，要明确将小微企业作为重点支持对象，支持专为小微企业提供服务的金融机构，同时要加强对民间借贷的监管，采取有效措施遏制高利贷化倾向，要千方百计稳定人心，坚定信心，保持温州经济社会发展的大局，并要求有关部门在一个月内把局势稳定下来。与此同时，温州市委市政府也连续紧急召开会议，及时出台相关意见文件，采取了一系列紧急救市措施来稳定金融秩序，积极应对借贷危机。

**1. 增强企业信心，引导舆论导向**

9 月 26 日，温州银监分局、温州市金融办召集全市各家银行负责人，召开中小企业发展会议，会上温州市银监分局副局长周青冥提出，在当前的经济形势下，首要任务是树立温州良好金融生态，恢复企业信心。此次会议上，温州市银监分局向各大银行提出要求，希望各家银行加大对中小企业的金融支持力度，把信贷资金向中小企业倾斜，控制贷款利率，不变相收取不合理费用。对出现暂时流动性困难的企业不能简单停贷或收贷，应通过加强管理、贷款重组等适当方式帮助企业渡过难关；对出现清偿性危机的企业，相关债权银行要妥善做好资产保全，配合地方政府积极化解企业风险。会上各银行表示将联合倡议，支持温州中小企业发展，和企业共患难。

9 月 28 日，温州市委市政府出台《关于稳定规范金融秩序促进经济转型发展的意见》（以下简称《意见》），提出要"强化宣传，注重舆论导向"。该《意见》要求，各地各有关单位要充分利用报刊、电视、广播、互联网等传媒手段，开辟专栏宣传，加大宣传引导，加强对当前重大项目开工和企业实现转型升级重点报道，树立发展信心。同时要加强对群众的金融知识、投资知识的教育宣传，增强防范风险意识。对造谣惑众的要予以澄清，对"假出走、假破产、假倒闭"行为要予以揭露，对捏造事实、恶意散布虚假消息的，要依法予以处理。通过一系列的宣传引导，增强中小企业的信心，消除社会负面影响，防止恶意炒作，确保社会和谐稳定。

**2. 干预信贷，加大对企业的信贷资金保障力度**

9月28日出台的《意见》中要求，各银行业机构要积极向上级行争取贷款规模，确保实现年初确定新增贷款1000亿的目标。加大对中小企业的信贷资金倾斜，确保小企业贷款增速高于贷款平均增速，对中小企业不抽贷、不压贷。《意见》还要求，银行业机构要按照企业信用等级不同，对中小企业发放贷款实行利率优惠政策，贷款利率上浮最高不得超过30%。同时，不得强制贷款企业购买理财产品，不得与企业存款挂钩，不得变相收取企业手续费。规范做大表外授信：对资金一时有困难的企业，可以主办行为主，联合其他贷款银行统一开展救助；对已出现危机的企业，也要尽可能给予资金帮扶，支持重组。

9月29日，温州市政府派出25个工作组入驻全市所有银行，协助银行企业机构做好银企融资对接，并协助银行机构了解贷款企业状况，这些工作组的一项主要任务是与银行合作，防止信贷资金撤出从而对流动性造成积压并引发一连串的破产。同一天，温州民间资本投资服务中心正式对外宣布，紧急成立总额为2亿元的"企业重组救市基金"，帮助面临资金压力、有发展潜力的温州本土企业共渡难关，协助政府化解债务风险。

10月10日，中国建设银行浙江省分行对外宣布将全力支持温州地区中小企业，温州地区的小企业信贷业务不受存贷比限制。建行浙江省分行将对温州地区的信贷规模重点倾斜，对生产经营正常的企业不抽贷、不压贷，小企业贷款增速要高于贷款平均增速，其中网络银行贷款业务不受规模限制。建行浙江分行表示，对已有风险的企业，在生产运转正常的情况下维持存量信贷业务的审批和投放，帮助企业渡过难关。同时，对温州地区的中小企业贷款定价不高于同业平均水平，不额外提高利率水平。对温州地区的中小企业信贷客户不额外收取手续费，不增加企业负担。温州地区的小企业信贷业务不受存贷比限制，网络银行贷款业务不受存款回报限制。并且，不对温州地区的中小企业信贷客户搭售理财产品。

之后，温州市政府还确定设立温州市区企业应急转贷专项资金，以加大力度帮助温州市企业解决到期银行贷款转贷资金周转困难，促进经济平稳健康发展。该专项资金规模为 5 亿元，先予拨付 2 亿元。

**3. 对企业实施帮扶，参与企业重组**

温州市委市政府在《意见》的"切实落实有效帮扶政策"中要求，各地各部门要切实加强对中小企业的扶持，引导银行业机构对企业合法抵押物给予正常抵押。对企业生产用电需求要给予有效保障；严格执行"六先拆"的要求，企业厂房围墙内不属于"六先拆"的违章建筑可暂缓拆除；对资金确实困难的企业，缴纳税费时经申请审批后予以展期；要进一步规范行政事业性收费，切实减轻企业负担；金融监管（管理）部门要加强监督检查，督促银行业机构落实贷款新规，保证信贷资金真正投入到实体经济。同时，积极开展走访企业活动，深入了解企业困难，帮助企业渡过难关。

在温州市处理民间借贷危机的首个案例——信泰集团董事长胡福林出走案中，温州市政府派驻信泰集团的 3 个工作组、瓯海区政府与温州市工商联、温州市眼镜商会以及温州眼镜协会下属的企业，在胡福林回国后共同参与和帮助信泰集团重组，最终通过一系列的资产重组、变现，信泰集团的债务问题得以解决。

温州市政府同时在税负政策上对陷入困境的中小企业进行帮扶。10 月 10 日，温州市财政地税系统出台了 17 条财政新规，调整内容主要针对企业兼并重组以及对小微企业相关的税收。对于企业实施兼并重组，温州财税新规明确，对整体转让企业资产、债权、债务及劳动力的企业产权转让行为，不征收营业税；企业内部股权重组，对股权转让不征收营业税，股权转移过程中涉及的不动产、土地使用权过户不征收营业税，企业土地、房屋权属不发生转移的，不征收契税；企业依照有关法律、法规的规定实施注销、破产后，债权人（包括注销、破产企业职工）承受注销、破产企业土地、房屋权属以抵偿债务的，免征契税；对非债权人承受注销、破产企业土地、房屋权属，凡按照《劳动法》等国家有关法律法规政策妥善安置原企业全部职工，其中与原企业 30% 以上职工签订服务年限不少于 3 年的劳动用工合同的，对其承受所购企业的土地、房屋权属，减半征收契税等。财税新规中还提到：自 2011 年 1 月 1 日至 2011 年 12 月 31 日，对年应纳税所得额低于 3 万元（含 3 万元）的小型微利企业，其所得减按 50% 计入应纳税所得额，按 20% 的税率缴纳企业所得税；安置下岗失业人员、残疾人和自谋职业城镇退役士兵，且与上述人员签订1年以上期限劳动合同并依法缴纳社会保险费的单位，可按实际招用人数每人定额减免500元当年应缴的水利建设专项资金等。

**4. 公检法联合对违法犯罪行为予以打击**

9月26日，温州公安局、温州检察院和温州中院联合发布一则通告，要求严厉打击暴力讨债等违法犯罪行为。通告中提及：坚决打击暴力讨债、非法拘禁等违法犯罪行为，违者将依法追究刑事责任，对追讨行为涉黑涉恶的，司法机关将依法从重从快予以打击；坚决打击非法集资等违法犯罪行为，对非法金融机构和非法融资行为，由金融主管部门坚决依法予以取缔与查处。另外，诸如恶意欠薪或哄抢企业财物，以及通过网络等媒介故意散布传播有关企业倒闭出逃等虚假消息等行为的处罚措施，也都作出了通告说明。

## （二）中央出台化解温州民间借贷危机的政策与改革措施

**1. "新36条"细则出台，引导民间资本投资**

为引导民间资本投资，促进民营企业发展，国务院分别于2005年和2010年出台《国务院关于鼓励支持和引导个体私营经济等非公有制经济发展的若干意见》（简称"旧36条"）和《国务院关于鼓励和引导民间投资健康发展的若干意见》（简称"新36条"），然而由于缺乏细则条款，两个文件在落实中都存在着"玻璃门"和"弹簧门"的现象。从2012年4月13日开始，中央各部委在国务院要求下分别出台"新36条"细则，引导民间资本投资，截至2012年6月30日，共有包括交通运输部、铁道部、卫生部等部委发布的共22个意见或通知，涉及铁路、市政、金融、能源、电信、医疗等多个领域。此外，有关部委也出台了其他引导民营企业和民间资本进行投资的文件，包括2012年6月27日发改委发布的《国家发展改革委关于利用价格杠杆鼓励和引导民间投资发展的实施意见》以及6月29日发改委、外交部、工信部等13个部委联合发布的《关于鼓励和引导民营企业积极开展境外投资的实施意见》等。

**2. 出台意见措施，支持小型微型企业发展**

温家宝总理2011年10月在温州考察时就强调，中小企业在扩大就业、推动经济增长等方面具有不可替代的作用，支持中小企业发展具有全局和战略性的重要意义。

2011年10月12日，温家宝总理主持召开国务院常务会议，研究确定支持小型和微型企业发展的金融、财税政策措施。2012年2月1日，国务院常务会议研究部署进一步支持小型和微型企业健康发展，并确定了四项政策措施：①完善财税支持政策。扩大中小企业专项资金规模，中央财政安排150亿元设立中小企业发展基金，主要支持初创小型微型企业。政府采购安排一定比例专门面向小型微型企业。对小型微型企业三年内免征部分管理类、登记类和证照类行政事业性收费。②努力缓解融资困难。建立小企业信贷奖励考核制度。支持符合条件的商业银行发行专项用于小型微型企业贷款的金融债。加快发展小金融机构，适当放宽民间资本、外资和国际组织资金参股设立小金融机构的条件，放宽小额贷款公司单一投资者持股比例限制，符合条件的小额贷款公司可改制为村镇银行。制定防止大企业长期拖欠小企业资金的政策措施。③加快技术改造，提高装备水平，提升创新能力。中央财政扩大技术改造资金规模，重点支持小型微型企业应用新技术、新工艺、新装备。完善企业研发费用所得税税前加计扣除政策，支持技术创新。鼓励有条件的小型微型企业参与产业共性关键技术研发、国家和地方科技项目以及标准制定。实施创办小企业计划，培育和支持3000家小企业创业基地。④加强服务和管理。建立和完善4000个中小企业公共服务平台。支持小型微型企业参加国内外展览展销活动，为符合条件的企业提供便利通关措施，简化加工贸易内销手续。对小型微型企业招用高校毕业生给予培训费和社会保险补贴。落实企业安全生产和产品质量主体责任，提高小型微型企业管理水平。

2012年4月19日，国务院发布《进一步支持小型微型企业健康发展的意见》（国发〔2012〕14号，简称《意见》），该《意见》对支持小型微型企业发展提出八项意见：①充分认识进一步支持小型微型企业健康发展的重要意义；②进一步加大对小型微型企业的财税支持力度；③努力缓解小型微型企业融资困难；④进一步推动小型微型企业创新发展和结构调整；⑤加大支持小型微型企业开拓市场的力度；⑥切实帮助小型微型企业提高经营管理水平；⑦促进小型微型企业集聚发展；⑧加强对小型微型企业的公共服务。

### 3. 设立温州金融改革试验区，引导民间融资规范发展

针对温州出现的资金链断裂和企业主出走现象，2012年3月28日，国务院常务会议决定设立温州金融改革实验区，要求通过体制机制创新，构建与经济社会发展相匹配的多元化金融体系，使金融服务明显改进，防范和化解金融风险能力明显增强，金融环境明显优化，为全国金融改革提供经验。

会议确定了温州市金融综合改革的十二项主要任务：①规范发展民间融资。制定规范民间融资的管理办法，建立民间融资备案管理制度，建立健全民间融资监测体系。②加快发展新型金融组织。鼓励和支持民间资金参与地方金融机构改革，依法发起设立或参股村镇银行、贷款公司、农村资金互助社等新型金融组织。符合条件的小额贷款公司可改制为村镇银行。③发展专业资产管理机构。引导民间资金依法设立创业投资企业、股权投资企业及相关投资管理机构。④研究开展个人境外直接投资试点，探索建立规范便捷的直接投资渠道。⑤深化地方金融机构改革。鼓励国有银行和股份制银行在符合条件的前提下设立小企业信贷专营机构；支持金融租赁公司等非银行金融机构开展业务；推进农村合作金融机构股份制改造。⑥创新发展面向小微企业和"三农"的金融产品与服务，探索建立多层次金融服务体系。鼓励温州辖区内各银行机构加大对小微企业的信贷支持；支持发展面向小微企业和"三农"的融资租赁企业；建立小微企业融资综合服务中心。⑦培育发展地方资本市场。依法合规开展非上市公司股份转让及技术、文化等产权交易。⑧积极发展各类债券产品。推动更多企业尤其是小微企业通过债券市场融资，建立健全小微企业再担保体系。⑨拓宽保险服务领域，创新发展服务于专业市场和产业集群的保险产品，鼓励和支持商业保险参与社会保障体系建设。⑩加强社会信用体系建设。推进政务诚信、商务诚信、社会诚信和司法公信建设，推动小微企业和农村信用体系建设。加强信用市场监管。⑪完善地方金融管理体制，防止出现监管真空，防范系统性风险和区域性风险。建立金融业综合统计制度，加强监测预警。⑫建立金融综合改革风险防范机制。清晰界定地方金融管理的职责边界，强化和落实地方政府处置金融风险和维护地方金融稳定的责任。

**4. 调整货币政策，降低中小企业融资成本**

在连续两年上调存款准备金率收紧银根后，2012 年 5 月 12 日，央行公告称从 2012 年 5 月 18 日起，下调存款准备金率 0.5 个百分点，这是央行年内第二次下调存款准备金率，也是连续第三次下调存款准备金率，此前两次下调时间分别为 2011 年 12 月 5 日和 2012 年 2 月 24 日。不到一个月后，2012 年 6 月 8 日，央行宣布降息，金融机构一年期存款基准利率下调 0.25 个百分点，一年期贷款基准利率下调 0.25 个百分点，同时存贷款利率浮动区间扩大，这也是在央行连续三年上调贷款基准利率后的首次降息；2012 年 7 月 5 日，央行决定，自 7 月 6 日起下调金融机构人民币存贷款基准利率，一年期存款基准利率下调 0.25 个百分点，一年期贷款基准利率下调 0.31 个百分点。通过连续三次下调存款准备金率和连续两次降息，不论是金融机构还是民间借贷的融资利率都有望往下走，贷款压力能够得以减轻，中小企业融资成本也将随之降低。

## （三）我国其他地区应对民间借贷的政策措施

**1. 鄂尔多斯出台国内首部民间借贷规范**

鄂尔多斯市人民政府 2012 年第 6 次常务会议于 6 月 5 日讨论通过并发布了《鄂尔多斯市规范民间借贷暂行办法》，这是"金改"启动以来，国内出台的首部系统规范民间借贷的规范性文件。暂行办法共八章三十八条，旨在充分发挥民间资金积极作用的同时，防范和应对民间借贷可能引发的各种风险，使民间借贷规范化、"阳光"化；该暂行办法不适用于商业银行、村镇银行、小额贷款公司、融资性担保公司、典当行等依法设立的机构为个人和企业提供的金融服务，也暂不适用于自然人之间用于生活消费的借贷活动。

该暂行办法主要包括以下几点内容：①明确鄂尔多斯市政府鼓励和支持设立企业化运营的民间借贷信息网络平台，创建民间借贷登记服务中心，探索通过信息技术和金融创新推动实现民间借贷市场阳光化、规范化和专业化发展。②对于借贷主体与借贷合同作出规范。明确规定：放贷人只能利用自有资金进行放贷，不得有非法集资、非法吸收公众存款或变相非法吸收公众存款和非法高利转贷等行为；放贷人有权要求借款人根据借贷合同规定的借款用途使用资金的权利，借款人未按照约定的借款用途使用借款的，放贷人可以停止发放借款、提前收回借款或者解除合同；借款人必须是企业经营状况良好、暂时资金短缺的企业，所借的资金必须用于合法的生产经营活动，严禁用于任何违法经营活动；借款人严禁面向不特定公众进行非法吸收公众存款等活动，不得通过媒体、推介会、传单、手机短信等途径向社会公开宣传。③为了使民间借贷可测可控，暂行办法要求，合同一旦签订并履行，放贷人应到所在旗区民间借贷登记服务机构进行登记和民间借贷合同备案。为此创设民间借贷中介服务，运用先进的信息技术，建立安全、高效、诚信的民间借贷网络平台，消除民间借贷中存在的信息不透明、不对称、不便于跟踪监测等弊端，规范民间借贷行为，保障借贷双方当事人权益。同时，创设由民间资本发起组建的鄂尔多斯民间借贷登记服务中心，作为一个独立运作、自主经营、自负盈亏的企业法人，可在各旗区成立相应办事机构，为鄂尔多斯市非金融类机构和个人参与民间借贷提供登记备案和配套服务。该服务中心有义务配合有关部门进行民间融资行为排查。④对于民间借贷可能发生纠纷的规范，由民间借贷登记服务中心发起成立鄂尔多斯市民间借贷协会，积极发挥行业协会的自律作用，配合人民调解机构调解投诉问题。并设立由民间借贷协会发起、在民间借贷登记服务中心登记的民间借贷风险基金，建立民间借贷风险处置机制和行业自救机制。

**2. 珠三角金融改革创新综合试验区获批**

2012 年 7 月 25 日，广东省在新闻发布会上宣布，《广东省建设珠江三角洲金融改革创新综合试验区总体方案》（以下简称《总体方案》）获得国务院批准。由此，广东省成为继 3 月 28 日温州获得国务院批准"金改"综合试验区之后，国内第二个"金"字打头的试验区。《总体方案》由三大主要部分组成：一是在珠三角地区建设城市金融改革创新综合试验区；二是在环珠三角的梅州市建设农村金融改革创新综合试验区；三是在环珠三角的湛江市建设统筹城乡发展金融改革创新综合试验区。

在城市金融改革创新方面的主要内容有：一是加快建设现代金融市场体系；二是加快完善金融组织体系；三是加快金融产品和金融服务创新；四是推动珠三角地区金融一体化发展；五是提升区域金融合作水平；六是进一步优化金融发展环境。在农村金融改革创新方面的主要内容有：一是培育完善农村金融要素市场，重点是国家政策范围内研究推进农村宅基地和土地承包经营权抵押贷款试点工作；二是创新农村金融服务体系。重点深化农村信用社改革，加快发展适合农村特点的村镇银行、贷款公司、农户资金互助社等新型金融机构（组织），探索一站式、社区型、综合化农村金融服务模式，创新农业保险产品和机制，等；三是优化农村金融发展环境。重点是完善支付结算等农村金融基础设施建设，提高农村金融服务信息化水平；完善农村金融风险补偿和利益协调机构，引导金融机构增加对"三农"的金融投入；加强农村社会信用体系建设等。在统筹城乡协调发展、金融改革创新试验方面的主要内容有：一是探索城乡金融协调发展新机制，促进城市金融资源支持"三农"发展。重点有健全金融支持"三农"的财政激励政策和考核办法、创新"三农"信贷担保机构和推进银保合作、建立现代农业股权投资基金、建立农副产品和水产品远期现货交易中心、建立城乡信用信息共享机制等。二是加快形成支持城乡协调发展的金融服务体系。主要包括优化城乡金融机构网点布局、创新"三农"保险业务、推动城乡支付结算系统一体化等。

**3. 多地进行金融改革创新**

2011年12月21日，三亚市人民政府出台《三亚市农村金融服务综合改革工作方案》，根据该方案，三亚市将以完善组织体系、创新金融产品、提供诚信支持三个方面为重点，开展三亚市农村金融服务综合改革工作。包括：①完善农村金融组织体系，增加农村金融服务主体和金融供给；②开展农村金融产品与服务方式创新，提升农村金融服务水平；③推进农村信用体系建设，改善农村金融生态环境。

2011年12月份，上海市政府出台了《关于推动科技金融服务创新促进科技企业发展的实施意见》的文件，主要内容包括完善科技企业信贷服务体系和融资担保体系、加快拓展资本市场直接融资，促使更多科技企业上市、加大科技金融创新力度，鼓励并支持商业银行、担保公司、创投公司、科技金融服务公司等开展"投贷联动""投贷保联动""保投联动"等创新服务。2012年1月底，国家发展与改革委员会正式印发《"十二五"时期上海国际金融中心建设规划》，将"建设上海国际金融中心"上升为国家战略。

2012年5月初，《成都市金融业发展"十二五"规划》出台，提出了未来 5 年成都金融业发展总体目标：新兴金融业、增强地方金融的综合竞争力等 9 个领域将重点发展；到 2015 年，成都将建成西部金融机构集聚中心、西部金融创新和市场交易中心、西部金融外包及后台服务中心。

2012 年 5 月 3 日，福建省人民政府出台《关于金融服务实体经济发展十一条措施的通知》，支持泉州"金改"先行先试，该通知"第七条"指出，推动泉州国家金融服务实体经济综合改革试验区建设。据报道，泉州金融综合改革试验区方案正在报批过程中，如果顺利获批，泉州将会成为继浙江省温州市金融综合改革试验区、广东省珠江三角洲金融改革创新综合试验区之后的第三个国家级的金融综合改革试验区。①

2012 年 5 月 17 日，央行、浙江省人民政府联合印发《关于在浙江省丽水市开展农村金融改革试点工作的通知》，决定在浙江省丽水市开展农村金融改革试点工作，并同意实施《丽水市农村金融改革试点总体方案》。由此，丽水市获批成为国内首个农村金融改革试验区。

2012 年 6 月 27 日，国务院通过深圳前海金融改革创新先行先试政策。根据《国务院关于支持深圳前海深港现代服务业合作区开发开放有关政策的批复》，国务院支持深圳前海深港现代服务业合作区实行比经济特区更加特殊的先行先试政策：打造现代服务业体制机制创新区、现代服务业发展集聚区、香港与内地紧密合作的先导区、珠三角地区产业升级的引领区；进一步推进前海金融市场，扩大对香港开放；支持在 CEPA（更紧密经贸关系的安排 Closer Economic Partnership Arrangement）框架下适当降低香港金融企业在前海设立机构和开展金融业务的准入条件。

## 四　对民间借贷危机的反思

### （一）民间借贷火热的原因

从经济学视角看，民间金融的产生是民间金融制度需求与制度供给两方面

---

① 《泉州有望成为国家级金融改革试验区》，http://finance. sina. com. cn/china/dfjj/20120810/ 033912809991. shtml，2012 年 8 月 10 日访问。

共同作用的结果。民间经济主体的资金需求与正规金融资金供给不足之间的矛盾构成了民间金融的制度需求，而民间富余资金投资需求的存在以及民间金融同正规金融相比所具有的内在优势构成了民间金融的制度供给，当供需两方面的力量实现某种均衡时，联结供需的民间金融就产生了。[①] 我国民间借贷在最近几年之所以如此火热，同样离不开需求与供给两方面的原因，再加上民间借贷手续简便等自身优势以及暴利驱动，"全民皆贷"现象也就不足为奇。

**1. 中小企业融资难，有资金需求**

受制于我国城乡二元结构和正规金融偏好的影响，我国中小企业尤其是小型微型企业一直难以得到银行间接融资支持和资本市场的直接融资。在当前的金融体系下，要想从正规金融机构获得贷款往往需要经过严格的审批程序和相应的担保，在还款期限上正规金融机构要求也更为严格，而相较于国有企业或大型企业，中小企业在抵押担保、资信条件等方面还存在很大劣势，达不到正规金融机构的放款要求，为了生存与发展，只能够求助于民间融资渠道。

**2. 民资闲置，有资金供应**

随着我国经济的持续发展，居民的收入呈快速增长趋势，直接加大了民间借贷市场的资金供给。根据国家统计局发布的数据：2011 年全年城镇居民人均总收入 23979 元，其中，城镇居民人均可支配收入 21810 元，比上年名义增长 14.1%，扣除价格因素，实际增长 8.4%；农村居民人均纯收入 6977 元，比上年名义增长 17.9%，扣除价格因素，实际增长 11.4%。[②] 随着收入的增长与通货膨胀指数的上升，居民投资意愿不断上涨。然而近年来我国股市动荡不安持续低迷，政府出台多项政策为股市降温，在这条投资渠道受到抑制的情况下大量民资纷纷撤出，并通过担保公司、理财产品、信托和民间集资等途径，进入到利率不断提高的民间借贷市场。应当说，大量闲置的民间资本为民间借贷的火热发展提供了物质基础。

**3. 民间借贷自身优势**

民间借贷自身具有的优势和特点与个体经济和私营经济往往具有高度契合

---

① 孙祁祥、王曙光：《区域金融危机与民间借贷风险防范》，载《中国金融》2011 年第 23 期。

② 中华人民共和国国家统计局：《中华人民共和国 2011 年国民经济和社会发展统计公报》，http：//www. stats. gov. cn/tjgb/ndtjgb/qgndtjgb/t20120222_ 402786440. htm，2012 年 7 月 2 日访问。

点。一是民间借贷较之其他融资渠道在交易信息上具有高度对称性，根据具体的情况决定借贷期限和借贷利率，交易成本低；二是民间借贷手续简便，方式灵活，企业规模小的商户从事的行业往往具有周期性或季节性资金需求，需要通过短期简便的手续融资；三是多数民间借贷交易还具有依托人际关系（熟人居中担保）的隐性担保机制，交易主体本身是亲友或者通过中间人介绍而达成借贷交易，客观上降低了借贷资金难以收回的风险。[①] 正是由于民间借贷的上述优势，它自然而然地成为民营中小企业解决融资难、获取资金的必然选择。

### 4. 暴利驱动

由于信贷收紧、资金稀缺、需求上涨、再加上监管的薄弱，近年来民间借贷利率不断上涨，目前民间借贷的年利率普遍高达 60% ~ 70%，远远超过法律规定的银行贷款利率 4 倍的标准，在资金需求旺盛的地区民间借贷的利率更高。相较于一般投资渠道，民间借贷的暴利使得资本逐利性特点充分显现，高利息的诱惑使民众忘记风险，纷纷投资于民间借贷，导致民间借贷交易持续火热。

## （二）民间借贷危机在 2011 年集中爆发的原因

从 2003 年的"孙大午"案和始发于 2007 年的"吴英"案来看，对民间借贷的争议及其背后的风险一直存在，而之所以在 2011 年集中出现资金链断裂、中小企业主"跑路事件"和高利贷崩盘案件，与当年特殊的宏观经济政策和外部发展环境有直接关系。

### 1. 融资政策持续收紧

2008 年第四季度，受困于全球经济危机的影响，国家实施宽松的货币政策，并启动 4 万亿投资计划，银行信贷员在巨额贷款指标的重压下降低条件游说企业贷款，许多缺乏投资能力的企业也获得大量贷款。而 2011 年，央行为应对通货膨胀连续六次上调银行存款准备金并控制全年信贷规模，使得信贷资金持续收紧，商业银行的贷款额度急剧减少。一方面，对于缺乏投资能力却背

---

① 苏虎超：《民间借贷活动与金融犯罪相关问题探析》，载《中国刑事法杂志》2011 年第 6 期。

负大额贷款的企业来说，原本借助贷款支撑投资周期的企业无法再次获得贷款，只能求助于民间借贷解决资金缺口；另一方面，民营中小企业融资难的问题更加凸显，大量的民间借贷需求又在客观上推高了民间借贷利率。由于我国目前民间借贷不受国家信用控制和监管机构的直接管制，还处于"半地下"状态，灰色地带运行的民间借贷在融资政策收紧的刺激下产生了大量的高利贷现象；当高利贷滚雪球似的越来越大偿还不起时，企业资金链断裂，放贷人逼债、企业主"跑路"、跳楼事件纷纷爆发。

**2. 房地产调控力度加大**

2006 年以来，房地产业的高速发展和丰厚的利润吸引了大量投资者，对房地产的投机投资性需求持续上涨，不少投资者甚至通过高利贷资金来投资房地产业，同时又借助于房地产的高额利润来支撑高息贷款。然而自 2010 年初，国家出台了一系列严厉的房地产调控政策来打压房价的过快增长后，我国的房地产业陷入持续低迷，原本借助于房地产回报实现资金快速流动的许多投资开始出现资金断裂。同时，近年来许多中小企业主并不是通过借贷做主业经营，而是将资金投入房地产、煤矿等，因此当房地产调控力度加大时，资金链的断裂对其几乎是致命打击。从此次借贷危机的重灾区——温州和鄂尔多斯等地来看，大多因资金链断裂而"跑路"的老板都是因参与了房地产投资或间接向房地产企业放贷而陷入困境的，其主业经营并未出现太大问题。

**3. 中小企业成本压力持续上升**

目前，中小企业普遍面临四项成本上升压力：一是劳动力成本持续上升压力，扣除价格因素，2001 ～ 2010 年 10 年间我国平均工资年实际增长率为 12.2%；二是融资成本不断上升的压力；三是国家税负过重的压力。2001 ～ 2010 年 10 年间，我国财政收入名义增速平均比 GDP 名义增速高 5 个百分点；四是原材料价格上涨的压力。[①] 在以上四项成本压力的作用下，中小企业的利润空间一再被压缩：一方面，在融资领域，中小企业的低利润率使其无法与其他大型企业相竞争，获得资金的难度进一步加大；另一方面，经营者通过发展实业获取利润的积极性也将受到极大挫伤。基于市场竞争优胜劣汰的淘汰机

---

① 范建军：《我国民间借贷危机形成的原因和对策》，载《经济纵横》2012 年第 4 期。

制，利润无法维持成本运营的企业将会被市场淘汰，因此这些企业急需寻找高回报的投资途径来维持生存，最终不可避免地选择房地产行业以及放贷者的行列。实体经济遭遇"空心化"，中小企业的资金链条变得极度脆弱，一旦遭遇政策变化或经济动荡，资金链将会迅速断裂，"跑路"行为也将不可避免。

### （三）此次危机暴露出的问题

从世界范围来看，民间借贷作为一项正常的民间金融活动在世界各国普遍存在，然而我国之所以会爆发民间借贷危机，关键还在于相关的体制建设不健全，存在较多问题。

**1. 民营企业发展受阻，部分地区实体经济"空心化"**

中国的民营经济在以公有制为主体的社会主义市场经济中始终扮演着重要角色，在扩大就业、推动经济增长等方面具有不可代替的作用。然而不能否认的是，我国的民营企业，尤其是民营中小企业始终生活在一个不平等的制度环境中，不仅在融资方面，在涉及企业经营的税收、财政、产业政策、投资政策等多个方面都无法与国有企业相比较。当前，民营企业在发展中仍然存在"三个不"的问题：一是民营企业的作用与地位不对称。改革开放以来民营企业对我国经济建设的作用毋庸置疑，然而其在经济生活中地位低下也是不争的事实。一方面在政策上，大企业和国有企业通常获得较多优惠，而对民营中小企业则优惠较少；另一方面在法律上也未能一视同仁，门槛难入、融资瓶颈、税收歧视、垄断企业利用自身优势不正当竞争等问题还没有解决。二是对民营企业保护、扶持说的与做的不相符。国有、集体、个体经济平等保护作为一项法律原则已经深入人心，但这更多的是体现在宣誓意义上而非实践层面上。三是民营企业承担的社会责任与其享有的权利不对称。[①]

在民营企业发展受阻的背景下，在以温州为代表的个别经济发达的地区，原本就利润单薄的中小企业面对成本压力上升、利润空间受挤，选择撤离实业部门转投房地产、金融等服务业部门应当说只是一种"用脚投票"的必然选

---

① 高鸿宾、陈成建：《金融危机下民营企业与民间借贷的关联及其应对》，载《法治研究》2009年第10期。

择。然而经济一旦走向去实业化的泡沫之路必酿危机，面对部分地区出现的"实体经济空心化"现象，有必要研究其背后的原因并调整政策，包括从经济结构和产业结构上寻找策略，使实体经济重归健康稳定发展。

**2. 金融体制改革滞后，民间金融机构落后**

我国的金融体制改革严重滞后于经济的快速增长，金融机构在经营中面临许多限制，如对银行信贷配置的限制、中小民营银行准入的限制、存贷利率的控制等，这些约束性政策使得市场上的资金供不应求。[1] 而在这些具有高度垄断性的银行系统中，体制和机制上的障碍使得它无法及时满足中小企业的融资需求，为中小企业提供更优质的金融服务。另一方面，为民营中小企业提供融资服务的民间金融机构没有得到规范发展。目前在实际中充当融资中介的除了小额贷款公司外，担保公司、典当行、地下钱庄也加入进来，受管理水平不足、人员素质不合格以及业务操作不规范的限制，再加上监管缺位，以致民间借贷过程中的高利贷、恶意讨债以及非法集资等违法违规现象时有发生。金融体制改革的滞后和民间金融机构的落后，使得企业与民间资本之间缺乏合适的对接通道，资本供应与资本需求之间信息沟通不畅，借贷问题和投资问题由此产生。

**3. 民间投资渠道匮乏，民众风险意识不够**

以国家统计局的数据为基础进行分析和比较，2011 年国内生产总值 47 万亿元，其中最终消费为 22.5 万亿元，资本形成为 22.9 万亿元，净出口为 1.2 万亿元，照此计算，中国的储蓄率高达 52%，这在世界上差不多是绝无仅有的。[2] 除却社会保障制度等原因，我国的高储蓄率也反映了居民投资行为的欠缺。中国民众无论从观念传统上还是在现实基础上都缺乏足够的投资平台，投资渠道狭窄，对常规投资不了解，因此对资金处理仍以储蓄为主。尽管国务院曾分别于 2005 年和 2010 年出台针对民间投资的《国务院关于鼓励支持和引导个体私营经济等非公有制经济发展的若干意见》（即"老 36 条"）和《国务院

---

① 黄越：《民间借贷危机的成因及治理对策——以温州民间借贷为例》，载《常州大学学报（社会科学版）》2012 年 1 月第 13 卷第 1 期。

② 《郭树清在 2012 陆家嘴论坛上讲话》，http：//stock.sohu.com/20120629/n346904775.shtml，2012 年 7 月 2 日访问。

关于鼓励和引导民间投资健康发展的若干意见》（即"新36条"），然而由于缺乏细则性的规定，这两个文件在落实中都存在着"玻璃门"和"弹簧门"的现象，民间资本仍然缺乏投资渠道。

民间借贷原本基于其"熟人社会"的特点，在安全程度上一度高于正规银行机构，然而目前许多地区的民间借贷已经突破其"共同体内部信任"的边界，进入"陌生人社会"，风险度大大增加。但是受暴利驱动，放贷民众普遍只看到其中的高回报率，对其高风险性缺乏理性判断。受投资渠道匮乏和风险意识不够的影响，大量的民间资本投入了房地产等虚拟经济，我国的民间资本投机性过强，经济领域的不稳定状况加剧。

**4. 民间借贷处于"半地下"状态，金融监管缺失**

首先，在法律上，我国对非正规金融的主体、客体、法律关系等缺乏制度安排，民间借贷处于"半地下"状态。目前我国对民间借贷行为的法律规制主要散见于《民法通则》《合同法》《物权法》《担保法》《刑法》以及《非法金融机构和非法金融业务活动取缔办法》《贷款通则》等法律、法规、规章中，对合法民间借贷仅限于自然人之间，而对自然人与企业之间以及企业与企业之间的民间借贷没有予以规定；《放贷人条例》虽曾在2009年被国务院列入立法工作计划，但之后连续被搁置，未能获得出台；而1998年国务院发布的《非法金融机构和非法金融业务活动取缔办法》又体现了国家对民间借贷的压制性政策；由此原本就具有内发性和隐蔽性的民间借贷在法律上缺乏依据，没有相应的规则予以规范，只能停留在"半地下"状态。这种"半地下"的状态一方面使得民间借贷容易与黑恶势力融合，影响金融稳定与社会安全，另一方面也使得许多合法合理的民间借贷行为被认定为非法集资而受到不应有的打击。

其次，在民间借贷监测机制上，我国对民间借贷的主体、规模、利率、资金来源、资金流向等方面还缺乏系统性的监测与预警机制。在金融突发事件发生以前，往往会在一些金融指标上有所表现，通过对有关数据的监测可以有效掌握相关市场的变动情况，及时作出风险预警和政策调整，防止危机的形成。我国此次之所以出现民间借贷危机，与缺乏对借贷主体、规模、利率、资金来源、资金流向等数据的监测密切相关。

最后，我国在针对民间借贷的监管机构的设置与职责分配上仍有不足。目前我国实施金融监管的机构主要是银监会，对涉及民间借贷的小额金融机构实际上主要是由各省的金融办予以监管，面对纷繁复杂的民间借贷，地方金融办既缺乏管理权限，也缺乏管理能力。基于法律规制上的空白，民间借贷实际上长期处于放任发展的状态，除了监管机构的缺位外，相关部门监管职责也不够明确，因此此次危机中出现了大量包括银行变相参与、非正规金融机构违规操作、高利放贷、借贷资金空转等违法违规现象。

## 五 对民间借贷危机处理的评价与相关建议

### （一）对民间借贷危机处理的评价

进入2012年，尽管"跑路事件"依旧时有发生，但相较于2011年在数量上已经大大下降，不论是在温州还是其他地区，此次民间借贷危机最严重的时期已经过去。从温州的紧急救市措施看，具有明显效果，一方面恶意讨薪等恶性事件得到遏制，另一方面，包括银泰集团董事长胡福林在内的许多"跑路"老板重新归来，着手企业重组与转型，温州的民间借贷危机状况得到遏制；从温州金融改革的效果看，"金改"方案实施两个月后，虽局部金融风波的影响尚未完全消除，但全市经济金融秩序稳定，金融改革创新各项工作有序推行，金融运行情况得到改善，并有力地支持了实体经济发展；从全国范围看，对民间借贷和中小企业融资等问题的研究日益受到重视，各地相继出台各种措施来解决此次危机中所暴露出的问题，民间借贷危机得到有效缓解。

温州市委、市政府在此次危机发生后紧急出台各项政策文件和救市措施，应当说是当时局势下的必然选择，但温州出现的借贷危机是多种矛盾和问题共同作用的结果，要解决这一问题，必须多管齐下，从各个方面入手加以解决和化解，若仅靠单纯的"救市"，虽然可以控制住此次高利贷风险的爆发，但却无法从根本上化解民营制造企业的体制性困境。中央政府在此次危机中主要起的是宏观引导的作用，从其出台的政策文件上看，中央显然非常明白此次危机出现的原因和暴露出的问题，因此其提出的意见措施都非常具有针对性。在

《2012 年中央政府工作报告》中，有关的解决机制也都被列在了 2012 年工作部署中，具体包括：实施结构性减税，认真落实和完善支持小型微型企业和个体工商户发展的各项税收优惠政策，开展营业税改征增值税试点；优化信贷政策，加强对符合产业政策、有市场需求的企业特别是小型微型企业的信贷支持，切实降低实体经济融资成本；建立健全系统性金融风险防范和监管协调机制，增强抵御风险能力，加强跨境资本流动监管，规范各类借贷行为，引导民间融资健康发展。

从此次中央政府应对民间借贷危机的措施看，还存在以下不足之处：

**1. "新 36 条"实施细则仍然不够细，缺乏实质性内容**

以国家税务总局出台的细则为例，仅仅是对之前已有政策的汇编，完全没有新细则出台。国家能源局、电监会等部门虽然也出台了细则引导民间资本发展，但对所放开领域却并没有深入，比如备受业界期待的民资进入电网领域就没有在此次电监会出台的细则中公布。在铁道部出台的《关于鼓励和引导民间资本投资铁路的实施意见》中并未阐述民间资本如何具体介入、经营权和收益权如何分配等关键性问题。

**2. 对小型微型企业的政策支持还需强制性规定**

中央出台的关于支持小型微型企业发展的意见措施主要是以按引导方式提出改革方向，但从以往实践经验来看，政策措施还需强制性规定才能真正得到落实。以对中小企业的信贷支持规定为例，银监会连续几年提出商业银行对小企业的贷款幅度要不低于上一年的增幅，对小企业贷款的余额要不低于上年的余额。但这些引导性的政策由于没有刚性约束和问责机制，一家商业银行达不到两个"不低于"也不会受到制裁。

总之，中央政府在应对民间借贷危机的政策方向上是正确的，但关键在于如何将这些政策细化为可行性的具体措施，使政策得到真正的落实。

## （二）治理民间借贷危机的对策建议

不论是从温州还是从中央处理民间借贷危机看，堵疏结合是有效处理和预防借贷危机的最佳选择，一方面要对高利贷、非法集资等违法行为予以打击处理，一方面也要对其中存在的问题予以疏通解决。通过上文对民间借贷危机的反思，为避免危机的再次出现，现提出如下建议：

**1. 优化民营企业制度环境，支持实体经济发展**

首先，在宏观层面，对现有的法律、政策做进一步的调整和完善，明确各种所有制企业在现实中的平等地位，在程序、实体上保障民营企业享受平等的法律救济，取消对民营企业的政策差别，在行政执法和管理过程中，公正执法、不偏不倚，摒弃对民营企业的歧视观念，平等保护民营企业；其次，对民营企业尤其是小型微型企业给予政策扶持，落实对民营企业的税收优惠政策和信贷支持政策，降低其融资成本，在准入门槛、税收政策、信用体系、信贷支持、产权改革、维权等方面对民营企业倾斜，创造有利于民营企业竞争的环境；最后，引导民营企业产业升级，利用财政、金融以及货币政策支持实体经济的健康稳定发展。

**2. 完善民间借贷法律法规，赋予其合法地位**

近期中国人民银行对民间借贷的必然性和重要作用给出了明确的回答，并且承认了民间借贷在制度层面的合法性，认为民间借贷是社会经济发展到一定阶段，企业和个人财富逐步积累、产业资本向金融资本转化、正规金融尚不能百分之百满足社会需求等多种因素综合作用的结果，带有一定的必然性。[①] 人民银行的表态表明了使民间借贷阳光化和规范化是历史的必然，同时，目前民间借贷"半地下"状态所产生的各种问题也说明了使民间借贷阳光化的迫切性。对民间借贷的法律规制，需要尽快出台《放贷人条例》，加强对民间借贷市场的主体监管，适时修改《民法通则》《合同法》以及《担保法》等民事法律，注重对民间借贷交易的合同规范，及时补充《刑法》罪名，强化对高利贷犯罪行为的刑事制裁。[②] 最后，还需要明确界定非法集资与民间借贷的标准，从行为对象、目的、资金来源、危害结果和损失等方面综合考虑，制定可行性标准，明确二者界限，防止司法、执法不公现象的出现。

**3. 创新金融产品，提升对中小企业的融资服务，加强征信体系建设**

对于正规金融机构来说，需要创新金融业务，适时采取定向宽松政策，对

---

符合国家产业政策、经营管理水平高、产品市场前景好、还本付息能力强的民营中小企业加大信贷支持力度，搭建民间资本和中小企业对接的交易平台。建立适合于中小企业的民间融资服务机构，鼓励民间金融组织转型和升级为更高级的组织，实现自身的规范化，加快建设小额贷款公司、农民资金互助组织、村镇银行等新型金融机构，提升对中小企业的融资服务。同时，各级政府应积极培育征信市场，规范中小企业经营行为，引导中小企业转变信用观念，建立内部信用管理制度，提升中小企业财务信息的可信度，建立中小企业之间借贷活动的征信体系。具体来说：可以将民间借贷机构视同非银行类金融机构纳入征信体系，设立放贷人和借贷人子系统，对其设置开放登记、数据报送、查询等功能，并对其数据报送、查询使用等行为进行监督检查；将参与民间借贷的企业或个人视同放贷人纳入征信系统；由民间借贷主体承担数据报送职责，允许民间借贷行业协会作为行业管理者，授权其参与信用信息的采集、查询等方面的管理职权，并允许其查询使用，这样，就可以把民间借贷双方的信用信息数据一并纳入征信体系，有效扩大征信体系的覆盖面，最大程度降低民间借贷风险的发生率。[1]

### 4. 引导民间资本投资多元化，增强民众投资的风险意识

针对民间资本中民营企业流动资产来说，第一，政府放开行业准入标准，容许民营企业进入；其次，政府出台相关政策，鼓励民营企业进入"三农"产业，科学发展农业生产，开拓农产品市场销售渠道，加快农业产业规模化、集约化经营进程；第三，要拓宽居民投资渠道，引导民间资本进入多种领域进行投资。[2] 同时，加强对民众的金融与法律知识宣传教育，增强金融风险意识和风险识别能力；注意舆论导向，对民间借贷的潜在风险进行必要提示，使社会公众清醒地认识到高收益潜藏的高风险，自觉抵制高息借贷和非法金融活动；引导民间借贷活动参照银行贷款的程序规范操作，预防不必要的纠纷，维护正常借贷秩序，促进社会安定和谐；消除民间资本的过度投机性，引导民众在合理的利率范围内开展民间借贷，倡导民间借贷资金更多地投向实体企业，

---

[1] 陈康康：《民间借贷的现状及其风险防范》，载《商品与质量》2011年11月刊。

[2] 郭昊：《民间资本借贷问题及解决方案——以温州民间借贷资金为例》，载《人民论坛》2012年第2期。

促进经济的持续稳定健康发展。①

**5. 建立健全民间借贷监测机制，创新监管制度**

针对民间借贷市场：政府有关部门应该建立监测机制，通过定期采集民间借贷活动的有关数据，对民间借贷的资金来源、资金去向、利率变动等情况进行监测，重点关注利率过高现象，防止因投资过度集中或决策失误导致的资金风险，及时做出风险预警提示，从而全面掌握民间借贷市场的变动情况；除此之外，还要建立民间借贷监测制度，明确落实相关部门对民间借贷活动的监管职责，规范民间借贷融资主体的融资行为，建立规范的信息披露制度，按照规定要求披露企业的财务状况和资金使用等情况，提高信息透明度，提高投资者的风险识别和判断能力。② 由于民间借贷所存在的包括风险集中度、借款人风险承受能力较差、关联交易风险、金融产品较少、信贷决策与管理过程中的人为因素较多等风险，对民间借贷的监管应当采用合规监管与风险监管相结合的混合监管模式。合规性监管要求监管部门严格依法监管民间借贷的合规性，包括民间借贷机构能否达到对所在区域内的最低融资比例规定，是否符合国家关于账户管理的规定、是否存在洗钱行为等；在加强合规性监管的同时，监管当局应对民间金融机构实施风险监管，通过现场检查对民间金融机构的资本充足率、风险管理情况、资产质量、盈利能力、流动性状况及时进行风险评级，并根据评级结果对其进行风险分类。③

# Crisis Management in China's Private Lending

*Wang Jiayang*

**Abstract**：Private lending in China has survived with a long history as one of the traditional loans. However, being enslaved to many factors, the system of private

---

① 黄越：《民间借贷危机的成因及治理对策——以温州民间借贷为例》，载《常州大学学报（社会科学版）》2012年1月第13卷第1期。
② 肖杰：《理性看待民间借贷》，载《山西财政税务专科学校学报》2012年第2期。
③ 岳彩申：《民间借贷监管制度的创新与完善》，载《经济法论坛》2009年第6卷。

lending has not been well-normed. In 2011, the crisis of credit of private lending eventually broke out in several provinces, such as in Zhenjiang, Jiangsu and Fujian, which featured the escape of debtors and bankruptcy of small and medium-sized enterprises, and caused huge impacts on the economic development and social stability. Both the central and local governments, in order to solve the crisis, took various measures to control and stabilize the damages and loss. The crisis undeniably alarms that the deeper dilemma of the financial system reform and the flaws in development management of small and medium-scaled enterprises. This paper aims to contribute some enlightenment and suggestions to deal with the crisis through reflecting and profound consideration upon this crisis.

**Key Words:** Private lending; Usury; Crisis management; Wenzhou

# 域 外 借 鉴

Lessons from International Experiences

B.13

# 俄罗斯国家危机管理机制及案例分析

粟瑞雪*

**摘　要：**

本文从俄罗斯国家的危机管理法律、俄罗斯联邦的危机管理机构和俄罗斯国家危机管理的实践三个方面阐述了俄罗斯的国家危机管理机制。在对2011年俄罗斯公共危机管理实践的案例进行分析之后，文章指出，俄罗斯国家危机管理的特点在于具备高效的、以总统为核心的危机管理指挥系统、拥有强有力的危机管理保障系统和严格履行官员问责制。

**关键词：**

俄罗斯　《紧急状态法》　紧急情况部　危机情况管理中心

国土面积1700多万平方公里、居世界第一位的俄罗斯，横跨欧亚大陆，东西最长9000公里，南北最宽4000公里。复杂的自然地貌和社会环境，决定

---

* 粟瑞雪，中国社会科学院研究生院副教授，史学博士。

了俄罗斯是个自然灾害和人为灾祸频发的国家。

苏联解体后，处于全面转轨过程中的俄罗斯，其境内发生了一系列的公共危机。危机是由重大威胁、意外情况和有限的决策时间三种要素构成的一种特殊局势，按性质可分为自然灾害、人为灾害、政治危机、社会危机、经济危机等。天灾人祸、安全事故、局部战争、恐怖主义等危机频繁发生，不仅阻碍了俄罗斯经济的稳定发展，加重了俄罗斯政府的财政支出，而且导致政府信誉不断降低，公共危机管理能力受到挑战。近年来，俄罗斯政府不断总结公共危机管理经验，在应对、管理各种危机的过程中，逐步建立和完善应对影响和威胁俄罗斯公共安全的内外突发危机事件的管理机制，取得了一定成效。

# 一 俄罗斯的国家危机管理机制

1991 年 5 月 17 日，尚未独立的俄罗斯即公布了《俄罗斯苏维埃联邦社会主义共和国紧急状态法》。独立后的俄罗斯联邦在面对和处理各种危机事件过程中，又相继颁布一系列相关法律，不断完善危机管理的法律体系。

## （一）俄罗斯的国家危机管理法律

俄罗斯十分重视国家危机管理法律建设。1994 年，俄罗斯通过了《关于保护居民和领土免遭自然和人为灾害法》；1995 年 7 月通过了《事故救援机构和救援人员地位法》；1998 年通过了《民防法》；1999 年颁布了《俄罗斯联邦公共卫生流行病防疫法》。[①] 2001 年 5 月 30 日，普京总统签署了《俄罗斯联邦紧急状态法》[②]，其中译本约 9000 多字、共包含七章四十三条内容。

《俄罗斯联邦紧急状态法》第二章第三条规定，属于紧急状态的情形如下：

a）企图暴力改变宪法制度，篡夺权力或把权力据为己有，武装暴动，聚众骚乱，恐怖活动，封锁或占领特别重要的目标或者个别地区，准备开展非法

---

① 倪芬：《俄罗斯政府危机管理机制的经验与启示》［J］，《行政论坛》2004 年第 6 期，第 89 页。

② http://www.chinalawedu.com/news/15300/154/2006/1/ma9181840441421600237248_182424.htm.

武装组织活动，民族之间、教会之间、宗教之间的暴力冲突，形成对公民的生命和安全，国家权力机关及地方自治机关的正常活动造成直接威胁。

b）自然和基因工程紧急情况，生态紧急情况，包括发生事故、危险自然现象、自然灾害或者其他灾难时所引发的传染性流行病和动物流行病，已导致（可能导致）人类死亡，对人体健康和自然环境造成损害，并带来巨大的物质损失，破坏了居民的日常生活条件，要求进行大规模的紧急救援及其他救援工作。

第四条规定，在俄罗斯联邦全境或者其个别地区实行紧急状态，必须由俄罗斯联邦总统发布命令，并立即将此情况向俄罗斯联邦会议联邦委员会（议会上院）和俄罗斯联邦国家杜马（议会下院）通报；关于实行紧急状态的俄罗斯联邦总统命令，必须立即报送俄罗斯联邦会议联邦委员会批准。

第七条前三款指出，俄罗斯联邦总统宣布实行紧急状态命令后，俄罗斯联邦会议联邦委员会成员必须在没有专门召集的情况下，尽可能短的时间内，赶到俄罗斯联邦会议联邦委员会会议处；关于批准实施紧急状态的俄罗斯联邦总统命令是俄罗斯联邦会议联邦委员会审议的首要问题；俄罗斯联邦会议联邦委员会，自俄罗斯联邦总统的紧急状态命令宣布之时起72小时内，审议批准此项命令问题，并通过相应决议。

第三章第十一条规定，在紧急状态有效期限内，可以通过俄罗斯联邦总统的紧急状态命令采取如下措施和临时限制：

a）在实行紧急状态的地区，全部或者部分中止俄罗斯联邦主体（各主体）执行权力机关，以及地方自治机关的职权；

b）在实行紧急状态的地区限制自由迁徙，以及在上述地区实行特别的出入境制度，包括对外国公民和无国籍人出入上述地区设定限制；

c）加大力度维护社会秩序，维护受国家保护的对象，保障居民生活条件目标，并发挥交通功能；

d）对个别财经活动，包括商品、劳务和财政手段的流动实施限制；

e）建立粮食和首要必需品的销售、购买及分配的特殊制度；

f）禁止或者限制举行会议、集会和组织游行、示威及纠察，以及其他群众性活动；

g）禁止罢工和其他方式暂时中止或终止各组织的活动；

h）限制交通工具的通行，并对其实施检查；

i）暂时中止使用爆炸性物质、放射性物质，以及化学和生物危险品的组织从事危险生产活动；

j）如果发生对物资和文化珍品造成了毁灭、劫掠或者损坏的紧急情况，则需将其疏散到安全地区。

第十二条指出，在本联邦宪法性法律第三条第 a 款规定的情况下，对本联邦宪法性法律第十一条规定的措施和临时限制进行补充规定，应在实行紧急状态的地区，由俄罗斯联邦总统发布紧急状态命令来规定如下措施和临时限制：

a）实行戒严，即在规定的昼夜时间内禁止未持专门开具的通行证和身份证明文件的公民出现在大街上和其他公共场所中；

b）按照规定的条件和程序，实施预先新闻检查来限制出版和其他大众传媒的自由，以及暂时没收或查封出版物，无线电发射、扩音技术设备和复印设备，并制定特殊的记者委派制度；

c）中止政党和社会团体实施的妨碍消除紧急状态情况的活动；

d）检查居民身份证明文件，进行人身检查、并检查其物品、住房及交通工具；

e）限制或者禁止出售武器、弹药、爆炸物、专用设备及有毒物质，制定含麻醉作用、影响精神活动、药性剧烈的、含酒精、酒精饮料的药剂的特别流通制度。特殊情况下，允许暂时没收公民的武器和弹药及有毒物质，也可以没收无论何种所有制组织和任何法律形式的组织的武器、弹药和有毒物质，甚至还可没收技术兵器和教学用武器，及爆炸性物质和放射性物质；

f）对违反紧急状态制度，且未在实行紧急状态的地区居住的人，按照规定程序将其强制迁移到实施紧急状态地区以外，费用由其负担，在其没有资金时，也可依审判程序连同后续的补偿开支一起由财政预算资金负担；

g）根据俄罗斯联邦刑事诉讼法规定，因涉嫌实施恐怖活动和其他特别严重的犯罪行为的被拘捕人的羁押期限延长至整个紧急状态有效期间，但不得超过 3 个月。

第十三条强调，在本联邦宪法性法律第三条第 b 款规定的情况下，对本联邦宪法性法律第十一条规定的措施和临时限制进行补充规定，应在实行紧急状态的地区，由俄罗斯联邦总统发布紧急状态命令来规定如下措施和临时限制：

a）暂时将居民迁移到安全地区，并且必须向居民提供固定的或者临时的住处；

b）实行检疫，采取流行病卫生防疫、兽病防疫和其他措施；

c）动用国家物资储备，征调不论何种法律组织形式和所有制形式组织的资源，修改其工作制度，在紧急状态下，重新确定上述组织必需品生产的方向，及生产经营活动的其他必要变更；

d）在紧急状态有效期内，由于国家组织领导人不履行其应当履行的义务，而免除上述领导人的职务，并任命他人临时履行上述领导人的职责；

e）在紧急状态有效期内，由于非国家组织领导人不履行或者不适当履行的本联邦宪法性法律第十一条第g款和本条第c款规定的措施，而任命他人临时履行上述领导人的职责；

f）在特殊情况下为了必须实施和保障抢险救护工作及其他紧急救援工作，动员有劳动能力的居民，征用公民的运输工具，在必须遵守劳动保护要求前提下进行上述工作。

第四章第十六条规定，为了保障紧急状态制度，利用内务部机构、刑事执行系统、联邦安全机关和内务部队以及民防、紧急情况和消除自然灾害后果机关的力量和手段。第十七条第一款指出，特殊情况下，根据俄罗斯联邦总统命令，对本联邦宪法性法律第十六条规定的力量和手段进行补充规定，可以动用俄罗斯联邦武装力量、其他部队、军事组织及机构，以确保紧急状态制度的实施。只有为了落实保卫俄罗斯联邦的国境的紧急状态制度，才能动用履行守护和保卫俄罗斯联邦国境的边防机关；第二款规定，动用俄罗斯联邦武装力量、其他部队、军事组织及机构完成下列任务：

a）在实行紧急状态地区，维护该地区的特别出入境制度；

b）维护保障居民日常生活和交通运输行使其功能，及打击对人的生活和健康及周围自然环境所带来的高度危险的目标；

c）将使用武器、军火和专用设备实施暴力冲突的敌对双方分开；

d）参与制止非法武装组织的活动；

e）作为统一的国家预防和消除紧急状态力量系统组成部分，参加消除紧急状态和拯救生命的行动。

第三款强调，在本条第二款第 a～d 款中规定的任务，由俄罗斯联邦武装力量、其他部队、军事组织及机构的现役军人与内务部机关、刑事执行系统、联邦安全机关和内务部队的工作人员共同来完成。此时，关于内务部队联邦立法的规定适用于俄罗斯联邦武装力量、其他部队、军事组织和机构的现役军人中，包括涉及使用人力、专用资金、武器、军火和专用设备的条件、程序及范围，保障现役军人及其家庭成员的人身安全。

2002 年，俄罗斯总统普京又签署了《俄罗斯联邦战时状态法》，《俄罗斯联邦反恐怖活动法》得到进一步修订。在宪法和紧急状态法的基础上，俄罗斯制定了 100 余部配套的联邦法律、法规和大量总统令、政府令。紧急状态法启动以后即成为"小宪法"，在其统领之下又有很多具体的部门法规。①

## （二）俄罗斯的国家危机管理机构

根据俄罗斯国防法规定，俄罗斯总统是俄罗斯武装力量的最高统帅，统一指挥俄联邦的武装力量。② 俄联邦安全会议直属于总统，由总统任主席，政府总理任副主席。安全会议成员包括总统、政府总理、安全会议秘书、联邦安全局局长、外交部长和国防部长。司法部、内务部、联邦保卫局、对外情报局、边防局、紧急情况部、财政部的部长和局长可视情列席会议。联邦安全会议是保障国家安全的最高决策机关，在国内外出现重大紧急情况时，俄罗斯总统通常会召开俄联邦安全会议的紧急会议，根据联邦安全会议的讨论结果，作出处理危机的决策。

危机决策是指决策者在面临意外的重大威胁情势下，在极其有限的时间里所作出的重大决策和反应。总统既是整个决策过程的直接参与人，也是最终决策者（如图 1 所示）。在危机发生时，危机处理的决策指挥机制是整个国家安全保障机制的核心。

---

① http：//www.mxwz.com/txy/view.aspx？ID = 1016987.
② 江志山、李永：《谁是俄罗斯的反恐利剑——透视俄危机处理机制中的强力部门》［J］，《国防报》2002 年 11 月 12 日，第 4 版。

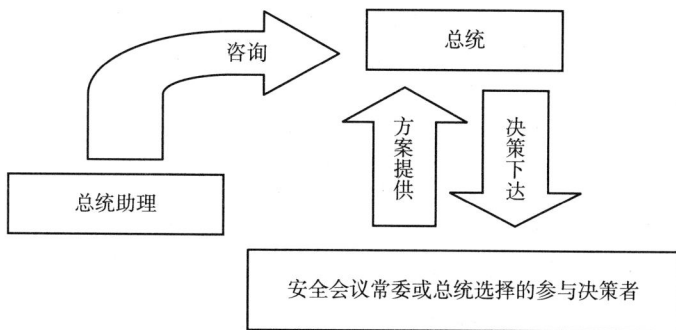

**图1 危机决策模式示意图**

除拥有较完善的应急法律体系外，俄罗斯还成立了专门的应急防灾部门——俄罗斯联邦紧急情况部，全称是俄联邦民防、紧急情况与消除自然灾害后果部。俄罗斯紧急情况部是国家安全保障体系，特别是危机管理系统的重要构成。紧急情况部是俄罗斯联邦的强力部门①之一，是俄罗斯处理突发事件的组织核心。

俄联邦紧急情况部成立于1994年，专门负责民防，是俄罗斯效率最高的部门之一，俄境内发生任何紧急情况时，它都必须首先赶到救援现场。该部门还要负责教育国民如何应对突发危机。

俄罗斯联邦紧急情况部直属总统领导，并在全国六个大区设立分支机构。紧急情况部下设有局和委员会，如居民与领土保护局、灾难预防局、防灾部队局、国际合作局、消除放射性及其他灾难后果局、科学技术局、管理局和打击森林火灾跨机构委员会、俄联邦水灾跨机构委员会、海上和水域突发事件跨机构海事协调委员会、俄罗斯救援人员证明跨机构委员会等。紧急情况部拥有的

---

① 俄罗斯的强力部门包括国防部、内务部和国家安全机关。这些部门掌管着各种武装部队，负责保卫国家安全工作，拥有一系列关键性的权力，作用特殊，地位突出，故称国家强力部门。根据俄罗斯现行宪法，强力部门归总统直接领导。俄罗斯武装力量包括军队、边防军、内务部部队以及安全局所属准军事部队等，也就是说，国家每个强力部门都拥有自成体系的武装力量。俄罗斯总统通过自任首脑、由政府总理和包括强力部门在内的各主要部门领导人组成的联邦安全会议，来掌管整个武装力量。武装力量及各强力部门，经过内部长期不解的"非党化、国家化、职业化"宣传教育工作，都已明确了自己的职责就是"忠实于国家、无条件服从总统"。

权限极大，但只承担和平时期的任务。

紧急情况部设在莫斯科的行动中心面积不大，但效率极高。"每张办公桌上和每个房间里都安装两到三部电话和联网电脑。每个房间外都张贴有工作职责，从自然灾害（地震、洪水、飓风、干旱和严寒等）到化学和电力工业突发事件等，无所不包。"

俄罗斯紧急情况部成立以来，作为俄罗斯专业化的抗灾救助机构，具有系统的机制、具体的措施和丰富的经验。可以将俄罗斯应对危机的机制和做法归纳为以下几个方面。

### 1. 成立专门机构

从 1991 年发布成立"俄罗斯民防、紧急情况和消除自然灾害后果国家委员会"的总统令到 1994 年将该"委员会"改为"部"之后，俄罗斯紧急情况部不断扩大规模提高应急能力，该部部长是俄罗斯联邦安全会议成员。紧急情况部的主要任务是制定和落实有关政策，实施预防和消除灾害措施、提供援助等。它可以通过总理办公室请求私人、国防部或内务部的支持，拥有国际协调权。

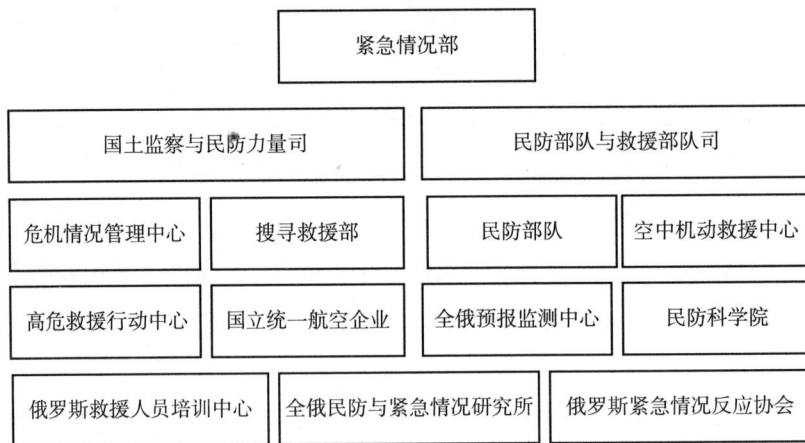

图2　俄罗斯联邦紧急情况部下属危机处理机构

除较完善的应急法律体系外，俄罗斯还成立了专门的应急防灾部门。俄罗斯紧急情况部是国家安全保障体系，特别是危机管理系统的重要组成部分，每当有重大事件发生，俄罗斯紧急情况部的人员总是最先赶到现场。俄罗斯紧急情况部是与俄罗斯国防部、内务部、联邦安全局和对外情报局齐名的五大强力部门之一，具有军事化的神秘色彩。它属于联邦执行权力机构，是俄罗斯处理突发事件的组织核心，其主要任务是制定和落实国家在民防和应对突发事件方面的政策，实施一系列预防和消除灾害措施、对国内外受灾地区提供人道主义援助等活动。

紧急情况部的全称是"俄罗斯民防、紧急情况与消除自然灾害后果部"。该部门成立于1994年1月，专门负责俄罗斯的民防事业，在发生紧急情况时向受害者提供紧急救助，最大限度减少灾难带来的不良后果。俄罗斯紧急情况部是俄罗斯效率最高、最忙碌的部门之一，一旦俄境内出现恐怖活动，这个部门也必须第一个赶到现场组织救援。除了救灾，紧急情况部还要负责教育国民如何应对突发危机。俄罗斯的联邦紧急情况部直属总统领导，并在全国六个大区设立分支机构。紧急情况部下设几个局，包括居民与领土保护局、灾难预防局、防灾部队局、国际合作局、消除放射性及其他灾难后果局、科学技术局及管理局等。该部同时下设几个专门委员会用以协调和实施某些行动，包括俄罗斯联邦打击森林火灾跨机构委员会、俄联邦水灾跨机构委员会、海上和水域突发事件跨机构海事协调委员会、俄罗斯救援人员证明跨机构委员会。紧急情况部通过总理办公室可以请求获得私人、国防部或内务部队的支持，也就是说，该部拥有国际协调权及在必要时调用本地资源的权限。该部也偶尔向俄罗斯领土之外派出自己的队伍，但主要精力还是放在自己的边界之内。其下属部队仅配备少量武器用于自卫，而不配备重装武器。该部只承担和平时期的任务，而不担负战时任务。该部工作日程不包含政治内容，也不谋求与政治团体结盟。紧急情况部可向任何人提供帮助，而不管其宗教和国籍归属如何。

**2. 建立专业化的救援救灾队伍。**俄罗斯自然灾害多、突发事件多的事实促使政府建立专业化的救援救灾队伍

1991年4月17日俄罗斯发布总统令，成立"俄罗斯民防、紧急情况和消除自然灾害后果国家委员会"，1994年1月由"委员会"改为"部"，简称"国家紧急情况部"。俄罗斯紧急情况部建立之初规模并不大，其主要任务也就是发生自然灾害和重大生产事故时实施救援，后来，为了提高对重大灾害和

突发事件的应急能力，俄罗斯紧急情况部的规模和任务不断扩大和发展。目前，俄紧急情况部主要由国家消防局、搜寻和救援局、民防部队和国家小型船只局四个基础部门组成，属于联邦执行权力机构，与国防部、内务部、联邦安全局和对外情报局组成俄政府五大强力部门之一，其部长是俄安全会议成员。紧急情况部是俄罗斯处理突发事件的组织核心，其主要任务是制定和落实国家在民防和应对突发事件方面的政策，实施一系列预防和消除灾害措施、对国内外受灾地区提供人道主义援助等活动。俄罗斯紧急情况部已成为国家专业化的救援救灾机构，它拥有在必要时调用本地资源和国家协调的权力，它可以通过总理办公室请求获得国防部或内务部队的支持。

**3. 加强灾害预测和预报**

俄罗斯紧急情况部不仅仅是一个救援救灾机构，它还是自然灾害预测预报的中心。在俄罗斯紧急情况部下建立了"国家危机情况管理中心"，并在各个地区设立分支机构。这是一个智能型的救灾指挥中心，采用了许多高科技手段，对自然灾害和突发事件进行预测预报，组织救援。国家危机情况管理中心成为统一信息来源和全国危机情况预防和应对体系，在发生紧急情况时增强政府各部门间的协作，同时还可以使民众及时了解有关灾害和事故的信息。

在国家紧急情况管理中心有一个"行动反应中心"，采用电脑管理，并配以声文记录装置，在多个特大屏幕墙上能够显示出全国各地的当时情况，可以直接看到发生地震和火灾的现实情况。一旦发生灾害和突发事件，可以迅速获得信息资料，并即时上报和通报。为了加强对人群多的地方的信息管理，在机场、火车站、大型商场、电视台、大型广场等人群较多的地方都建立了大型监视系统，对现场情况进行 24 小时监控，随时掌握现场情况。目前在莫斯科、圣彼得堡等大城市共设立了 911 个信息和通报站。

**4. 实施专业化救援**

在救援救灾方面，俄罗斯紧急情况部建立了许多专业化救援救灾机构，实行专业化救助的做法。俄罗斯紧急情况部有一个庞大的搜救队，专门负责发生灾害时的一般搜救工作，总人数近 2 万人，大多数队员同时掌握了多种专业技能，具有在水下、陆上和空中和任何复杂地理和气候条件下完成救助任务的本领和能力。2001 年还成立了 7500 多人的"大学生搜救队"，作为国家搜救队的后备力量，主要任务是保障大型活动的安全、在中小学进行搜救方面的实践和理论知识宣传。

在消防方面，俄罗斯紧急情况部下设一支庞大的"俄罗斯消防部队"，总人数达22万之多，由军事化消防部队、地方专职消防队和志愿消防队组成。俄罗斯紧急情况部还有一个"高风险救援行动中心"，专门处理具有高风险的各种紧急情况，如核事故和化学放射污染事故等，拥有一流的工兵、驯犬专家、机器人专家、化学和放射性物质防护专家、潜水专家、登山专家，他们广泛使用机器人救助。此外，还有航空救助队、小型船只救援队、心理医疗救助队等。

中国四川发生"5·12"特大地震后，俄罗斯在第一时间最先向中国提供了大量抗震救灾援助，令中国政府和人民感动。在四川抗震救灾现场活跃着一支俄罗斯的专业化抗灾救援队伍，这就是"俄罗斯紧急情况部赴华救援队"。他们以高度专业化的队伍、不怕艰苦的救助精神赢得了中国人民的称赞。

2005年12月，紧急情况部部长谢尔盖·绍伊古宣布，俄罗斯、法国、德国和意大利已着手在欧盟范围内建立紧急情况救援协会。他说，灾难应急机制应当合理化，俄罗斯早就提出了建立国际紧急情况救援机构的主张。每个国家都有自己独特的救援技术，比如意大利有装备精良的医疗飞机、瑞士有先进的搜救犬训练机构。因此，有必要建立世界先进救援技术数据库。

为了对危机情况进行有效的预防、控制并消除其相应后果，俄罗斯紧急情况部成立了国家危机情况管理中心，并在俄紧急情况部的各个地区中心设立该中心的分支机构。在紧急情况部下成立国家危机情况管理中心的目的是要形成统一信息空间，有助于完善俄全国危机情况预防和应对体系，在发生紧急情况时增强政府各部门间的协作，同时还可以使民众及时了解有关灾害和事故的信息。中心的建立使俄罗斯进一步提高了其应对和管理危机和突发事件的能力，为该国的政治、经济和社会发展提供更加安全的环境。

俄罗斯国家危机情况管理中心是对预防和消除紧急状态的国家力量进行日常管理的机构，其任务包括：对消除危机状态的力量的动员准备进行稳定、不间断的管理；为国家安全保障系统提供信息保障；协调国家安全保障力量系统所有环节的工作；负责紧急情况部的办公自动化、计划技术工作以及信息保障。该中心设有行动分析局、信息技术局和中心活动保障机构，其骨干力量处于昼夜值勤状态。在特殊专用软件的帮助下，由一系列自动化手段组成的统一信息网可以对不同类型危机事态的发展趋势进行预测，保存危机事态的相关资料并协助准备相应文件。①

俄紧急情况部的统一信息网可以自动接收来自联邦各地区和联邦各部委的相应信息，并与总统办公厅、联邦政府和其他高层国家权力机构相互协作。该部还负责国外的救援，如曾经帮助阿富汗战后重建、向美国新奥尔良灾区提供援助等。俄罗斯联邦紧急情况部将灾害事故分为自然灾害和人为事故。针对不同灾害事故制定详细的应对条例。每个条例除了介绍灾害或事故的性质、特点外，还详细列举各种预防措施以及在灾害或事故发生后应采取的各种应对措施。

其中搜寻救援部的主要职能是在自然和技术灾害中进行搜寻救援工作，设有指挥部、搜寻救援大队以及后勤保障部，在各地区还设有搜寻救援分部。大多数搜救队员同时拥有潜水、登山、跳伞、推土作业、煤气作业、矿山救护等多种专业技能，可在任何地质环境和气候条件下进行海陆空全方位作业。

民防部队是紧急情况部处理危机情况的王牌劲旅，拥有专业救援旅、机械化团、直升机大队、伞兵团、其他专业分支机构和现代化的搜寻救援装备及生存保障手段。空中机动救援中心设有搜寻救援大队、工程技术大队、通讯情报大队、运输大队和物质技术保障大队，可执行空中救援任务，曾多次参加国际救援行动并获得好评。高危救援行动中心能对爆炸、空难等事故进行专业性救援。

## （三）俄罗斯国家危机管理实践

俄罗斯是个自然灾害频繁，安全事故频发，恐怖袭击多发的国家。独立以来，俄罗斯多次经历严重的国家危机，其中部分危机影响重大，引发世人强烈关注。

---

① 上海太平洋国际战略研究所：《俄罗斯国家安全决策机制》［M］，北京，时事出版社，2007，第 172 页。

### 1. 莫斯科剧院人质事件

2002年10月23日晚，约50名恐怖分子持枪潜入莫斯科轴承厂文化宫，劫持了正在听音乐会的700多名观众和100多名工作人员。恐怖分子要求俄罗斯从车臣撤军，否则将枪杀所有的人质，炸毁文化宫大楼。人质事件发生后，俄总统普京立即召开了联邦安全会议的紧急会议，启动了危机处理机制，并果断采取了应对措施，俄联邦政府积极展开救援工作。俄总统普京为此取消了前往墨西哥出席亚太经合组织领导人非正式会议的计划，坐镇克里姆林宫，亲自指挥解救人质行动。

普京总统在两天内一直与恐怖分子实施"周旋"策略，召集了包括俄罗斯联邦安全局、内务部、俄南部联邦区、军队等部门的最高级别官员共同进行商议。联邦安全局和内务部宣布实施"雷雨"计划；成立了由莫斯科市市长卢日科夫和各有关部门领导人参加的解救人质指挥部；俄罗斯反恐特种部队"阿尔法"小组①和联邦安全局反有组织犯罪局的人员立即赶往事发地点，占据有利位置，并进入临战状态；俄罗斯的警察和军队封锁了通往事发现场的道路，紧急疏散文化宫附近楼房的居民。在绑匪开始枪杀人质后，俄政府当机立断，下令"阿尔法"小组实施武力解救人质行动。特种部队于26日凌晨冲进大楼，绝大部分人质获救，结束了近60个小时的人质危机事件。

俄罗斯总统普京在此次危机中反应迅速、行动果断，表现出高超的危机处理能力。他没有以"和平"的方式向恐怖分子妥协，从一开始就明确了要用武力解决人质危机的各项准备，镇定自若，果断下令特种部队出击，以较小的代价解决危机，避免了危机进一步扩散与蔓延。这次成功的危机化解案例也充分反映出俄罗斯国家危机管理机制在实战中发挥了应有的功效。

---

① 俄罗斯最精锐的反恐部队——"阿尔法"小组成立于20世纪70年代初。当时，国际恐怖主义非常猖獗，并且开始威胁到苏联。1973年，一架雅克－40型客机在弗努科沃机场遭到4名歹徒劫持，机上旅客全部被绑架而沦为人质，苏联国家安全委员会（克格勃）和内务部联手采取紧急行动才解救了人质。为了应付这种形势，1974年7月28日，苏联国家安全委员会主席安德罗波夫下达命令，在克格勃系统组建一支专门的特种小分队。苏联解体后，"阿尔法"由克格勃的继承者俄联邦安全局管辖。"阿尔法"现有队员250人，70%以上都受过高等教育。这些突击队多数来自著名的梁赞高等空降指挥学院、莫斯科高等诸兵种合成指挥学院和边防军所属的两所军事学院。"阿尔法"的队员中，既有爆炸专家、狙击手、"蛙人"、攀岩高手，也有擅长于心理分析的谈判专家、心理学家。"阿尔法"的每位队员都配备马卡洛夫手枪、微型冲锋枪、多用途匕首、特制手榴弹、机动通信工具等全套轻型特种作战装具。

### 2. 别斯兰人质危机

2004 年 9 月 1 日上午 9 时 30 分左右，一伙头戴面罩、身份不明的武装分子突然闯入俄罗斯南部北奥塞梯共和国别斯兰市第一中学，将刚参加完新学期开学典礼的大部分学生、家长和教师赶进学校体育馆劫为人质，并在体育馆中及周围安放了爆炸物。到 9 月 3 日下午 1 时左右，俄紧急情况部人员经绑匪同意进入学校往外运送被打死的人质尸体时，学校内响起数声爆炸。许多人质开始外逃，绑匪随即向逃跑的人质开枪，另有几名绑匪试图混入人质中。俄军立即朝绑匪开火，并随即冲进学校大楼，展开解救行动。

### 3. 俄罗斯安全事故

2005 年 5 月，莫斯科发生大面积停电事故，造成城市部分地区工业生产、商业活动和交通陷入瘫痪。联邦紧急情况部在向媒体发布权威消息的同时，还与电力、交通等部门密切配合保障尽快恢复电力供应，把停电事故造成的影响降到最低。

同年 12 月，俄彼尔姆边疆区一游泳馆发生顶棚坍塌事故，造成 14 人死亡，多人受伤。事故发生后，联邦紧急情况部立刻投入救援行动，及时将伤者送往医院，同时连夜清理现场，从坍塌物下面救出很多幸存者。这些都充分表现出俄罗斯应急反应机制的作用。

但 2010 年 7～8 月，俄罗斯多个地区发生特大森林火灾，大火持续两个月之久，救火不力和政策失误使俄罗斯的国家形象严重受损。俄罗斯大火中政府危机处理不当是造成国家形象负面效应的首要原因。有学者认为，俄罗斯民众和政府缺乏相应的危机意识，相应的防范和应对策略也被动、滞后。火灾紧急且着火面积广而复杂，一切救援工作缺乏程序化。当危机发生时，信息的首获部门与决策中枢相去太远，信息传递流程太长，加之各级政府和部门从不同的渠道向上传递重复甚至矛盾的信息，易造成信息失真和决策延误或失误。因此，必须探索建立及时、准确的政府公关信息搜集传递和研判系统，构筑信息共享的平台。① 这也是各国政府应引以为鉴之处。

---

① 邵丽：《从俄罗斯大火看国家形象与危机公共管理》［J］，《新闻世界》2011 年第 7 期，第 309页。

## 二 2011 年俄罗斯公共危机管理实践案例分析

2011 年，俄罗斯先后发生莫斯科机场恐怖爆炸案、图－134 客机坠毁案、"保加利亚"号游船沉船案、"火车头"冰球队坠机案等重大公共危机。在这些危机过程中，俄政府迅速启动危机应对和管理机制，动用各方力量和各种手段，全过程地应对突发、控制影响、消除后果、维护稳定。本文选取其中影响最为重大的莫斯科机场恐怖爆炸案和"火车头"冰球队包机坠毁案为例，剖析俄罗斯危机应对管理机制，从而为我国建立完善的危机管理体系提供建设经验。

### （一）莫斯科多莫杰多沃机场恐怖爆炸案

俄罗斯是个恐怖袭击频发的国家。常住和流动人口将近 1500 万的首都莫斯科近年来多次遭受严重恐怖袭击。2002 年的莫斯科剧场劫持人质案、2010年莫斯科地铁连环爆炸案以及 2011 年莫斯科多莫杰多沃机场恐怖袭击案等一系列恐怖案件表明，俄罗斯境内的恐怖活动出现了从南部地区向中央腹地扩展的态势。莫斯科也因此成为世界上唯一反复遭受重大恐怖袭击的著名大城市。屡屡发生的恐怖袭击事件给民众心理造成创伤，严重扰乱了社会秩序，对俄政府的反恐能力形成严峻考验。

**1. 恐怖袭击经过**

2011 年 1 月 24 日，俄罗斯首都莫斯科最大的国际机场——多莫杰多沃机场遭遇自杀性爆炸袭击。莫斯科时间下午 4 点 32 分左右，两名恐怖分子携带自制的爆炸物，在多莫杰多沃机场的抵达大厅内实施了自杀式爆炸袭击。爆炸导致了 37 人死亡，173 人受伤。在遇难者中包括 7 名外国旅客，受伤人员名单中有 13 名外国公民。

据爆炸现场的目击者称，爆炸发生时，人们惊慌不已，冲出大厅寻找各自亲友。一些人倒在地上，身上染血。一名刚从爆炸现场死里逃生的旅客告诉记者说，爆炸发生瞬间冲击力巨大，而他当时距离恐怖袭击的嫌疑人只有一步之遥。

目击者称，爆炸发生的行李提取大厅是一处公共区域，无需出示登机牌或特别证件，旅客通常在这里与前来接机的亲友见面，人流量非常大，因此伤亡惨重。

初步调查结果显示，此次爆炸的威力相当于 5 千克 TNT 当量。而引爆炸弹的自杀式恐怖分子当时混在接机人群中。据悉，不少死伤者体内或衣服上发现金属碎片。调查人员推断，爆炸物中添加了螺丝钉、螺母、钉子等具有杀伤性的金属元件，正是这些金属元件加大了爆炸对人体的伤害，致使大量旅客伤亡。

多莫杰多沃国际机场位于莫斯科南部 80 公里处，是莫斯科地区最大也是最现代化的机场，主要服务国内航班和国际包机航班。传统上，多莫杰多沃机场的国内运量集中在高加索、乌拉尔、中亚、西伯利亚与远东、俄罗斯中部等地区，以及独联体国家。目前也开通了前往欧洲、亚洲和美洲的航班。2001年，多莫杰多沃机场的年旅客吞吐量为 387 万，世界排名第 187；多莫杰多沃还是莫斯科主要的货运机场，2001 年吞吐量 18.5 万吨，世界排名第 85。

爆炸发生后，俄联邦侦察委员会、俄内务部刑事案件侦察局、俄内务部交通局，俄联邦安全总局等强力部门的侦察人员随即在现场展开案件调查。俄侦察委员会根据初步调查结果，决定按"恐怖袭击"条款进行刑事立案。

**2. 危机管理措施**

（1）高层迅速表态，表达反恐决心

爆炸发生后，俄罗斯总统梅德韦杰夫立即推迟原定 24 日启程前往瑞士达沃斯参加的世界经济论坛年会，并于当天迅速召集运输部高级官员紧急会商。梅德韦杰夫指示与会人员，"有必要在全国所有机场和交通枢纽实行特别安检制度"，由联邦安全总局参与执行，以防范潜在袭击。梅德韦杰夫随后发表电视讲话，宣读总统令，要求全国各地机场和交通枢纽进入高度戒备状态，立即生效。梅德韦杰夫还要求政府部门为爆炸事件受害者提供紧急援助。

25 日，俄总统梅德韦杰夫在联邦安全总局局务扩大会议上表示"应该找到组织与策划莫斯科多莫杰多沃机场恐怖袭击的罪犯，并把他们送上法庭，而如果他们反抗，那么就应当消灭他们。"梅德韦杰夫说："需要竭尽全力找到实施犯罪的土匪们，揭发并把他们送上法庭，至于土匪的老巢，不管叫什么，都必须捣毁。"

俄总理普京 26 日在接受记者采访时明确表示："俄罗斯绝不会同恐怖分子谈判。任何一个有尊严的国家都不会这样做。只要政府同恐怖分子谈判，挑衅就会越来越多，受害人数也会增加。"他强调："谁都不会同恐怖分子谈判，这是国际惯例。"

（2）调动医疗力量，全力救治伤员

爆炸发生后一小时内，莫斯科市急救中心共出动 56 辆救护车前往机场救治伤员。同时，莫斯科市第 7、第 12、第 13、第 64 医院和急救研究所立即启动紧急预案，陆续接收伤病员。

莫斯科市多莫杰多沃机场开通热线电话，帮助旅客家属查询家人情况。莫斯科市社会和司法心理中心也开通热线电话，对受害者及其家属提供心理辅导。

（3）采取补救措施，加强安全防范

从爆炸发生当晚起，俄罗斯所有城市的公共交通设施进入特别监管状态。在莫斯科各大机场，无论是旅客本人还是接送客人的群众，无论是大件行李还是手提物品，都必须经过安检器械和安检人员的双重检查。由于安检规格的提高，每位旅客的安检时间也相应延长，包括多莫杰多沃在内的机场出现不同程度的旅客拥堵状况，俄内务部还向各类公共交通设施增派了警力维持秩序，加强巡查。莫斯科市警察局发言人表示，将全力维护城市的正常生活秩序。

据俄总统办公厅发布的消息称，梅德韦杰夫还责成总统办公厅、政府、内务部和安全总局在 3 月 1 日研究是否有必要成立负责保障交通安全的联邦机构问题。此外，梅德韦杰夫于 27 日又责令政府"起草一份关于交通枢纽监督规定的变更建议，要求在交通基础设施公民安全薄弱的地方对人员和行李进行严格检查"。他说，"事发地点的情况表明，那里简直就是一片混乱，人们从哪里都能进入机场。检查至多也是个别的，基本上不针对接机的"。

俄副总理伊万诺夫 27 日主持召开交通安全与保护基础设施工作会议，讨论是否有必要成立全国统一的交通安保机构问题。伊万诺夫表示，2010 年政府批准了 2014 年前保障居民交通安全的总体计划，为此将拨出 467 亿卢布，去年已在该计划框架内拨出并使用了 78 亿卢布。伊万诺夫指出："拨款金额很大，但没有看到结果。"他认为，问题主要出在这项工作的组织方面和负责人身上。

（4）启动问责机制，查处相关官员

在多莫杰多沃机场发生恐怖袭击后，俄总统梅德韦杰夫26日签署命令解除俄内务部中央联邦区交通安全管理局局长安德烈·阿列克谢耶夫的职务。同日，多莫杰多沃机场交通部门的3名官员也被相继撤职。

（5）出台补偿措施，做好善后工作

1月25日，俄罗斯总统梅德韦杰夫和总理普京分别前往医院探望了在爆炸中受伤的人员。普京还在政府主席团会议上透露，多莫杰多沃机场恐怖袭击事件每个遇难者家庭将从联邦和地方预算中获得300万卢布（约合10万美元）的补偿。他还表示，受重伤和中度损伤的受害者将每人获得190万卢布，轻伤者则获得120万卢布。同时，莫斯科市长索比亚宁表示，多莫杰多沃恐怖事件的所有外国受害者将从莫斯科预算中得到补偿金。莫斯科市政府决定，除了为每个遇难的莫斯科人的家属发放200万卢布的抚恤金外，还为重伤者和中度受伤者每人发放150万卢布，为轻伤者每人发放100万卢布。索比亚宁说："恐怖分子不分青红皂白，不分民族和信仰，对他们来说炸谁都一样。我们将尽力帮助所有的人，为莫斯科人补偿多少就为外国人补偿多少。"

莫斯科州政府和莫斯科市政府还联合宣布1月26日为哀悼日。当天，莫斯科地区的所有机构都将降半旗致哀，所有电视台、电台取消原计划播出的娱乐节目和活动。

（6）加大反恐力度，提高反恐效率

俄罗斯强力机构在机场爆炸事件之后迅速采取一系列打击恐怖主义的行动。俄军警27日包围了达吉斯坦共和国马哈奇卡拉市哈桑尤尔行区"北方"小镇的一所民宅，清剿了所谓的"哈桑尤尔特恐怖破坏小分队"的成员。

## （二）"火车头"冰球队包机坠毁案

### 1. 飞机失事经过

2011年9月7日，绝对是冰球运动史上黑暗的一天。莫斯科时间7日16时许，俄罗斯雅罗斯拉夫尔"火车头"冰球队乘坐雅克－42型飞机飞往白俄罗斯首都明斯克，计划 8 日与明斯克迪纳摩进行新赛季首战。然而，他们的包机刚刚从雅罗斯拉夫尔市机场起飞不久，就不幸坠毁，机身断成三截，其中两截掉入伏尔加河支流中。机上 45 人（8 名机组人员和 37 名球队球员）中 43 人当场罹难，两名重伤者亦在数天后因抢救无效去世。在遇难的 37 名"火车头"队成员中，有 11 名非俄罗斯籍公民，他们来自 8 个不同的国家。

有目击者称，飞机从雅罗斯拉夫尔起飞后不久未能升到足够高度并撞上机场信标天线导致惨剧发生。有媒体报道称，该架雅克－42 型飞机，从 1993 年开始服役，其准飞证的期限只到 2011 年 10 月 1 日，还有 20 多天就将退役的飞机，却酿成如此惨剧。

突然发生的悲剧给热爱冰球运动的雅罗斯拉夫尔市球迷带来巨大打击。雅罗斯拉夫尔球队成立于 1959 年，作为俄冰球联赛的一支老牌劲旅，该队曾三次荣获俄罗斯冰球联赛冠军，夺取过大陆联盟亚军，并在多项国际赛事中取得佳绩。此次空难导致冰球队全部主力阵容遇难，使球队遭到毁灭性打击。此次空难也成为俄历史上运动员遇难人数最多的一次空前灾难。国际冰球联合会主席法塞尔称，"这是冰球运动最悲伤的一天，这不仅是俄罗斯冰球界的悲剧，也是国际冰球大家庭的悲剧，这么多国家的冰球运动员不幸遇难"。

**2. 空难处理措施**

（1）总统主持会议，提出整肃要求

突如其来的空难让俄罗斯总统梅德韦杰夫临时改变行程。8 日，他取消了原定参加雅罗斯拉夫尔一个国际政治论坛的计划，赶到坠机现场视察，敬献红玫瑰，并向遇难者表示哀悼。随后，梅德韦杰夫主持由紧急情况部、交通部、总检察院调查委员会和俄总统办公厅官员参加的现场工作会议，要求有关部门彻查事故原因，并向遇难者家属提供帮助。他说："这是一起惨痛的悲剧，是一起严重的具有共性的事故。对于事故的一切调查都应当公开透明。"在会上，俄总统还表示，应当彻底改变俄民用航空领域的现状，将大幅缩减俄现有航空公司的数量，同时对飞行员资格进行调查。据俄交通部长列维京汇报称，"俄目前境内共有 130 家航空公司，其中 10 家航空公司承担了 85% 乘客航空运送业务。"许多小航空公司只有几架又破又小的飞机，难以承担民航任务。梅德韦杰夫对俄罗斯民航公司数量庞大，飞机分散的情况提出严厉批评。他说："现在俄罗斯的民航公司太多了，但我没有看到任何关于清理和关闭相关航空公司的决定，民航公司的数量必须大幅削减，而且必须尽快"。根据会后通过的决定，自2012年起，所有承担定期民航航班业务的航空公司必须至少拥有10架不少于50座的飞机，而2013年这一指示要不少于20架。除了航空公司鱼目混珠之外，梅德韦杰夫还特别强调，"政府将不得不在振兴国产航空工业和乘客生命之间作出艰难决定。人的生命价值应当高于一切，包括对俄国内航空公司的扶持"。梅德韦杰夫表示，俄政府要支持本国航空工业，但如果它无法胜任，那么俄罗斯就应该从国外进口飞机。俄政府总理普京在坠机事件发生5天后召开航空安全会议。普京下令在两天之内提交用现代化设备装备本国航空公司飞机的全方位方案。

（2）调查空难原因，停飞同类飞机

空难发生后，俄交通部副部长奥库洛夫表示，正在调查坠机的各种因素，包括技术故障和人为因素。俄有关部门将这架飞机所加燃油立即封存鉴定。俄交通运输监督局对所有雅克－42型飞机进行检查。俄罗斯16家航空公司使用的总共57架雅克－42型客机均暂停飞机，进行检查。

（3）支付遇害赔偿，举办哀悼活动

俄罗斯雅罗斯拉夫尔州州长瓦赫鲁科夫宣布，9~11日为该州哀悼日。州政府和航空公司将向遇难者家属支付近250万卢布（约合54万元人民币）抚恤金。10日，在雅罗斯拉夫尔市，俄罗斯10万民众参加了为空难事故中丧生的遇难者举行的追悼仪式，其中包括俄罗斯总理普京。

俄体育、旅游和青年政策部部长维塔利穆特8日说，由于俄罗斯"火车头"冰球队搭乘的飞机7日在雅罗斯拉夫尔州坠毁，当天开幕的第三届全俄体育论坛"俄罗斯—体育强国"缩短至2天，并安排有意愿的与会者去雅罗斯拉夫尔州参加追悼仪式。该论坛原定计划日程为8~11日。开幕式前，与会所有人为空难遇难者默哀。

## 三　俄罗斯国家危机管理的特点及启示

处于转型期的俄罗斯经济发展起伏不定，安全形势不容乐观。面对严峻的恐怖主义威胁，以及基础设施老化，重大安全事故不断的危机形势，俄政府通过建立健全应急法律法规，加强应急机制建设，逐步形成具有鲜明特点的俄罗斯公共危机处置机制。其特点包括：

## （一）危机管理中枢指挥系统强权集中

俄罗斯危机管理机制是一个以总统为核心，以联邦安全会议为决策中枢，政府各部门分工合作相互协调的危机管理机制。俄罗斯联邦安全会议的主席由俄总统担任，安全会议秘书由总统直接任命并直接向总统负责，安全会议的常委和委员由总统根据安全会议秘书的建议任命。在俄罗斯危机管理体制中，总统的权力很大，甚至与美国相比，俄总统拥有更为广泛的权力。

在危机管理过程中，总统主要通过三个权力杠杆来实现自己的权力。第一，总统通过相关法律将外交部、国防部、内务部、紧急情况部、对外情报总局、联邦安全总局和联邦政府通讯和情报署等强力部门直接置于自己的领导之下。这些部门的领导直接对总统负责；第二，俄罗斯联邦安全会议作为决定国家安全战略的主要机构，其法律地位虽不十分明确，但其在现实政治生活中已成为拥有强势地位的总统的"权杖"；第三，俄罗斯总统拥有强大的办事机构——总统办公厅。总统办公厅拥有广泛的权力，成为实际上的"影子内阁"。[①]

俄罗斯的公共危机管理中枢指挥系统主要是由俄罗斯总统和俄联邦安全会议组成。总统是危机决策的核心人物，这为总统在危机事件中迅速做出决策提供了权力保障，总统在危机管理中成为至高无上的决策者。[②] 正如我们所见，在危机发生后，俄总统经常改变原定行程，亲自主持会议，部署应急措施。

## （二）拥有强有力的危机管理保障系统

俄联邦安全会议是俄罗斯危机管理机制中枢指挥系统和管理保障系统的重要组成部分，主要负责情报搜集分析、部门立场协调、决策方案准备、采取最终决策和决策效果评估等。俄罗斯联邦安全会议主要成员包括总统、会议秘

---

[①] 倪芬：《俄罗斯政府危机管理机制的经验与启示》[J]，《行政论坛》2004 年第 6 期，第 89 页。

[②] 刘静：《俄罗斯公共危机管理机制及对我国的启示》[J]，《山东轻工业学院学报（自然科学版）》2010 年第 4 期，第 96 页。

书、总理、外长、国防部长、联邦安全局长以及其他部门领导。俄联邦安全会议还下设了12个常设的跨部门委员会，这些委员会基本囊括了现代社会可能导致国家危机的紧急事态范围。俄罗斯联邦安全会议无疑是俄国家安全事务的决策核心和最高管理机构，其实可以说，俄安全会议实际上已成为实现总统权力，包括进行危机管理的一种"超部门机构"。

俄安全会议负责指挥和管理一个包括国家安全、警察、消防、医疗、卫生、交通和社会保障等部门的庞大危机处理体系。通过紧急动员和统一指挥各部门力量来高效地处置危机。

### （三）严格履行公共危机官员问责制

每当俄罗斯发生公共危机时，总有一批相关官员被免职或降职。俄罗斯官员问责制范围之广、力度之强、时效之快，在当今世界政坛上亦不多见。这体现为俄罗斯政府官员无论职务高低，均是"能上能下"、有罪必究、失职必罚，敢于动真格的做法，既有利于迅速平息民怨，维护社会稳定，也能够惩前毖后，对政府官员起到警示教育作用，有利于官员加强责任心，认真履行职责，提高行政效率。

古诗云："沉舟侧畔千帆过，病树前头万木春"。独立以来，俄罗斯尽管屡屡经受各类国家危机，但俄政府和民众仍保持着愈挫愈勇，乐观向上的斗争精神。有理由相信，随着俄罗斯国家危机管理体制的日臻完善，俄罗斯最终必将实现由乱到治的社会安定局面。

# Crisis Management Mechanism in Russia
# with Case Studies

*Su Ruixue*

**Abstract:** This paper elaborates Russia's national crisis management mechanisms from three separate aspects, which are Russian National Crisis Management Laws, crisis management institutions of the Russian Federation and the Russian National Crisis Management practice. With the case study and analysis of Russian public crisis management practice and performance in 2011, the paper pointed out that the characteristics in Russian national crisis management, which treated the president as the core of crisis management with an efficient command system, also had a strong crisis management support system, strict implementation and accountability system.

Key Words：Russia；Emergency Law；Emergencies Ministry；Crisis Management Center

# B.14
# 日本横滨市城市危机管理机制探究

——以"新型流感危机管理机制"为例

赵 敬*

摘 要:

日本横滨市在"重预防、重实效"的危机管理战略方针指导下,将所有可能的、潜在的危机源都列入了危机管理对象,根据不同的危机源构建了有计划的、高效的、综合性的城市危机管理应急机制,在城市危机管理方面卓有成效。本文以横滨市的城市危机管理机制为研究对象,以作为横滨市危机管理重点之一的"新型流感危机管理机制"为实例,对横滨市的紧急事态应对机制展开了全面的考察。

关键词:

日本横滨市 城市危机管理 新型流感危机管理机制

横滨市是日本著名的国际化港口城市,神奈川县①县政府所在地,是日本仅次于东京市的第二大人口密集城市,1956 年成为"国家政令指定都市"②,2011 年被日本政府指定为"未来环境都市"和"国家战略综合特区"。横滨市是西日本地区进入东京的交通要塞,是首都圈国际贸易的窗口,是与首都圈经济发展密切相关的重要港口城市。

作为日本著名的国际化大都市之一,横滨市在历史上经历过多次自然灾害

---

* 赵敬,对外经济贸易大学外语学院副教授,法学博士。本文是教育部人文社会科学研究青年基金项目"日本的文化政策及文化发展战略研究"(11YJCGJW023)的研究成果之一。

① 日本的一级行政区划是 1 都 1 道 2 府 43 县,日本的县相当于我国的省,县下面管辖着市、町、村。

② 相当于计划单列市。

和危机事件。1923年关东大地震中，横滨受到了毁灭性的破坏，几乎完全失去了港口和对外贸易的城市机能；1945年"二战"末期的横滨大空袭中，海岸地区和城市中心区都被战火夷为平地；2011年东日本大地震中，横滨市也遭受了建筑物损毁、大规模停电等危机，福岛核电站事故的放射性污染物也对横滨市区造成了污染。由于自然灾害频发，1955年横滨市率先设立了"灾害对策室"，之后以1995年东京地铁"沙林事件"和2001年美国"9·11"恐怖事件为契机，横滨市正式启动了城市危机管理工作。在2002年行政机构大改革中，横滨市将灾害对策室整编扩大为"危机管理对策室"，并先后制定了《横滨市危机管理指针》《横滨市防灾计划》《横滨市国民保护计划》《横滨市紧急事态等应对计划》《横滨市危机管理战略》《横滨市业务维持计划》等一系列关于城市危机管理的计划法规①，以"重预防、重实效"为战略方针，将所有可能的、潜在的危机源都列入了危机管理的对象，根据不同的危机源构建了有计划的、高效的、综合性的城市危机管理应急机制，在城市危机管理方面卓有成效。因此，本文拟以横滨市的城市危机管理机制为研究对象，以作为横滨当前危机管理重点之一的"新型流感对策"为实例，对横滨市的紧急事态应对机制进行全面考察，以期对我国的城市危机管理提供一些经验和启示。

# 一　横滨市的城市危机管理机制

## （一）横滨市城市危机管理的对象

根据《横滨市危机管理指针》，危机是指"对市民的生命、人身以及财产造成重大破坏的事态，或者是有可能会造成重大破坏的事态"，根据危机源可以分为"自然灾害""受武力攻击事态等紧急应对事态"以及"事件等紧急事态"。自然灾害是指"暴雨、暴雪、洪水、大海潮、地震、海啸、火山喷发以及其他异常自然现象或大规模的火灾、爆炸以及其他破坏程度相似的、由行政法规中规定的原因产生的破坏"。受武力攻击事态等紧急应对事态是指"受到

---

① 〔日〕横滨市危机管理课网站，http：//www.city.yokohama.lg.jp/shobo/kikikanri/。

武力攻击等受武力攻击事态以及预测受到武力攻击事态和需要紧急应对的事态"。事件等紧急事态是指"恐怖袭击、传染病、环境污染等以及受武力攻击事态等紧急应对事态以外的危机"。①

横滨市的城市危机管理是指"在自然灾害、受武力攻击事态等紧急应对事态以及事件等紧急事态的危机中,确保市民的生命、人身和财产安全,防止危机发生,并在危机发生后减轻危机损失,做好善后工作,使市民生活尽快恢复到正常状态"②。横滨市城市危机管理的核心是防止市民的生命、人身安全受到伤害,危机管理的对象包括从防止恐怖事件、流感爆发到保证市民日常生活设施运转等很多领域,危机管理的基本方针是优先确保市民的生命安全。

### (二)横滨市城市危机管理的计划体系

为了综合性、计划性地推动危机管理政策、措施、法令的实施,保护市民的生命、人身以及财产安全,横滨市在 2004 年制定了《横滨市危机管理指针》(以下简称《指针》)并在 2011 年进行了修订。该指针明确了危机和危机管理的定义和范畴,确定了危机管理的基本原则,规定了政府、企事业单位和市民在危机管理中的责任和协作方式,制订了各种紧急应对计划和措施,完善了危机管理的组织机制等,可以说《指针》奠定了横滨市城市危机管理体系的基础(如图 1 所示)。

在该《指针》指导下,根据不同的城市危机源分别制定了《横滨市防灾计划》《横滨市国民保护计划》《横滨市紧急事态等应对计划》,作为横滨市城市危机管理体系的主要组成部分和具体行动计划。《横滨市防灾计划》是为了应对横滨市发生的自然灾害,由横滨市防灾会议根据《日本灾难对策基本法》制定的基本性、综合性的地方防灾计划,根据灾害的种类分为"震灾对策篇""风水灾对策篇"和"都市灾害对策篇"。《横滨市国民保护计划》是由横滨市国民保护协议会根据《关于受到武力攻击事态等国民保护措施的法律》以及《神奈川县国民保护计划》制定的,关于在受到武力攻击等紧急事态下如

---

① 依据《日本灾难对策基本法》(1961 年法律第 233 号)第 2 条第 1 号和《关于确保我国的和平、独立以及国民和国民安全的法律》(2003 年法律第 79 号)第 2 条第 2 号、第 3 号以及同法第 25 条第 1 号的规定。
② 〔日〕横滨市政府:《横滨市危机管理指针(修订版)》,2011 年 4 月。

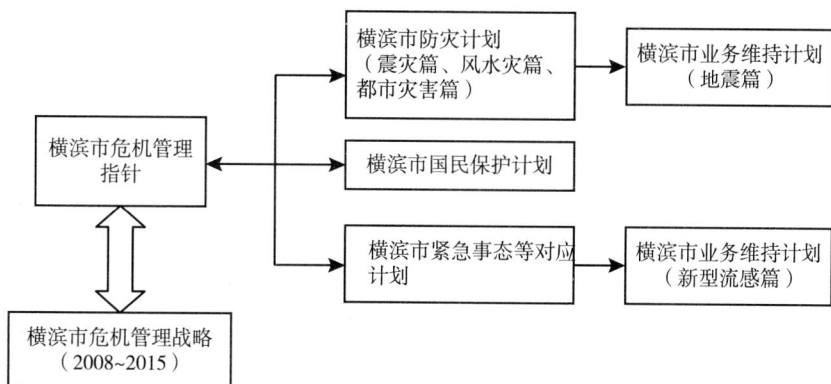

**图 1　横滨市城市危机管理计划体系的构成**

何实施国民保护措施的计划。《横滨市紧急事态等应对计划》是由横滨市危机管理推进会议在《指针》基础上，为应对恐怖事件、传染病、环境污染等和除受武力攻击事态等紧急应对事态以外的危机制订的计划。

《横滨市危机管理战略》是横滨市城市危机管理的具体行动指南，计划在2008～2015年这8年期间，重点推进将《横滨市防灾计划》《横滨市国民保护计划》《横滨市紧急事态等应对计划》中当前最紧急、需要优先解决的课题系统化后归纳成的10大项、33个重点项目以及99项具体措施。①

《横滨市业务维持计划》包括"地震篇"和"新型流感篇"，是关于发生地震或新型流感等大规模危机时，如何维持政府部门的行政职能，以保证社会稳定和为市民提供基本行政服务的具体的行政业务维持计划。

### （三）横滨市城市危机管理的战略原则

横滨市城市危机管理战略的基本理念是"通过完善并强化综合性的危机管理措施，建立让市民感到安全、放心的城市"，为此要进一步改进以往的防灾对策，向"重预防、重实效"型的危机管理战略转变。在"重预防、重实效"的战略原则指导下，横滨市针对最具紧迫性和重大性的危机，将本市未来8年城市危机管理的重点集中于"应对大规模地震、应对新型流感以及提

---

① 〔日〕横滨市政府：《横滨市危机管理战略》，2008年4月。

高危机发生时的行政应对能力"方面，将横滨市当前城市危机管理中最紧迫的课题系统化，集中加强"应对所有危机的能力""推动城市防灾化建设""培养危机管理意识"三方面的工作。[①]

为了贯彻和实现危机管理的战略原则，进一步完善和加强危机管理工作，横滨市设立了"危机管理推进会议"制度，审议横滨市危机管理的基本方针等。为了确保危机管理战略的实效性，设立了"危机管理战略推进专门部会"作为危机管理推进会议的下设组织，全面掌握各种危机管理措施的实施情况，进行各相关区、局间的危机管理职能调整和组织协调工作。在危机管理战略推进专门部会中还设置了分课题研讨项目，例如"新型流感对策研讨项目""地区防灾基地职能强化研讨项目""防止家具倾倒、砸落研讨项目"等，对市政府各部门应实施的具体措施分课题进行有针对性的讨论和研究。

### （四）横滨市城市危机管理的措施内容

横滨市的城市危机管理措施主要由事前对策、紧急对策和善后对策三部分组成。

事前对策方面，重视平时对危机进行评估和预测，并为实施紧急应对措施和善后工作做好充分的准备。具体措施包括：一、建立危机管理的组织机制。安排"危机管理监"专门负责全市和综合性的危机管理工作；由消防局危机管理室长担任"危机管理总负责人"，协助危机管理监，并指挥各局、区的危机管理负责人，在危机发生时组织和协调全市的综合性危机管理应急处置工作；由消防局危机管理室危机管理部长担任"危机管理副总负责人"，协助危机管理总负责人，实施各项危机管理应急措施；由各局、区的副局长、副区长担任危机管理负责人，平时注意收集危机管理的相关信息，担负面对市民、企业、相关组织的窗口职责，加强横向合作，推动各局、区的危机管理工作。二、进行危机管理方面的调查研究。各局、区平时就要经常对危机发生的原因、危险程度、破坏性等进行调查研究，并将其体现在危机防控和减灾措施中。三、进行检查和确认。各局、区等对其管辖的业务、信息联络以及应急机制进行检查，同时还要对重要设施和设备、物资、器材、材料等进行检查，使其能在紧急事态下有效地发挥作

---

① 〔日〕横滨市政府：《横滨市危机管理战略》，2008 年 4 月。

用。四、训练和进修。积极策划安排相关人员进修、演习、训练，掌握紧急事态下的危机管理知识技术，重点训练市民、企业、相关组织等的相互协作，同时要对进修、训练的效果进行检查。五、加强相关组织间的合作。为了发生危机时能迅速、高效地实施应急措施，平时就要加强相关组织之间的合作，同时要建立与志愿者团体之间的信赖关系，加强和推动连动机制。六、为市民提供信息。市民与政府部门团结起来应对危机非常重要，因此要积极培养市民的危机防控意识，为市民提供危机防范知识和危机调查的研究成果等信息。

紧急对策方面，在危机发生时，要实施将损失和影响降低到最小限度的紧急对策。在紧急对策中，要最大限度地发挥本市组织的自救能力，优先确保市民的生命安全，竭尽全力迅速处置危机。具体措施包括：一、危机发生时的组织体制。在危机发生时，相关局、区等要立即建立对策总部体制，灵活机动地联合起来应对危机。当危机的规模或破坏力扩大、需要全市应对的情况下，横滨市对策总部等组织要迅速采取行动，根据形势进行应对。另外，为了根据危机形势及早进行应对，要由危机管理监事先根据各种危机源制定预案，安排相关人员组成紧急对策小组。二、决定行动方针。危机发生时，对策总部等要迅速收集所需信息，根据分析结果制定出明确的行动方案，并将其通知给所有相关人员。三、与相关组织配合实施紧急措施。危机发生时，为了将损失和影响降低到最低程度，要与市民、企业、相关组织团体等联手实施生命救助、紧急医疗、灭火行动等紧急措施，迅速控制事态。四、请求自卫队等的救援。危机发生时，根据危机发生的规模和破坏情况，必要时按规定程序向自卫队和其他地方自治体等请求援助。五、为市民提供信息。在危机发生时，要将相关信息利用各种宣传手段迅速、准确地提供给广大市民，信息内容要明了、简洁、实用。

善后对策方面，在危机发生后，要帮助市民尽快恢复正常生活，并以防止次生灾害、减少损失、改进紧急对策为目的，对整套危机应对措施进行事后检验。具体措施包括：一、政府以及相关组织等要相互协作，进行受灾者的生活支援、地区经济的复兴援助等，齐心协力地完成恢复工作。二、对整个危机管理体制进行全面检验，改进防灾和减灾措施，并将总结的经验反映在应急计划的修订中。

# 二 横滨市紧急事态等应对计划

《横滨市紧急事态等应对计划》（以下简称《计划》）在《横滨市危机管理指针》指导下于2004年制定、并于2011年5月进行了修订，是横滨市城市危机管理应对计划体系的重要组成部分。其目的是"为了应对恐怖袭击、传染病、环境污染等灾害以及除武力攻击事态等紧急应对事态以外的危机，使市政府以及警察、自卫队等相关部门能有效地发挥职能，通过在本市范围内实施事件等紧急事态的事前对策、紧急对策、善后对策，保证市民的生命、人身以及财产安全"。[①]

该《计划》由总则、事前对策、紧急对策、善后对策、各种紧急事态的应对计划5部分构成。

## （一）总则

总则部分对《计划》的目的、方针、实施以及对横滨市可能发生的事件等紧急事态进行了假定。总则中指出，近年来社会发展迅速，伴随着城市化、信息化、老龄化以及国际化进程，各种紧急事态的发生隐患以及发生形态呈现出日益复杂的趋势。因此为了应对这些紧急事态，有必要研究新的城市危机的发生原因、完善和加强信息收集传递系统、有效利用防灾基础设施、建立援救体制、有计划地发展防灾事业等。

本《计划》要应对的假定紧急事态是恐怖袭击、传染病、环境污染等灾害以及武力攻击事态等紧急应对事态以外的危机，且该危机会带来人身伤亡、设施损毁等人身和财产损失，会对社会造成巨大的负面影响。本《计划》假定的紧急事态类别有：恐怖袭击事件、教育设施事件（陌生人闯入学校等）、公共交通设施事件（公共汽车炸弹等）、传染病（SARS、新型流感等）、家禽畜传染病（高致病性禽流感等）、食物中毒、投毒事件等危及公共健康事件（饮用水设施的投毒等）、危险动物、有害昆虫等（危险动物脱逃、发生有害昆虫等）、环境污染（大气污染、土壤污染、水质污染等）、其他事件（大规模停水、停电等）。

---

① 〔日〕横滨市政府：《横滨市紧急事态等对应计划（修订版）》2011年5月。

当发生各种紧急事态时，作为事前对策、紧急对策、善后对策的主要措施有：完善紧急事态应急机制、调查研究紧急事态、完善和使用防灾设施、准备防灾物资和器材、普及危机管理知识和防灾演习训练、宣传避难知识和劝告引导避难、收传信息及受灾情况调查、救助受害者及救护措施、卫生保健措施、宣传及广播、防范其他事件等紧急事态发生或防止事态扩大的相关措施。

### （二）事前对策

事前对策部分的内容是为了将事件等紧急事态防患于未然以及将损失控制在最小限度，横滨市应该采取的日常防范措施。包括以下内容：第一，预防对策，包括调查研究机制、工作人员进修、市民知识普及和实施防灾训练。第二，完善紧急事态的应对体制，包括确保危机信息的收传途径畅通、检查和完善信息联络器材设备、加强救助和急救体制。第三，加强应急组织体系建设，包括加强紧急出动体制、建设紧急事态分级处置机制、部署动员计划、加强与相关部门等的合作。

### （三）紧急对策

紧急对策部分的内容是从事件等紧急事态发生到紧急对策结束为止的期间内，横滨市各区、局以及相关部门等应采取的紧急应对机制和措施。包括以下内容：第一，紧急行动体制，包括紧急行动体制概要、警戒体制的建立、横滨市紧急事态警戒总部、横滨市紧急事态对策总部、组织体制和分管职责。第二，部署安排动员计划，包括工作时间内的人员部署、工作时间外的人员部署和部署情况的报告。第三，信息的获取和传递，包括信息获取和传递的方针、信息获取和传递的机制、信息获取、报告及记录、防止信息混乱的措施以及宣传报道和广播。第四，消防行动计划，包括紧急行动机制、紧急行动、大规模救助、急救事态下的消防行动、请求援助和消防队行动计划。第五，救援、救助计划，包括基本医疗救护活动、医疗救护班等的活动、来自区总部的援助请求、医疗救助的范围及期间、临时救护所的设置、医疗救助活动、严重伤亡现场的医疗救护助活动、医疗器械药品等的储备及调配、失踪者搜救及遗体处理、与相关部门等的合作。第六，避难和接受避难，包括制订避难计划和接受避难者。第七，社会公共设施等的应对，包括基本行动、紧急行动和被指定为避难设施时的行动。

### （四）善后对策

善后对策部分的内容是紧急对策结束后，受灾者的援助措施、防止再发的对策以及对紧急对策的验证。包括以下内容：第一，稳定市民生活，包括为市民提供信息和对受灾者进行援助。第二是验证，包括记录、分析、防止再发对策和对计划等的修订和完善。

### （五）事件等各种紧急事态的应对计划

事件等各种紧急事态应对计划的主要内容是本计划需应对的紧急事态的类别，以及应采取的事前对策、紧急对策和善后对策等。包括以下内容：①恐怖袭击的应对；②教育设施事件的应对；③公共交通设施事件的应对；④传染病的应对；⑤家禽畜传染病的应对；⑥食物中毒的应对；⑦投毒事件等危及公共健康事件的应对；⑧危险动物、有害昆虫等的应对；⑨环境污染的应对；⑩其他事件的应对。

## 三 以"新型流感对策"为例考察横滨市的紧急事态应对机制

《横滨市危机管理战略》中指出，横滨市当前城市危机管理的重点是应对大规模地震、应对新型流感以及提高危机发生时的行政应对能力，由于历史上新型流感作为主要的传染病类型曾数次大规模爆发，给市民生命和社会稳定造成了巨大威胁，因此《横滨市紧急事态等应对计划》第 5 部分第 4 章 "传染病对策"中，以 SARS 和新型流感为假定事件制订了完备、详尽的紧急事态应对计划，非常值得借鉴。本文拟以新型流感事件的紧急事态应对机制为实例，考察一下横滨市的城市危机管理机制。①

### （一）关于新型流感危机

流感是由流感病毒感染引起的病症，流感病毒通过对表面凸起的形状进行

---

① 本部分参照了《横滨市紧急事态等应对计划》（2011 年修订版）第 121 ~ 131 页的内容。

变异，每年都会引发不同类型的病毒流行，每隔几十年，甚至十几年、几年就会发生一次大的变异，出现新型流感病毒。新型流感的起源是禽流感从禽类向人类感染的传播过程中发生变异，再引发人际传染。一旦出现新型流感病毒，由于人类尚未产生免疫力，因此很可能会引发全世界范围的大流行。过去流行过的西班牙流感、香港流感等流感病毒都来源于禽流感，而且现在还出现了来源于猪等动物身上的新型流感。

历史上大范围的新型流感爆发事件有1918年的西班牙流感，1957年的亚洲流感，1968年的香港流感，1977年的苏联流感，2009年的新型流感（A/H1N1）。以1918年的西班牙流感为例，当时全世界有2亿～5亿人患上流感，死亡约4千万人。当时日本人口只有大约5473万人，患者人数就达到2100万人，死亡39万人。

关于横滨市内新型流感的流行假定，依据日本厚生劳动省的《新型流感对策行动计划》，利用美国疾病管理中心（CDC）的推测模型，假定流行的流感病毒是类似于过去曾发生过的A/H5N1型程度的病毒，假定横滨市总人口的25%患病的情况下，医疗机构的就诊患者人数为大约49万人，死亡人数为大约3100人。当国外发生新型流感病毒后，大约2～4周会传染到国内，会在国内持续流行大约8周时间，其中感染高峰期为流行期的第4周至第5周。

### （二）新型流感的事前对策

**1. 设置新型流感对策推进会议**

各部门要横向配合，以健康福祉局和消防局为事务局，以副市长为议长，成立横滨市新型流感对策推进会议，为市民提供准确的疫情信息，掌握流感发生动向，全面组织预防、诊断、治疗等工作。

**2. 制订新型流感对策行动计划等**

健康福祉局围绕新型流感应急处置措施制订具体的《横滨市新型流感对策行动计划》，并根据情况随时修订。相关区、局为贯彻该计划中规定的各种措施，要制定具体的行动指南，并通知给所有工作人员。

**3. 制订横滨市业务维持计划（新型流感篇）等**

在新型流感爆发时，消防局要行使市政府的基本职能，维持最小限度的行政服务，及时制订横滨市业务维持计划（新型流感篇），并随时修订。另外要要求担负社会基本职能的相关企事业单位（如生命线①、金融、食品、物流等）维持运转，并支持其制订业务维持计划。

**4. 建立调查、监督机制**

健康福祉局要收集 WHO（世界卫生组织 World Health Organization）等公布的新型流感信息和新型流感在国外的爆发情况等信息，根据需要提供给相关局、区和相关组织机构。

**5. 与相关组织机构的配合**

相关区、局要与厚生劳动省、国立感染病研究所、神奈川县保健福祉部和安全防灾局、横滨检疫所、医疗机构、医疗相关团体、其他城市的感染病对策部门、警察、自卫队、海上保卫厅、在日美军等相关组织建立联络机制，同时实现新型流感信息的共享。

**6. 完善医疗体制**

健康福祉局要与国家、神奈川县配合，加强新型流感诊治的指定医疗机构建设。还要与医师会、地区中心医院等相关医疗机构合作，设立独立的发烧门诊。

**7. 支援需要援助者**

健康福祉局要研究当儿童及老年人、残疾人等看护设施场所发生集中感染时，如何提供医疗救护以及对居家治疗者的生活支援等措施。

**8. 完善防疫检查体制**

横滨市卫生研究所实施检查，由国立感染病研究所进行确认。同时横滨市的家禽检查和防疫机构在环境创造局的协调下要与神奈川县紧密配合。

**9. 保证药品、医疗器械供给**

健康福祉局要根据国家要求的储备标准，与神奈川县协调进行医疗保障，做好抗流感药品的储备。环境创造局要确保家禽等防疫措施所需的药品和医疗物资器材。相关局要确保感染病防控人员用的防护服等医疗物资器材，还要确保大规模流感的预防接种所需的疫苗和器械。

**10. 加强对市民的宣传、咨询**

为确保市民情绪稳定、防止发生恐慌，相关区、局要及时为市民提供病情

---

① 指维系现代化城市功能与区域经济功能的生命线系统设施，如自来水、污水、电、煤气、通讯、交通等。

信息，利用网络等手段进行宣传，并开设"市民窗口"等提供咨询服务。还要争取得到市民的配合，防止感染进一步扩大。

### （三）新型流感的紧急对策

**1. 通报相关部门**

一旦在国内确认有高致病性禽流感的感染禽类和患者、新型流感感染者的情况下，要进行紧急联络，迅速通报健康福祉局以及消防局、神奈川县、附近市町村、医疗机构等。

**2. 新型流感对策的信息联络系统**（如图 2 所示）

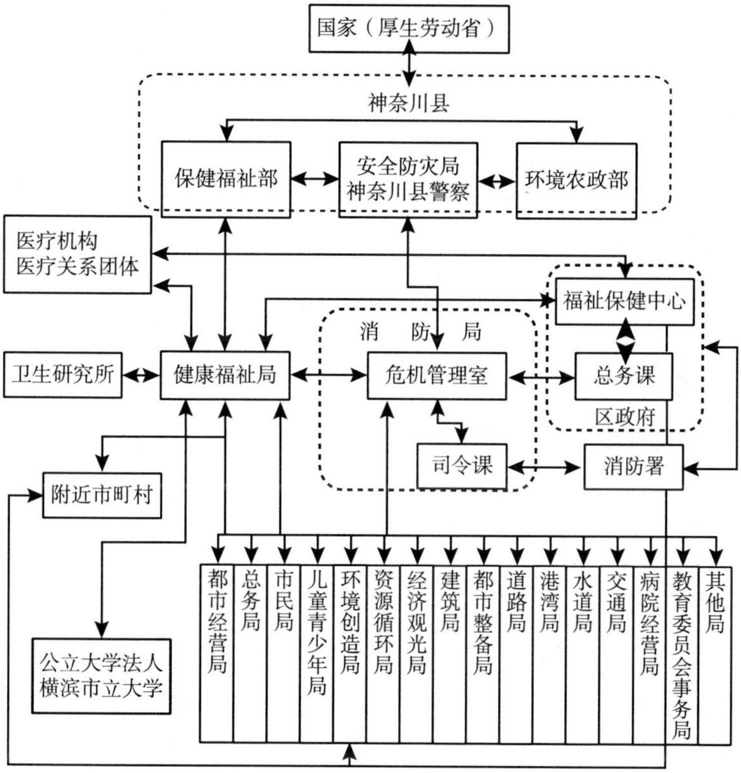

图 2　横滨市新型流感对策的信息联络系统图

**3. 针对高致病性禽流感禽类传染的应急措施**

相关区、局要采取如下应急措施，并遵照横滨市行动计划制订各自的具体行动计划。

（1）建立信息的收集、共享机制。横滨市要与国家、神奈川县、医疗机构等相关部门进行信息交流，及时掌握国内外的流行情况，为相关部门等提供信息，实现信息共享。

（2）病情监控。为能及早发现疑似被感染的群体，要实施各级疫情监控。为能迅速把握患者情况，要采取各种积极有效的疫情监测措施。

（3）预防、防止蔓延。一、实施家禽防疫措施。与神奈川县配合，对感染家禽等采取防疫措施，同时为了防止饲养人员、防疫人员等发生感染，要保证药品、医疗物资器材等的供给；二、实行检疫。根据检疫法与横滨检疫所配合联合进行检疫；三、确保抗流感药品的供给。随时掌握抗流感药品的储备情况，要求医疗机构合理控制抗病毒药品的用量，同时为了维持医疗和社会基本职能，为诊疗患者的医护人员、与患者有密切接触的社会服务人员优先进行预防接种；四、社会活动自律。要求市民自律减少集中活动，要求学校、公共设施临时停止教学活动和营业，限制社会活动；五、保障疫苗生产。疫苗制造企业要进行流感疫苗原液的大规模制剂化和生产，保证医疗人员和社会服务人员等的疫苗接种需求。

（4）医疗救治。一、设立独立的发烧门诊、发烧咨询中心；二、保证防护服等医疗物资器材；三、对于疑似病人要在外设的发烧门诊进行诊断和治疗，并通过医疗机构等将信息通告给相关部门机构。另外对疑似病人家属等紧密接触者要实施一定时间的观察和健康管理，如出现症状要立刻进行确认；四、确保遗体收容能力。为防范大规模流行，要从卫生防疫角度在医院内外设置安全隔离的临时性遗体安置场所。

（5）信息提供和共享。为防止恐慌和谣言，要利用网络等所有媒体积极宣传，及时为市民提供信息，同时加强咨询机制，在医疗机构等设置咨询窗口。另外要通过媒体等为市民提供疾病知识、发生规模以及应对措施等相关信息。

（6）维持基本的社会、经济职能。一、实施业务维持计划；二、提示市民、企事业单位，根据疫情形势缩减不必要的业务，加强防感染措施。但对于维持社会机能所必需的行业（生命线、金融、食品、物流等）要求其维持运转。要求市民采取彻底的防感染措施，储备最低限度的食品、生活必需品等；三、准备对社会弱势群体进行援助。对蔓延期的居家治疗者（儿童、老年人、残疾人）进行生活援助。

（7）其他。要根据新型流感的病毒性质和传染能力等实际情况进行灵活应对，决定部分实施本计划或变更实施的内容。

## （四）新型流感危机管理组织机制的设置标准

横滨市应对禽流感、新型流感的组织机制如表1所示：

**表1　应对流感机制表**

| 发生情况 | | | 国外发生的情况下 | 国内发生的情况下 | | |
|---|---|---|---|---|---|---|
| | | | | 县外 | 县内 | 市内 |
| 禽流感发生 | 前阶段 | 未发生期<br>禽类之间发生传染的情况下 | | 禽流感对策联络会 | 禽流感对策警戒总部 | 禽流感对策总部 |
| | | 未发生期<br>禽类向人类传染的情况下 | 新型流感对策推进会议 | 新型流感对策总部 | | |
| 新型流感发生 | 第一阶段 | 国外发生期<br>发生人际传染的情况下<br>目的:阻止病毒侵入国内,同时完善防控国内发生的体制 | | 新型流感对策总部 | | |
| | 第二阶段 | 国内发生早期<br>国内发生新型流感的情况下<br>目的:尽量控制国内感染范围的扩大 | | | | |
| | 第三阶段 | 感染扩大期<br>在防疫学调查无法查清国内患者接触史的情况下<br>目的:最大限度地控制流感对市民健康的损害和对医疗职能、对社会经济的影响 | | | | |
| | | 蔓延期<br>当通过入院措施等都无法有效防止传染扩大的情况下 | | | | |
| | | 恢复期<br>能够判断已经过了感染高峰期的情况下 | | | | |
| | 第四阶段 | 康复初期<br>发病人数减少或停留在较低水准的情况下<br>目的:恢复社会、经济机能,准备应对第二次爆发 | | 新型流感对策推进会议 | | |

### 1. 针对高致病性禽流感所制定的警戒体制

### （1）警戒体制

**表2　警戒体制概况表**

| 名称 | 横滨市禽流感对策联络会 |
|---|---|
| 总负责人 | 健康福祉局危机管理负责人(副局长) |
| 事务局 | 健康福祉局(环境创造局协助) |
| 组织构成 | 健康福祉局、都市经营局、市民局、儿童青少年局、环境创造局、资源循环局、经济观光局、消防局、病院经营局、教育委员会事务局以及总负责人指定的区、局 |
| 设立标准 | 国内(神奈川县外)确认发生高致病性禽流感禽类感染的情况下(前阶段:未发生期) |
| 撤销标准 | 1. 向上级体制转移的情况下<br>2. 国家等发布不会再有发生危险的情况下 |

### （2）警戒总部体制

**表3　警戒总部体制负责情况表**

| 分区 | 市 | 区 |
|---|---|---|
| 名称 | 横滨市禽流感对策警戒总部 | ○○区禽流感对策警戒总部 |
| 警戒总部长 | 危机管理总负责人(消防局危机管理负责理事) | 危机管理负责人(副区长) |
| 事务局 | 消防局危机管理室 | 区警戒总部长指定的课等 |
| 组织构成 | 健康福祉局、都市经营局、市民局、儿童青少年局、环境创造局、资源循环局、经济观光局、消防局、病院经营局、教育委员会事务局以及市警戒总部长指定的局 | 区警戒总部长指定的人员以及地区队长等 |
| 设立标准 | 神奈川县内确认发生高致病性禽流感禽类感染的情况下(前阶段:未发生期) | |
| 撤销标准 | 1. 转移为其他体制的情况下<br>2. 国家等发布不会再有发生危险的情况 | 1. 转移为其他体制的情况下<br>2. 撤销市警戒总部体制的情况下 |

### （3） 对策总部体制

**表 4　对策总部体制概况表**

| 分区 | 市 | 区 |
|---|---|---|
| 名称 | 横滨市禽流感对策总部 | 〇〇区禽流感对策总部 |
| 警戒总部长 | 市长 | 区长 |
| 事务局 | 消防局危机管理室 | 区总部长指定的课等 |
| 设立标准 | 横滨市内确认发生高致病性禽流感禽类感染的情况下（前阶段：未发生期） | |
| 撤销标准 | 1. 转移为其他体制的情况下<br>2. 国家等发布不会有再发生危险的情况下 | 1. 转移为其他体制的情况下<br>2. 撤销市总部体制的情况下 |

## 2. 新型流感（高致病性禽流感）传染人类的情况下

### （1） 警戒体制

**表 5　警戒体制概况表**

| 名称 | 横滨市新型流感对策推进会议 |
|---|---|
| 总负责人 | 副市长 |
| 事务局 | 健康福祉局及消防局 |
| 组织构成 | 区、都市经营局、总务局、市民局、儿童青少年局、健康福祉局、环境创造局、资源循环局、经济观光局、建筑局、都市整备局、道路局、港湾局、消防局、水道局、交通局、病院经营局、教育委员会事务局 |
| 设立标准 | 国外确认发生新亚型的流感感染（高致病性禽流感的人类感染等），但基本上未发生人际传染的情况下（前阶段：未发生期） |
| 撤销标准 | 1. 向上级体制转移的情况下<br>2. 国家等发布不会有再发生危险的情况下 |

## （2）对策总部体制

**表6　对策总部体制概况表**

| 分区 | 市 | 区 |
|---|---|---|
| 名称 | 横滨市新型流感对策总部 | ○○区新型流感对策总部 |
| 警戒总部长 | 市长 | 区长 |
| 事务局 | 消防局 | 区总部长指定的课等 |
| 组织构成 | 所有局 | 区总部长指定的人员以及地区队长等 |
| 设立标准 | 1. 国内确认发生了新亚型流感的人类感染（高致病性禽流感的人类感染等），但基本上未发生人际感染的情况下（前阶段：未发生期）<br>* 确认有流感状症状，但抗体呈阳性的情况除外<br>2. 国外确认发生新亚型流感人际感染的情况下（新型流感）（第一阶段：国外发生期）<br>3. 其他的市总部长认为有必要的情况下 | |
| 撤销标准 | 1. 转移为其他体制的情况下<br>2. 国家发布进入康复初期的情况下 | 1. 转移为其他体制的情况下<br>2. 市总部体制撤销的情况下 |

## （五）新型流感危机管理组织机制的职责分管

作为新型流感危机管理组织机制应急措施核心的13个局、区的职责分管如下：

**表7　各级职能部门职责分管概况表**

| 相关局、区 | 职责分管 |
|---|---|
| 都市经营局 | 1. 与宣传部门的联络协调<br>2. 发布相关信息以及关于信息发布的综合协调<br>3. 与横滨市立大学的联络协调<br>4. 与在日美军的联络协调<br>（其中1、2项当总部设立时由消防总部运营班负责） |
| 总务局 | 防止所管辖设施（市政府大楼、进修中心）感染及感染扩大的措施 |
| 市民局 | 相关信息的宣传 |
| 儿童青少年局 | 防止所管辖设施等的感染及感染扩大的措施 |

续表

| 相关局、区 | 职责分管 |
|---|---|
| 健康福祉局 | 1. 关于新型流感的所有应急处置措施<br>2. 新型流感医学信息的收集，与相关部门的联络协调<br>3. 防止福祉设施的感染及感染扩大的措施<br>4. 与日本红十字会的联络协调<br>5. 对需要救护者进行援助<br>6. 应对市民等的咨询<br>7. 调配所需的药品、医疗物资器械等<br>8. 实验防疫检查工作<br>9. 传染病相关法令等的颁布<br>10. 与国家、神奈川县、其他城市之间的联络协调 |
| 环境创造局 | 1. 所有防止家禽感染高致病性禽流感的兽医学应急处置措施<br>2. 兽医学信息的收集，与相关组织的联络协调<br>3. 与国家、神奈川县、其他城市之间关于防止家禽等感染的联络协调<br>4. 家禽等的防疫措施所需药品、医疗物资器械等的调配<br>5. 对家禽等饲养者的宣传<br>6. 关于家禽等的咨询<br>7. 对受影响的饲养户的资金支持 |
| 资源循环局 | 1. 高致病性禽流感发生时患病家禽等的处理<br>2. 污染物等的收集、处理 |
| 经济观光局 | 1. 防止来自市场的感染及感染扩大的措施<br>2. 为受影响的禽类相关产业提供资金支持<br>3. 与高致病性禽流感有关的食品流通管理措施 |
| 港湾局 | 1. 防止来自港湾设施的感染及感染扩大的措施<br>2. 与横滨检疫所等的联络协调 |
| 消防局 | 1. 设立和运营横滨市总部等<br>2. 收集、传达、集中相关信息以及行动信息<br>3. 各局、区间的综合协调以及管理(健康福祉局除外)<br>4. 受理和传达紧急事态通报<br>5. 宣布进入非常紧急事态，要求市民自律社会活动<br>6. 关于新型流感的急救活动 |
| 水道局 | 保证自来水稳定供给的应急措施 |
| 交通局 | 地铁车辆、车站以及市营巴士的防感染以及防止感染扩大的措施 |
| 病院经营局 | 1. 市立病院的医疗活动<br>2. 市立病院所需药品、医疗物资器械等的调配 |
| 教育委员会事务局 | 市立学校的防感染以及防止感染扩大的措施 |

续表

| 相关局、区 | 职责分管 |
|---|---|
| 区 | 1. 设立和运营区总部等<br>2. 相关信息的收集、传达<br>3. 应对来自本区居民的咨询等<br>4. 与本区相关医疗组织的协作以及联络协调<br>5. 相关人员的健康检查以及保健指导<br>6. 对本区居民的宣传工作 |
|  | 除上述分管职责外,各区、局还要根据实际情况协调配合实施下列措施:<br>与对策总部等合作防止感染扩大;收集、提供新型流感的相关信息;新型流感的相关宣传和咨询;对预计会受到新型流感影响的管辖业务进行调整;所管辖设施与新型流感措施相关的运营和管理;与对策总部和其他相关部门的联络协调以及部门内的联络协调<br>另:关于本计划的实施细节,请根据《横滨市行动计划》制定相应的更详细的行动指南等 |

# 四　横滨市城市危机管理的经验及借鉴

通过上述对横滨市的城市危机管理体系和具体的紧急事态应对机制进行考察,横滨市在城市危机管理方面的如下经验很值得我们借鉴。

## (一)强化早期应对机制及时进行危机处置

当发生各种紧急事态时,在最初阶段进行及时、准确的应对是危机管理成败的关键。为此,横滨市非常重视加强和完善早期应对机制,确保危机发生时人员能迅速到位,在第一时间快速、灵敏地做出反应,尤其是鉴于当夜间和休息日等工作时间外发生紧急事态时,容易发生人员调遣滞慢、信息混乱等情况,横滨市重点建立了如下的工作时间外紧急事态的早期应对机制:

第一,消防司令指挥中心机制。在消防司令中心,建立司令课长或司令课值班课长当班指挥机制,以确保能全天候获取和传达危机信息。当有紧急事态相关信息时,立刻与危机管理室等取得联系,尽快指挥、及早制定应对措施。第二,市政府危机管理值勤指挥机制。为了应对夜间和休息日的紧急事态,在市政府机关实行专人轮流值勤制度,负责搜集危机信息、传达指令等。第三，灾害应急对策员制度。根据《横滨市灾害应急对策员设置要纲》的规定，由横滨市灾害应急对策员负责夜间和休息日等的警戒任务，在发生紧急事态但尚未设立横滨市紧急事态对策总部期间，传达消防局危机管理室长、危机管理课长、紧急对策课长对防灾值勤人员的指示，执行信息传递、指令传达等紧急任务。灾害应急对策员还负责通过紧急集合系统确认政府工作人员的安危，尽早将相关信息通报给相关局的危机管理主管课长、相关区的防灾值勤人员。第四，召集紧急对策小组。当发生会危及市民生命财产安全的大范围紧急事态或者有可能发生这样的事态时，要按照事先拟定的联络名单迅速召集具有专业知识和经验的工作人员组成紧急对策小组，根据危机刚刚发生后的有限信息判断受灾情况，为市长以及危机管理总监提供对策。第五，区政府与消防署的配合机制。当夜间和休息日发生紧急事态时，在区政府应急机制建立前，消防署要代替区政府实施下列措施：由消防署与区总务课长或防灾执勤人员联系提供事态发生初期的信息；消防署要收集和处理来自消防队以及来自市民、市内相关部门（警察署等）的信息；通过宣传队等向市民提供紧急信息，准备好督促市民避难所需的信息；在确定有可能会发生危及居民安全的紧急情况下，消防署要安排相关部门开设避难场所。

横滨市在建立早期应对机制时还有如下经验：一是在人事安排上，要按照一定比例将区政府运转所需的重要岗位由该区或是居住在附近的人员担任，以便能尽早组成区紧急事态对策总部。二是要事先指定好第一负责人的代理顺序，在第一负责人到位之前或者无法到位的情况下作为临时负责人来实施应急措施。

## （二）根据危机程度分级处置的应急体制

横滨市城市危机管理采取的是分级处置机制，根据危机的紧急程度以及受灾规模和受灾情况，建立了"警戒体制""紧急事态警戒总部体制""紧急事态对策总部体制"三级应对的应急处置体制。[1]

---

① 本部分参照了《横滨市紧急事态等应对计划》（2011年修订版）第12～13页的内容。

实施警戒体制的时机是，在受灾情况不明的紧急事态发生初期，建立能立即收集、传达信息的体制，以便之后能根据紧急事态的发展形势迅速做出应对。当预测会发生想定的紧急事态或者已经发生时，相关区、局要立刻建立警戒体制，另外要设置联络会等，根据需要对紧急事态的主管局、区进行协调。警戒体制的主要任务是在考虑到应对措施可能会升级到上一级体制的前提下，确保人员联络和信息的收集、传达等。

实施紧急事态警戒总部体制的时机是：当发生了一定规模的灾害或预测会发生紧急事态需要多个局共同应对，但还没有设立横滨市紧急事态对策总部期间，要由相关局组成横滨市紧急事态警戒总部；当副区长认为事态需要或市警戒总部长有指示的情况下，要设立区紧急事态对策警戒总部。原则上区警戒总部要设置在发生紧急事态的区，但是根据需要，消防局危机管理室长可以指示周边区或者是所有区设置该机构。紧急事态警戒总部体制的主要任务是根据紧急事态的种类、规模、是否需要避难和接受避难等，由成员局、区根据各自的职责范围采取相应的应急行动。

实施紧急事态对策总部体制的时机是：当发生了大规模灾害或是预测会发生大规模灾害的紧急事态下，该紧急事态社会影响巨大或可能会产生巨大的社会影响；或是在市长认为有必要的情况下，要由相关局组成市紧急事态对策总部；当区长认为事态需要或市对策总部长有指示的情况下要设立区紧急事态对策总部。原则上区对策总部要设置在发生紧急事态的区，但是根据需要，市长可以指示周边区或所有区设置该机构。紧急事态对策总部体制的主要任务是根据紧急事态的规模及情况，在现场实施各种紧急应对措施。

横滨市建立的分级处置的危机管理应对体制，明确了在发生不同程度的危机时应采取何种范围的应急措施，这样当危机发生时各相关部门职责明确、各司其职，不仅避免了造成重复处置或者权责空白，也避免了不必要的过度应对造成的财力浪费和社会恐慌。

### （三）运用现代信息网络技术进行危机管理

危机管理过程中最重要的就是信息管理，迅速收集、传递、利用准确的信息是危机管理的重要课题。灵活运用现代信息网络系统是横滨市危机管理的一大特色。横滨市以防灾为中心完备了防灾信息通讯基础设施建设，能在紧急事态发生时，最大限度地利用信息系统和通讯设施确保危机信息的获取、整理和传递，同时还制定了在通信设施瘫痪等极端情况下的应急备用系统。横滨市危机管理信息网络系统的构成是：

第一，安全稳定的危机管理信息网络系统。横滨市危机管理信息系统是由危机管理室和各区政府、相关局的YCAN①、市内LAN组成的计算机系统，能够进行各种气象信息、地震信息、提示信息、预警信息等的收传及受灾统计，能迅速、准确地为危机管理提供信息支持。防灾行政用无线网络由连接区政府的多重系统，连接土木事务所、消防署、医院、防灾机构等的多个系统、全市移动系统、各区移动系统，以及连接区政府和各防灾基地、各医疗救助点的数字移动系统组成。无线通信局以控制局为中心，由市政府局、中转局、多重系统分局、多个系统分局组成固定系统局和移动系统局，是综合性的无线通讯系统，当危机发生时能利用同步通报、线路控制等机能迅速准确地收传信息，平时还能服务于正常的行政工作，尤其是固定系统无线以及数字移动系统无线还能像普通电话以及手机一样使用。此外，消防司令中心和市政府、区政府、消防署以及医院等相关部门之间通过大容量光缆（ASIN）进行连接，以收集本市以及相关部门发来的信息，视频化后可以共享这些影像。另外，利用手机网络可以随时掌握消防车辆的位置和灾害现场的影像。

第二，便利的个人安危信息查询以及预警发布系统。该系统设置在市政府网站上，能提供大规模灾害发生时各防灾基地等收集到的市民安危信息供其家人、朋友查询。2008年该系统进一步升级，面向手机登录用户开发了免费短信发送系统，全天候为横滨市手机用户提供紧急事态下与家人、朋友、单位的紧急联络服务，而且还向手机用户发送由横滨市危机管理室提供的本市交通、气象、传染疾病方面的各种预警、提示信息。目前该系统正全面向政府工作人员和中小学教职员普及，以便充分发挥其大范围的安危确认和召集联络的网络

---

① YCAN是防灾行政用无线通讯支持下的消防厅内专用网络。

职能。此外，为了危机发生时能迅速进行早期应对，横滨市还开发了"横滨市公务员安危、集合确认系统"，该系统一方面能帮助政府工作人员迅速了解危机信息和事态发展，另一方面利用该系统还能确认政府工作人员的安危以及参与集合的情况。

根据 2011 年第一次自治体灾害信息网站表现调查，在对关东地区 7 个县以及 5 个行政指令城市的政府网站和灾害信息网站进行测定和调查的结果，横滨市危机管理室负责的危机管理网站在网页显示速度、故障率等方面的表现都远远优于其他市县。[①] 由此可见横滨市在最大限度地发挥和运用现代信息网络技术进行危机管理方面的表现非常出色。

### （四）强调危机管理过程中的政府职责和团结协作

《横滨市危机管理指针》中指出，在危机管理过程中，市政府的基本职责是保证市民的生命、人身以及财产安全，在充分发挥市政府所有职能的同时，要与国家、其他地方公共团体、相关部门等相互合作，全面推动各种危机处置措施的实施。政府工作人员平时就要努力学习、掌握危机管理的相关知识技术，在危机发生时，立即承担起应急组织工作。市民平时就要提高警惕、积极学习应对危机的相关知识技术，提高住宅等建筑的安全性能，储备防灾必需品，并采取其他应对危机的防备措施。同时通过参加应急训练等，争取在危机发生之际能实施自救和互救行动。社会组织、单位要尽力避免其管理的组织、设施内发生危机，同时出于作为本地区社会一员的社会责任，与市民、地区防灾组织等积极合作，充分利用各自的职能优势积极配合市政府的危机管理工作。

横滨市的城市危机管理是政府和市民、社会团体团结协作的体制，一方面非常重视各政府部门之间的纵向、横向协作，另一方面也强调市民对政府工作的配合，还鼓励市民之间的协作和互助。横滨市的危机管理理念是，在危机时刻，每一个个体都是危机管理的主体和有机组成部分，为了整个危机管理机制能充分发生作用，每一个市民都要认识到自己的社会责

---

① GOMEZ 株式会社：《第 1 次自治体灾害信息网站表现调查》，2011 年 4 月。

任，在自救的同时相互携手、互相救助，积极配合市政府的应急处置行动。

### （五）重视善后工作以及对危机管理计划的修订和完善

横滨市城市危机管理的善后工作主要包括两方面内容：一是在紧急事态结束后，尽快恢复社会秩序的稳定，为受灾者提供各种行政救助，为市民恢复正常的工作和生活提供行政咨询和援助；二是在紧急事态结束后，相关区、局要对本次应急措施进行全面检验，根据其效果对危机管理应对计划进行修改、完善细节，必要时进行修订，进一步完善危机管理体制，提高危机管理的实效性。具体措施有收集、整理、分析紧急事态的过程记录、事前对策等决议和采取的具体行动措施，考察其效果，分析紧急事态的发生原因、损失扩大的原因等。

横滨市将危机管理过程中的善后工作作为全面提高城市危机管理水平的重要一环，在尽快恢复社会秩序稳定和市民日常生活的同时，对危机管理措施的效果进行全面的检验，总结教训，改进防控措施计划，为防止危机再次发生、减轻危机造成的损失提供了宝贵的经验。

# Understanding to Urban Crisis Management Mechanism in Yokohama, Japan

—The Case of "Crisis Management Mechanism for New Influenza"

*Zhao Jing*

**Abstract**：Yokohama, a city in Japan, has achieved great success with building up a comprehensively planned and efficient urban emergency management system under the strategy and policy guidance of "concentrating on prevention and substantial results". The strategy and policy has categorized and considered all possible and potential crises as objects in crisis management, according to their different sources.

The paper targeted the crisis management mechanism in Yokohama as the research object, focused on the case of new influenza crisis management mechanism and launched a comprehensive investigation on emergency response mechanism in Yokohama city.

**Key Words**：Yokohama Japan；Urban Crisis Management；New Influenza Crisis Management Mechanism

# 中国皮书网

发布皮书研创资讯，传播皮书精彩内容
引领皮书出版潮流，打造皮书服务平台

**栏目设置：**

☐ 资讯：皮书动态、皮书观点、皮书数据、皮书报道、皮书新书发布会、电子期刊
☐ 标准：皮书评价、皮书研究、皮书规范、皮书专家、编撰团队
☐ 服务：最新皮书、皮书书目、重点推荐、在线购书
☐ 链接：皮书数据库、皮书博客、皮书微博、出版社首页、在线书城
☐ 搜索：资讯、图书、研究动态
☐ 互动：皮书论坛

www.pishu.cn

中国皮书网依托皮书系列"权威、前沿、原创"的优质内容资源，通过文字、图片、音频、视频等多种元素，在皮书研创者、使用者之间搭建了一个成果展示、资源共享的互动平台。

自2005年12月正式上线以来，中国皮书网的IP访问量、PV浏览量与日俱增，受到海内外研究者、公务人员、商务人士以及专业读者的广泛关注。

2008年10月，中国皮书网获得"最具商业价值网站"称号。

2011年全国新闻出版网站年会上，中国皮书网被授予"2011最具商业价值网站"荣誉称号。

权威报告　热点资讯　海量资源

# 当代中国与世界发展的高端智库平台

### 皮书数据库 www.pishu.com.cn

　　皮书数据库是专业的人文社会科学综合学术资源总库，以大型连续性图书——皮书系列为基础，整合国内外相关资讯构建而成。包含七大子库，涵盖两百多个主题，囊括了近十几年间中国与世界经济社会发展报告，覆盖经济、社会、政治、文化、教育、国际问题等多个领域。

　　皮书数据库以篇章为基本单位，方便用户对皮书内容的阅读需求。用户可进行全文检索，也可对文献题目、内容提要、作者名称、作者单位、关键字等基本信息进行检索，还可对检索到的篇章再作二次筛选，进行在线阅读或下载阅读。智能多维度导航，可使用户根据自己熟知的分类标准进行分类导航筛选，使查找和检索更高效、便捷。

　　权威的研究报告，独特的调研数据，前沿的热点资讯，皮书数据库已发展成为国内最具影响力的关于中国与世界现实问题研究的成果库和资讯库。

## 皮书俱乐部会员服务指南

**1. 谁能成为皮书俱乐部会员？**

- 皮书作者自动成为皮书俱乐部会员；
- 购买皮书产品（纸质图书、电子书、皮书数据库充值卡）的个人用户。

**2. 会员可享受的增值服务：**

- 免费获赠该纸质图书的电子书；
- 免费获赠皮书数据库100元充值卡；
- 免费定期获赠皮书电子期刊；
- 优先参与各类皮书学术活动；
- 优先享受皮书产品的最新优惠。

社会科学文献出版社 皮书系列
SOCIAL SCIENCES ACADEMIC PRESS (CHINA)
卡号：**6951883528353367**
密码：

（本卡为图书内容的一部分，不购书刮卡，视为盗书）

**3. 如何享受皮书俱乐部会员服务？**

**（1）如何免费获得整本电子书？**

　　购买纸质图书后，将购书信息特别是书后附赠的卡号和密码通过邮件形式发送到 pishu@188.com，我们将验证您的信息，通过验证并成功注册后即可获得该本皮书的电子书。

**（2）如何获赠皮书数据库100元充值卡？**

　　第1步：刮开附赠卡的密码涂层（左下）；

　　第2步：登录皮书数据库网站（www.pishu.com.cn），注册成为皮书数据库用户，注册时请提供您的真实信息，以便您获得皮书俱乐部会员服务；

　　第3步：注册成功后登录，点击进入"会员中心"；

　　第4步：点击"在线充值"，输入正确的卡号和密码即可使用。

社会科学文献出版社

# 皮书系列

"皮书"起源于十七、十八世纪的英国，主要指官方或社会组织正式发表的重要文件或报告，多以"白皮书"命名。在中国，"皮书"这一概念被社会广泛接受，并被成功运作、发展成为一种全新的出版形态，则源于中国社会科学院社会科学文献出版社。

皮书是对中国与世界发展状况和热点问题进行年度监测，以专家和学术的视角，针对某一领域或区域现状与发展态势展开分析和预测，具备权威性、前沿性、原创性、实证性、时效性等特点的连续性公开出版物，由一系列权威研究报告组成。皮书系列是社会科学文献出版社编辑出版的蓝皮书、绿皮书、黄皮书等的统称。

皮书系列的作者以中国社会科学院、著名高校、地方社会科学院的研究人员为主，多为国内一流研究机构的权威专家学者，他们的看法和观点代表了学界对中国与世界的现实和未来最高水平的解读与分析。

自 20 世纪 90 年代末推出以经济蓝皮书为开端的皮书系列以来，至今已出版皮书近 800 部，内容涵盖经济、社会、政法、文化传媒、行业、地方发展、国际形势等领域。皮书系列已成为社会科学文献出版社的著名图书品牌和中国社会科学院的知名学术品牌。

皮书系列在数字出版和国际出版方面成就斐然。皮书数据库被评为"2008~2009 年度数字出版知名品牌"；经济蓝皮书、社会蓝皮书等十几种皮书每年还由国外知名学术出版机构出版英文版、俄文版、韩文版和日文版，面向全球发行。

2011 年，皮书系列正式列入"十二五"国家重点出版规划项目；2012 年，部分重点皮书列入中国社会科学院承担的国家哲学社会科学创新工程项目；一年一度的皮书年会升格由中国社会科学院主办。

# 法 律 声 明